Mensch & Gesellschaft | Themenbuch zur Arbeits- und Lebenswelt

Andreas Blaser • Maja Dal Cero • Peter Egger • Roland Gehrig
Daniel Hurter • Gudrun Sachse • Susann Schühle • Rudolf H. Strahm
Heini Tischhauser

Mensch & Gesellschaft

Themenbuch zur Arbeits- und Lebenswelt
mit Grundlagen zu Recht, Wirtschaft, Staat und Politik

www.hep-verlag.ch

Bildung
Medien
Kommunikation

www.hep-verlag.ch
der bildungsverlag

Andreas Blaser, Maja Dal Cero, Peter Egger,
Roland Gehrig, Daniel Hurter, Gudrun Sachse,
Susann Schühle, Rudolf H. Strahm, Heini Tischhauser

Mensch & Gesellschaft
Themenbuch zur Arbeits- und Lebenswelt
ISBN 978-3-03905-340-7

Kopier- und Folienvorlagen, Materialien
sowie weitere Informationen unter:
www.hep-verlag.ch

Bibliografische Information der Deutschen Bibliothek:
Die Deutsche Bibliothek verzeichnet diese Publikation
in der Deutschen Nationalbibliografie.
Detaillierte bibliografische Daten sind im Internet unter
http://dnb.ddb.de abrufbar.

4. Auflage 2007
Alle Rechte vorbehalten © 2007 h.e.p. verlag ag
Bildung.Medien.Kommunikation, Bern/Schweiz
Es war nicht in allen Fällen möglich, die Rechteinhaber der
Abbildungen und Texte zu eruieren. Berechtigte Ansprüche werden
im Rahmen üblicher Vereinbarungen abgegolten.

h.e.p. verlag ag
Bildung.Medien.Kommunikation
Brunngasse 36
CH 3011 Bern

www.hep-verlag.ch

Vorwort

Das vorliegende Werk für das Fach Gesellschaft an Berufsfachschulen liegt bereits in der vierten Auflage vor und wurde auf Wunsch vieler Lernender und Lehrender total überarbeitet und teilweise neu konzipiert.
Der erste Teil umfasst neun Kapitel. Diese beinhalten – basierend auf dem Rahmenlehrplan und damit auf vielen Schullehrplänen – wesentliche Themen. Der zweite Teil vermittelt wichtige Grundlagen zu Recht, Staatskunde/Politik und Wirtschaft. Neu angeboten wird das Arbeitsheft, dieses dient der Anwendung und Vertiefung.

Mensch & Gesellschaft ist Bestandteil eines Gesamtkonzeptes für den allgemein bildenden Unterricht an Berufsfachschulen. Theoretisches Wissen und wissenschaftliche Theorien werden in einem themenzentrierten, aktuellen und fächerübergreifenden Unterricht ins Zentrum gestellt. In Mensch & Gesellschaft wird auch das eigenaktive Lernen bewusst berücksichtigt. Somit wird die vorliegende Publikation den aktuellen pädagogisch-didaktischen Ansprüchen gerecht.
Das fachlich breit abgestützte Autorenteam, bestehend aus Spezialistinnen und Spezialisten, Praktikern und Praktikerinnen sowie lehrbucherfahrenen Pädagoginnen und Pädagogen wurde für die Neuauflage mit Susann Schühle und Gudrun Sachse erweitert und verfolgt ein klares Konzept:
- Attraktive Darstellung der Themen und Fachgebiete.
- Überprüfungsfragen und weiterführende Aufgaben zur Repetition, für Transfers und zur Vertiefung.
- Ein umfassendes Glossar zum Nachschlagen wesentlicher Begriffe.

Das Autorenteam unterstützt mit diesem grundlegenden Werk den Paradigmawechsel bezüglich Lehrplänen und Inhalten und legt ein Unterrichtsmittel für eine zukunftsgerichtete Allgemeinbildung vor. Teil des Gesamtkonzeptes von Mensch & Gesellschaft ist die Broschüre Gesetzestexte. Sie enthält eine reichhaltige Auswahl wesentlicher Artikel der wichtigsten Rechtsgebiete.

Im Frühling 2007
Autorinnen, Autoren und Verlag

Inhaltsverzeichnis

1. | Bildung und Zukunft
1. Einleitung 11
2. Das schweizerische Bildungssystem 12
3. Bildung bringt Wohlstand 18
4. Strukturwandel – vermehrter Berufswechsel 20
5. Berufsbildung: Reform eines starken Systems 21
6. Zukunft von Bildung und Forschung 24

2. | Konsum und Freizeit
1. Einleitung 27
2. Leben in einer Multioptionsgesellschaft 28
3. Volkswirtschaft und Markt 34
4. Lohn und Kaufkraft 38
5. Umgang mit Geld 41

3. | Risiko und Sicherheit
1. Einleitung 47
2. Risiken 48
3. Risikoverminderung und Sicherheit 51
4. Sicherheit und Versicherungen 52
5. Einige wichtige Versicherungen im Überblick 53
6. Sozialversicherungen 57

4. | Beziehungen und Zusammenleben
1. Einleitung 65
2. Leben in einer Kontaktwelt 66
3. Kommunikation 68
4. Formen des Zusammenlebens 71
5. Konkubinat 72
6. Verlobung und Ehe 73
7. Miete 75

5. | Arbeit und Einkommen
1. Einleitung 77
2. Wie viel ist Arbeit wert? 79
3. Einnahmen und Ausgaben des Staates 80
4. Einkommen, Vermögen und Armut 86
5. Informationsgesellschaft und neue Arbeitswelt 88
6. Jugendarbeitslosigkeit 92
7. Laufbahnentscheide in einer komplexen Arbeitswelt ... 96
8. Eigeninitiative und Selbstmarketing 100

6. | Medien
1. Einleitung 103
2. Medien 104
3. Geschichte der Medien – vom Mensch zum Cyberspace 106
4. Journalismus als Beruf 112

7. | Ökologie – eine Überlebensfrage
1. Einleitung 113
2. Was ist ein Ökosystem? 115
3. Entwicklung und Stabilität: Boden, Wasser, Luft 118
4. Lebensräume unter Druck 124
5. Drängende Umweltprobleme 127
6. Instrumente für den Umweltschutz 132
7. Nachhaltigkeit – ein globaler Lösungsansatz 136

8. | Globalisierung: Herausforderungen für die ganze Welt
1. Einleitung 139
2. Was ist Globalisierung? 141
3. Die Schweiz und internationale Organisationen 146
4. Die Schweiz in der globalisierten Welt 155
5. Globalisierung und Entwicklungsländer 158

9. | Migration – Ausländerinnen und Ausländer unter uns
1. Einleitung 165
2. Ausländerinnen und Ausländer in der Schweiz 166
3. Ausländerfrage im Licht der Statistik 169
4. Schweiz profitiert von ausländischen Arbeitskräften 170
5. Multikulturalität und Integration 172

Grundlagen des Rechts

1. Einleitung 175
2. Sittlichkeit, Brauchtum und Recht 177
3. Bedeutung und Eigenheiten des Rechts 177
4. Rechtsordnung in der Schweiz 178
5. Privates und öffentliches Recht 179
6. Allgemeine Rechtsgrundsätze 181
7. Rechtsdurchsetzung und ihre Schranken 182
8. Rechts-, Urteils- und Handlungsfähigkeit 182
9. Natürliche und juristische Personen 183
10. Grundrechte und Persönlichkeitsrechte 183
11. Strafrecht 184
12. Zusammenleben (ZGB) 187
13. Vertragsrecht 194
14. Lehrvertrag (OR/BBG) 196
15. Arbeitsvertrag (OR/ArG) 198
16. Kaufvertrag (OR/KKG) 205
17. Mietvertrag (OR) 208

Grundlagen Staat und Politik

1. Einleitung 211
2. Staatsgebiet 212
3. Staatsvolk 214
4. Staatsgewalt 216
5. Beziehungen zum Ausland 232

Grundlagen Wirtschaft

1. Einleitung 241
2. Ökonomie als Wissenschaft 243
3. Wirtschaftsteilnehmende 244
4. Wirtschaftliche Produktion 246
5. Wirtschaftsformen 250
6. Geld- und Finanzsystem 255
7. Konjunktur der Schweiz 259
8. Weltwirtschaft 261

Anhang

Glossar 266
Stichwortverzeichnis 293
Literaturverzeichnis 299
Bildnachweis 300

Internet

Überblick zu weiterführenden Materialien und kommentierten Links:
- www.hep.info
  hepcode: 83

Wichtige Internetadressen für Basisinformationen,
Zahlen, Statistiken, Gesetze und Materialien:
- www.admin.ch
- www.berufsbildung.ch
- www.bibliothek.ch
- www.lexikon.ch
- www.statistik.admin.ch
- www.europa.eu.int

Bildung und Zukunft

1. | Einleitung

Bildung ist für die Entwicklung der Einzelnen, der Gesellschaft und der Wirtschaft zentral. Wer über eine gute Ausbildung verfügt, hat es einfacher im Leben, verdient mehr und kann eher Ideen in Job und Politik einbringen. Die Wirtschaft braucht gut ausgebildete Arbeitskräfte. Nur so kann die Schweiz ihren Wohlstand halten und weiterhin international wettbewerbsfähig bleiben. Das Bildungswesen soll daher ein Schwerpunkt in der Politik sein.

1. Einleitung

2. **Das schweizerische Bildungssystem**
   2.1 Aufbau des schweizerischen Bildungssystems 12
   2.2 Berufslehre – Schlüsselkompetenzen 14
   2.3 Frauenberufe – Männerberufe 15
   2.4 Recht auf eigenständige Berufswahl 15

3. **Bildung bringt Wohlstand**
   3.1 Gut Ausgebildete verdienen mehr 18
   3.2 Karriere und Befriedigung im Beruf 18
   3.3 Bildung erweitert den Horizont 19

4. **Strukturwandel – vermehrter Berufswechsel**
   4.1 Ersterlernter Beruf – Beruf fürs Leben? 20
   4.2 Wirtschaft – rasante Veränderungen 20

5. **Berufsbildung: Reform eines starken Systems**
   5.1 Entwicklung der Berufsbildung 21
   5.2 Neue Qualifikationsbedürfnisse 21
   5.3 Duale Berufsbildung: fundiert und praxisorientiert 22
   5.4 Neuerungen im Berufsbildungsgesetz:
       Individuelle Laufbahngestaltung 22

6. **Zukunft von Bildung und Forschung**
   6.1 Bedeutung von Forschung und Entwicklung 24
   6.2 Künftige Entwicklungsschwerpunkte 25

Bildung und Zukunft

2. | Das schweizerische Bildungssystem

Zwei Drittel der Jugendlichen beginnen nach der obligatorischen Schulzeit die Ausbildung mit einer Berufslehre. Diese berufliche Grundbildung führt zu einem eidgenössischen Fähigkeitsausweis oder einem eidgenössischen Berufsattest. Die Besonderheit und Stärke des schweizerischen (Berufs-)Bildungssystems ist die grosse Nähe zur Arbeitswelt.

Andere Jugendliche besuchen die Mittelschule. Zwischen den Kantonen bestehen grosse Unterschiede: In der Romandie schliesst annährend ein Drittel aller Jugendlichen die Ausbildung mit der gymnasialen Maturität ab (z. B. Kanton Genf: 29 Prozent). In der Innerschweiz ist die Maturitätsquote deutlich tiefer – im Kanton Glarus liegt sie bei gerade mal 13 Prozent.

2.1 | Aufbau des schweizerischen Bildungssystems

Berufliche Grundausbildung
GRUNDLAGEN ▶ S. 196/197

Die Mehrzahl der SchulabgängerInnen absolviert eine 2-, 3- oder 4-jährige berufliche Grundbildung nach dualem Aufbau: Das bedeutet einerseits 3–4 Tage praxisnahe Ausbildung im Lehrbetrieb und andererseits 1–2 Tage Unterricht an einer Berufsfachschule mit Fachkunde, Allgemeinbildung und Sport. Brückenangebote wie Vorlehren, berufsvorbereitende Schuljahre oder Zwischenjahre tragen zur Integration in die Berufs- und Lebenswelt vor der eigentlichen Lehrzeit bei.

Berufsmaturität

Die Berufsmaturität (BM) erlaubt den Zugang zu Fachhochschulen und anderen Institutionen. Berufsmatura-Lehrgänge können während der Lehrzeit besucht werden und

Von der obligatorischen Schule zur Berufslehre: Ein Weg, den viele wählen.

schliessen mit einem Maturitätsexamen bei Lehrabschluss ab. Die BM kann auch nach der Lehre in einem einjährigen Lehrgang oder berufsbegleitend (2 Jahre) absolviert werden.

Die sieben Fachhochschulen der Schweiz
Sieben Fachhochschulen bieten betont praxisbezogene Studiengänge auf Hochschulniveau an – die «Uni für den Praktiker». In vollzeitlichen oder berufsbegleitenden Lehrgängen kann eine der folgenden Studienrichtungen gewählt werden, die einen Abschluss mit Bundesausweis (Fachhochschulabsolvent, Ingenieur) ermöglichen: Angewandte Künste, Architektur und Technologie, Hotel- und Gastgewerbemanagement, Umweltwissenschaften. Berufsbegleitende Weiterbildungen nach der Berufslehre führen zum eidgenössisch anerkannten Fachausweis (Berufsprüfung), zur höheren Fachprüfung (Meisterprüfung) sowie zum Abschluss als Techniker HF.

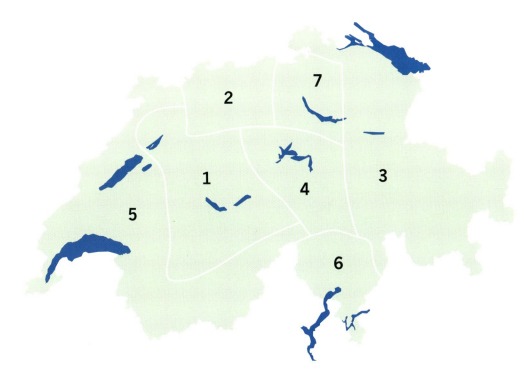

1 Berner Fachhochschule (BFH)
2 Fachhochschule Nordwestschweiz (FHNW)
3 Fachhochschule Ostschweiz (FHO)
4 Fachhochschule Zentralschweiz (FHZ)
5 Haute école spécialisée de Suisse occidentale (HES-SO)
6 Scuola universitaria professionale della Svizzera italiana (SUPSI)
7 Zürcher Fachhochschule (ZFH)

Das Schweizerische Bildungssystem befindet sich seit einigen Jahren in einer Reformphase. Einerseits macht die Schweiz mit beim europäischen Reformprojekt, das 1999 in Bologna von den Bildungsministern verschiedener europäischer Länder beschlossen worden ist («Bologna-Deklararation»). Erklärtes Ziel dieses Reformprojekts ist es, die Übergänge sowohl zwischen Hochschulen, Fachhochschulen und Anbietern höherer Fachausbildungen als auch jene zwischen den Bildungsinstitutionen der verschiedenen europäischen Länder zu erleichtern. Ausserdem hat der Bund aufgrund der Volksabstimmung vom 21. Mai 2006 die Kompetenz erhalten, den Kantonen verbindliche Vorgaben im Bereich der Schul-, Aus- und Weiterbildung zu machen.

Durchlässigkeit

Berufliche Grundausbildungen werden vor allem in folgenden Branchen abgeschlossen: 25 Prozent in den Bereichen Büro und Verwaltung, bei der Metall- und Maschinenindustrie 22 Prozent.
Die nächstrangierten Branchen werden bereits deutlich weniger häufig gewählt: Berufe der Gesundheitspflege und des Verkaufs (je 10 Prozent) sowie technische Berufe und Gastgewerbe (je 8 Prozent).
Diese Verteilung ist in den letzten 20 Jahren stabil geblieben. In Anbetracht des starken

Kenntnisse in der Informationstechnologie: Eine wichtige Schlüsselkompetenz.

wirtschaftlichen Wandels ist dies überraschend. Erst in den letzten Jahren sind Veränderungen in Richtung Verwaltung, Planung und Kommunikation zu beobachten. Grundausbildungen in traditionellen, gewerblich-industriellen Berufen (z. B. Maschinenindustrie, Bau und Holz) sind rückläufig.

Trotz gesellschaftlichem Wertewandel (Rollenverständnis, Bedeutung der Familie etc.) hat sich auch die Verteilung der Geschlechter auf die Berufe kaum verändert.

So gibt es weiterhin klassische Männer- und Frauenberufe und somit Männer- und Frauenlehren *(vgl. Abschnitt 2.3)*.

JUGENDARBEITSLOSIGKEIT ▶ S. 92–95

Unbefriedigend ist zur Zeit das knappe Angebot an offenen Lehrstellen in zukunftsträchtigen Wirtschaftsbereichen.

Organisation der Berufsbildung

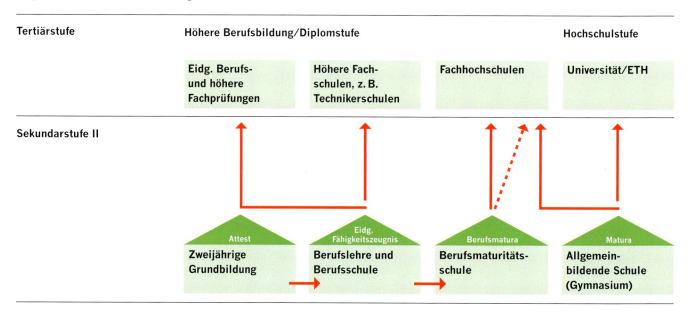

2.2 | Berufslehre – Schlüsselkompetenzen

Fachliche Qualifikationen kommen richtig zum Tragen, wenn die Fähigkeiten zur Zusammenarbeit in Teams, zur Kommunikation und zur Problemlösung gezielt gefördert werden. Diese persönlichen Qualifikationen sind aus einer zukunftsgerichteten Arbeitswelt nicht mehr wegzudenken.

Lernziele in der Berufsbildung auf verschiedenen Ebenen

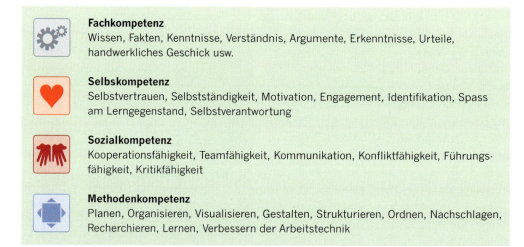

Moderne technische Prozesse in der Produktion, zunehmend komplexere Abläufe sowie die enorme Informationsflut erfordern flexibles und prozessorientiertes Denken und Handeln. Gesundes Selbstvertrauen, ausgeprägte Teamfähigkeit, Kollegialität und Mitteilungsfähigkeit sind Schlüssel zur aktiven Bewältigung künftiger Aufgaben- und Fragestellungen.

2.3 | Frauenberufe – Männerberufe

Das Erwerbsleben spiegelt ein traditionelles Muster der Rollenverteilung: In über 90 Prozent der industriell-gewerblichen Berufe sind mehrheitlich Männer beschäftigt. Annähernd 70 Prozent der Berufe im Bereich der persönlichen Dienstleistungen (z. B. Krankenpflege, Unterricht, Servicefach usw.) werden von Frauen besetzt. Und: Frauen wählen öfters kürzere Ausbildungen als Männer.

Eine Frau in einem klassischen Männerberuf: Schweizer Soldatin im Auslandeinsatz.

Für Frauen ist die Berufsbildung besonders wichtig, gehören doch allein erziehende oder geschiedene Frauen zur grössten Armutsrisikogruppe! Einer nationalen Armutsstudie zufolge leben über 20 Prozent der geschiedenen oder allein erziehenden Frauen in Armut. Zur Zeit legen vorwiegend Frauen eine Berufspause wegen der Kinder und der Familie ein. Bei der Aufteilung dieser gesellschaftlichen Rollen zeichnet sich allerdings ein Wandel ab. In jedem Fall muss aber ein modernes Berufs- und Weiterbildungssystem den unterschiedlichen Lebensverläufen Rechnung tragen und den Betroffenen den Wiedereinstieg ins Berufsleben erleichtern.

Möglichkeit zum beruflichen Wiedereinstieg

2.4 | Recht auf eigenständige Berufswahl

Einflussfaktoren

Wohlstand und Wohlfahrt eines Landes hängen u. a. davon ab, dass sich Menschen in einem Staat einer für sie selbst und für die Gesellschaft sinnvollen Tätigkeit widmen können. Sinnvoll bedeutet, dass sie damit einerseits ihren Lebensunterhalt verdienen, andererseits aber auch, dass sie damit sich selbst als Persönlichkeit weiterentwickeln können. Innerhalb einer Gesellschaft sollten sie zudem eine dem Gesamtwohl förderliche und nützliche Rolle finden. Dieses Thema ist wichtig für jede und jeden. Alle, die nach einer Grundausbildung vor Entscheidungen bezüglich ihrer weiteren Berufs- und/oder Laufbahnwahl stehen, müssen sich damit auseinander setzen.

Wohlstand und Wohlfahrt

In unseren westlichen, demokratischen Industrie- und Dienstleistungsgesellschaften ist es selbstverständlich, dass das Individuum das Recht auf eigenständige Berufswahl und Berufsausübung besitzt. Dass diese Eigenständigkeit aufgrund der sich zunehmend rascher verändernden wirtschaftlichen und gesellschaftlichen Verhältnisse immer wieder neu definiert und auch entwickelt werden muss, hat sich in den letzten Jahren klar gezeigt. Diese Veränderungen werden sich künftig mit Bestimmtheit weiter fortsetzen.

Eigenständige Berufswahl

Bildung und Zukunft

Jugendliche in der Schweiz haben das Recht auf eigenständige Berufswahl

Bildungsziel

In den Lehrplänen und Schulgesetzen wurden immer wieder Bildungsziele formuliert, die dieser Grundauffassung entsprechen. Schule und Lehrzeit sollen generell Schülerinnen und Schüler auf das Leben vorbereiten.

Selbstständigkeit

Junge Menschen sollen fähig werden, ihr Leben selbstständig zu meistern. Die Schule und die Lehrbetriebe unterstützen und ergänzen deshalb die vom Gesetz bestimmten Erziehungs- und Bildungsaufgaben der Familie.

Schlüsselkompetenzen

Nebst den Erziehungsbemühungen der Eltern, bei denen vor allem Selbstständigkeit, Eigenverantwortlichkeit, Beziehungs- und Konfliktfähigkeit, Arbeitsreife, Selbstbewusstsein und Selbstvertrauen entwickelt werden sollen, müssen die Schule und die Lehrmeisterinnen und Lehrmeister zusätzlich helfen, die für das Bestehen in der Gesellschaft notwendigen körperlichen, geistigen und seelischen Fähigkeiten, Einstellungen und Haltungen aufzubauen und weiterzuentwickeln. Die bekannten Bildungsziele in der Grundschule sowie der Erwerb der ersten beruflichen Fähigkeiten und Fertigkeiten nach der obligatorischen Schulzeit gehören dabei ebenso dazu wie die in den letzten fünfzig Jahren neu dazugekommenen Fächer: Realien, musische und kreative Fächer, Wirtschaftskunde, Förderung manueller Fähigkeiten und Fertigkeiten, Informatikkenntnisse und spezifische berufliche Fach- und Branchenkenntnisse. Häufig diskutiert werden gegenwärtig das frühzeitige Lernen der Fremdsprachen bereits in der Grundschule sowie die Vermittlung der Grundlagen der Informationstechnologie. Auch der Umgang mit einem immer grösseren Anteil an Freizeit will erlernt sein und wirft neue Fragen auf, z.B. im Zusammenhang mit Gesundheit, Reisen u.a. Hinzu kommen die Auseinandersetzung mit multikulturellen Herausforderungen, ökologischen Problemen usw.

Wer die Wahl hat, hat die Qual: Berufsmöglichkeiten gibt es viele

Vielfalt der Erziehungs- und Entwicklungsziele (nach Dr. Peter Gasser)

Persönlichkeitsbildung

Häufig fehlen heute intakte Familienverhältnisse: Nach neuester Statistik werden in der Schweiz beispielsweise über 40 Prozent aller Ehen geschieden. Dazu kommen die durch schnelle, gesamtgesellschaftliche Umbrüche erhöhten oder zumindest veränderten Ansprüche an die Persönlichkeit der Menschen. Dies zwingt die Ausbildnerinnen und Ausbildner vermehrt, sich der Persönlichkeitsbildung der jungen Menschen anzunehmen. Zwar war das schon immer eine Aufgabe von Betrieb, Ausbildungsstätte und Schule. Dieser Aspekt ist aber heute in fast jeder Ausbildung zentral. Aus diesem Grund wird die Sekundarstufe I vor dem Übergang in die Erwachsenenwelt häufig auch als Orientierungsstufe bezeichnet. Aber auch auf der Sekundarstufe II (Berufslehre/allgemeinbildende Schulen) finden weitere Phasen der Orientierung und der Integration in die Erwachsenenwelt statt.

Verstanden?

1. Welche Stärken weist das schweizerische Berufsbildungssystem auf?
2. In welchen Branchen ist eine Zunahme von Ausbildungsplätzen festzustellen – wo sind Rückgänge zu erwarten?
3. Stellen Sie die Verteilung der beruflichen Bildungsabschlüsse in Prozenten grafisch dar.

Bildung und Zukunft

3. | Bildung bringt Wohlstand

*Bedeutung der Berufs-
ausbildung*
KOMPETENZEN ▶ S. 20

Verschiedene Erhebungen und Studien zeigen: Berufsausbildung und Berufserfahrung verringern das Risiko, arbeitslos zu werden. So wurde beispielsweise nachgewiesen, dass das Risiko «Arbeitslosigkeit» für Ungelernte doppelt so hoch ist wie für Erwerbstätige mit Berufsausbildung und Berufspraxis. Und: Arbeitslosigkeit dauert bei Ungelernten zweimal so lange wie bei ausgebildeten Berufsleuten, die vorübergehend arbeitslos sind. Arbeitslose, die einen Beruf erlernt haben, finden rascher eine neue Stelle.

3.1 | Gut Ausgebildete verdienen mehr

Die berufliche Ausbildung ist ein wichtiger Faktor bei der Entlöhnung: Leute mit Berufsabschluss verdienen durchschnittlich 23 Prozent mehr als Ungelernte – bei Frauen ist diese Lohndifferenz noch grösser als bei Männern. Bei Berufsleuten mit höchst anspruchsvoller, selbstständiger und qualifizierter Arbeit liegt der Lohn sogar 70 Prozent höher als bei Ungelernten.

Weiterbildung

Regelmässige Weiterbildung zahlt sich aus: Das Einkommen verbessert sich zum Teil deutlich. Als Faustregel gilt: Für jede Bildungsstufe, die jemand erreicht, steigt der Monatslohn um 1000 Franken.

Maschinenindustrie: Gehalt nach Beruf, in Franken pro Monat

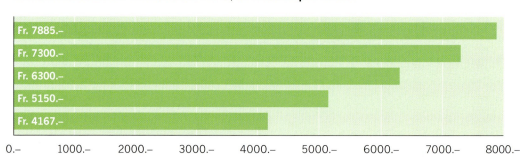

Lohnunterschiede

Zwischen Männern und Frauen gibt es immer noch erhebliche Lohndifferenzen. Gründe sind in erster Linie: Frauen sind im Durchschnitt jünger, weniger gut ausgebildet und in einer hierarchisch niedrigeren Stellung als Männer tätig. Allerdings verdienen auch Frauen, die gleich ausgebildet und gleich alt sind, weniger als ihre männlichen Berufskollegen. Beim Lohn werden Frauen nach wie vor benachteiligt.

3.2 | Karriere und Befriedigung im Beruf

Eine gründliche Berufslehre und Weiterbildung fördern die berufliche Zufriedenheit. Zusammen erlauben sie den beruflichen Aufstieg: Von den ungelernten Erwerbstätigen erhalten lediglich 22 Prozent eine Vorgesetztenposition (und nur auf der untersten Stufe); mit einer Berufsausbildung sind es annähernd 40 Prozent. Bei Absolvierenden einer höheren Weiterbildung werden über 60 Prozent zu Vorgesetzten.

All dies bedeutet für die meisten Berufstätigen mehr Befriedigung im Beruf, mehr Freude und mehr Entfaltungsmöglichkeiten.

Mehr Freude am Beruf dank guter Ausbildung und Anerkennung.

3.3 | Bildung erweitert den Horizont

Bildung ermöglicht kritisches Denken und ist Voraussetzung für selbstständiges Handeln. Studien zeigen auch, dass gut Gebildete gesünder sind als weniger Gebildete. Davon profitieren letztlich auch Wirtschaft und Gesellschaft. Mit einer guten Bildung der Bevölkerung lassen sich Sozialausgaben und Gesundheitskosten reduzieren. Gebildete Menschen sind fähig, die Gesellschaft kritisch zu betrachten und am politischen Leben teilzunehmen. Gerade die Schweiz mit ihrer direkten Demokratie ist auf interessierte und eigenständige Bürgerinnen und Bürger angewiesen.

Bildung führt zu Autonomie

Lebenslanges Lernen erhöht die Lebensqualität und senkt das Risiko, arbeitslos zu werden.

Verstanden?

4. Welche Auswirkungen hat eine berufliche Grundausbildung in Bezug auf die Arbeitslosigkeit?

5. Warum verdienen Männer mehr als Frauen?

Bildung und Zukunft

4. | Strukturwandel – vermehrter Berufswechsel

Strukturwandel
Berufswechsel
GRUNDLAGEN ▸ S. 260

4.1 | Ersterlernter Beruf – Beruf fürs Leben?
Der ersterlernte Beruf wird kaum mehr das ganze Leben lang ausgeübt: Rund ein Drittel der jungen Erwachsenen im Alter von 18 bis 24 Jahren arbeitet nicht mehr im erlernten Beruf. Bei den 34-Jährigen ist es bereits die Hälfte, die mindestens einmal in ihrem Leben Beruf und Branche gewechselt hat. Der rasche Strukturwandel in der Wirtschaft sowie die neuen Technologien können zu mehr als einem einzigen Berufswechsel während des Arbeitslebens führen.

Es ist heute wichtiger, dass alle Jugendlichen eine Ausbildung absolvieren, als dass sie ihren (vermeintlichen) Traumberuf erlernen können. Dennoch ist der ersterlernte Beruf wichtig: Die Berufslehre ist ein wichtiger Schritt zur Integration in Arbeitswelt, Wirtschaftsleben und Berufskarriere.

4.2 | Wirtschaft – rasante Veränderungen
Veränderungen in der Wirtschaft laufen heute in hohem Tempo ab. Landwirtschaft und Industriesektor schrumpfen, der Dienstleistungssektor wächst. Neue Branchen und Berufe entstehen, bestehende passen sich aktuellen Entwicklungen an und verändern sich vollständig oder verschwinden ganz. Kurz: Wir erleben eine berufliche Völkerwanderung!

Berufliche Völkerwanderung

Berufliche Mobilität und Anpassung an Veränderungen sind gefragt. Die Absolvierung einer Grundausbildung ist Ausgangspunkt zu lebenslanger Weiterbildung: Schon nach fünf Jahren ist ein Viertel des heute erworbenen Fachwissens veraltet. Allgemein wird heute Folgendes empfohlen:
▸ Gut lesen und schreiben lernen,
▸ ständige Weiterbildung in Englisch, Informatik und Kommunikation,
▸ mobil und flexibel bleiben,
▸ Problemlösungsstrategien kennen und Visionen entwickeln,
▸ Veränderungen in Berufsbranche, Gesellschaft, Politik und Wirtschaft beobachten und daraus persönliche Schlussfolgerungen ziehen sowie
▸ lebenslanges Lernen praktizieren.

Kompetenzen und
Schlüsselqualifikationen

Schlüsselqualifikationen wie Teamfähigkeit, Flexibilität, Kreativität, Sozialkompetenz und Verantwortungsbewusstsein sind gefragt. In innovativen Firmen wird bereits beim Nachwuchs im Rahmen der Grundausbildung grosses Gewicht auf Selbstständigkeit, Eigenverantwortung, Initiative und Zusammenarbeit gelegt und entsprechend gefördert.

Diesen veränderten Rahmenbedingungen muss sich auch das System von Grundbildung und beruflicher Weiterbildung anpassen: Bildung und Berufsbildung werden zu einer lebenslangen Aufgabe.

Verstanden?

6. Welche Auswirkungen hat der immer raschere wirtschaftliche Strukturwandel auf die Arbeitnehmenden?

7. Welche Qualifikationen werden zunehmend von Mitarbeitenden verlangt?

8. «Weiterbildung ist eine lebenslange Aufgabe jeder einzelnen Person!» Nehmen Sie Stellung zu dieser Aussage.

5. | Berufsbildung: Reform eines starken Systems

Die gesetzliche Grundlage für die aktuelle Reform der Berufsbildung ist das seit Anfang 2004 geltende Berufsbildungsgesetz (BBG). Das Berufsbildungssystem ist ein Schlüssel für die Bewältigung des Strukturwandels und für die Konkurrenzfähigkeit der Wirtschaft: Rasche berufliche Anpassungsfähigkeit der Beschäftigten erlaubt eine schnellere Anpassung an den technologischen und strukturellen Wandel.

5.1 | Entwicklung der Berufsbildung

Noch in den 1950er-Jahren war rund die Hälfte der Werktätigen in unserem Land an- oder ungelernt. Eine Lehrstelle galt als Privileg. In verschiedenen Berufen war bis in die Zeit des Zweiten Weltkriegs Lehrgeld zu bezahlen. Die Wende trat in den 1960er-Jahren ein. Die Nachfrage nach Ausbildung stieg entsprechend dem wachsenden Bedarf an qualifizierten Arbeitskräften. Die Lehre wurde – zumindest für die männliche Jugend schweizerischer Nationalität – zum Normalfall.

Bedeutung der Berufslehre

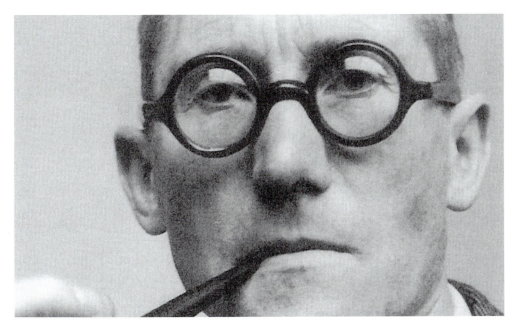

Wer beim berühmten Schweizer Architekten Le Corbusier eine Lehre machen wollte, musste Lehrgeld bezahlen.

Arbeitskräftemangel in fast allen Bereichen wurde zur Chance auch für Jugendliche mit schulischen oder anderen Schwierigkeiten.
Der zahlenmässige Höchststand an Lehrverhältnissen wurde Mitte der 1980er-Jahre erreicht.

5.2 | Neue Qualifikationsbedürfnisse

Seit den 1990er-Jahren unterliegt die Arbeitswelt einem tief greifenden Umbruch: Die rasante Entwicklung neuer Technologien, beispielsweise im Bereich der Telekommunikation und der Datenübertragung, stellen neue Anforderungen an die Ausbildung und an die Berufstätigen. Einerseits ändern sich die Erwartungen der Auszubildenden, andererseits aber auch die Ansprüche der Betriebe, welche die Ausgebildeten in den Produktionsprozess übernehmen. Neue Berufe und neue Formen des Lernens entstehen – die allmähliche Auflösung einer zeitlich fest abgrenzbaren Ausbildungsphase zugunsten des lebenslangen

Veränderte Anforderungen und Erwartungen

Lernens stellt das alte Ausbildungssystem vor neue Herausforderungen – Umwälzungen in Arbeitswelt und Gesellschaft führen zu differenzierten Ausbildungsangeboten auf verschiedenen Qualifikationsstufen. Änderungen im Anforderungsprofil, das die Firmen bei der Anstellung eines Mitarbeiters oder einer Mitarbeiterin voraussetzen, erfordern Flexibilität der Menschen und Anpassungsfähigkeit des Ausbildungssystems.

5.3 | Duale Berufsbildung: fundiert und praxisorientiert
Die zentralen Aufgaben des Berufsbildungssystems bestehen darin:
- den Auszubildenden die fachlichen, persönlichen und sozialen Kompetenzen zu vermitteln, die ihnen eine erfolgreiche Teilnahme am Arbeitsprozess ermöglichen;
- die berufliche Weiterentwicklung und Mobilität zu fördern.

Weiterbildung ist wichtig: Kurszentrum Schloss Münchenwiler (BE).

Wichtige Nahtstellen

Wichtig ist dabei, dass die Übergänge zwischen allen Berufen und Bildungszweigen durchlässig sind und dass für alle Bedürfnisse Aus- und Weiterbildungen angeboten werden. Das Berufsbildungsgesetz soll das schweizerische Berufsbildungssystem bei der Verfolgung dieser Ziele stärken und unterstützen. Es ist eine Antwort auf den wirtschaftlichen und gesellschaftlichen Wandel und bringt:
- Neue, differenzierte Wege der beruflichen Bildung: Neben der traditionellen Lehre gibt es neu Grundausbildungen mit hohem Schulanteil sowie kürzere Ausbildungen mit eigenem Qualifikationsprofil für Schwächere (Grundbildung mit Attest);
- Klar definierte «höhere Berufsbildung» im Nicht-Hochschulbereich;
- Mehr Verantwortung für alle Beteiligten;
- Durchlässigkeit: Ein Bildungsziel kann auf verschiedenen Wegen erreicht werden;
- Leistungsorientierte Finanzierung;
- Mehr Geld für die Berufsbildung.

5.4 | Neuerungen im Berufsbildungsgesetz: Individuelle Laufbahngestaltung
- Attraktivere Ausgestaltung: Die Berufsbildung wird qualitativ, quantitativ und prestigemässig aufgewertet. Schulische Ausbildungsanteile werden ausgebaut und vermehrt mit der Berufspraxis verknüpft.
- Berufliche Grundbildung: Ein eidgenössisches Fähigkeitszeugnis (EFZ) erhält, wer eine drei- oder vierjährige Lehre erfolgreich abschliesst. Für Ausbildungen unter drei Jahren wird ein eigenes Qualifikationsniveau eingeführt: das eidgenössische Berufsattest (EBA).
- Für Leistungsschwächere ist eine individuelle Betreuung vorgesehen.

Qualitätsmerkmale des schweizerischen Berufsbildungssystems

- «Berufsfachschulen» erschliessen vermehrt Bildungsmöglichkeiten im Hightechbereich und in anspruchsvolleren Segmenten im Dienstleistungsbereich (z. B. im Gesundheits- und Sozialwesen).
- Ausweitung: Berufe im Dienstleistungs- und Freizeitbereich sowie Berufe im Gesundheitswesen werden eidgenössisch anerkannt und teilweise neu entwickelt (z. B. Fachangestellte Gesundheit).
- Berufsfeldorientierung: Die Vielzahl der heute existierenden Berufe soll in 20 bis 40 Berufsfeldern zusammengefasst werden. Reformbestrebungen des Arbeitgeberverbands der Schweizer Maschinenindustrie («ASM-Reform») zeigen auf, in welche Richtung sich die Berufsbildung entwickeln wird: Mit der konsequenten Berufsfeldorientierung gelang es dem ASM, sieben Basisberufe zu bilden (Konstrukteur, Polymechaniker, Anlage- und Apparatebauer, Automatiker, Elektroniker, Informatiker sowie Kaufmann bzw. Kauffrau).
- Modularer Aufbau: Gemeint ist eine breite Grundausbildung im ersten und allenfalls im zweiten Lehrjahr. Anschliessend wird eine Spezialisierung in Modulkursen ermöglicht. Als Beispiel dient das neue Ausbildungsmodell der Bauzeichnerberufe.
- Weiterbildung: Sie ist die Antwort auf das ständig zunehmende Fachwissen und den beschleunigten wirtschaftlichen und gesellschaftlichen Wandel. Damit wird der technischen Entwicklung Rechnung getragen, die den immer rascheren Erwerb neuer Qualifikationen erfordert. Unter dem neuen Begriff «Höhere Berufsbildung» sind die eidgenössischen Berufs- und höheren Fachprüfungen sowie die höheren Fachschulen zusammengefasst. Sie werden neben den Fachhochschulen als eigenständiges Bildungsangebot der Tertiärstufe verankert.
- Lebenslanges Lernen soll Wirklichkeit werden – im Interesse des persönlichen Qualifikationserhalts in einer dynamischen Arbeitswelt.
- Anreizsysteme: Wer Ausbildung ermöglicht, soll finanziell entschädigt werden, wer keine Ausbildungen anbietet, bezahlen (Bonus-Malus-System). Ein zur Zeit viel diskutiertes Modell sieht beispielsweise Steuererleichterungen für Ausbildungsbetriebe vor.
- Berufsmaturität: Die Berufsmaturitätsausbildung ist anspruchsvoll. Wer berufsbegleitend die Matura macht, muss in der täglichen Arbeit entlastet werden.

Die Berufsbildung der Schweiz ist eine Erfolgsgeschichte: Schätzungsweise rund zwei Drittel der Schweizer Jugendlichen schliessen eine Berufslehre ab. Dies ist ein Hauptgrund für die im internationalen Vergleich tiefe Jugendarbeitslosigkeit. Allerdings: Die Berufswelt wandelt sich rasant. Dieser Wandel verlangt von allen Flexibilität.

Verstanden?

9. Welche Neuerungen weist das schweizerische Berufsbildungssystem auf?
10. In welchen Branchen ist eine Zunahme von Ausbildungsplätzen festzustellen – wo sind Rückgänge zu erwarten?
11. Stellen Sie die Verteilung der beruflichen Bildungsabschlüsse in Prozenten grafisch dar.
12. Welche Entwicklung der Berufsbildungsplätze fand statt?
13. Welche Ziele hat die Reform der Berufsbildung erreicht?

Bildung und Zukunft

6. | Zukunft von Bildung und Forschung

Weiterbildung ist Qualifikation

Jährlich nehmen in der Schweiz gegen zwei Millionen Personen an Weiterbildungsveranstaltungen teil. Die Bereitschaft zur freiwilligen Qualifikationsverbesserung ist vorhanden und die Weiterbildung wird verstärkt auf die berufliche Neuorientierung und Umschulung ausgerichtet.

Auch die revidierte Arbeitslosenversicherung trägt dem Bedürfnis nach Umschulung und Weiterbildung vermehrt Rechnung: Wenn Arbeitslose eine Umschulung, eine Weiterbildung oder ein Betriebspraktikum absolvieren, können sie dabei während zwei Jahren von der Arbeitslosenkasse unterstützt werden.

6.1 | Bedeutung von Forschung und Entwicklung (F + E)

Grundlage von Innovationen

Investitionen in Bildung und Forschung zahlen sich aus. Gut Gebildete werden seltener arbeitslos und – wenn sie doch einmal arbeitslos sind – finden sie schneller wieder eine neue Stelle. Hohe Aufwendungen in Bildung und Forschung sind eine Voraussetzung dafür, dass ein Land über ein hohes Bildungsniveau und damit über eine solide Grundlage für Innovationen und wirtschaftliche Entwicklung verfügt. Wenn ein Land in Bildung und Forschung investiert, wird es ein höheres Wirtschaftswachstum aufweisen und damit einen höheren Wohlstand haben, als wenn es dies nicht tut.

Standortfaktor Wissen

Zudem ist in einer globalisierten Wirtschaft Wissen der Standortfaktor schlechthin: Forschung und Entwicklung (F + E) sowie Weiterbildung sind zentrale Faktoren für die Standortattraktivität und Wettbewerbsfähigkeit eines Landes. In einem Land, das über gebildete Arbeitskräfte und qualifizierte Forscher und Forscherinnen verfügt, wird mehr produziert und investiert, als in einem Land, in dem dies nicht der Fall ist. Verschiedene Studien zeigen, dass Länder mit höheren Forschungs- und Entwicklungsausgaben mehr in andere Länder exportieren. Diese Exporte bestehen meistens in hochwertigen Produkten der zukunftsträchtigen Hightechbranchen.

Forschung: Eine Stärke der Schweizer Wirtschaft.

Ausgaben in Bildung, Forschung und Entwicklung sind also nicht Kosten, sondern Investitionen in den künftigen Wohlstand eines Landes und stärken den Wirtschaftsstandort. Wenn Bildungs- und Forschungsausgaben im Zug der Sparpolitik gekürzt werden, schadet dies der wirtschaftlichen Entwicklung der Schweiz.

Nachwuchsförderung

Bezüglich Bildungs- und Forschungsniveau belegt die Schweiz im internationalen Vergleich einen Spitzenplatz. Allerdings sind in den 1990er-Jahren die Bildungsausgaben in der Schweiz gesunken. Auch der Nachwuchs an Fachkräften in F + E ist gering. Es besteht daher die Gefahr, dass die Schweiz ihren Spitzenplatz verliert. Schon heute sucht die Wirtschaft gut qualifiziertes Personal (z. B. InformatikerInnen) im Ausland.

Aus diesem Grund sind Anstrengungen im Bildungs- und Forschungsbereich notwendig. Der Bund will vermehrt Geld für Bildung, Forschung und Technologie ausgeben. Allmählich scheint sich die Meinung, dass die Ausgaben für Bildung und Forschung um einen namhaften Betrag erhöht werden müssen, in der Politik und bei der Mehrheit der Bevölkerung durchzusetzen.

6.2 | Künftige Entwicklungsschwerpunkte

Die kleine Schweiz ist im 20. Jahrhundert zu einem starken Wirtschaftsstandort geworden, nicht zuletzt dank ihrer fleissigen und gut gebildeten Bevölkerung. Um diesen erfolgreichen Weg weiterzugehen, sind Anpassungen an den wirtschaftlichen Wandel (z. B. an die Globalisierung) nötig:

Schweiz als Wirtschaftsstandort stärken

- Weiterentwicklung der Berufsausbildung: Ein Ziel könnte z. B. sein, dass in jedem Betrieb mindestens 5 Prozent der Belegschaft Auszubildende sind.
- Vergrösserung des Anteils von Fachhochschul- und Hochschulabsolventen: Andernfalls könnte die Schweiz eines Tages vermehrt ausländische Akademikerinnen und Akademiker benötigen und zukunftsträchtige Forschungs- und Entwicklungsbereiche würden ins Ausland verlagert.
- Durchlässigkeit: Zwischen den Schulstufen und den Schulen sollen Wechsel möglich sein, um so die Chancengleichheit im Bildungssystem zu erhöhen.
- Zukunftsbereiche: Die Verstärkung von Forschung und Entwicklung auf neuen Wachstumsfeldern wie Materialtechnologie, Informatik, Umwelt und Energietechnik ist ein Gebot der Zeit.
- Öffentliche Aufwendungen/Steuergelder: Investitionen in Bildung und Forschung zahlen sich aus, indem sie den Wirtschaftsstandort Schweiz stützen.
- Weiterbildung/Umschulung: Weiterbildungs- und Umschulungsmassnahmen sind zu fördern, um den vermehrten Jobwechseln – bedingt durch den Strukturwandel und die Flexibilitätserfordernisse der Wirtschaft – Rechnung zu tragen.

Verstanden?

14. Welcher Zusammenhang besteht zwischen Bildung und Wettbewerbsfähigkeit bzw. Wohlstand?
15. Warum holt die schweizerische Wirtschaft hoch qualifizierte Leute aus dem Ausland?
16. Welche Vorteile ergeben sich für Staat und Bevölkerung, wenn in Bildung investiert wird?

Konsum und Freizeit

1. | Einleitung

Seit dem Zweiten Weltkrieg hat sich unsere Gesellschaft zu einer Konsum- und Freizeitgesellschaft entwickelt. Der Konsum von Gütern und Dienstleistungen wirkt als Motor der Wirtschaft. Konsum ist teilweise zum Selbstzweck geworden. Die Multioptionsgesellschaft kennt viel mehr Freiheiten und Möglichkeiten als früher. Es stellt sich damit auch die Frage nach dem bewussten Leben und der Selbstverwirklichung.

1. Einleitung

2. **Leben in einer Multioptionsgesellschaft**
2.1 Folgen der Konsumgewohnheiten 28
2.2 Unzählige Wahlmöglichkeiten 29
2.3 Informelle Normen 30
2.4 Bedeutung der Selbsttätigkeit 31
2.5 Atmosphärenwechsel – Lust und Pflichtbewusstsein 32

3. **Volkswirtschaft und Markt**
3.1 Bedürfnisse 34
3.2 Volkswirtschaft als Kreislauf 34
3.3 Märkte und Preisbildung 35
3.4 Modell der freien Marktwirtschaft 37

4. **Lohn und Kaufkraft**
4.1 Lohn als Preis von Angebot und Nachfrage 38
4.2 Index der Konsumentenpreise und Warenkorb 38
4.3 Kreislaufeffekt des Lohnes 39

5. **Umgang mit Geld**
5.1 Vorsicht: Überschuldung 41
5.2 Aufstellen eines Budgets 44
5.3 Betreibungsarten 45

Konsum und Freizeit

2. | Leben in einer Multioptionsgesellschaft

2.1 | Folgen der Konsumgewohnheiten

Die industrialisierte, westliche Welt hat sich seit dem Zweiten Weltkrieg zu einer Konsum- und Wohlstandsgesellschaft entwickelt.

Eine durchschnittliche Schweizer Familie gab vor 50 Jahren 80 Prozent des Einkommens für die Befriedigung der Existenzbedürfnisse aus: Lebensmittel, Wohnung, Kleider.

Existenzbedürfnisse

Heute werden für die Existenzbedürfnisse noch rund 40 Prozent des Einkommens ausgegeben. Ein grosser Teil des Verdienten wird für die Befriedigung von Wahl- oder Luxusbedürfnissen aufgewendet (nicht lebensnotwendige Güter und Dienstleistungen).

Gemäss dem 2. Schweizerischen Ernährungsbericht ist der Nahrungsbedarf hierzulande mehr als gedeckt. Die optimale Kalorienversorgung der Menschen wird durchschnittlich

Übergewicht

um 20 bis 30 Prozent überschritten. Trotz Joggingwelle und zunehmendem Gesundheits- und Fitnessbewusstsein hat die schweizerische Bevölkerung insgesamt etwa 25 Mio. Kilogramm Fett angelagert.

Konsum ist immer mit Eingriffen in die die ökologischen Stoff- und Energiekreisläufe der Natur verbunden. Deshalb hat der «Konsum bis zum Kollaps» nebst gesundheitlichen

Umweltbelastung

Auswirkungen auch die Zerstörung der Umwelt zur Folge. Das Konsumniveau, das wir uns in den wohlhabenden Industrieländern gewohnt sind, belastet die Umwelt in zweifacher Weise: Einerseits werden der Natur so grosse Mengen an Rohstoffen und Ressourcen entnommen, dass sie sich nicht mehr regenerieren kann. Andererseits werden der Umwelt in Form von Abfall naturfremde Stoffe zugeführt, die sie nicht abbauen kann. Die Belastung

Trotz Jogging: Viele Schweizer bewegen sich zu wenig.

Heute kann man fast alles immer haben: auch Südfrüchte im Winter.

der Umwelt und der Verbrauch von Umweltgütern wie Energie, Boden/Landschaft, Wasser und Luft sind auch in der Schweiz in den letzten Jahrzehnten massiv gestiegen.

Aus Kehrichtverbrennung, Abfallentsorgung und Abwasserreinigung fallen verschiedenste «Abfallprodukte» an, die trotz «Reinigung» Böden, Gewässer und Luft belasten: Rauch, Gase (Stick- und Kohlendioxide), Säuren, Schwermetalle (Quecksilber, Cadmium und andere).

Massnahmen zur Reduktion der Umweltbelastung beschränken sich häufig auf die Bekämpfung der Symptome, statt die Ursachen anzugehen.

Die Wiederverwendung bereits genutzter Rohstoffe (Recycling) ist von grosser Bedeutung. Der Raubbau an Luft, Wasser und Erde, die Eingriffe in natürliche Lebensräume und die Umweltbelastung bedrohen die Ökosysteme, d.h. die wechselseitigen Beziehungen und Gleichgewichte in der Natur. Veränderungen oder gar der Zusammenbruch des Ökosystems stellen lebensbedrohende Gefahren für Mensch und Umwelt dar. Die grenzenlose Konsumgesellschaft kann daher nur einen vorübergehenden Zustand darstellen.

Umweltgüter

Recycling

KAPITEL ÖKOLOGIE ▶ S. 113 ff

2.2 | Unzählige Wahlmöglichkeiten

Das 20. Jahrhundert war geprägt von enormen Veränderungen, und aller Voraussicht nach wird dies auch für das 21. Jahrhundert gelten. Der berufliche Alltag ist heute stärker strukturiert als noch vor 25 Jahren. So gibt es beispielsweise verbindliche Qualitätsnormen für Betriebe, vorgegebene Jahresziele und Leistungsbeurteilungen für alle Mitarbeitenden.

Diese Lebenswirklichkeit steht in klarem Widerspruch zur Erlebniswelt in der Freizeit. Dort findet ein Aufbruch in neue Dimensionen statt und der Mensch ist auf eine ganz andere Art gefordert.

Die Multioptionsgesellschaft bringt neue Gewohnheiten mit sich

Ausgaben pro Monat eines durchschnittlichen Haushaltes für Freizeit und Tourismus, Betrag in Franken pro Monat

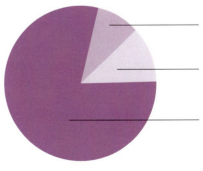

Ausgaben für Unterhaltung, Erholung, Sport, Hobbys und Kultur
Fr. 447.–

Ausgaben für Pauschalreisen, Restaurants, Hotels und andere Beherbergungsstätten
Fr. 546.–

übrige Konsumausgaben
Fr. 3760.–

Gesamte Konsumausgaben
Fr. 4752.–

Quelle: BfS 2007

Konsum und Freizeit

Jacht, Champagner und Villa: die Extreme der Konsumgesellschaft.

Wohlstandsgesellschaft

Die Konsum-, Freizeit- und Wohlstandsgesellschaft bringt neue Gewohnheiten mit sich. Neue Begriffe werden kreiert und finden Eingang in unseren Alltag. «Multioptionsgesellschaft» bedeutet, dass den Menschen unzählige Wahlmöglichkeiten offenstehen. Am deutlichsten wird dies im Konsumbereich: Es gibt dreissig Sorten Brot, über hundert Fernsehprogramme, hundert Haarpflegemittel – zudem unzählige Erlebnismöglichkeiten: vom Wandern über Tiefseetauchen bis hin zum Surfen im Internet. Die Unterhaltungs- und Freizeitindustrie bietet unzählige Erlebnismöglichkeiten an, die raschen Lustgewinn versprechen: Abenteuerreisen, Trendsportarten, Parties, Action-Filme usw. Und Reisen, auch mit bescheidenen Mitteln war noch nie so einfach möglich wie heute.

Lebensentwürfe

Die moderne Gesellschaft zeichnet sich ausserdem durch eine Vielzahl verschiedener Lebensentwürfe aus. Noch vor fünfzig Jahren war es beispielsweise eine Ausnahme, wenn junge Erwachsene nicht verheiratet waren. Die Rollenverteilung war verbindlich geregelt: Der Vater war Ernährer und ging einer Erwerbstätigkeit nach, die Mutter besorgte den Haushalt und war für die Erziehung der Kinder zuständig.

Verschiedene Lebensformen

Heute gibt es höchst vielfältige und dynamische Familienrealitäten: Allein erziehende Mütter ohne Väter, Patchwork-Familien, berufstätige junge Mütter, Frauen, die nach einer längeren Babypause den beruflichen Wiedereinstieg suchen, Männer, die Erziehung, Haushalt und Erwerbstätigkeit mit ihren Partnerinnen teilen, Doppelkarriere-Paare mit Kindern. «Die Familie» ist heute ein buntes Nebeneinander von verschiedenen Lebensformen.

Auch auf geistiger und religiöser Ebene existiert ein breites Angebot. Die Menschen gestalten heute ihr Leben nach ganz unterschiedlichen lebensphilosophischen Prinzipien. So hat sich auch ein Ratgebermarkt für eine gelungene und erfolgreiche Lebensführung entwickelt.

Man lernt nicht mehr einen Beruf fürs Leben, sondern wechselt im Verlauf des Erwerbslebens nicht nur die Stelle, sondern oftmals auch die Branche. Entsprechend vielfältig ist heute das Aus- und Weiterbildungsangebot.

2.3 | Informelle Normen

Parallel zur Entwicklung der Multioptionsgesellschaft haben sich in den letzten vierzig Jahren die so genannten «informellen Normen» gelockert. Das sind jene Einstellungs-, Verhaltens- und Handlungsmuster, mit denen «zwischen den Zeilen» gesagt wird, was zu denken, zu fühlen, zu tun und zu unterlassen ist. Früher wachte das «Dorf- oder Quartierauge» über die Einhaltung der Normen und sanktionierte «Fehlverhalten». Man spricht in diesem Zusammenhang von sozialer Kontrolle.

Soziale Kontakte

Vor fünfzig Jahren waren die informellen Normen in vielen Lebensbereichen sehr strikte. Mädchen durften ihre Haare (Zöpfe) erst nach Ende der obligatorischen Schulzeit abschneiden. Wer es vorher tat, galt als arrogant und verwöhnt. Wer am Sonntag den Kirchenbesuch versäumte, musste beim Pfarrer antreten. Wer ins gemischte Bad ging, galt in moralischer Hinsicht als gefährdet. Eine junge Frau, die ausserehelich schwanger wurde, musste das Dorf verlassen, wollte sie psychisch überleben. Man kann sich heute die Frage stellen, ob in gewissen Bereichen die informellen Normen nicht zu large geworden sind, z. B. was die Werbung des Sexgewerbes betrifft.

1933 badete man noch züchtig im Ganzkörper-Badeanzug (London, 1933).

Zu enge und zu starre informelle Normen beeinträchtigen jedoch die Vielfalt der Lebensentwürfe und -stile, das Ausleben der verschiedenen Facetten der eigenen Persönlichkeit und den Reichtum individueller und differenzierter Lebensgestaltungen. Zu large soziale Normen können dagegen Rückzug ins Private, Gleichgültigkeit gegenüber dem Wohlbefinden anderer, Egoismus und damit zusammenhängend Wärmeverlust in den mitmenschlichen Beziehungen zur Folge haben. Tatsächlich ist es eine anspruchsvolle Aufgabe jeder Gesellschaft, jeder Kultur, jeder Kleingruppe und jeder Familie, immer wieder angemessene informelle Normen zu entwickeln, die ein Gleichgewicht zwischen individueller Freiheit und sozialer Verbindlichkeit, zwischen der Wahrnehmung eigener Interessen und solidarischem Handeln, zwischen privatem und öffentlichem Leben gewährleisten.

Differenzierte Lebensgestaltung

Es ist nicht leicht, sich in der Multioptionsgesellschaft zurecht zu finden und eine Persönlichkeit mit eigenen Ideen, Meinungen und Perspektiven zu entwickeln.

Manche Menschen verlieren sich im Dschungel unzähliger Möglichkeiten. Sie «jagen tausend Hasen und fangen am Ende keinen». Andere klammern sich dagegen an ganz klare Strukturen und sehr einfache Lebensprinzipien. Manche gleiten in totalitäre Gruppierungen ab, wo sie Halt und (trügerische) Geborgenheit suchen und sektiererisch werden. Dabei spielen oft auch individuelle lebensgeschichtliche Gründe und belastende Lebenssituationen eine Rolle.

Unzählige Möglichkeiten

2.4 | Bedeutung der Selbsttätigkeit

Eine offene und freie Gesellschaft bietet dem einzelnen Menschen grosse Chancen, wenn er fähig ist, bewusst das Eine zu wählen und auf das Andere zu verzichten. Diese Fähigkeit bedeutet, sich auf einen Entscheidungsprozess einzulassen und ihn auch durchzustehen: Alternativen prüfen, ihre Vor- und Nachteile abwägen, innehalten, Fragen stellen und warten, bis eine überzeugende Wahl getroffen werden kann. Selbsttätigkeit hilft uns, in einer offenen Gesellschaft mit ihren vielen Verlockungen bestehen zu können.

Verlockungen widerstehen

Weit verbreitet ist die Meinung, dass soziale und intellektuelle Fähigkeiten den Menschen ausschliesslich von «aussen» beigebracht werden können. Deshalb wird in Elternhaus, Schule und beruflicher Aus- und Weiterbildung mit allen möglichen Mitteln versucht, Kindern, Jugendlichen und Erwachsenen die als wichtig erachteten Vorstellungen, Denk- und Handlungsmuster gewissermassen «einzuimpfen». Der Lern- und Bildungsprozess wird aber von einer gegenläufigen Bewegung begleitet, die von «innen» nach «aussen» geht. Der Mensch ist nämlich auch von sich aus tätig, erkundet die Welt, stösst auf Probleme und

Auch Religion kann Halt geben und Normen vermitteln.

Selbsttätigkeit

Eigenständiges Lernen

will sie selber lösen. Er entdeckt Zusammenhänge, stellt Vermutungen an und entwickelt eigene Theorien. Kurz: Er ist selbsttätig. Selbsttätigkeit kann besonders gut beim spielenden Kleinkind beobachtet werden. Das Kind spielt nicht nur, sondern es setzt sich handelnd mit der Wirklichkeit auseinander. Wenn es «Lehrerlis» spielt, ahmt es nicht nur die Rolle eines Erwachsenen nach, sondern bereitet sich auf die zukünftige Situation als Schüler vor.

Es gehört zu den elementarsten Bedürfnissen und Erfahrungen des Menschen, von anderen angenommen zu werden, selbst etwas auszurichten, etwas zu bewirken, selbst zu entdecken und zu erkennen. «Ich kann es», «ich habe es selber gemerkt», gehören zu den wichtigsten Sätzen und Gefühlserlebnissen des Menschen. In ihnen drückt sich eine tiefe Befriedigung über das Erreichte aus. Selbsttätigkeit stärkt Selbstvertrauen, Selbstwertgefühl und Selbstbewusstsein. Daher ist es wichtig, Freiräume zu erhalten oder (wieder) zu schaffen, die diese Selbsttätigkeit und Selbstreflexion, dieses eigenständige Lernen ermöglichen. Beim Theater-Spielen oder beim Schreiben eines Tagebuches setzt sich der Mensch mit sich selbst auseinander. Bei sportlicher Betätigung wird die Körper- und somit auch die Selbstbeherrschung geübt. Bei handwerklichen Tätigkeiten oder beim Malen von Bildern werden die Phantasie und die Kreativität angesprochen.

2.5 | Bewusste Lebensgestaltung und Selbstkontrolle

Freude und Zufriedenheit

Wer Unlust um jeden Preis vermeidet, beraubt sich jener positiven Gefühle, die sich im Kontrast zu unangenehmen entwickeln können. Freude und innere Zufriedenheit kann nur erleben, wer auch bereit ist, Gefühle der Unlust in Kauf zu nehmen. «Saure Wochen – frohe Feste», so hat der berühmte Dichter Johann Wolfgang Goethe (1749–1832) diese alte Weisheit formuliert.

Sich Zeit zu nehmen, um zu sich zu kommen, ist absolut nötig. Eine Möglichkeit bietet das Wandern in den Bergen.

Unter den gegebenen Lebensbedingungen bekunden immer mehr Menschen Mühe, einen angemessenen Rhythmus zu finden zwischen Anspannung und Entspannung, Arbeit und Musse, konzentriertem Nachdenken und Träumen, körperlicher Betätigung und Beschaulichkeit, stillem Alleinsein und ausgelassener Fröhlichkeit in der Gemeinschaft.

Ausgeglichenheit suchen

Das gleichzeitige Nebeneinander verschiedener Aktivitäten kann zu einer Verflachung des Erlebens und Fühlens führen. Manche Menschen geraten als Folge davon in eine unbestimmte Betriebsamkeit und fühlen sich unruhig und angespannt. Andere werden von Leere und Langeweile überfallen und müssen diese mit noch mehr Aufregung, Action und Nervenkitzel füllen. Vielen Menschen fällt es schwer, das Leben so zu gestalten, dass sie nicht nur oberflächlich zufrieden, sondern im Innersten erfüllt und glücklich sind. Mögliche Ursachen dafür sind:
- das Überangebot an Erlebnis- und Unterhaltungsmöglichkeiten,
- die permanente Reizüberflutung,
- die Entfernung von der Natur.

Auch Abwechslung ist nötig: Zum Beispiel beim Theaterspielen.

Ohne Selbstdisziplin ist es unter den gegebenen Lebensumständen schwierig, das Leben in den Griff zu bekommen. Selbstdisziplin ist die Fähigkeit, sich bewusst auf Lebenssituationen und Erlebnisweisen einzustimmen und andere vorläufig auszuschliessen:

Selbstdisziplin

- «Jetzt arbeite ich für eine gewisse Zeit voll konzentriert und belohne mich nachher mit genüsslicher Entspannung.»
- «Jetzt höre ich Musik und lasse mich durch nichts anderes ablenken.»

Dieses bewusste Nacheinander vertieft und bereichert die Gegenwart. Denn durch das vorläufige Ausschliessen anderer Möglichkeiten werden wir offener für das Hier und Jetzt.

Verstanden?

17. Wie haben sich die Ausgaben für die Befriedigung der Existenzbedürfnisse entwickelt?
18. Was verstehen Sie unter Wahl- und Luxusbedürfnissen?
19. Welche grundsätzlichen Probleme bringt der stetig steigende Konsum?
20. Welche Branche der Freizeitindustrie macht den grössten Umsatz? ▸ Vgl. Kreisdiagramm Seite 29. In welchem Freizeitbereich geben Sie persönlich am meisten Geld aus (wie viel)?
21. Worin besteht der Unterschied zwischen formellen und informellen Normen?
22. Wie starr bzw. wie locker sollten informelle Normen sein?
23. Was heisst Multioptionsgesellschaft? Verdeutlichen Sie den Begriff mit Beispielen.
24. Was meint das Sprichwort «Wenn Rebhuhn dann Rebhuhn, wenn fasten dann fasten»?
25. Nennen Sie die gesellschaftlichen Ursachen, die es den Menschen erschweren, das Leben rhythmisch und differenziert zu gestalten.
26. Was bedeutet der Begriff «Selbstdisziplin»?

Konsum und Freizeit

3. | Volkswirtschaft und Markt

3.1 | Bedürfnisse

Bedürfnisse
GRUNDLAGEN ▶ S. 244

Um zu überleben, muss der Mensch seine Grundbedürfnisse befriedigen können. Dazu braucht er Lebensmittel, warme Kleider und geheizte Räume. Zum Wohnen benötigt er Möbel. Wird der Mensch krank, sucht er einen Arzt auf oder geht ins Spital. Weil die Kosten für die medizinische Versorgung sehr hoch sein können, versichert sich der Mensch, damit er die Kosten nicht alleine tragen muss. Der Mensch hat aber auch das Bedürfnis nach Zugehörigkeit und Achtung. Er möchte auch geliebt werden, Anerkennung finden und Erfolg haben.

Anerkennung

Individualbedürfnisse

Kollektivbedürfnisse

Es werden verschiedene Bedürfnisse unterschieden: Auf der einen Seite die Individualbedürfnisse, das heisst die Bedürfnisse, die der einzelne Mensch für sich selbst hat. Zum Beispiel Kleidung, Essen, Wohnung, Velo fahren, Auto fahren usw. Kollektivbedürfnisse dagegen sind Bedürfnisse, die alle in einer Gemeinschaft gemeinsam haben, zum Beispiel das Bedürfnis nach Spitälern, Strassen, öffentlichem Verkehr, Versicherungen usw. Daneben gibt es die materiellen (Möbel, Ferienreise, Schmuck usw.) sowie die immateriellen Bedürfnisse (Freiheit, Liebe, Geborgenheit usw.). Neben der Unterscheidung von Individual- und Kollektivbedürfnissen wird auch von Existenzbedürfnissen (Nahrung, Kleidung, Wohnen) und Wahl- oder Luxusbedürfnissen gesprochen. Dabei ist es nicht immer einfach zu definieren, was Existenz und was Luxus ist. Braucht ein Mensch Ferien zum Leben? Oder einen Fernseher? Oder ein Auto? Der amerikanische Psychologe Abraham Maslow (1908–1971) hat ein Stufenmodell entwickelt, welches sich mit der Motivation, den Beweggründen des menschlichen Handelns in der Welt befasst. Er unterscheidet verschiedene Bedürfniskategorien und stellt diese in Form einer Pyramide dar.

Materielle und immaterielle Bedürfnisse

3.2 | Volkswirtschaft als Kreislauf

Konsumgüter

Den Bedürfnissen des Menschen entspringen Wünsche, die mit Konsumgütern und Dienstleistungen befriedigt werden. Konsumgüter sind z. B. Lebensmittel, Kleider, Möbel, Heizöl, Strom, Versicherungsleistungen, Fitnesscenter, Kinofilme, Ferienreisen usw.

Die Bedürfnispyramide nach Maslow – Unterscheidung der Bedürfnisse

nach Dringlichkeit:

5. Selbstverwirklichung
4. Bedürfnis nach Achtung
3. Bedürfnis nach Zugehörigkeit
2. Bedürfnis nach Sicherheit
1. Grund- beziehungsweise Existenzbedürfnisse (Nahrung, Wohnung)

nach Befriedigung:

▸ Individualbedürfnisse: Essen, Autofahren usw.
▸ Kollektivbedürfnisse: Bedürfnisse, die nur durch gemeinsame Anstrengungen befriedigt werden können: Strassenbau, Versicherungen, Spitäler usw.
▸ Materielle Bedürfnisse: Kleider, Möbel usw.
▸ Immaterielle Bedürfnisse: Bedürfnisse, die nicht gegenständlich, nicht «greifbar» sind, sondern gespürt werden: Liebe, Freiheit, Zugehörigkeit usw.

Die Menschen (in der Wirtschaftswissenschaft auch als Haushalte bezeichnet) kaufen und konsumieren wirtschaftliche Güter (Waren und Dienstleistungen), die von Unternehmen (Produzenten) hergestellt und angeboten werden. Zugleich stellen die Haushalte den Unternehmungen gegen Geld die Produktionsfaktoren Arbeit, Boden und Kapital zur Verfügung. Die Volkswirtschaft kann daher als Kreislauf zweier Ströme aufgefasst werden, die zwischen den konsumierenden Haushalten und den produzierenden Unternehmen zirkulieren: der eine Strom umfasst alle Waren und Dienstleistungen sowie die Produktionsfaktoren; der andere ist der Geldstrom und umfasst alle Konsumausgaben und die Faktoreinkommen.

Wirtschaftliche Güter

Produktionsfaktoren
GRUNDLAGEN ▶ S. 246/247

Einfacher Wirtschaftskreislauf

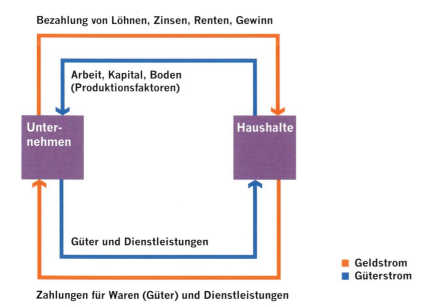

Wirtschaftskreislauf
GRUNDLAGEN ▶ S. 244/245

3.3 | Märkte und Preisbildung

Auf einem Lebensmittelmarkt kommen verschiedene Produzenten und Produzentinnen (Bauern und Bäuerinnen, Käser, Metzger, Fischer, Gemüsehändlerinnen u. a.) zusammen, um ihre Ware zu verkaufen. Sie bieten ihre Ware an ihren Marktständen an. Sie sind die Anbieterinnen und Anbieter, und die Produkte, die sie feilbieten, das Angebot. Auf den Markt kommen Käuferinnen und Käufer (Konsumenten), welche in der Lage und bereit sind, für die Befriedigung ihrer Bedürfnisse Geld auszugeben und die angebotenen Produkte zu kaufen. Ihre Kaufbereitschaft, wird als Nachfrage bezeichnet. Ein Markt ist also ein Ort, wo sich Produzent (Anbieter) und Konsument (Nachfrager) treffen.

Preisbildung
GRUNDLAGEN ▶ S. 251

Angebot und Nachfrage

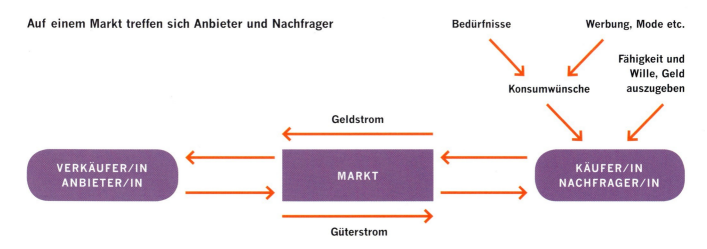

Konsum und Freizeit

In der Wirtschaftswissenschaft wird jedes Zusammentreffen von Angebot und Nachfrage als Markt bezeichnet. Es gibt daher ganz verschiedene Märkte:

Märkte

Art des Marktes	Beispiel/Produkt	AnbieterIn/ NachfragerIn
Gütermarkt	Gemüse-, Kleider-, Reisemarkt	Bauer, Händlerin, Reiseveranstalter/ Konsument und Konsumentin
Arbeitsmarkt	Arbeitskraft	Arbeitgeber/Arbeitnehmer
Liegenschaftsmarkt	Wohnungen, Häuser, Gewerbe-, Büroräume	Hauseigentümerin/Käuferin, Mieterin
Versicherungsmarkt	Krankenversicherung, Haftpflichtversicherung	Versicherungsgesellschaft/Versicherte
Kapitalmarkt	Aktien	Unternehmen/Aktionär und Aktionärin
Rohstoffmarkt	Erdöl, Erdgas	Rohstoffhändler/Grosseinkäufer
Elektrizitätsmarkt	Strom	Elektrizitätsgesellschaft/Verbraucherin

Marktmechanismus
GRUNDLAGEN ▶ S. 251/252

Preis

Zwischen Angebot, Nachfrage und Marktpreis bestehen folgende Zusammenhänge:
▶ Einerseits wird der Preis eines Gutes vom Angebot an und der Nachfrage nach diesem Gut bestimmt: Wenn auf einem Markt das Angebot grösser ist als die Nachfrage, dann sinkt der Preis. Umgekehrt verhält es sich, wenn das Angebot klein und die Nachfrage gross ist: Dann steigt der Preis.
▶ Andererseits kann aber der Preis eines Gutes auch das Angebot und die Nachfrage beeinflussen: Sinkt der Preis, steigt die Nachfrage. Da mit sinkendem Preis auch der Gewinn des Produzenten sinkt, wird möglicherweise das Angebot zurückgehen. Wird in der Folge weniger produziert und angeboten, können die Preise wieder steigen.

Markt

Angebot und Nachfrage

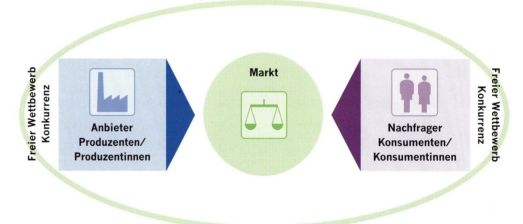

Selbstlenkung: Es gibt keine staatlichen Eingriffe ins wirtschaftliche Geschehen. Der Staat garantiert die Freiheitsrechte (z. B. Handels- und Gewerbefreiheit, Niederlassungs- und Berufswahlfreiheit) und sorgt u. a. dafür, dass Verträge rechtskräftig sind und durchgesetzt werden.

Gewinnstreben und Privateigentum: Motor der wirtschaftlichen Tätigkeit ist das individuelle Gewinnstreben (Nutzen- und Gewinnmaximierung). Als Voraussetzung braucht es das Privateigentum an den Produktionsmitteln (Boden und Kapital).

Produktionsfreiheit: Jede Person kann produzieren was und wo sie will.

Konsumfreiheit: Jede Person kann die Güter und Dienstleistungen konsumieren, die sie will.

Handels- und Gewerbefreiheit: Jede Person kann ein Gewerbe ihrer freien Wahl ausüben und Handel treiben, womit und mit wem sie will.

Markt: Ort, an dem sich Anbietende und Nachfragende treffen. Nach dem Prinzip von Angebot und Nachfrage entstehen Preise (Marktpreise). Diese steuern das Verhalten von Anbietenden und Nachfragenden durch die Konkurrenz auf dem Markt.

Der Marktpreis bewirkt letztlich, dass Angebot und Nachfrage in ein Gleichgewicht kommen. Ökonomen sprechen dann vom so genannten Marktgleichgewicht, weil in ihm angebotene und nachgefragte Menge übereinstimmen.

Gleichgewicht

3.4 | Modell der freien Marktwirtschaft

Die Theorie von Angebot und Nachfrage bildet die Grundlage des Modells der freien Marktwirtschaft. Dieses Modell propagiert die individuelle Freiheit und Selbstverantwortung des Menschen (Liberalismus) sowie den Wettbewerb (Konkurrenz): In einer freien Marktwirtschaft sollen alle nach ihren eigenen Zielen und Interessen handeln können. Antrieb der wirtschaftlichen Tätigkeit ist das individuelle Nutzen- und Gewinnstreben (Nutzen- und Gewinnmaximierung). In liberalen marktwirtschaftlichen Gesellschaften geniessen daher die drei Wirtschaftsfreiheiten (Produktions-, Handels- und Konsumfreiheit) und das Privateigentum einen sehr hohen Stellenwert. Diese gewährleisten freien Wettbewerb und Konkurrenz unter den verschiedenen Produzentinnen und Nachfragerinnen. In einer freien Marktwirtschaft greift der Staat nicht ins wirtschaftliche Geschehen ein. Die Aufgabe des Staates beschränkt sich darauf, die Freiheitsrechte (z. B. Handels- und Gewerbefreiheit, Niederlassungs- und Berufswahlfreiheit) zu garantieren und dafür zu sorgen, dass Verträge (z. B. Kaufverträge, Kreditverträge, Arbeitsverträge) rechtskräftig sind und – nötigenfalls vor Gericht – durchgesetzt werden können. Eine reine Marktwirtschaft gibt es nirgendwo auf der Welt; in allen Ländern greifen staatliche Organe (Regierung, Parlament und Verwaltungsbehörden) mehr oder weniger stark in das wirtschaftliche Geschehen ein und in vielen Fällen wird der Wettbewerb eingeschränkt oder sogar ausgeschaltet (z. B. durch Verbände, Kartelle, Monopole). Praktisch alle Länder haben heute eine soziale Marktwirtschaft.

Individuelle Freiheit

Gewinnstreben

Freie Marktwirtschaft

Wirtschaftsfreiheiten

GRUNDLAGEN ▶ S. 251

Märkte sind Orte, an denen sich Anbietende und Nachfragende treffen. Nach dem Prinzip von Angebot und Nachfrage entstehen die Marktpreise. In einer Wettbewerbswirtschaft steuern die Marktpreise das Verhalten von Anbietenden und Nachfragenden. Innerhalb der gesetzlichen Schranken kann jede Person produzieren was und wo sie will (Produktionsfreiheit). Ausserdem können alle ein Gewerbe ihrer freien Wahl ausüben und Handel treiben, womit und mit wem sie wollen (Handels- und Gewerbefreiheit). Auf der anderen Seite kann jede Person die Güter und Dienstleistungen konsumieren, die sie will (Konsumfreiheit).

Marktpreise

Verstanden?

27. Welche Bedürfnisse werden unterschieden?
28. Wie unterscheiden sich Grundbedürfnisse von Wahlbedürfnissen?
29. Welches sind die Akteure im einfachen Wirtschaftskreislauf?
30. Was ist ein Markt? Welche Märkte gibt es?
31. Wie kommt der Preis zustande?
32. Welche zwei grundsätzlichen Regeln gelten für die Preisbildung?
33. Wie funktioniert das Modell der freien Marktwirtschaft?
34. Wovon hängt die Höhe eines Lohnes ab?
35. Warum gibt es Lohnunterschiede innerhalb der gleichen Branche?

Konsum und Freizeit

4. | Lohn und Kaufkraft

4.1 | Lohn als Preis für Arbeitsleistung

Einkommen

Lohn heisst eigentlich «auf der Jagd oder im Kampf Erbeutetes». Dies ist Geschichte, heute wird darunter jedes Einkommen verstanden, das eine Vergütung von Arbeitsleistungen darstellt. Darunter fallen Einkommen von Arbeitnehmerinnen, Beamten und Angestellten, aber auch beispielsweise Gagen von Kunstschaffenden sowie Einkommen selbstständig Erwerbender.

Nominallohn / Reallohn
GRUNDLAGEN ▶ S. 256

Damit der Mensch seine Bedürfnisse befriedigen kann, braucht er ein Einkommen. Für die weitaus meisten Haushalte ist der Lohn die wichtigste und meistens einzige Einkommensquelle. Für die meisten Unternehmen sind die Löhne der wichtigste Teil der Produktionskosten. Auf dem Arbeitsmarkt treffen Haushalte als Anbietende und Unternehmen als Nachfragende aufeinander. Angebot und Nachfrage bestimmen den Preis. Der Preis für die Arbeitsleistung heisst Lohn.

Auf der Seite des Angebots (Haushalte) geben die Löhne u.a. einen Anreiz, knappe und gut bezahlte Berufe zu wählen. Auf Seite der Nachfrager (Unternehmen und Staat) sorgen die Löhne u.a. dafür, dass mit der Ressource Arbeitskraft effizient umgegangen und sie nur dort eingesetzt wird, wo sie produktiv ist. Solange die Nachfrage höher als das Angebot ist, steigen die Löhne. Dies ist in einzelnen so genannten Mangelberufen (z.B. hochspezialisierte Computerfachleute) der Fall. Andererseits wird man schneller und einfacher Lebensmittelverkäuferin oder -verkäufer; das Angebot ist gross, sodass die Löhne tief bleiben.

Lohnhöhe

Da auch die schweizerische Volkswirtschaft nicht rein marktwirtschaftlich funktioniert, wird die Lohnhöhe nicht nur von Angebot und Nachfrage bestimmt, sondern auch noch von anderen Faktoren, z.B. von Bildungsabschlüssen (Berufslehre/Studium), Weiterbildung, Organisationsgrad und Verhandlungsmacht von Wirtschaftsverbänden (Branchenverbände, Arbeitgeberverbände, Gewerkschaften).

4.2 | Index der Konsumentenpreise und Warenkorb

Landesindex
GRUNDLAGEN ▶ S. 256

Deflation
GRUNDLAGEN ▶ S. 256/257

Wer freut sich nicht über eine Lohnerhöhung? Nicht immer kann man sich damit aber auch mehr leisten: Eine Lohnerhöhung führt nur dann zu einer Erhöhung der Kaufkraft (Geldwert, für den eine bestimmte Gütermenge gekauft werden kann), wenn das Preisniveau für Güter und Dienstleistungen weniger stark gestiegen ist. Ein Anstieg des Preisniveaus wird als Teuerung (Inflation) bezeichnet. Bei sinkendem Preisniveau spricht man von Deflation. Wichtig ist daher die Unterscheidung von Nominallohn und Reallohn. Der Nominallohn ist der ausbezahlte Lohn. Der Reallohn wird berechnet, indem man vom Nominallohn die Teuerung abzieht.

Mehr leisten kann sich also, wer eine Reallohnerhöhung erhalten hat: Das ist dann der Fall, wenn eine Lohnerhöhung höher ausfällt als die Teuerung.

Die Teuerung wird mit dem Landesindex der Konsumentenpreise (LIK) gemessen. Grundlage des LIK bildet der Gesamtpreis einer bestimmten, über die Zeit gleichbleibenden Gütermenge, der Preis des sogenannten Warenkorbs. Um die Teuerung möglichst genau messen zu können, muss dieser Warenkorb möglichst dem entsprechen, was ein durchschnittlicher Haushalt in der Schweiz innerhalb eines bestimmten Zeitraums tatsächlich konsumiert.

Grobstruktur und Gewichtung des Warenkorbes 2006

Quelle: BfS, 2007

Weil man mit dem Index die Veränderungen des Warenkorbpreises über die Zeit beobachten will, muss man einen Zeitraum bestimmen, der als Vergleichsbasis dient. Basis des LIK ist Mai 2000: Damals wurde festgehalten, wie teuer der Warenkorb aufgrund der damaligen Preise zu stehen kam. Und weil wir eher an der prozentualen als an der absoluten Veränderung des Warenkorbpreises interessiert sind, setzen wir den Warenkorbpreis im Basismonat gleich mit 100 Prozent: LIK im Mai 2000 = 100. Nun wird der Warenkorbpreis jeden Monat mit den jeweils aktuellen Preisen der in ihm enthaltenen Waren und Dienstleistungen neu berechnet. Aus den monatlichen Indexwerten eines Jahres kann jeweils ein durchschnittlicher Jahresindex ermittelt werden. Was bedeutet nun der Durchschnittswert von 103,9 für das Jahr 2004? Er besagt, dass der Warenkorbpreis und damit die Teuerung seit Mai 2000 um 3,9 Prozent zugenommen haben (Indexstand 2004 – Indexstand Mai 2000 = 103,9 – 100 = 3,9). Über die Teuerung innerhalb eines bestimmten Jahres gibt die Veränderungsrate gegenüber dem jeweiligen Vorjahr Aufschluss: Wollen wir beispielsweise wissen, wie hoch die Teuerung allein im Jahr 2004 war, müssen wir vom Indexstand 2004 den Indexstand 2003 abziehen: 103,9 – 102,6 = 1,3.

Die Waren und Dienstleistungen, die der Warenkorb umfasst, werden in zwölf Hauptgruppen unterteilt. Weil die einzelnen Produktgruppen unterschiedlich stark gewichtet werden, wirken sich Preisänderungen bestimmter Waren und Dienstleistungen stärker auf die Teuerung aus als Preisänderungen anderer Güter. So fällt z.B. eine Mietzinserhöhung stärker ins Gewicht als eine gleich starke Erhöhung der Nahrungsmittelpreise *(siehe Abbildung S. 44)*.

Der Warenkorb umfasst zwar viele der wichtigsten Ausgaben der schweizerischen Haushalte, aber nicht alle. Nicht im Warenkorb enthalten sind beispielsweise die direkten Steuern, Sozialversicherungsbeiträge und Krankenkassenprämien, die einen wesentlichen Teil der Haushaltsausgaben ausmachen.

Inflation
GRUNDLAGEN ▶ S. 256

Teuerung

4.3 | Kreislaufeffekt des Lohnes

Der Landesindex der Konsumentenpreise ist von grosser Bedeutung. Einerseits dient er als Grundlage für wirtschaftspolitische Massnahmen (z.B. in der Geldpolitik) und andererseits als Massstab für zahlreiche finanzielle Abmachungen. So sind beispielsweise Löhne und Renten teilweise an den Index gebunden und werden der Teuerung angepasst. Dieser Teuerungsausgleich gilt als Grundforderung der Gewerkschaften und wird in wirtschaftlich guten Zeiten von den meisten Arbeitgebern und vom Staat respektiert, in wirtschaftlich ungünstigen Zeiten ist er jedoch umstritten. Ein Verzicht auf den Teuerungsausgleich bedeutet für Unternehmungen, Staat und Sozialversicherungen eine Kosteneinsparung.

Geldschöpfung
GRUNDLAGEN ▶ S. 255

Teuerungsausgleich

Konsum und Freizeit

Rezession
GRUNDLAGEN ▶ S. 259

Für die Lohnempfänger und Rentner bewirkt er hingegen eine Kaufkrafteinbusse, welche zu einem Rückgang der gesamtwirtschaftlichen Nachfrage führen kann. Im Falle eines starken Nachfragerückgangs kann sogar eine Rezession eintreten: Wegen der schwachen Nachfrage gehen dann auch die Produktion zurück und die Arbeitslosigkeit nimmt zu. Eine Ausrichtung des Teuerungsausgleichs oder gar eine Reallohnerhöhung kann hingegen die Nachfrage und in der Folge auch die Produktion ankurbeln und Arbeitsplätze schaffen.

Dies gilt allerdings nicht für alle Branchen. Wenn die angebotenen Waren oder Dienstleistungen nicht mehr zeitgemäss sind, spricht man von einem Strukturproblem. In einem solchen Fall können weder Teuerungsausgleich noch Reallohnerhöhungen die Nachfrage steigern und Arbeitsplätze erhalten.

Angebot und Nachfrage entsprechen nicht immer den Bedürfnissen.

Verstanden?

36. Umschreiben Sie den Begriff «Inflation».
37. Wann spricht man von Reallohnerhöhung?
38. Was versteht man unter dem «Warenkorb»?
39. Welche Bedeutung hat der Landesindex der Konsumentenpreise?
40. Welche volkswirtschaftlichen Auswirkungen kann der Verzicht auf eine Ausrichtung der Teuerungszulage haben?

5. | Umgang mit Geld

5.1 | Vorsicht Überschuldung

In unserer konsum- und freizeitorientierten Gesellschaft haben immer mehr Menschen Mühe, mit Geld umzugehen. Schulden machen liegt im Trend. Immer mehr Schweizer und Schweizerinnen konsumieren mit geliehenem Geld. Sie zahlen mit Kreditkarten, nehmen Kleinkredite auf oder leasen. In den letzten fünf Jahren sind die Schulden aus Leasing und Konsumkrediten von 11 Milliarden Franken auf über 14 Milliarden Franken angestiegen.

Geldprobleme

Ausstehende Verpflichtungen an Konsumkrediten und Leasing, in Millionen Franken

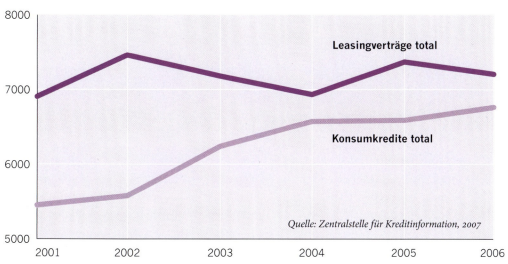

Quelle: Zentralstelle für Kreditinformation, 2007

Leasing
GRUNDLAGEN ▶ S. 206

Sparen und schuldenfrei bleiben galt früher als Volkstugend des Schweizers, heute verliert Schulden machen zusehends sein negatives Image. Dieser Mentalitätswechsel hat vor allem ökonomische Gründe. Die Alters- und Gesundheitsvorsorge ist vom Staat weitgehend abgedeckt, in existentielle materielle Not zu gelangen ist fast unmöglich geworden. Zudem hat das Sparen in den Neunzigerjahren massiv an Attraktivität verloren. Die Globalisierung hat weltweit zu tieferen Zinsen und zu einem inflationsfreien Wachstum geführt. Dies heisst letztlich für den durchschnittlichen Erwerbstätigen: soziale Absicherung, stagnierender Lohn, billigere Schulden.

Mentalitätswechsel

Kaufverträge
GRUNDLAGEN ▶ S. 205

5.1.1 | Schuldenfallen

Kreditkarten

3.5 Millionen Kreditkarten sind in der Schweiz im Umlauf. Mit den neuen Billig-Kreditkarten von Migros und Coop wird diese Zahl noch deutlich zunehmen und das Leben auf Pump gefördert.

Billige Kreditkarten

Leasing

Die Schweizer sind ein Volk von Leasern. 458 000 Autos auf Schweizer Strassen sind geleast. Besonders gefragt sind obere Preisklassen, wie Mercedes, BMW, Landrover. Da Leasing nicht Miete bedeutet, fällt es unter das neue Konsumkreditgesetz. Ein vorzeitiger Ausstieg kostet Geld.

Leasing
GRUNDLAGEN ▶ S. 206

Hohe Zinsen
Konsumkreditgesetz
GRUNDLAGEN ▶ S. 207

Konsumkredit

Mit über 410 000 Verträgen ist der Konsumkredit nach dem Leasing am häufigsten. Die durchschnittlich ausgeliehene Summe beträgt rund 16 000 Franken. Konsumkredite können in Raten abgezahlt werden, der Schuldzins kann bis zu 15 Prozent betragen.

Möbel werden oft mit einem Konsumkredit angeschafft.

5.1.2 | Jugendverschuldung

Ein Viertel aller Jugendlichen und jungen Erwachsenen zwischen 16 und 25 Jahren lebt über ihren finanziellen Verhältnissen. Die durchschnittliche Verschuldung Jugendlicher in der Schweiz beträgt rund 500 Franken. Dabei können bereits Schulden von mehreren 1000 und in extremen Fällen bis zu über 100 000 Franken festgestellt werden, besonders dann, wenn Kreditgeschäfte im Spiel sind. Zu den gefährlichsten Schuldenfallen Jugendlicher zählen Mobiltelefone, Kunden- und Kreditkarten sowie Leasinggeschäfte.

Kreditgeschäfte

Eine der wichtigsten Freizeitbeschäftigungen Jugendlicher ist das Shoppen. Markenartikel haben eine hohe emotionale Bedeutung und symbolisieren gleichzeitig Abgrenzung und Dazugehörigkeit. Eine Studie der Hochschule für Sozialarbeit in Bern besagt, dass 17 Prozent der Jugendlichen kaufsüchtig sind, das heisst, sie leiden unter dem Zwang, Dinge zu kaufen, die sie gar nicht brauchen. Weitere 47 Prozent kaufen unkontrolliert, beispielsweise aus Frust oder Langeweile.

Kaufsucht

So geben schon Jugendliche zwischen 12 und 18 Jahren 600 Millionen Franken aus. Das ist Geld, das sie oft nicht haben.

5.1.3 | Volkswirtschaftlicher Nutzen und Schaden von Schulden

Eigentlich sind Schulden volkswirtschaftlich gesehen sinnvoll. Ohne Schulden gäbe es 60 Prozent der Autos nicht und praktisch keine Bautätigkeit. Schulden sind ein Motor der Wirtschaft, solange sie sich in vernünftigem Rahmen bewegen. Sonst wird es problematisch. Irgendwann muss der Schuldner seine Rechnung bezahlen. Dabei folgt er dem Weg des geringsten Widerstandes. Zuerst werden die Steuern nicht bezahlt, dann die Krankenkasse, dann die Miete. Zuerst werden Kredite gegenüber den Banken beglichen, weil die den grössten Druck aufsetzen.

Viele Betreibungen

Dies geschieht auf Kosten der Allgemeinheit. So leiten etwa Krankenkassen jährlich über 400 000 Betreibungen ein. Das ausstehende Prämienvolumen wird auf 300 bis 400 Millionen Franken geschätzt; dazu kommen noch über 40 Millionen Franken Verwaltungskosten. Diese Mehrkosten tragen alle Versicherten, die ihre Prämie bezahlen.

Die Betreibungen enden oft mit Pfändungen, Verlustscheinen oder Privatkonkursen. All das hätte eigentlich das Konsumkreditgesetz (KKG), das 2003 in Kraft gesetzt wurde, verhindern sollen. Die Statistiken zeigen aber ein anderes Bild. So wurden im letzten Jahr 1.32 Millionen Pfändungen (20 000 mehr als im Vorjahr) und ein Fünftel mehr Privatkonkurse gezählt.

Betreibung

THEORIE ▸ **S. 45**

Zahl der Privatkonkurse in der Schweiz

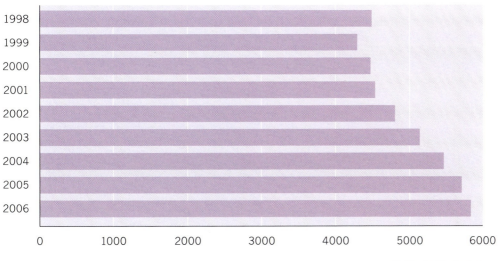

Quelle: Creditreform 2007

5.1.4 | Wege aus der Schuldenfalle

Überschuldung kann jeden treffen (Veränderung der Lebensumstände durch Scheidung, Arbeitslosigkeit, Invalidität etc). Bei den Schuldenberatungen suchen jene um Hilfe, die nicht mehr weiter wissen. So haben beispielsweise in Luzern Ratsuchende einen Schuldenberg von durchschnittlich 50 000 Franken. Welche Möglichkeiten gibt es, dies zu verhindern?

Schuldenberatung

Vor dem Kreditentscheid:
▸ Wie nötig ist die gewünschte Anschaffung, falls nicht genügend Bares vorhanden ist?
▸ Brauche ich den Kredit wirklich?
▸ Was kostet mich das Ganze? Was vom monatlichen Einkommen nach den üblichen Ausgaben und nach Abzug der jährlichen Verpflichtungen (Steuern, Versicherungen etc.) übrig bleibt, markiert die Obergrenze einer Spar- oder Kreditrate.
▸ Wie vergleiche ich richtig? Im Internet gibt es Werkzeuge, die helfen, die tatsächlichen Kosten eines Konsumkredites zu berechnen und zu vergleichen (z. B. www.comparis.ch)

Kreditentscheid

In der Schuldenfalle:
▸ Keine neuen Kredite. *Nie* neue Kredite aufnehmen, um alte abzuzahlen.
▸ Schulden ordnen. Schulden nach Prioritäten ordnen. Zuerst Schulden abtragen, die existenzielle Grundbedürfnisse betreffen: Miete, Heizung, Krankenkassen, Telefon.
▸ Sanierungskonzept. Mittels Schuldenberatung oder Online-Hilfe Sanierungskonzept erarbeiten, evtl. mit Stundung bestimmter Schulden (Verschieben des Rückzahlungstermins).

Schulden ordnen

Übersicht Schuldenberatungsstellen:
▸ www.schulden.ch
▸ www.schuldenberatung.ch
▸ www.maxmoney.ch

5.2 | Aufstellen eines Budgets

Das Aufstellen eines Budgets verhindert unangenehme finanzielle Überraschungen und es hilft, gezielt Einsparungen zu machen, Einnahmen und Ausgaben ins Lot zu bringen, Verschuldung zu verhindern sowie Geld für längerfristige Anschaffungen beiseite zu legen.

In einem Budget werden feste und veränderbare Kosten unterschieden. Feste Kosten sind solche, welche beispielsweise auf ein Jahr hinaus bekannt und vorgegeben sind, veränderbare solche, welche vom Konsum abhängig sind.

Einnahmen	
Monatslohn netto	3200.–
Andere Einnahmen (13. Monatslohn/Zinsen …)	300.–
Total Einnahmen	**3500.–**

Ausgaben	
Feste Kosten	
Wohnkosten	
Miete inkl. Nebenkosten	800.–
Elektrisch/Gas	50.–
Telefon/Radio/TV	200.–
Steuern	
Bund/Kanton/Gemeinde	500.–
Versicherungen	
Krankenkasse	200.–
andere Versicherungen	80.–
Fahrkosten	
öffentlicher Verkehr/Kleinfahrzeuge	100.–
Beiträge	
Zeitungen/Zeitschriften/andere Beiträge	30.–
Variable Kosten	
Haushalt	
Lebensmittel	400.–
auswärtige Verpflegung	150.–
Körperpflege	30.–
Nebenkosten (Wasch-, Putzmittel/Entsorgungsgebühren)	50.–
kleinere Anschaffung	50.–
Persönliche Auslagen/Taschengeld	
Kleider/Wäsche/Coiffeur/Schuhe	170.–
Freizeit/Vergnügen/Sport/Bildung	300.–
Rückstellungen	
(Zahn-)Arzt, Apotheke	50.–
Geschenke	40.–
Ferien/Reserven/Sparen	300.–
Total Auslage	**3500.–**

5.3 | Betreibung

Wenn ein Schuldner seinen finanziellen Verpflichtungen nicht nachkommt, kann die Gläubigerin ihre Forderung durch Betreibung einziehen, und zwar ohne Mahnung. Danach muss zuerst ein Kostenvorschuss geleistet werden. In der Schweiz werden jährlich ca. 1,8 Mio. Betreibungen eingeleitet. Die Bestimmungen über Schuldbetreibung und Konkurs sind im entsprechenden Bundesgesetz geregelt (SchKG).

Betreibung als Mittel, einen Anspruch einzufordern

Betreibung auf Pfandverwertung SchKG 41	auf Konkurs SchKG 39	Betreibung auf Pfändung SchKG 42
Gläubigerin besitzt von Schuldner ein Pfand (Wertpapiere, Grundpfand, Faustpfand).	**Gesamtvollstreckung** Es wird das ganze Vermögen des Schuldners beschlagnahmt und liquidiert. *Beispiele:* AG, GmbH, Genossenschaften, Vereine, Stiftungen, Inhaberinnen einer Einzelunternehmung	**Einzelvollstreckung** Es wird nur so viel vom Vermögen und Einkommen gepfändet, wie nötig ist, um die Forderung samt Zinsen und Kosten zu decken. *Beispiele:* Privatpersonen, Steuerschulden, Bussen, AHV-Beiträge, Alimente
Pfandgesicherte Forderung		Gewöhnliche Geldforderung
	Schuldner ist im Handelsregister eingetragen.	Schuldner ist nicht im Handelsregister eingetragen.

Betreibung auf Pfändung

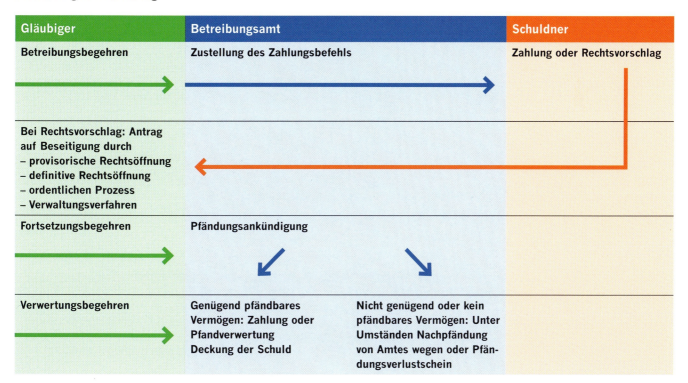

In der Praxis ist der Ablauf einer Betreibung zwar komplexer, aber der Laie wird von den Betreibungsämtern unterstützt: Auszüge aus dem Schuldbetreibungs- und Konkursgesetz (SchKG) sowie Formulare sind direkt im Internet als Download erhältlich: www.betreibung-konkurs.ch. Auch über die einzuhaltenden Fristen und den Kostenvorschuss wird im Internet informiert. Wer der Meinung ist, ungerechtfertigt betrieben zu werden, kann mit seiner Unterschrift einen sogenannten Rechtsvorschlag erheben. Dieser bewirkt eine vorläufige Sistierung des Betreibungsverfahrens. Wenn der Gläubiger den Rechtsvorschlag beseitigen und die Betreibung weiterführen will, muss er Beweise dafür vorbringen, dass die von ihm eingeforderte Schuld tatsächlich besteht. Nach einer erfolgreichen Betreibung muss der Gläubiger den Erhalt der Zahlung quittieren und dem Schuldner die Schuldurkunde aushändigen.

Kollokationsplan und Konkurs

Ein Kollokationsplan kann für jede Betreibung erstellt werden. Bei der Verteilung der allenfalls noch vorhandenen Vermögenswerte (Aktiven) werden gewisse Gläubigerinnen und Gläubiger bevorzugt.

Die Aufstellung über diese Rangordnung der Gläubigerinnen und Gläubiger ist in den SchKG-Artikeln 146, 219 und 220 festgelegt. Die Einteilung in so genannte Klassen wird als Kollokationsplan bezeichnet.

SchKG 219

Vor allen anderen werden die pfandversicherten Guthaben ausbezahlt. Danach folgen drei Gläubigerklassen:

1. Klasse: rückständige Lohnforderungen der Arbeitnehmerinnen und Arbeitnehmer für die letzten sechs Monate sowie familienrechtliche Unterhaltsansprüche (z. B. Kinderzulagen)
2. Klasse: Kindesvermögen
3. Klasse: alle übrigen Forderungen

SchKG 220

Gläubiger der gleichen Klasse werden zu gleichen Teilen ausbezahlt. Erst dann kommt die nächste Klasse zur Auszahlung, die nächstfolgende Klasse darauf folgend.

Lohnansprüche

Wird ein Konkursverfahren über eine Firma eröffnet, haben die Angestellten den Lohn bis zum ordentlichen Kündigungstermin zugute. Alle Lohnansprüche müssen dem Konkursamt gemeldet werden.

In einem solchen Fall müssen die Angestellten oft monatelang auf den Lohn warten. Deshalb wurde im Arbeitslosenversicherungsgesetz die so genannte Insolvenzentschädigung geregelt, die den Lohn der letzten vier Monate vor Konkurseröffnung sicherstellt.

Unter «übrige Forderungen» sind unter anderem auch Schulden bei Lieferanten zu verstehen. Als Lieferant muss man sich deshalb gut absichern, wenn man nicht von einem Konkurs des Kunden überrascht werden will.

> **Der Privatkonkurs**
> Die Anzahl Privat- und Firmenkonkurse war ab 1997 rückläufig. Seit 2001 steigt sie jedoch wieder an.
> Gegenüber einer «normalen» Betreibung auf Pfändung hat die Konkurseröffnung durch Insolvenzerklärung für den Schuldner den Vorteil, dass er laufenden Betreibungen entgehen kann. Eine Betreibung darf erst wieder eingeleitet werden, wenn der Schuldner zu neuem Vermögen gekommen ist. Die Konkursrichterin kann Missbräuche verhindern, indem sie die Konkurseröffnung erst ausspricht, wenn keine Aussicht auf eine erfolgreiche private Schuldensanierung besteht.

Verstanden?

41. Weshalb kann es sinnvoll sein, ein Budget zu erstellen?
42. Welches sind die grössten Überschuldungsfallen?
43. Nennen Sie drei Gründe, weshalb die Verschuldung in den letzten Jahren zugenommen hat.
44. Nennen Sie gefährliche Schuldenfallen.
45. Beschreiben Sie die Jugendverschuldung in der Schweiz.
46. Was braucht es, um eine Betreibung einleiten zu können?
47. Welche drei Hauptarten von Betreibungen werden unterschieden?
48. Welches sind die Unterschiede zwischen Betreibung auf Pfändung und Betreibung auf Konkurs?
49. Wie erhebt man Rechtsvorschlag und was bewirkt dieser?
50. Welches sind mögliche Folgen für die Angestellten bei einem Konkurs des Arbeitgebers?
51. Welches sind die Vorteile bei einem Privatkonkurs?
52. Was ist ein Kollokationsplan? Nennen Sie die einzelnen Klassen.

Risiko und Sicherheit

1. | Einleitung

Alles Leben auf der Erde unterliegt Risiken. Die Menschen suchen daher seit jeher nach mehr Sicherheit: Alles Neue und Unbekannte ist zunächst mit Unsicherheit verbunden. Paradoxerweise muss der Mensch das Risiko suchen, um Unsicherheit in Sicherheit verwandeln zu können. Versicherungen schalten nicht die Risiken aus, denen Menschen ausgesetzt sind. Sie können aber die materiellen Folgen von Krankheiten, Unfällen, Todesfällen, Diebstählen, Naturkatastrophen etc. abdecken. Auch der Staat hat die Aufgabe, für die soziale Sicherheit seiner Bürgerinnen und Bürger zu sorgen. Er tut dies, indem er gewisse Versicherungen obligatorisch erklärt oder selbst als Versicherer auftritt.

---

1. **Einleitung**

2. **Risiken**
2.1 Persönliche, individuelle Risiken 48
2.2 Gesellschaftliche, kollektive Risiken 50

3. **Risikoverminderung und Sicherheit** 51

4. **Sicherheit und Versicherungen** 52

5. **Einige wichtige Versicherungen im Überblick**
5.1 Krankenversicherung 53
5.2 Unfallversicherung 54
5.3 Versicherungen für die Verkehrsteilnehmenden 55
5.4 Versicherungen für Mieterinnen und Mieter 56

6. **Sozialversicherungen**
6.1 Das Dreisäulenkonzept 57
6.2 Die erste Säule 58
6.2.1 AHV (Alters- und Hinterbliebenen-Versicherung) 58
6.2.2 IV (Invalidenversicherung) 59
6.2.3 Arbeitslosenversicherung (ALV) 59
6.2.4 Erwerbsersatzordnung (EO) 60
6.2.5 Mutterschaftsversicherung 60
6.2.6 Ausblick 60
6.3 Die zweite Säule 61
6.4 Die dritte Säule 63

2. | Risiken

Umgang mit Risiken

Der Mensch ist im Umgang mit Risiken oft unvernünftig. Er hält das Ungefährliche für riskant und das Gefährliche für harmlos. Er fürchtet sich vor Atomkraftwerken statt vor Sonnenbrand. Er hat Panik vor dem Fliegen statt vor der Fahrt zum Flughafen: Eine Umfrage hat gezeigt, dass der Mensch es gefährlicher findet, ein Motorrad zu fahren, als es zu tanken, obwohl die Todesfallstatistik wegen der Benzindämpfe das Gegenteil beweist.

Bei der Einschätzung von Risiken ist für den einzelnen Menschen nicht entscheidend, wie gefährlich etwas tatsächlich ist, sondern als wie gefährlich er ein Risiko beurteilt.

Die Regeln der Wahrnehmung bei der Einschätzung von Risiken

- Freiwilligkeit: Auferlegte Risiken (Atomkraftwerke, Dioxin) werden gefährlicher eingeschätzt als freiwillig eingegangene (Auto fahren).
- Einzelereignis: Ein seltenes Ereignis mit grossem Schaden (Flugzeugabsturz) wird schlimmer empfunden als viele kleine Vorfälle, die sich zum selben Schaden addieren (Autounfälle).
- Verzögerte Wirkung: Schäden, die sofort eintreten (Strassenverkehr), werden weniger akzeptiert als Schäden, die mit zeitlicher Verzögerung eintreten (Rauchen, Alkohol).
- Neuigkeitsgrad: Risiken neuer Technologien (Gentechnik) werden höher eingeschätzt als Risiken von Bekanntem (Staudamm).
- Kontrollierbarkeit: Mögliche Gefahren werden umso höher eingeschätzt, je weniger Einflussmöglichkeit und Vertrauen in die kontrollierenden Institutionen bestehen (Atomkraftwerke, Giftmüll).
- Umkehrbarkeit: Wenn nach einem Sachschaden der Normalzustand wieder hergestellt werden kann, fällt es leichter, ein Risiko zu akzeptieren, als wenn ein nicht umkehrbarer Schaden entsteht (Atomkraftwerkunfall).
- Verständnis: Risiken, deren Ursachen leicht zu verstehen sind, werden eher akzeptiert als Risiken, die auf einer komplexen Technik beruhen (Gentechnik).
- Sinnliche Wahrnehmung: Gefahren, die unmittelbar sinnlich wahrnehmbar sind (Bergsteigen), werden eher akzeptiert als nicht wahrnehmbare (Strahlung).

2.1 | Persönliche, individuelle Risiken

Rauchen ist weltweit die wichtigste vermeidbare Ursache für vorzeitigen Tod; in der Schweiz sterben mehr als 8000 Menschen jährlich daran. Das Rauchen stiehlt den Männern durchschnittlich 6,6 Jahre, den Frauen 3,9 Jahre ihres Lebens. Selbst wenn man nicht raucht, aber mit einem Raucher oder einer Raucherin zusammen lebt, wird das Leben um rund 50 Tage verkürzt.

Alkoholsucht ist stärker verbreitet als wahrgenommen. In der Schweiz sterben jährlich mehr als 3500 Menschen an den Folgen des Alkoholkonsums; an harten Drogen hingegen «nur» 200 Menschen. Zusätzlich fordert der Alkoholkonsum Opfer im Strassenverkehr: Von den rund 600 tödlichen Unfällen sind 200 auf zuviel Alkohol am Steuer zurückzuführen.

Bewegungsarmut führt dazu, dass Menschen schneller krank werden und früher den Tod finden. Herz-Kreislauferkrankungen (vor allem der Herzinfarkt bei Männern und zunehmend auch bei Frauen) zählen zu den häufigsten Todesursachen nach dem 40. Lebensjahr.

Ernährung: Wir Mitteleuropäer essen in der Regel zu süss, zu fettig, zu ballaststoffarm, zu schnell oder einfach viel zu viel. Übergewicht verkürzt das Leben durchschnittlich um rund 4,5 Jahre; ausserdem ist Übergewicht verantwortlich für viele andere Krankheiten und Beschwerden wie Diabetes und Gelenkprobleme.

Risikosportart Höhenbergsteigen: unterwegs zum Khan Tengri (7000 m ü. M.) im Pamir.

Drogenkonsum ist ein ernst zu nehmendes Risiko unter Jugendlichen.

Jährlich erkranken rund 2000 Menschen in der Schweiz an Hautkrebs. Der Zusammenhang zwischen Sonnenbrand und Hautkrebs ist wissenschaftlich erwiesen. Trotzdem werden unvernünftig häufig Sonnenbäder genommen und Ferien in möglichst sonnigen Gebieten gebucht. *Sonnenbrand*

An der Spitze der Risiken, früher zu sterben, stehen aber auch jene Menschen, die keine sozialen Kontakte, also keine Freunde haben, nicht verheiratet sind oder in keiner Partnerschaft leben. Diese Menschen verlieren durchschnittlich neun Jahre ihres Lebens. *Soziale Kontakte*

Die Selbsttötung bei Männern über 45 Jahre sowie bei Jugendlichen und jungen Erwachsenen zählt zu den höchsten Todesrisiken in der Schweiz. *Selbsttötung*

Im Strassenverkehr kommen in der Schweiz jährlich über 600 Menschen ums Leben. Häufigste Unfallursachen sind übermässiger Alkoholkonsum und übersetzte Geschwindigkeit. Beide Ursachen findet man besonders häufig bei Fahrzeuglenkern unter 25 Jahren. *Strassenverkehr*

Über die Auswirkungen neuer Technologien, wie z. B. das Arbeiten am PC, der Gebrauch des Handys oder der Verzehr gentechnisch veränderter Lebensmittel ist wissenschaftlich noch wenig bekannt. Man kann aber durchaus davon ausgehen, dass gewisse Risiken damit verbunden sind. *Neue Technologien*

Sterberate geordnet nach Berufen	Anteil der Männer, die zwischen 35 und 60 Jahren sterben, in Prozent	Anteil der Männer, die zwischen 60 und 75 Jahren sterben, in Prozent
Bauarbeiter	28	46
Landarbeiter	23	44
Servicepersonal	20	43
Arbeiter diverser Berufe	19	38
Büroangestellter	18	36
Armee und Polizei	16	28
Bauern	13	33
Vorarbeiter	12	31
Freie Berufe	11	27
Lehrpersonen	10	27
Höhere Kader	10	27
Ingenieure	8	24
Universitätsprofessoren	8	27

Wahrnehmung von Risiken

2.2 | Gesellschaftliche, kollektive Risiken

Viele Risiken bedrohen nicht den einzelnen Menschen, sondern die Gesellschaft als Ganzes. Gesellschaftliche Risiken werden häufig viel stärker wahrgenommen als individuelle. Dies hat mit der oben beschriebenen Wahrnehmung von Risiken zu tun. Ende der 90er-Jahre erarbeitete eine vom Bundesrat eingesetzte Kommission einen sicherheitspolitischen Bericht zur Schweiz. Dort werden 36 mögliche Risiken für die Schweiz aufgelistet *(zum Risikoprofil der Schweiz vgl. Arbeitsheft, Kapitel «Risiko/Versicherungen»)*.

Viele gesellschaftliche Risiken werden in diesem Buch ausführlich dargestellt:
▸ Ökologische Probleme wie Verknappung der Energie, Verlust an Kulturlandschaft, Hochwasser, Sturm, Treibhauseffekt, Ozon, Trockenheit
▸ Migration
▸ Asyldruck
▸ Krise im Gesundheitswesen
▸ wirtschaftspolitische Entwicklungen usw.

Atomkraftwerke werden von vielen Menschen als grosses Risiko wahrgenommen.

3. | Risikoverminderung und Sicherheit

Risiken können gemindert und die Sicherheit der einzelnen Menschen und der Gesellschaft erhöht werden. Grundlage dafür sind Wissen, Informationen, Beratung und die Änderung von Verhaltensweisen. Die bisherigen Ausführungen über die Risiken reichen grundsätzlich bereits aus, um daraus abzuleiten, welche Risiken gemieden werden sollten und wo mehr Sicherheit gefragt ist.

Die wichtigsten Erkenntnisse können folgendermassen zusammengefasst werden:

- Bewegung zählt zu den wichtigsten Voraussetzungen für ein zufriedenes, gesundes und langes Leben. Dreimal wöchentlich 30 Minuten Schwitzen durch Jogging, Rad fahren, Schwimmen oder Ähnliches erzielen bereits die nötige Wirkung ganz nach dem Grundsatz, «jede Bewegung ist besser als keine». *Bewegung*
- Verzicht auf alle Suchtmittel wie Tabak, Alkohol, Medikamente und Drogen steigert die Lebensqualität und verlängert das Leben. *Suchtmittel*
- Richtige, ausgewogene und vielfältige Ernährung vermindert weitere Erkrankungsrisiken. Dazu gehört die Aufnahme von genügend Flüssigkeit in Form von Wasser oder Tee (mindestens zwei Liter pro Tag), das Essen von verschiedenen Portionen Gemüse und Früchte täglich, die Bevorzugung von pflanzlichen statt tierischen Fetten. *Ernährung*
- Die Risiken im Strassenverkehr können drastisch gesenkt werden, wenn die Geschwindigkeitslimiten eingehalten werden und die Fahrenden auf jeglichen Alkoholkonsum verzichten. Mit der «Null-Promille-Grenze» könnten jährlich 200 Unfallopfer vermieden werden. *Strassenverkehr*
- Die Zahl der Arbeitsunfälle könnte verkleinert werden, wenn die Massnahmen zur Unfallverhütung eingehalten würden. Diese Massnahmen müssen nach dem Arbeitsgesetz in allen Betrieben und Firmen bekannt gemacht werden. *Arbeitsunfälle*

Gesellschaftliche Risiken können nur durch Aufklärung und gesetzliche Massnahmen vermindert werden. Nötig wäre auch ein Umdenken und Veränderungen im gesellschaftlichen Leben überall auf der Welt. Umweltprobleme beispielsweise können nur gelöst werden, wenn alle Staaten bestimmte Normen anerkennen und durchsetzen. *Vorschriften*

Risiko Strassenverkehr: Besonders Kinder, Fussgänger und Velofahrerinnen sind gefährdet.

Verstanden?

53. Welches ist der Unterschied zwischen persönlichen und gesellschaftlichen Risiken?
54. Warum schätzt der Mensch viele Risiken falsch ein?
55. Nennen Sie vier Regeln für die Wahrnehmung von Risiken.
56. Nennen Sie sechs grosse Risiken.

Risiko und Sicherheit

4. | Sicherheit und Versicherungen

Streben nach Sicherheit

Ein wichtiges Bedürfnis der Menschen ist das Streben nach Sicherheit. Vor Gefahren, welche die Sicherheit bedrohen, will der Mensch sich schützen und absichern. Die Versicherungsgesellschaften übernehmen die Organisation der Gefahrengemeinschaften. Sie ziehen die Prämien ein, verwalten das Geld und bezahlen die entstandenen Schäden. Wer also Versicherungsleistungen ungerechtfertigt bezieht und damit Versicherungsbetrug begeht, bestiehlt nicht eine anonyme Gesellschaft, sondern betrügt seine eigene Gefahrengemeinschaft, die dadurch höhere Prämien zahlen muss.

Gefahrengemeinschaft

Solidaritätsprinzip

Versicherungen sind nach dem Solidaritätsprinzip organisiert: Viele Menschen zahlen in guten Tagen ihre Prämie in die Versicherungskasse ein, damit diese geschädigten, kranken, alten und invaliden Menschen Leistungen ausrichten kann.

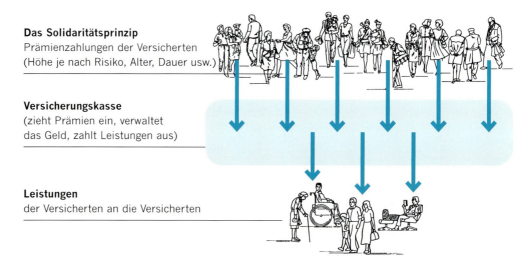

Das Solidaritätsprinzip
Prämienzahlungen der Versicherten
(Höhe je nach Risiko, Alter, Dauer usw.)

Versicherungskasse
(zieht Prämien ein, verwaltet
das Geld, zahlt Leistungen aus)

Leistungen
der Versicherten an die Versicherten

Nutzen und Kosten
von Versicherungen

Versicherungen sind ein sehr weitläufiges und komplexes Gebiet. Gewisse Versicherungen sind staatlich geregelt, andere funktionieren nach den Prinzipien des freien Marktes. Einige sind «lediglich» Gefahrengemeinschaften, während andere (Sozialversicherungen) zusätzlich noch besonders risikogefährdete Personen (z. B. Kranke, Invalide, Arbeitslose etc.) bevorzugen, da sie sonst kaum den lebensnotwendigen Versicherungsschutz geniessen könnten. Sozialversicherungen sind obligatorisch.

Bedürfnis nach Sicherheit

Das Bedürfnis nach ökonomischer Sicherheit ist in der Schweiz sehr gross. Einen erreichten Lebensstandard möchte man nicht mehr aufgeben – darum sichert man sich mit einer Versicherung ab. Der Abschluss von freiwilligen, privaten Versicherungen muss wohl überlegt sein: Dem Nutzen stehen oft auch hohe Kosten gegenüber. Sich gegen alles und jedes zu versichern, ist daher genauso wenig empfehlenswert, wie keine Versicherungen abzuschliessen. Wer im konkreten Fall kompetente Hilfe sucht, wendet sich am besten direkt an eine Versicherungsgesellschaft. Im Internet lassen sich die Leistungen vieler Versicherungen vergleichen: www.comparis.ch. Über Sozialversicherungen/ Krankenkassen geben folgende Websites Auskunft: www.bsv.admin.ch, www.ahv.ch, www.sozialversicherungen.ch.

Verstanden?

57. Zu welchem Zweck bilden die Versicherten zusammen eine Gefahrengemeinschaft?
58. Was ist das Ziel der Sozialversicherungen?
59. Weshalb besteht in der Schweiz ein grosses Bedürfnis, Versicherungen abzuschliessen?

5. | Einige wichtige Versicherungen im Überblick

5.1 | Krankenversicherung (KVG)
Die Krankenversicherung teilt sich auf in eine Grundversicherung, welche die «Grundleistungen» enthält und obligatorisch ist sowie in Zusatzversicherungen, welche individuelle Bedürfnisse abdecken und freiwillig sind.

Grundversicherung und Zusatzversicherung

Grundversicherung
Seit das heutige Krankenversicherungsgesetz 1996 in Kraft getreten ist, gelten folgende Grundsätze:
- Die Grundversicherung ist für alle Einwohner der Schweiz obligatorisch.
- Die Leistungen sind bei allen Krankenkassen gleich. Sie beinhalten:
  - Ambulante Behandlungen durch anerkannte Ärzte im Wohnkanton und/oder an Ihrem Arbeitsort in der Schweiz
  - Spitalbehandlungen in der allgemeinen Abteilung eines Vertragsspitals
  - Ärztlich verordnete Medikamente aus dem gesetzlichen Leistungskatalog
  - Vorsorgeuntersuchungen
  - Kontrolluntersuchungen bei Mutterschaft sowie Geburts- und Stillberatung
  - Beiträge an Brillen und Kontaktlinsen
  - Medizinisch notwendige Transporte
- Die Versicherten müssen sich bei Arztbesuch und Spitalaufenthalt an den Kosten beteiligen. Man spricht in diesem Zusammenhang von der Franchise. Die Franchise ist der Grundbetrag, den man pro Jahr selbst bezahlen muss, bevor die Krankenkasse Leistungen übernimmt. Das Gesetz schreibt für Erwachsene eine Franchise von Fr. 300.– vor. Wer eine höhere Franchise (zwischen Fr. 500.– und Fr. 2500.–) wählt, bezahlt eine tiefere Prämie. Zusätzlich muss auf den Rechnungen, welche die Franchise übersteigen, ein Selbstbehalt von 10 Prozent geleistet werden (maximal Fr. 700.– pro Kalenderjahr). Diese 10 Prozent gehen also ebenfalls zu Lasten der versicherten Person.

Obligatorium

Kostenbeteiligung/Franchise

Weiter deckt die Grundversicherung:
- Alle Kosten, die bei einem Arztbesuch entstehen, inklusive Laboruntersuchungen,
- vom Arzt verordnete und kassenpflichtige Medikamente,
- alle Kosten eines (auch zeitlich unbegrenzten) Spitalaufenthaltes in der allgemeinen Abteilung und
- die Unfallfolgekosten für diejenigen, die keine Unfallversicherung besitzen.

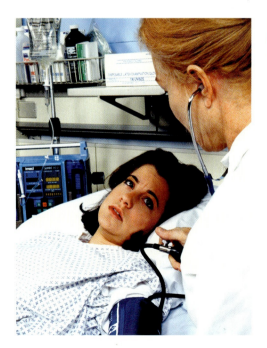

Die Kosten von Spitalaufenthalten sind durch die Krankenversicherung gedeckt.

Zusatzversicherungen

Die Menschen haben verschiedene Bedürfnisse und Wünsche. Diese zu befriedigen ist die Aufgabe der Zusatzversicherungen. Im Gegensatz zur Grundversicherung unterstehen die Prämien der Zusatzversicherungen nicht einer staatlichen Aufsicht. Es lohnt sich deshalb sehr, Kosten und Nutzen gut zu überdenken und Preisvergleiche zwischen den Krankenkassen zu machen. Nebst Leistungen für Alternativmedizin, besondere Medikamente, Badekuren usw. kann durch Zusatzversicherungen auch der Komfort des Spitalaufenthaltes beeinflusst werden. Wer nicht in einem Mehrbettzimmer der Allgemeinabteilung liegen will, deckt mit einer Zusatzversicherung die Kosten für die Unterbringung in einem Einzelzimmer der Halbprivatabteilung oder gar Privatabteilung.

Preisvergleiche lohnen sich

Steigende Krankenversicherungsprämien

Mittlerweile haben wir uns daran gewöhnt: Jedes Jahr ertönt der Schreckensruf, «die Krankenkassenprämien steigen erneut weit über das Mass der allgemeinen Teuerung». Die Kostenverursachenden schieben sich gegenseitig den Schwarzen Peter zu, eine Hilfe für die Prämienzahlerinnen ist nicht in Sicht. Es gibt mehrere Möglichkeiten, die Prämien zu senken: Da alle Krankenkassen die gleichen Grundleistungen in der Grundversicherung anbieten müssen, lohnt sich ein Preisvergleich. Ein Wechsel zur günstigsten Kasse ist also angezeigt. Kündigungsfrist und Termine müssen jedoch eingehalten werden. Eine andere Möglichkeit zur Senkung der Versicherungsprämie besteht in der Erhöhung der Franchise. Es ist daran zu denken, dass die durchschnittliche Aufenthaltsdauer im Spital nur vier Tage beträgt. Eine Privatversicherung ist ein teurer Luxus, welcher in den meisten Situationen nicht benötigt wird.

Wechsel der Kasse möglich

Weitere Prämiensenkungen erhält, wer eine «Second-Opinion-Variante» akzeptiert, d. h. bei einem zweiten Arzt eine Meinung einholt, bevor einer Operation zugestimmt wird.

Ausblick

Krankenkassenprämien belasten das Budget der Schweizerinnen und Schweizer immer stärker. Vor allem Familien mit tiefen und mittleren Einkommen sowie allein Erziehende sind von den jährlichen Erhöhungen der Krankenkassenprämien stark betroffen: Die Kosten für die Krankenkasse verschlingen pro Jahr oft bis zu zwei Monatslöhne.

Hohe Prämien treffen Schwache

Besonders stossend ist, dass die Prämien pro Kopf – also unabhängig von Einkommen und Vermögen – erhoben werden: Die Verkäuferin im Warenhaus und der Topmanager eines Chemieunternehmens zahlen gleichviel Prämie. Eine Volksinitiative, welche einkommens- und vermögensabhängige Prämien schaffen wollte, wurde von Volk und Ständen abgelehnt. Um die Gesundheitskosten in den Griff zu bekommen, müssen andere Massnahmen wie die Erhöhung der Franchise, des Selbstbehalts für die Patientinnen und Patienten oder die Einschränkung der medizinischen Leistungen diskutiert werden.

5.2 | Unfallversicherung (UVG)

Eine Unfallversicherung erhält jede berufstätige Person, die mindestens acht Stunden pro Woche erwerbstätig ist. Die Leistungen der Unfallversicherung sind weit besser als diejenigen der Krankenkasse. Beispielsweise wird jeder Arztbesuch ohne Franchise und ohne Selbstbehalt von der Versicherung bezahlt. Die Versicherten müssen also für ihre Unfallversicherung keine Kosten tragen. Alle Hilfsmittel, die zur Wiedergesundung benötigt werden, übernimmt die SUVA (Schweizerische Unfallversicherungsanstalt) oder die zuständige private Unfallversicherung. Die SUVA übernimmt darüber hinaus auch die Kosten für typische Berufskrankheiten.

Obligatorium

Da nicht nur die Wiederherstellung der Gesundheit Geld kostet, sondern der/die Verunfallte während der Genesung auch kein Geld verdienen kann, bezahlt die Unfallversicherung einen Lohnersatz in Rentenform. Dieser beginnt am dritten Tag nach dem Unfall. Der Lohnersatz beträgt 80 Prozent des versicherten Lohnes und wird bis zur Erreichung des AHV-Alters geleistet. Die Unfallversicherung übernimmt auch Transport-, Rettungs- oder Bestattungskosten und Renten an Hinterbliebene, die bis zu 70 Prozent des versicherten Lohnes betragen können.

Wiederherstellung der Gesundheit

Die Versicherung der Arbeitnehmer gegen Unfall obliegt den Arbeitgebenden. Gedeckt sind sowohl die Kosten, die bei einem Unfall am Arbeitsplatz entstehen als auch solche, die bei einem Unfall in der Freizeit geschehen. Die Unfallversicherung erlischt aber 30 Tage nach dem Austritt aus dem Unternehmen. Von diesem Moment an müssen alle, wenn sie nicht wieder eine feste Anstellung eingehen, für sich selber sorgen. Die hervorragenden Versicherungsleistungen können jedoch durch Einzelabreden für höchstens sechs Monate über das Ende des Anstellungsverhältnisses hinaus verlängert werden. Dazu müssen vom ehemaligen Arbeitgeber Einzahlungsscheine der Unfallversicherungsgesellschaft verlangt und unter dem Titel «Einzelabrede» Fr. 25.– pro Monat für die jeweilige ehemalige Mitarbeiterin einbezahlt werden.

5.3 | Versicherungen für Verkehrsteilnehmende

«Wer sich auf die Strasse begibt, kommt dabei um.» Ganz so dramatisch, wie das abgewandelte Sprichwort es vermuten lässt, ist die Sache nicht. Aber die Gefahren sind dennoch offensichtlich. Aus diesem Grund gibt es eine ganze Reihe spezifischer Versicherungen zur Deckung der mit dem Strassenverkehr verbundenen Risiken.

Velo- und Motorradversicherung

Velofahrerinnen versichern sich durch den Kauf der Vignette für alle Schäden, die anderen zugefügt werden. Motorradfahrerinnen lösen dafür ihre Nummer. Eine solche bekommt nur, wer nachweisen kann, dass eine Motorrad-*Haftpflichtversicherung* abgeschlossen worden ist. Zusätzlich können sich Motorradfahrer gegen Feuer und Diebstahl des Fahrzeugs mit der Teilkaskoversicherung absichern. Eine Zusatzversicherung für den Beifahrer oder die Beifahrerin ist ebenfalls möglich.

Versicherungen für MotorfahrzeuglenkerInnen

Gleich wie Motorradfahrer bekommen Autofahrer keine Nummer, wenn sie nicht nachweisen können, dass sie die *Motorfahrzeug-Haftpflichtversicherung* abgeschlossen haben. Die Motorfahrzeug-Haftpflichtversicherung bezahlt alle Personen- und Sachschäden, welche die Versicherungsnehmenden verursachen. Sind dies z. B. Schäden an Kindern und Velofahrern, haften sie zu 100 Prozent (Gefährdungshaftung). Stossen sie jedoch mit Autolenkern und -lenkerinnen zusammen, wird nur im prozentualen Umfang des Verschuldens gehaftet (Verschuldenshaftung).

Wer beim Unfall nicht ganz unschuldig ist, muss immer auch einen gehörigen Eigenschaden übernehmen. In dieser Situation hilft die *Vollkaskoversicherung,* die eben im Gegensatz zur Teilkaskoversicherung auch die eigenen Schäden, die durch Kollisionen entstehen, abdeckt. Kaskoversicherungen übernehmen generell Schäden, die durch Diebstahl, Feuer, Glasbruch und Elementarereignisse entstehen. Bedeutungsvoll ist, wem welcher Schuldanteil zugesprochen wird. Hier hilft eventuell die *Rechtsschutzversicherung.* Wer mit der Schuldzuweisung oder der Schadensregulierung nicht einverstanden ist, muss sich sein Recht vor dem Richter erkämpfen. Die Rechtsschutzversicherung übernimmt diese Kosten. In schwierigen Situationen kann sie eine grosse Hilfe sein.

Gerade bei riskanten Berufen ist eine gute Unfallversicherung wichtig.

Auch Motorradfahrer müssen sich und ihr Fahrzeug versichern.

Die Motorfahrzeughaftpflicht hat zusätzlich die Besonderheit, dass sie zwar die Geschädigten bezahlen muss, das Geld aber später teilweise zurückfordern darf, wenn grobfahrlässig gehandelt wurde. Autofahren ohne Sicherheitsgurte oder mit abgefahrenen Pneus sowie das Überfahren von Rotlichtern oder Stoppstrassen gelten z. B. als grobfahrlässig. Dieses Recht der Versicherung auf Rückforderung nennt man *Regressrecht*. Ein Regress bei einer grossen Schadensumme, welche mehr als 20 Prozent übersteigt, kann durchaus ruinös sein. Gegen dieses Risiko wird von verschiedenen Gesellschaften eine *Regressverzichtsversicherung* angeboten.

Bonus/Malus

Beachtung verdient auch die *Bonus/Malus-Regelung* der Motorfahrzeug-Haftpflichtversicherungen: Wer unfallfrei fährt, wird bei allen Gesellschaften mit einer Prämienreduktion (Bonus) belohnt. Wer aber einen Unfall verursacht, wird wieder 3–4 Klassen hinaufgestuft, d. h. seine Prämien steigen (Malus). Es lohnt sich deshalb oft nicht, kleinere Unfälle der Versicherung zu melden, da die Versicherungsprämien durch die Malus-Regelung stark ansteigen können.

5.4 | Versicherungen für Mieterinnen und Mieter

Miete

GRUNDLAGEN ▶ S. 208–210

Wer in eine Wohnung zieht, sieht sich verschiedenen Gefahren ausgesetzt. Durch eine Feuersbrunst, einen Wassereinbruch oder durch Diebstahl können grosse finanzielle Schäden entstehen.

Hausratversicherung

Neuwert

Unterversicherung

Eine *Hausratversicherung* deckt Schäden, die durch Feuer und auslaufendes Wasser entstehen, aber auch Glasbruchschäden werden übernommen. Von Bedeutung ist die *Diebstahldeckung*. In den eigenen vier Wänden ist das ganze Hab und Gut gegen Diebstahl versichert. Wird man dagegen ausserhalb des eigenen Hauses bestohlen, ist der Versicherungsschutz eingeschränkt: Bargeld wird nur dann ersetzt, wenn es durch Raub oder Einbruchdiebstahl entwendet wurde. Im Brandfall werden alle verbrannten Gegenstände zum Neuwert ersetzt. Die Versicherungsgesellschaft will daher, dass die versicherte Summe dem effektiven Neuwert des gesamten Inventars entspricht. In einem Normalhaushalt rechnet man mit einem Inventarwert von rund Fr. 20 000.– pro Zimmer. Bei zusätzlichen Neuanschaffungen müssen diese der Versicherung unbedingt gemeldet werden. Wenn dies nicht geschieht und im Schadenfall eine *Unterversicherung* entsteht (d. h. der Wert der Sachen höher ist als der versicherte Totalwert), kann die Versicherung die Leistungen kürzen. Bei manchen Gesellschaften sind Velos und Skis nur zum Zeitwert versichert, d. h bezahlt wird nur der effektive Wert zum Zeitpunkt des Schadens und nicht der Neuwert. Zusätzlich muss ein Selbstbehalt übernommen werden.

Privathaftpflichtversicherung

Freiwillig aber empfehlenswert

Aus Unachtsamkeit wird bei einem Besuch eine kostbare Vase umgestossen, sodass diese in tausend Stücke zerbricht. Wer bezahlt den entstandenen Schaden? Hierfür kommt die Privathaftpflichtversicherung auf. Sie ist zwar freiwillig, sollte aber dringend abgeschlossen werden. Die jährlichen Kosten von etwa Fr. 120.– sind zudem relativ gering. Für Konkubinatspaare und Familien gibt es sogar noch günstigere Lösungen. Das Prinzip der Privathaftpflichtversicherung ist gleich wie bei der Motorfahrzeughaftpflicht-Versicherung: Wenn schuldhaft einem Dritten (Aussenstehenden) Schaden zufügt wird, kommt die Versicherung dafür auf.

> **Verstanden?**
>
> 60. Welche Leistungen erbringt die Grundversicherung der Krankenversicherung?
> 61. Was ist eine Franchise?
> 62. Welche Möglichkeiten, Ihre Prämien zu senken, kennen Sie?
> 63. Was deckt die Unfallversicherung alles?
> 64. Was ist eine Einzelabrede und wie wird sie abgeschlossen?
> 65. Warum muss ein Motorradfahrer eine Haftpflichtversicherung abschliessen?
> 66. Wo helfen Vollkasko- und Rechtsschutzversicherung?
> 67. Wie funktionieren Bonus und Malus?
> 68. Welche Leistungen erbringt die Unfallversicherung?
> 69. Was deckt die Hausratversicherung ab?
> 70. Für was kommt die Privathaftpflicht auf?

6. | Sozialversicherungen

Jeder Mensch hofft, auch im Alter genug Geld zu haben, um den Lebensabend in finanziell gesichertem Rahmen zu geniessen. Früher, als Eltern, Grosseltern und Kinder noch unter einem Dach wohnten, war die Familie für die Alterssicherung zuständig. Heute übernimmt bei uns der Staat einen Grossteil dieser Verantwortung.

Alterssicherung

Sozialversicherungen unterscheiden sich von den bisher vorgestellten Versicherungen dadurch, dass sie das Prinzip «höhere Beiträge = bessere Leistungen» durchbrechen. Sie sorgen dafür, dass weniger Verdienende oder stärker von Krankheiten und Alter betroffene Menschen auch bei geringeren Prämien angemessene Leistungen erhalten. Zu den Sozialversicherungen zählt vor allem die Abdeckung des Erwerbsausfalles bei den «Risiken» Alter, Arbeitslosigkeit, Invalidität usw. Ebenfalls zu den Sozialversicherungen gehört die Grundversicherung der Krankenkassen *(siehe 5.1.)*. Der Abschluss der Sozialversicherungen ist obligatorisch. Weitergehende Deckungen können zusätzlich privat versichert werden.

Obligatorium

6.1 | Das Dreisäulenkonzept

Die schweizerische Altersversicherung (inklusive Invalidität und Hinterlassenschaft) ist auf drei Säulen aufgebaut – dem sogenannten *Dreisäulenkonzept*. Dieses beruht darauf, dass sich *staatliche*, *betriebliche* und *persönliche Vorsorge* ergänzen sollen. Die folgende Darstellung veranschaulicht dies:

Staatliche, betriebliche und persönliche Vorsorge

Alle drei Säulen sehen Leistungen im Alter, bei Invalidität und im Todesfall vor. Meistens geschieht dies in Rentenform. Die Prinzipien des 3-Säulen-Konzeptes sind:
▶ Die Garantie des Existenzminimums (1. Säule) und
▶ die Garantie, dass die Weiterführung des gewohnten Lebensstils möglich ist (1. und 2. Säule *zusammen)*.
▶ Wer auch noch eine 3. Säule aufbaut, sichert sich einen gewissen zusätzlichen Luxus.

Die Leistungen der drei Säulen ergänzen einander, das heisst, sie sind koordiniert.
Die drei Säulen werden unterschiedlich finanziert.

6.2 | Die erste Säule

6.2.1 | AHV (Alters- und Hinterbliebenenversicherung)

Existenzsicherung
Ziel der AHV ist es, dafür zu sorgen, dass die Versicherten sich im Alter ihre Existenz sichern können oder, dass beim Tod des Ernährers die Hinterbliebenen nicht Not leiden müssen. Männer erreichen das AHV-Alter mit 65 Jahren, Frauen im Moment mit 64 Jahren. Eine bevorstehende AHV-Revision will auch für die Frauen das AHV-Alter auf 65 Jahre anheben. In der gegenwärtigen Diskussion ist sogar die Erhöhung des AHV-Alters auf 67 Jahre ein Thema.

Finanzierung
Die AHV-Renten werden von denjenigen finanziert, die das AHV-Alter noch nicht erreicht haben (Erwerbstätige ab dem 18. Altersjahr). Die Finanzierung erfolgt über so genannte *Lohnprozente*, d. h. ein Teil des Lohnes jedes Arbeitnehmers geht direkt in eine AHV-Kasse. Der Arbeitgeber zahlt denselben Betrag dazu. Dies kann im Lohnausweis, den die Arbeitnehmerin am Ende des Monats erhält, überprüft werden. Allerdings reichen Lohnprozente allein zur Finanzierung der AHV nicht aus. Der Staat steuert mehrere Milliarden bei, die

Alkohol- und Tabaksteuer
er grösstenteils aus der Alkohol- und Tabaksteuer abzweigt. Auch die Kantone unterstützen mit Steuergeldern die Finanzierung der AHV. Die Lohnprozente einer Arbeitnehmerin werden nicht «für sie» auf die Seite gelegt, damit sie bei ihrer Pensionierung davon profitieren kann. Sie werden (gemeinsam mit den Zuschüssen von Bund und Kantonen) sofort zur Finanzierung der AHV-Beiträge der heutigen Rentnerinnen und Rentner ausgerichtet.

Umlageverfahren
Dieses Finanzierungssystem heisst «*Umlageverfahren*», da die Abgaben der Erwerbstätigen auf die Renten der Pensionierten «umgelegt» und nicht individuell angespart werden.

Der Vorteil des Umlageverfahrens ist, dass keine Verluste durch Inflation entstehen. Sein Nachteil besteht darin, dass bei der heutigen demografischen Entwicklung (Altersstruktur der Schweizer Bevölkerung) immer weniger Erwerbstätige immer mehr AHV-Beiträge an die heutigen Rentner und Rentnerinnen bezahlen müssen: Bei Gründung der AHV in den Jahren 1947/48 trafen auf einen Nichterwerbstätigen etwa acht Erwerbstätige. Heute sind es gerade noch zwei.

Sozialwerke
Die AHV ist ein Sozialwerk, d. h. alle zahlen einen gleich hohen Prozentsatz ihres Einkommens ein. Die Rentenhöhe entsteht durch die Berechnung des durchschnittlichen Jahresverdienstes während des ganzen Erwerbslebens. Allerdings gibt es dabei eine Ober- und Untergrenze: Die Reichste, die ein Leben lang Beiträge einbezahlt hat, bezieht nur eine Höchstrente, die exakt doppelt so hoch ist wie die Minimalrente. Diese Minimalrente

Minimalrente
erhalten jene, die zwar ein Leben lang einbezahlt haben, aber aufgrund ihres tiefen Lohnes eigentlich nur Ansprüche auf eine geringe Rente hätten. Dank diesem Mechanismus findet eine sogenannte «Umverteilung» statt.

Die demografische Entwicklung der Schweizer Bevölkerung macht einen Umbau der Sozialversicherungen notwendig.

Anspruch auf eine volle Rente haben allerdings nur Erwerbstätige, die keine Beitragslücken aufweisen. Um Frauen und Geschiedene nicht zu benachteiligen, wird den Personen, welche wegen der Kindererziehung nicht erwerbstätig waren, für diese Zeit eine Betreuungsgutschrift angerechnet.

Beitragslücken

Neben der normalen Altersrente kennt die AHV die Witwen- und (etwas weniger ausgebaute) Witwerrente, die Kinderrente und die Zusatzrente.

6.2.2 | IV (Invalidenversicherung)

Die IV gewährt Leistungen, wenn die Erwerbsfähigkeit aus gesundheitlichen Gründen stark eingeschränkt oder verunmöglicht ist und hat die Eingliederung in ein selbstbestimmtes Berufs- und Sozialleben zum Ziel. Die Invalidenversicherung kennt zwei Arten von Leistungen:

Eingliederung in Berufs- und Sozialleben

- Individuelle Leistungen: Eingliederungsmassnahmen und Geldleistungen (z. B. medizinische Massnahmen, berufliche/schulische Massnahmen, Renten und Hilflosenentschädigungen)
- Kollektive Leistungen: Beiträge an Institutionen für Invalide und Organisationen der öffentlichen und privaten Invalidenhilfe (z. B. Beiträge an Sonderschulen, Lehrwerkstätten, Wohnheime, Tagesstätten usw.).

Bei der IV gilt der Grundsatz: Eingliederung vor Rente. Trotzdem kommt der Rentenzahlung eine grosse Bedeutung zu. Wie berechnet man nun den Invaliditätsgrad und wie hoch ist die entsprechende Invalidenrente?

Eingliederung vor Rente

Anders als bei der Unfallversicherung entsteht der Invaliditätsgrad durch die Lohndifferenz zwischen der gesunden und der invaliden Person. Verdiente Frau X vor ihrer Invalidität Fr. 60 000.– und jetzt, als Invalide, nur noch 30 000.–, ist sie 50 Prozent invalid. Dabei spielt es keine Rolle, ob sie die gleiche Arbeit beibehält oder nach einer Umschulung etwas anderes tut. Das angestrebte Ziel der IV ist es immer, den Menschen zur Erwerbstätigkeit zu bringen. Deshalb hilft sie zuerst mit Massnahmen und Hilfsmitteln und bietet erst nachher eine Rente an.

Invalidenrente		
100 Prozent invalid	= 100 Prozent-Rente	= Vollrente
50–66⅔ Prozent invalid	= 50 Prozent-Rente	= Halbe Rente
40–50 Prozent invalid	= 25 Prozent-Rente	= Viertelrente
unter 40 Prozent invalid	= 0 Prozent Rente	= keine Rente

Erhält also eine invalide Person, die teilzeiterwerbstätig ist, eine Lohnerhöhung, verringert sich damit ihr Invaliditätsgrad (Lohndifferenz!) und ihre Rente kann eventuell sinken. Die Invalidenrente ist wesentlich tiefer als die Unfallrente. Eine Invalidenrente entspricht genau der Höhe der einfachen Altersrente. Damit wird das Leben für eine invalide Person kaum mehr finanzierbar. Der Staat hilft mit Ergänzungsleistungen, die dafür sorgen, dass die invalide Person das Existenzminimum erreicht. Auch dies ist gesetzlich vorgeschrieben. Die Finanzierung der IV-Rente erfolgt durch Lohnabzüge wie bei der AHV, die dann umgelegt werden. Zusätzlich leistet der Staat Zuschüsse.

Durch eine grosse Zunahme der Leistungen, die von der IV erbracht werden müssen, bedingt durch eine stark gestiegene Anzahl von Invaliditätsfällen, werden auch bei der IV Reformen notwendig sein.

6.2.3 | Arbeitslosenversicherung (ALV)

Nicht jeder, der seine Arbeit verliert, ist auch berechtigt, Arbeitslosengelder, so genannte *Taggelder,* zu beziehen. Mit Ausnahme von Studienabgängern und Studienabgängerinnen müssen alle nachweisen, dass sie vor dem Eintritt in die Arbeitslosigkeit erwerbstätig waren. Die Dauer der vorherigen Erwerbstätigkeit bestimmt die Berechtigung auf eine Anzahl Taggelder. Erwerbstätige unter 55 Jahren, die mindestens 1 Jahr ALV bezahlt haben, haben Anspruch auf 400 Taggelder. Wer 55-jährig oder älter ist und mindestens 18 Monate ALV-Beiträge einbezahlte, hat Anspruch auf 520 Taggelder. Man trägt damit dem Umstand Rechnung, dass das Vermitteln von Arbeitsstellen an ältere Menschen wesentlich schwieriger ist.

Wer Taggelder beziehen will, muss nachweisen, dass sie oder er sich um eine Anstellung bemüht.

Aktive Massnahmen

Schlechtwetterentschädigung

Insolvenzentschädigung

Nebst dem Auszahlen von Arbeitslosengeldern kommt die Arbeitslosenversicherung aber auch für aktive Massnahmen auf. Beispielsweise hilft der Staat durch Vermittlung mit, neue Stellen zu finden. Die betroffenen Menschen müssen aber auch bereit sein, eine zumutbare Arbeitsstelle anzutreten. Um Arbeitslosigkeit gar nicht erst entstehen zu lassen, hilft die ALV auch in Branchen, wo der Erwerb durch schlechtes Wetter gefährdet sein kann (Schlechtwetterentschädigung) oder wo eine Branche nur vorübergehend einen Engpass bewältigen muss (Kurzarbeitsentschädigung).

Eine neuere Leistung ist die *Insolvenzentschädigung*. Hier wird Arbeitskräften, die in einem Betrieb beschäftigt sind, der in einem Konkursverfahren steckt und deshalb seinen Lohnverpflichtungen nicht mehr nachkommt, der Lohn bezahlt. Auch die ALV wird durch Lohnprozente finanziert und im Umlageverfahren ausbezahlt.

6.2.4 | Erwerbsersatzordnung (EO)

Dienstleistende erhalten Lohnersatz

Wer Militärdienst leistet, soll dafür nicht finanziell büssen. Ebenfalls aus Lohnprozenten finanziert, erhalten alle *Dienstleistenden* einen *Lohnersatz*. Das beginnt bei den Rekruten, die einen festen Ansatz haben, und geht weiter zu Wiederholungskursleistenden, die bis zu 75 Prozent des versicherten Lohnes erhalten können. Die Höhe ist davon abhängig, ob jemand Kinder oder andere Personen unterstützt.

Selbstständigerwerbende erhalten ihr Geld von der AHV-Zweigstelle. Lohnempfängerinnen erhalten in aller Regel den Lohn auch während des Wiederholungskurses ausbezahlt. Sie geben deshalb ihre EO-Karte an den Arbeitgeber weiter, der seinerseits das Geld bei der AHV-Zweigstelle geltend macht. Die Differenz zwischen Lohn und EO-Karte trägt die Arbeitgeberin.

6.2.5 | Mutterschaftsversicherung

Minimalvariante

Die Mutterschaftsversicherung ist bereits seit 1947 in der Verfassung festgeschrieben. Das Volk hat erst in einer Abstimmung 2004 einer solchen Versicherung zugestimmt. Die neue Schweizer Mutterschaftsversicherung ist nur eine Minimalvariante und kann sich mit den Mutterschaftsversicherungen anderer europäischer Länder nicht messen.

Die Mutterschaftsversicherung in der Schweiz verpflichtet den Staat dazu, erwerbstätigen Frauen, die ein Kind bekommen, durch die Erwerbsersatzordnung (EO) während 14 Wochen 80 Prozent ihres regulären Einkommens zu zahlen. Werdende Mütter, die keiner Erwerbstätigkeit nachgehen, müssen auf die Mutterschaftsversicherung verzichten. Ein Bundesgesetz, das auch nichterwerbstätigen Müttern eine Grundleistung zugestehen wollte, wurde 1999 in einer Abstimmung vom Volk abgelehnt.

Die Schweiz kennt erst seit 2004 eine Mutterschaftsversicherung.

6.2.6 | Ausblick

Politische Entscheide

Wirtschaftsformen

GRUNDLAGEN ▶ S. 250–254

Die soziale Frage und damit auch die Sozialversicherungen stehen im Mittelpunkt der politischen Diskussionen in der Schweiz. Tatsache ist, dass die Schweizerinnen und Schweizer immer älter werden und immer weniger arbeitende Menschen für die Versicherungsleistungen über den Abzug von Lohnprozenten aufkommen müssen. Vor allem die AHV ist von dieser demografischen Entwicklung stark betroffen.

Diesem Problem versucht man mit der Erhöhung der Tabaksteuer oder der Mehrwertsteuer beizukommen. Aber auch unpopuläre Entscheide wie die Erhöhung des Rentenalters, die Abschaffung des Mischindexes (d.h. der Anpassung der Renten an die Lohn- und Teuerungsentwicklung) oder sogar Rentenkürzungen werden geprüft. Die nächsten Jahre werden zeigen, ob der Wille der Mehrheit der Schweizerinnen und Schweizer weiterhin vorhanden ist, älteren Menschen, aber auch Witwen und Witwern, Waisen und Halbwaisen, Arbeitslosen und Invaliden ein menschenwürdiges Leben zu sichern.

Unpopuläre Massnahmen

Soziale Marktwirtschaft
GRUNDLAGEN ▶ S. 253/254

6.3 | Die zweite Säule

Die Leistungen der ersten Säule, d.h. der AHV und der IV, werden durch die zweite Säule ergänzt. Diese leistet die Fortsetzung der AHV-Rente vom Existenzminimum bis zu etwa 60 Prozent des letzten Lohnes. Aus diesem Grund ist nur derjenige Lohnanteil in der zweiten Säule versichert, der zwischen dem Koodinationsabzug von Fr. 23 205.– (Lohnteil, der im Obligatorium über die berufliche Vorsorge nicht zu versichern ist) und dem Dreifachen der maximalen AHV-Rente liegt (Fr. 79 560.– im Jahr 2007). Im Jahre 2007 beträgt der versicherte Lohnanteil also Fr. 56 355.– (Fr. 79 560.– abzüglich Fr. 23 205.–).
Die Eintrittsschwelle für die berufliche Altersvorsorge beträgt im Jahr 2007 Fr. 19 890.–. Aus diesem Grund sind Personen, die weniger als Fr. 19 890 verdienen, in der zweiten Säule nicht versichert. Dies sind vor allem wenig qualifizierte Arbeitskräfte und Teilzeitbeschäftigte.

Fortsetzung der AHV-Rente

Die berufliche Vorsorge

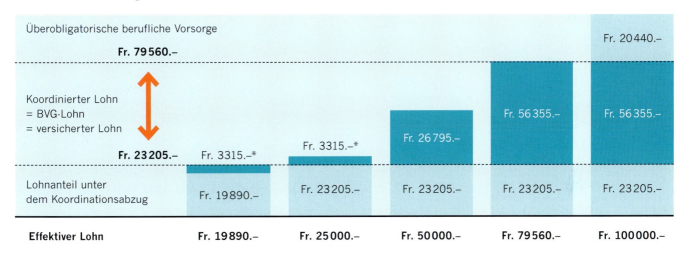

*Minimal versicherter BVG-Lohn: 1/8 von Fr. 26 520.–

Wichtig ist das Finanzierungssystem der zweiten Säule: Im Gegensatz zur AHV werden die Pensionskassen durch das *Kapitaldeckungsverfahren* finanziert. Damit ist gemeint, dass die Beiträge, welche die Arbeitgeber und Arbeitnehmer paritätisch (zu gleichen Teilen) einzahlen, nicht sofort umgelegt, sondern jeder Person individuell auf einem Konto gutgeschrieben werden. Dieses wird von einer privaten Pensionskasse verwaltet. Erreicht eine Arbeitnehmerin ihr Pensionsalter oder wird sie durch einen Unfall invalid, so wird das individuell in die Pensionskasse einbezahlte Geld der Arbeitnehmerin in Rentenform ausbezahlt. Wer mehr einzahlt, bekommt also auch mehr. Es findet keine Umverteilung statt.
Der Vorteil des Systems ist, dass jedermann genau das erhält, was er oder sie vorgeleistet hat. Das Geld kann gewinnbringend angelegt werden. Nachteilig ist, dass das Geld der Inflationsgefahr unterliegt. Es muss deshalb Rendite tragend angelegt werden. Wie die jüngste Geschichte gezeigt hat, sind bei einem Börsencrash die Vermögen der Pensionskassen in erhöhtem Masse gefährdet. Viele Pensionskassen weisen deshalb eine Unterdeckung auf und müssen saniert werden.

Finanzierungssystem

Rentenform

Risiko und Sicherheit

Die dritte Säule erlaubt Rentnern und Rentnerinnen einen Lebensabend ohne finanzielle Sorgen.

Unterschiede zwischen Säule 3a und Säule 3b		
	Gebundene Vorsorge Säule 3a	**Freie Vorsorge Säule 3b**
Vorsorgelösungen	Lebensversicherungen 3a (= Vorsorgepolice) Vorsorgekonto (= Sparkonto 3a)	Lebensversicherungen Bankprodukte
Personen	Alle in der Schweiz steuerpflichtigen Arbeitnehmer und Selbstständigerwerbende	Alle (keine Voraussetzungen)
Dauer	Altersleistungen dürfen frühestens 5 Jahre vor und müssen spätestens bei Erreichen des ordentlichen AHV-Alters ausgerichtet werden	Frei wählbar
Verfügbarkeit/ Auflösung	Nur in wenigen Fällen vor dem ordentlichen AHV-Alter möglich, z.B. bei Erwerb von Wohneigentum, Auswanderung, Selbstständigkeit	Jederzeit möglich, Auszahlung bzw. Vertragsdauer frei wählbar
Begünstigung	Gesetzlich vorgegeben	Frei wählbar, Änderungen sind jederzeit möglich
Verpfändung	Nur für selbstgenutztes Wohneigentum möglich	Für jeden Zweck möglich
Abtretung an Dritte	Nicht möglich	Möglich
Steuern	Voll abzugsberechtigt vom steuerbaren Einkommen bis zu einem Maximalbetrag (2007: Fr. 6365.–)	Abzug vom steuerbaren Einkommen nur beschränkt möglich im Rahmen der üblichen Pauschalabzüge für Lebensversicherungen- und Krankenkassenprämien
Vermögen	Keine Vermögenssteuer	Unterliegt der Vermögenssteuer
Kapitalauszahlung	Besteuerung zu Spezialsätzen	Grundsätzlich steuerpflichtig, Ausnahmen und spezielle Regelungen für Lebensversicherungen
Rentenauszahlungen (Versicherungslösungen)	100% steuerpflichtig	Meist zu 40% steuerpflichtig

6.4 | Die dritte Säule

Die Renten der ersten und zweiten Säule sind nicht beliebig hoch. Sie sollen den Rentnern lediglich den bisher bestehenden Lebensstandard garantieren. Vielen Leuten genügt dies aber nicht, sie wollen sich mehr leisten können. Für diesen Fall unterstützt der Staat Rentner und Rentnerinnen, indem er die genannte dritte Säule (persönliche Vorsorge) mit allerlei Steuervorteilen versehen hat.

Lebensstandard garantieren

Säule 3a

Der Staat erlaubt allen Lohnbezügern und -bezügerinnen, bei Banken oder Versicherungsgesellschaften eine bestimmte Summe als persönliche Altersvorsorge anzusparen. Der Betrag darf bei der Einkommenssteuer abgezogen werden. Man nennt dies die Säule 3a. Die einmal einbezahlten Summen können erst ab dem 60. Altersjahr wieder von der Bank oder der Versicherungsgesellschaft zurückgefordert werden. Eine Ausnahme ist dann gestattet, wenn man das Geld zum Erwerb von eigenem Wohnraum verwenden will.

Persönliche Altersvorsorge

Lebensversicherungen als Vorsorgemöglichkeit

Innerhalb der Säule 3a (oder auch 3b) kann eine Lebensversicherung abgeschlossen werden (Säule 3b). Grundsätzlich unterscheidet man zwei Arten der Lebensversicherung:

> **Die Risikolebensversicherung**
> Die Versicherungssumme wird nur fällig, wenn der Versicherungsnehmer während der Vertragsdauer stirbt.
>
> **Die kapitalbildende Lebensversicherung oder gemischte Lebensversicherung**
> Zusätzlich zum Risikoschutz wird noch Kapitalbildung betrieben.

Zwei Arten von Lebensversicherungen

Die Versicherungsnehmerin zahlt jeden Monat einen Sparteil ein, wie wenn sie das Geld auf die Bank tragen würde. Folgerichtig erhält hier die Kundin nicht nur beim Todesfall, sondern auch dann, wenn sie das Ende der Versicherungsdauer erlebt, ihr Geld plus ihren Gewinn zurück. Beide Versicherungstypen sind vorteilhaft, weil sich an die Lebensversicherung eine Invalidenrente koppeln lässt.

Trotz allem sollte der Abschluss einer Lebensversicherung gut überlegt sein. Gerade jungen Familien fällt es oft schwer, die Sparsumme dafür aufzubringen. Sie künden dann die Lebensversicherung, verlieren damit nicht nur den wichtigen Invaliditätsschutz, sondern auch noch Geld, weil die Gesellschaften nur den Rückkaufswert der Versicherung zurückgeben müssen, und dieser ist immer wesentlich kleiner als der Betrag, den man vorher mühsam angespart hat.

Notwendigkeit abklären

Verstanden?

71. Erklären Sie das 3-Säulen-Konzept in eigenen Worten.
72. Wie wird die AHV finanziert?
73. Was ist die EO?
74. Welche Leistungen erbringt die IV?
75. Welche Bedeutung hat die zweite Säule?
76. Was verstehen Sie unter «Kapitaldeckungsverfahren»?
77. Erklären Sie den Koordinationsabzug.
78. Erklären Sie die beiden Arten einer Lebensversicherung.
79. Was ist die Idee der dritten Säule?
80. Nennen Sie einen wichtigen Unterschied zwischen den Säulen 3a und 3b.

Beziehungen und Zusammenleben

1. | Einleitung

Menschen sind keine Einzelgänger. Menschen leben in Gemeinschaften und sind aufeinander angewiesen. Unsere Gesellschaft kennt zunehmend neue Formen des Zusammenlebens. Gewisse Bereiche des Zusammenlebens und des Wohnens werden zum Schutze des/der Einzelnen durch gesetzliche Regelungen bestimmt.

1. Einleitung

2. Leben in einer Kontaktwelt 66

3. Kommunikation
3.1 Eine vierfache Botschaft 68
3.2 Von sich erzählen und aktiv zuhören 69
3.3 Wechselnde Ich-Zustände 69
3.4 Man kann nicht «nicht kommunizieren» 70

4. Formen des Zusammenlebens 71

5. Konkubinat
5.1 Vorteile und Nachteile des Konkubinats 72
5.2 Konkubinatsvertrag 72

6. Verlobung und Ehe
6.1 Verlobung 73
6.2 Eheschliessung 73
6.3 Ehescheidung 74
6.4 Erbschaft 74

7. Miete 75

2. | Leben in einer Kontaktwelt

Mensch ist Beziegungswesen

Der Mensch ist ein Beziehungswesen. Er braucht für die Entfaltung seiner Fähigkeiten und Kräfte ein liebevolles Gegenüber. Die psychische Entwicklung eines Kindes ist gefährdet, wenn seine Grundbedürfnisse nach Liebe, Geborgenheit, Wärme und Sicherheit nicht angemessen befriedigt werden. In verlässlichen und konstanten Beziehungen entwickelt das Kind jenes Vertrauen in sich und andere, das es in seinem späteren Leben befähigt, tragende Beziehungen auch auf längere Sicht aufzubauen und zu pflegen. Auch Jugendliche und Erwachsene brauchen Anerkennung und Aufmunterung sowie konstruktiven Widerstand von anderen Menschen. «Wo kein Du ist, kann sich kein Ich bilden – und wo kein Ich ist, kann kein Du gefunden werden», so der Philosoph Martin Buber. Das Leben ist ohne längerfristige Beziehungen kaum sinnvoll.

Anerkennung und Aufmunterung

In Film und Literatur wird die Sehnsucht des Menschen nach tragenden Beziehungen immer neu dargestellt. So heisst es zum Beispiel in den Tagebüchern von Max Frisch (1911–1991): «Das Klima der Sympathie – wie sehr wir darauf angewiesen sind! Da ist es, als habe man keine Luft mehr unter den Flügeln.»

Familie: Der Mensch braucht Liebe, Geborgenheit, Wärme und Sicherheit.

Jeder Mensch kann selber entscheiden, welche Lebensform er pflegen will.

Partnerschaften bereichern und fordern zugleich. Sie setzen die Bereitschaft voraus, aufeinander zu hören, Spannungen zu lösen, Konflikte auszutragen und Krisen gemeinsam durchzustehen.

In unserer Gesellschaft können und wollen sich viele Menschen nicht für ein Leben lang an andere binden. Sie wollen ihre Partnerschaften auf bestimmte Lebensabschnitte begrenzen. Es ist jedem Menschen in unserer Gesellschaft selbst überlassen, welche Form der Partnerschaft er wählen und pflegen will. Es gibt in unserer Gesellschaft zu viele oberflächliche soziale Kontakte. Wir leben im Allgemeinen auf engem Raum zusammen. Immer und überall werden wir mit Menschen konfrontiert: auf der Strasse, im Zug, oft sogar in der freien Natur. Wer regelmässig fernsieht, der bekommt im Laufe einer Woche Hunderte von Menschen zu Gesicht: leidende, hungernde, scheinbar glückliche, reiche, arme.

Mit vielen technischen Kommunikationsmitteln (Telefon, Fax, Natel/SMS, Internet/E-Mail) ist es leicht, rasch Kontakte auf der ganzen Welt herzustellen. Übermässiger Sozialkontakt kann Folgen haben. Er führt bei einigen zu emotionaler Abstumpfung. Andere schirmen sich ab. Andere wiederum können ohne Kontakte nicht mehr leben. Sie sind kontaktsüchtig und zeigen Entzugserscheinungen, wenn ihnen gewisse Kontaktmöglichkeiten fehlen. Sie ertragen Stille und Alleinsein nicht. Es gibt viele Gründe, welche die Bindungs- und Beziehungsfähigkeit der Menschen beeinträchtigen können:

- Der ständige Wechsel der sozialen Rollen (man ist Kollege, Sohn, Tochter, Freundin etc.)
- der Zwang zu beruflicher Mobilität (Arbeitswechsel)
- die Überbetonung materieller Werte (Eigentum)
- der stark beschleunigte soziokulturelle Wandel (mehr ältere Menschen, weniger junge)
- das Konsumdenken (nur das Neueste wird gekauft)
- die «Subito»-Mentalität (alles muss schnell gehen) und
- die Supermarktmentalität (überall muss alles immer vorhanden sein)

Zusammenleben
GRUNDLAGEN ▶ S. 187 ff

Partnerschaften für Lebensabschnitte

Emotionale Abstumpfung

3. | Kommunikation

Kommunikation will gelernt sein

Warum streiten wir? Warum sind wir manchmal beleidigt? Warum verletzen wir die Gefühle der anderen? Warum glauben wir nicht immer, was uns das Gegenüber sagt? Die Kunst der Verständigung zwischen den Menschen, die Kommunikation, will gelernt sein. Je besser wir lernen zu kommunizieren, desto tragfähiger wird die Beziehung mit dem Gegenüber. Dazu gehört auch die Wahl des Gesprächsrahmens: Oft genügt ein kurzer Wortwechsel im Vorbeigehen, hie und da ist es aber notwendig, sich zusammen an einen Tisch zu setzen und eine Angelegenheit «zu Boden zu reden».

Der Kommunikationsforschung ist es im Laufe der vergangenen Jahrzehnte gelungen, uns wissenschaftlich abgestützte Erkenntnisse zur Verfügung zu stellen, die uns dabei helfen, im Alltag erfolgreicher zu kommunizieren.

3.1 | Eine vierfache Botschaft

Unterschiedliche Wahrnehmung

Der Kommunikationsforscher Friedemann Schulz von Thun hat erkannt, dass Sprecher (Sender einer Botschaft) mit ihren Worten ganz Verschiedenes meinen können. Auf der anderen Seite (Empfänger) kommt die Botschaft immer so an, wie Gesprächspartner diese hören oder hören wollen: Wir haben «vier Ohren». Wir versuchen zum Beispiel am Computer ein Dokument zu erstellen, aber es gelingt uns nicht so, wie wir es vorhaben. In diesem Moment schaltet sich unser(e) Lebenspartner(in) ein und sagt: «Das ist das falsche Programm». Wie ist diese Aussage gemeint? Wie soll diese Aussage aufgefasst werden?

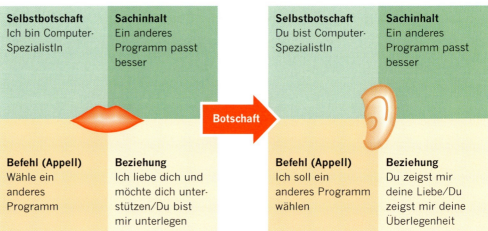

Verschiedene Auslegungen

S-Botschaften (grüne Felder: Selbst- und Sachbotschaften) werden allgemein problemlos aufgenommen. Hingegen werden B-Botschaften (orange Felder: Befehls- und Beziehungsbotschaften) je nach Qualität der Beziehung positiv oder negativ ausgelegt. Es belastet die Kommunikation, wenn Gesprächspartner sich allzu schnell angegriffen fühlen und sich zu rechtfertigen beginnen oder wütend werden. Entlastend wirkt die gezielte Rückfrage, wie denn die Botschaft gemeint sei.

3.2 | Von sich erzählen und aktiv zuhören

Der Psychologe Thomas Gordon betont in seinem Buch «Die Familienkonferenz» (1970), wie wichtig es ist, beim Kommunizieren mehr von sich zu erzählen, damit das Gespräch erfolgreich verläuft. Wenn Eltern ihre Rolle als Erziehende wahrnehmen, sehen sie sich oft vor das Problem gestellt, nicht annehmbares Verhalten ihrer Kinder korrigieren zu müssen. Am besten gelingt dies, wenn Eltern offen kommunizieren und ihre Bedürfnisse gegenüber ihrem Kind formulieren. Eine solche *Ich-Botschaft* könnte zum Beispiel lauten: «Wenn du einen Kübel Sand in die Wohnung bringst und auf dem Teppich ausleerst, brauchen wir viel Zeit zum Putzen, und das mag ich nicht.»

Erfolgreiche Gespräche

Ob nun unsere Gesprächspartner Kinder oder Erwachsene sind – immer gilt es, ihnen unterstützend zuzuhören. Thomas Gordon nennt das *aktives Zuhören*. Unser Gegenüber fühlt sich wohl und ernst genommen, wenn wir aufmerksam zuhören, mit Gestik (Körperhaltung, Kopfnicken, Handzeichen usw.) und Mimik (Gesichtsausdruck, Augenkontakt usw.) zeigen, dass wir konzentriert sind. Rückfragen oder Zusammenfassungen wie «Wenn ich dich richtig verstehe, dann meinst du …» stärken die Gesprächspartnerin. Mit einer Aussage wie «Du hast also das Gefühl, ausgenützt und vernachlässigt zu werden» zeigen wir, dass uns die Gefühlswelt des anderen wichtig ist und wir das Problem gemeinsam analysieren werden.

Aktives Zuhören

«Aufrichtig und einfühlsam miteinander sprechen» empfiehlt auch der Autor des Buches «Nonviolent Communication» (1999) über gewaltfreie Kommunikation, Marshall B. Rosenberg: Es stärkt auch die eigene Selbstachtung, wenn man sich beim Kommunizieren überlegt, wie man das Leben des anderen Menschen bereichern kann.

3.3 | Wechselnde Ich-Zustände

Ob die Kommunikation auf Dauer gelingt, hängt davon ab, wie sehr wir auf das Gleichgewicht zwischen den Rollen der Beteiligten achten. Eric Berne analysierte die Kommunikation in seiner Transaktionsanalyse (Transaktion: Durchführung, Abwicklung) im Hinblick auf den Ich-Zustand, in dem sich die Sprecher je nach Verlauf des Gesprächs befinden.

Transaktionsanalyse

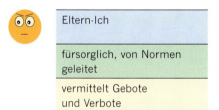

Was uns Eltern und andere Bezugspersonen an Werten, Normen und Regeln vermittelt haben, setzt sich im Eltern-Ich fest.

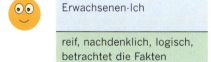

Die Handlungen und Aussagen des Erwachsenen-Ichs sind durchdacht und weder durch Gefühle noch durch Vorurteile gesteuert. Erlernte Verhaltensmuster des Eltern- oder Kindheits-Ichs werden vom Erwachsenen-Ich daraufhin überprüft, ob sie in der Gegenwart noch brauchbar sind.

Das Kindheits-Ich reagiert gefühlsbezogen, empfindet Freude, Trauer und Schmerz.

Bei folgendem Wortwechsel entsteht ein Gefälle zwischen den Beteiligten: «Widersprechen Sie mir nicht dauernd» (Eltern-Ich). «Darf man denn gar nichts mehr sagen?» (Kindheits-Ich).

Eine sachliche Diskussion wird zwischen zwei Erwachsenen-Ichs geführt: «Lassen Sie uns doch in Ruhe darüber reden.» «Entschuldigen Sie, mir sind die Nerven durchgegangen ...».

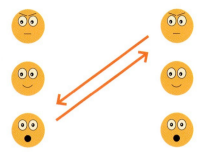 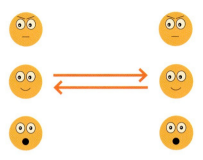

Zugewiesene Rollen

Bei beiden Beispielen verläuft die *Transaktion parallel*, d. h. das angesprochene Ich wird erreicht und antwortet in der ihm zugewiesenen Rolle.

Manchmal kommt z. B. eine Erwachsenen-Ich-Botschaft beim Eltern-Ich an *(gekreuzte Transaktion)* und wird «von oben herab» beantwortet, was zu Verletzungen führen kann: «Diese Arbeit schaffe ich nicht bis heute Abend.» «Strengen Sie sich mehr an!»

Umgekehrt können Dialoge mit einer geschickten Reaktion jederzeit auf die Erwachsenen-Ebene geführt werden (ebenfalls eine *gekreuzte Transaktion*): «Mich fragt ja hier niemand.» (Kindheits-Ich) «Wollen Sie uns Ihre Idee präsentieren, damit wir zu einer guten Lösung kommen?» (Erwachsenen-Ich).

3.4 | Man kann nicht «nicht kommunizieren»

Paul Watzlawick, Philosoph und Psychoanalytiker, kommt in seiner Theorie unter anderem auf die Erkenntnis, dass Verhalten jeder Art als Kommunikation zu bezeichnen ist. Auch wenn wir abweisend sind und nicht auf das eingehen, was das Gegenüber sagt, kommunizieren wir. Störungen sind darauf zurückzuführen, dass Kommunikationsregeln nicht beachtet werden.

Es gibt zahlreiche Untersuchungen zur Körpersprache, eine besondere Sprache, die das Gesagte unterstützen soll oder dem Schweigen eine Bedeutung gibt. Wenn gesprochene Sprache durch die Körperhaltung, Mimik und Gestik unterstützt wird, erscheint das Gesagte glaubwürdig. Stimmt die Körpersprache nicht mit der Botschaft überein oder lenkt sie vom Inhalt ab, ist der/die Angesprochene irritiert und somit die Kommunikation gestört.

Körpersprache

Die Familie, in der wir aufwachsen, ist ein reiches Übungsfeld für Kommunikation, wo wir unsere ersten Schritte wagen und wertvolle Erfahrungen sammeln.

Verstanden?

81. «Der/die EmpfängerIn einer Botschaft hört mit 4 Ohren»: Was ist damit gemeint?
82. Was erreichen wir beim Gegenüber, wenn wir «aktiv zuhören»?
83. Was ist eine «gekreuzte Transaktion»?

4. | Formen des Zusammenlebens

Der Wandel in Wirtschaft und Gesellschaft hat die Rollen von Mann und Frau sowie die Formen des Zusammenlebens in den letzten Jahrzehnten massiv verändert. So leben heute von den Einwohnerinnen und Einwohnern in der Schweiz nur noch knapp die Hälfte in einer traditionellen Familie. Rund ein Fünftel machen Ehepaare ohne Kinder aus. Circa ein Sechstel lebt als Single. 7 Prozent stellen allein Erziehende (vor allem Frauen) mit Kindern dar. 4 Prozent der Einwohner und Einwohnerinnen leben im Konkubinat ohne Kinder. 3 Prozent sind kinderlos in Wohngemeinschaften anzutreffen und 1,5 Prozent leben mit Kindern im Konkubinat.

Die klassische Familie zeigt Zerfallserscheinungen; heute werden in städtischen Gebieten gegen die Hälfte der Ehen geschieden.

Nicht nur die Formen des Zusammenlebens, sondern auch die Rollenverteilung im Zusammenleben hat sich stark geändert. Nur noch in etwa der Hälfte der Familien besorgt die Ehefrau den Haushalt allein und ist der Mann der alleinige «Ernährer». Schon bei fast einem Drittel der Familien mit minderjährigen Kindern geht die Frau einer Teilzeitarbeit nach und ist der Mann voll erwerbstätig.

Diese Entwicklungen verlangen nach Anpassungen in der Gesellschaft wie Blockzeiten, Tagesschulen und Verpflegungsmöglichkeiten in der Schule, Kinderbetreuungsmöglichkeiten und vielleicht auch eine radikale Änderung der Unterrichtszeiten: Unterricht und Betreuung werden von morgens acht Uhr bis nachmittags beispielsweise drei Uhr durchgehend gewährt.

«Wer aus dem selben Kühlschrank isst, ist eine Familie.»

Zusammenleben
GRUNDLAGEN ▸ S. 187–193

Tagesschule: Gemeinsam lernen und essen.

5. | Konkubinat

Lebensgemeinschaft ohne Trauschein

Von Konkubinat oder Lebensgemeinschaft ohne Trauschein wird gesprochen, wenn eine Frau und ein Mann zusammenleben, ohne verheiratet zu sein. Das Zusammenleben ohne Trauschein, das bis vor wenigen Jahren als unmoralisch galt und lange gesetzlich verboten war, nimmt ständig zu. Die Erscheinungsformen des Konkubinats sind vielfältig.

5.1 | Vorteile und Nachteile des Konkubinats

Viele junge, aber auch immer mehr alte Menschen wählen diese Form des Zusammenlebens, das Vor- und Nachteile aufweist. Das Konkubinat ist gesetzlich nicht geregelt.

Vorteile des Konkubinats

- Das Zusammenleben ohne Trauschein wird auch als Ehe auf Probe betrachtet, in welcher ausprobiert wird, ob das Zusammenleben gut geht. Wenn dies nicht der Fall ist, können die Partner ohne jegliche Formalitäten auseinander gehen.
- Im Konkubinat sind meistens beide Partner erwerbstätig. Da sie nicht verheiratet sind, werden ihre Einkommen getrennt besteuert, was zu Einsparungen bei der Steuerrechnung führt.
- Rentner, die im Konkubinat leben, erhalten mehr AHV-Gelder, weil sie zwei ganze Altersrenten erhalten.

Nachteile des Konkubinats

- Während der Dauer und vor allem bei Auflösung des Konkubinats sind beide Partner rechtlich nicht geschützt. Güter- und vermögensrechtliche Belange sind gesetzlich nicht geregelt.
- Kinder von Konkubinatspaaren werden wie aussereheliche Kinder behandelt. Sie geniessen zwar den Schutz des Gesetzes, der Vater hingegen wird kein elterliches Sorgerecht besitzen, da dieses alleine der Mutter zugesprochen wird.
- Auch beim Tod eines Konkubinatspartners ist gesetzlich nichts geregelt. Die überlebende Partnerin hat keinen Erbanspruch, ebenso kann sie keine Ansprüche auf AHV- oder Pensionskassengelder geltend machen. Dies wirkt sich vor allem bei langjährigen Lebensgemeinschaften nachteilig aus, was nur mit einem Testament und/oder einer Lebensversicherung korrigiert werden kann.

5.2 | Konkubinatsvertrag

Klare Abmachungen treffen

Weil das Konkubinat gesetzlich nicht geregelt ist und um allfällige spätere Streitigkeiten, unangenehme Auseinandersetzungen und Ärger möglichst zu ersparen, sollte ein Konkubinatsvertrag abgeschlossen werden. Wenn eine Lebensgemeinschaft ohne Trauschein eingegangen wird, soll eine Inventarliste über die eingebrachten Güter und Vermögen erstellt werden. Diese soll während des Konkubinats dauernd ergänzt und gemeinsam unterschrieben werden. Dazu müssen natürlich die Quittungen über grössere Anschaffungen aufbewahrt werden. Der Mietvertrag soll gemeinsam abgeschlossen und unterschrieben werden. Die gemeinsamen Haushaltskosten wie Miete, Gebühren, Versicherungen, Lebens- und Putzmittel usw. sollten geregelt und beispielsweise aufgrund der Einkommen verhältnismässig aufgeteilt werden. Dies gilt auch für die Autokosten. Zudem wird eine Abmachung getroffen, dass jeder Partner für seine persönlichen Ausgaben (Kleider, Steuern, Freizeit usw.) selbst aufkommt. Wenn ein Partner ohne Erwerbseinkommen den Haushalt besorgt, soll für diesen eine Entschädigung festgesetzt werden. Diese kann AHV- und pensionskassenpflichtig sein. Die Gerichte beurteilen das Konkubinatsverhältnis nach den Regeln der einfachen Gesellschaft (OR 530 ff.).

Verstanden?

84. Nennen Sie die Merkmale des Konkubinats. Zählen Sie die Vor- und Nachteile des Konkubinats auf.

85. Welches ist das Hauptproblem des Zusammenlebens ohne Trauschein im Vergleich zur Ehe?

6. | Verlobung und Ehe

6.1 | Verlobung

Verliebt und unbeschwert sein: Das wollen ganz viele, wenn sie sich finden. Oder anders ausgedrückt: sich nicht zu fest binden und ganz einfach glücklich sein. Und doch ist Heiraten und damit das Eingehen einer festen und dauerhaften Beziehung wieder «in». Aber was heisst das? Landläufig wird von einem «Eheversprechen» oder von «sich verloben» gesprochen. Die Verlobung ist im ZGB gesetzlich geregelt. Sie hat aber gegenüber früher an Bedeutung verloren.

Die Verlobung wird als ein gegenseitiges Eheversprechen bezeichnet. Sie ist an keine Form gebunden, kommt ohne Mitwirkung des Staates aus, stellt aber einen Vertrag dar. Worte, Briefe, gezielte Geschenke, Ringwechsel, ein entsprechendes Fest usw. genügen als Beweis dafür. Die Verlobung stellt eine Bewährungs- oder Probezeit dar, es kann jedoch kein Partner zur Ehe gezwungen werden.

Bei Auflösung der Verlobung müssen bestimmte gesetzliche Bestimmungen beachtet werden. So können Geschenke, die im Hinblick auf eine Ehe gemacht wurden, zurückverlangt werden. Ebenso müssen Auslagen im Hinblick auf eine Eheschliessung entschädigt werden.

Liebespaar: Sogar die Verlobung ist gesetzlich geregelt (ZGB 90–93).

6.2 | Eheschliessung

Das Brautpaar muss die notwendigen Papiere (z. B. Personenstandsausweis) persönlich beim Zivilstandsbeamten am Wohnsitz der Braut oder des Bräutigams vorlegen und die Eheschliessung beantragen.

Die zivile Trauung erfolgt in Anwesenheit von zwei handlungsfähigen (mündigen und urteilsfähigen) Zeuginnen oder Zeugen im Trauungslokal des frei gewählten Zivilstandskreises. Mit der Ziviltrauung ist eine Ehe von Gesetzes wegen rechtsgültig geschlossen.

Eine kirchliche Trauung ist nicht vorgeschrieben, wird aber häufig aus religiösen oder traditionellen Gründen als Bestandteil eines Heiratsfestes gewählt.

Zusammenleben
GRUNDLAGEN ▸ S. 187–189

Die Ehe ist gesetzlich geregelt (ZGB 90 ff).

Beziehungen und Zusammenleben

Auch nach einer Scheidung kann man Freunde bleiben. Eine gütliche Einigung lohnt sich.

Ehescheidung
GRUNDLAGEN ▸ S. 190

6.3 | Ehescheidung

Viele Umstände der modernen Gesellschaft machen das Zusammenleben der Menschen immer schwieriger. Früher wurden Ehen auf Lebenszeit abgeschlossen. Mittlerweile ist die Scheidungsrate in den Industriestaaten auf rund 50 Prozent angestiegen, d.h. jede zweite Ehe wird geschieden.

Seit dem 1. Januar 2000 ist in der Schweiz ein neues Scheidungsrecht in Kraft, welches Scheidungen rechtlich einfacher macht. Ob damit die Auflösung einer langjährigen Ehe und/oder einer Ehe mit Kindern problemloser wird, bleibt fraglich. Verletzungen, Fragen und Probleme können damit nicht beseitigt werden.

Monatliche Unterhaltsbeiträge für die Kinder und für den einen Ehepartner können bis zu 50 Prozent des Einkommens desjenigen Ehepartners ausmachen, der zur Bezahlung von Unterhaltsbeiträgen verpflichtet ist, was in der Regel zu einer starken Wohlstandseinbusse führen kann.

Mit einem Testament kann jeder Bürger und jede Bürgerin seine/ihre Erben bestimmen.

Erbrecht
GRUNDLAGEN ▸ S. 190–193

6.3 | Erbschaft

Wenn ein Mensch stirbt, regelt das Erbrecht die Vermögens- und Schuldverhältnisse. Alles, was jemand hinterlässt (Vermögen und Schulden), wird als Erbschaft oder Nachlass bezeichnet. Dazu gehören alle Rechte und Pflichten aus laufenden Verträgen wie Arbeitsvertrag, Kaufvertrag, Mietvertrag usw.

Der oder die Verstorbene wird als Erblasser und diejenigen, welche die Erbschaft antreten, als Erben bezeichnet.

Wer erben kann, wird durch Gesetz und/oder den Willen des Erblassers/der Erblasserin bestimmt. Mit einem Testament oder einem Erbvertrag kann der Erblasser/die Erblasserin die Erbfolge innerhalb gesetzlicher Bestimmungen abändern.

Verstanden?

86. Welche Bedeutung hat die Verlobung?
87. Was ist eine zivile Trauung?
88. Welches sind die finanziellen Folgen einer Scheidung?
89. Welchen Zweck hat das Testament?

7. | Miete

Schweizerinnen und Schweizer sind ein Volk von Mietern und Mieterinnen. Nur 30 Prozent besitzen ein Eigenheim oder eine Eigentumswohnung, die andern 70 Prozent mieten ihre Unterkunft. In den übrigen europäischen Ländern ist die Zahl der Mieter bedeutend geringer, häufig sind es deutlich weniger als 50 Prozent der Bevölkerung. Ganz allgemein ist die Nachfrage nach Wohnraum in der Schweiz hoch. Der Wohnungsmarkt ist vielerorts ausgetrocknet, d.h. der Wohnraum ist knapp. Das Mietrecht ist deshalb vor allem gegen Missbräuche im Mietwesen ausgelegt, weshalb in der Bundesverfassung Grundsätze gegen missbräuchliche Kündigungen und Mietzinsen verankert sind.

Ein Volk von Mietern

Miete
GRUNDLAGEN ▶ S. 208–210

Verstanden?

90. Was für Auswirkungen hat ein ausgetrockneter Wohnungsmarkt auf die Möglichkeit der Wohnungssuchenden, ein geeignetes Mietobjekt zu finden?

91. Was für Auswirkungen hat diese Marktlage vermutlich auf die Mietzinsen?

92. Wie sind die Mieterinnen gesetzlich geschützt?

Arbeit und Einkommen

1. | Einleitung

Um leben zu können, braucht der Mensch Geld. Wie viel Geld ist eine Arbeit wert? Wie wird die Lohnhöhe festgelegt? Arbeiten wir, um zu leben oder leben wir, um zu arbeiten? Wofür bezahlen wir eigentlich Steuern und wie wird die Steuerhöhe bestimmt?
- Von den Arbeitnehmenden (und den Arbeitgebenden) wird berufliche, soziale und geografische Mobilität und Flexibilität erwartet.
- Die Einzelnen werden als Teil einer Volkswirtschaft betrachtet.

Nach der Berufslehre stellt sich die Frage der weiteren beruflichen Laufbahn: Soll das einmal festgelegte Berufsziel weiter verfolgt werden? Ein Gespräch mit Kolleginnen und Kollegen ist ein erster Schritt der Orientierung. Eine systematische und gründliche Laufbahnplanung unter Einbezug von Beratungsstellen hilft, den richtigen Entscheid für die berufliche Zukunft zu treffen.

---

1. Einleitung

2. Wie viel ist Arbeit wert?
2.1 Lohnhöhe 79
2.2 Wohlstand in der Schweiz 79

3. Einnahmen und Ausgaben des Staates
3.1 Öffentliche Ausgaben 80
3.2 Öffentliche Einnahmen 81
3.3 Die Steuererklärung 82
3.4 Wie hoch darf die Steuerbelastung sein? 82

4. Einkommen, Vermögen und Armut
4.1 Verteilung von Einkommen und Vermögen 86
4.2 Armut in der Schweiz: Working Poor 86

5. Informationsgesellschaft und neue Arbeitswelt
5.1 Technologieschub der 1990er Jahre 88
5.2 Arbeitsproduktivität seit der Informationsrevolution 90
5.3 Die Rolle des Staates 91

6. Jugendarbeitslosigkeit
6.1 Entwicklung der Jugendarbeitslosigkeit 92
6.2 Jugendarbeitslosigkeit im Vergleich 93
6.3 Erklärungen für die Jugendarbeitslosigkeit 93
6.4 Folgen der Jugendarbeitslosigkeit 94
6.5 Massnahmen gegen Jugendarbeitslosigkeit 95

7. Laufbahnentscheide in einer komplexen Arbeitswelt
7.1 Bedürfnisse, Neigungen und Entwicklungspotenzial 96
7.2 Einflussfaktoren des Umfeldes 97
7.3 Entscheidungstechniken und aktive Selbststeuerung 98
7.4 Kommunikation mit Bezugspersonen 99

8. Eigeninitiative und Selbstmarketing
8.1 Stellensuche 100
8.2 Stellenbewerbung 101
8.3 Vorstellungsgespräch 102

Kapitel 5

2. | Wie viel ist Arbeit wert?

2.1 | Lohnhöhe

Eine Kassiererin in der Migros verdient ungefähr Fr. 3000.– pro Monat, während ein Topmanager einer Bank unter Umständen mehrere Millionen pro Jahr erhält. Wie viel Geld ist Arbeit also wert? Wie werden die Löhne festgelegt? Diese Fragen sind nicht einfach zu beantworten, weil die Lohnhöhe und das Lohnniveau von verschiedenen Faktoren abhängen, z. B. von:

- der Schulbildung (Realschule oder Sekundarschule?),
- der Aus- und Weiterbildung (Berufslehre oder Studium/Erwachsenenbildung?),
- der Nachfrage (Welche Berufsfelder sind in der Wirtschaft gefragt?).

Arbeitsvertrag
GRUNDLAGEN ▸ S. 198–204

Lohnhöhe und Lohnniveau

Häufig hängt die Lohnhöhe auch davon ab, wie die Arbeitnehmer und Arbeitnehmerinnen in ihrer Branche organisiert sind. Branchen mit guter gewerkschaftlicher Organisation verzeichnen in der Regel höhere Löhne als schlecht organisierte Branchen. Dies liegt daran, dass die Arbeitnehmer gemeinsam stärker sind und ihre Interessen gegenüber den Arbeitgebern besser durchsetzen können, als wenn jeder für sich alleine schauen muss.
Die Löhne unterscheiden sich aber auch nach Regionen: In der Stadt sind die Löhne eher höher als auf dem Land.

Organisationsgrad entscheidend

2.2 | Wohlstand in der Schweiz

Der Wohlstand eines Landes wird mit dem Bruttoinlandprodukt (BIP) gemessen. Dieses drückt in Marktpreisen aus, wie viele Güter und Dienstleistungen in einem Land während eines Jahres produziert werden. Gemessen am BIP ist die Schweiz eines der reichsten Länder der Welt.
Dieser Vergleich ist aber problematisch: Für einen Euro bekommt man in London nicht gleich viel wie in einem griechischen Bergdorf, weil die Preise von Land zu Land verschieden sind. Bei Ländervergleichen muss deshalb die Kaufkraft berücksichtigt werden – denn entscheidend ist, wie viel die Einzelnen in ihrem Land für ihren Lohn erhalten.
Nebst der Kaufkraft muss bei der Frage, wie viel Arbeit wert ist, auch die Arbeitszeit berücksichtigt werden: Nicht überall muss man gleich lange arbeiten, um dasselbe Produkt kaufen zu können.

Auf einer griechischen Insel bekommt man für einen Euro mehr als in Paris, London oder Berlin.

Messung Wohlstand/ Bruttoinlandprodukt
GRUNDLAGEN ▸ S. 248

Verstanden?

93. Es gibt Leute, die mehr verdienen als andere. Wovon hängt das ab?

94. Das Wohlstandsniveau der Einzelnen hängt nicht nur von der Höhe ihres Lohnes ab. Weshalb?

3. | Einnahmen und Ausgaben des Staates

Wirtschaftsordnung der Schweiz
GRUNDLAGEN ▶ S. 253

Infrastrukturleistung

Wenn wir den Wohlstand der Bürger eines Landes beurteilen wollen, genügt es nicht, wenn wir nur darauf achten, wie viel Geld die Einzelnen im Portemonnaie haben und was sie sich dafür leisten können. Die Funktionstüchtigkeit der *öffentlichen Einrichtungen* und *Infrastrukturleistungen* ist für die Wirtschaft, aber auch für den einzelnen Bürger und die einzelne Bürgerin von grösster Bedeutung:

▶ Sind die Schulen in einem Land schlecht, so haben auch dessen Bürger mehrheitlich eine relativ schlechte Bildung. Dies verunmöglicht ihnen den Weg zu gut bezahlten Stellen – sie müssen sich mit niedrigen Löhnen begnügen. Dies wiederum wirkt sich auf die Kaufkraft pro Kopf negativ aus.

▶ Arbeitnehmer und Arbeitnehmerinnen wohnen in der Regel nicht an ihrem Arbeitsort. Ein engmaschiges und gut ausgebautes Strassennetz sowie ein leistungsfähiger öffentlicher Verkehr sind für eine funktionierende Wirtschaft deshalb unerlässlich.

▶ Ohne öffentliche Kehrichtentsorgung würden wir nicht nur zu Hause, sondern auch an unserem Arbeitsplatz bald im Abfall versinken. Seuchen und Krankheiten könnten sich über das Land ausbreiten und die Wirtschaft lahm legen.

Sicherheit und Ordnung

Zu den öffentlichen Aufgaben gehören weiter die Gewährleistung von Sicherheit und Ordnung durch Polizei und Militär, die Unterstützung von Kranken, Alten und Behinderten durch Einrichtungen der sozialen Wohlfahrt, die Gewährleistung einer unabhängigen und fairen Justiz, etc. Alle diese Aufgaben sind *öffentliche* Aufgaben und werden vom Bund und teilweise von den Kantonen und den Gemeinden erbracht. Dem Bund fällt dabei die wichtigste Rolle zu: Er stellt verschiedene Güter her, erbringt Dienstleistungen und ist der wichtigste Auftraggeber für Waren und Dienstleistungen sowie der grösste Arbeitgeber in der Schweiz.

3.1 | Öffentliche Ausgaben

2005 hat der Bund mehr als 51 Milliarden Franken ausgegeben. Der grösste Anteil, etwas mehr als ein Viertel dieses Betrages, wurde für die soziale Wohlfahrt verwendet (AHV, Invalidenversicherung, Krankenversicherung, Arbeitslosenversicherung etc.). Die Ausgaben für die soziale Wohlfahrt sind in den letzten 20 Jahren etwa um das Dreifache

Einnahmen und Ausgaben des Bundes

Einnahmen 2005 – Total: 51 282 Mio. Franken

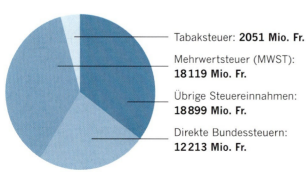

Tabaksteuer: **2051 Mio. Fr.**
Mehrwertsteuer (MWST): **18 119 Mio. Fr.**
Übrige Steuereinnahmen: **18 899 Mio. Fr.**
Direkte Bundessteuern: **12 213 Mio. Fr.**

Ausgaben 2005 – Total: 51 403 Mio. Franken

Beziehungen zum Ausland: **2466 Mio. Fr.**
Soziale Wohlfahrt: **14 143 Mio. Fr.**
Übrige Ausgaben: **4500 Mio. Fr.**
Bildung und Forschung: **3925 Mio. Fr.**
Landwirtschaft/Ernährung: **3771 Mio. Fr.**
Landesverteidigung: **4576 Mio. Fr.**
Verkehr: **7806 Mio. Fr.**
Finanzen und Steuern: **10 216 Mio. Fr.**

Quelle: Eidgenössische Finanzverwaltung 2006

gestiegen. Neben dem Ausbau der Leistungen der Sozialversicherungen fällt vor allem auch die Alterung der Bevölkerung, aber auch die hohe Arbeitslosigkeit in den 90er-Jahren ins Gewicht. Der zweitgrösste Ausgabenanteil, nämlich ein Fünftel, entfällt auf die Finanzen und Steuern. Darunter fallen auch die Zinsen, die der Staat für seine Schulden bezahlen muss: im Jahr 2005 hat der Bund mehr als 3,5 Milliarden Franken bzw. 7 Prozent seiner gesamten Ausgaben für Schuldzinsen aufgewendet.

Sozialversicherungen
THEORIE ▶ S. 57ff

Den drittgrössten Anteil gibt der Staat für den Verkehr aus (Strassenbau, öffentlicher Verkehr). Im Vergleich mit früheren Jahren wird für die Landesverteidigung weniger ausgegeben. Weitere grössere Ausgabenposten sind die Landwirtschaft und die Beziehungen zum Ausland. Unter den Bereich «übrige Aufgaben» fallen u.a. die Kosten für das Staatspersonal, die Kulturausgaben und die Ausgaben für den Umweltschutz

Die Einnahmen werden für drei Hauptzwecke verwendet:

Fiskalpolitische Zwecke	Sozialpolitische Zwecke	Wirtschaftspolitische Zwecke	
▶ Umweltschutz ▶ Abwasser-Reinigungs-Anlagen (ARA) ▶ Bildungswesen ▶ Militär	▶ Alters- und Invalidenrenten ▶ Krankenkassenbeiträge	Subventionen an: ▶ Kantone ▶ Wirtschaftszweige ▶ Wirtschaftsgebiete	**Bund**
▶ Strassenbau ▶ ARA ▶ Bildungswesen ▶ Kosten der Verwaltung	▶ Spitäler, Sanatorien ▶ Fürsorgewesen ▶ Sozialer Wohnungsbau	▶ Wirtschaftsförderung	**Kanton**
▶ Kehrichtbeseitigung ▶ Wasserversorgung (ARA) ▶ Unterhalt gemeindeeigener Liegenschaften ▶ Strassenbeleuchtung	▶ Fürsorgewesen ▶ Alters- und Pflegeheime	▶ Orts- und Regionalplanung ▶ Arbeitsvergebung für öffentliche Bauten (Submissionen)	**Gemeinde**
▼	▼	▼	
Deckung des Bedarfs der Allgemeinheit	**Förderung der Wohlfahrt der Einzelnen**	**Schutz wirtschaftlicher Interessen**	

3.2 | Öffentliche Einnahmen

Um staatliche Aufgaben zu erfüllen, brauchen Bund, Kantone und Gemeinden Geld: 2005 hat allein der Bund gut 51 Milliarden Franken eingenommen. Diese Einnahmen setzen sich zum grössten Teil aus Steuern zusammen, die Firmen, Banken etc., aber auch alle Bürgerinnen und Bürger leisten. Bei den Steuern unterscheidet man zwischen *direkten* und *indirekten* Steuern.

Direkte und indirekte Steuern

Indirekte Steuern

Bund	Kanton	Gemeinden
▶ MWST ▶ Tabaksteuer ▶ Biersteuer ▶ Zollabgaben u.a.	▶ Motorfahrzeugsteuer ▶ Hundesteuer ▶ Billettsteuer u.a.	▶ Hundesteuer ▶ Billettsteuer u.a.

Direkte Steuern

Bund	Kanton	Gemeinden
▶ Einkommenssteuer ▶ Verrechnungssteuer	▶ Einkommenssteuer ▶ Vermögenssteuer	▶ Einkommenssteuer ▶ Vermögenssteuer

Mehrwertsteuer

Die wichtigste indirekte Steuer ist die Mehrwertsteuer (MwSt). Anbieterinnen und Anbieter von Gütern und Dienstleistungen müssen 7,6 Prozent des Verkaufspreises dem Staat als Mehrwertsteuer abliefern. Für die wichtigsten Güter des täglichen Bedarfs gilt ein reduzierter Steuersatz von 2,4 Prozent. Die Mehrwertsteuer ist eine Steuer, die alle gleichermassen trifft: Wenn jemand eine Ware oder eine Dienstleistung kauft, wird die Mehrwertsteuer draufgeschlagen. Wir finanzieren deshalb mit jedem Einkauf in der Migros, in der Drogerie oder in einem anderen Fachgeschäft die öffentlichen Aufgaben des Bundes mit. Dies gilt im Übrigen nicht nur für die Endverbraucher: Die MwSt wird auf allen Stufen des Wirtschaftsverkehrs erhoben; also zwischen Produzent und Grossist, zwischen Grossist und Detaillist und zwischen Detaillist und Konsument.

Die MwSt macht ungefähr einen Drittel der Bundeseinnahmen aus. Dennoch ist sie im internationalen Vergleich sehr tief: Der vorgeschriebene minimale MwSt-Satz in der EU beträgt 15 Prozent.

Indirekte Steuern

Zu den indirekten Steuern gehören auf Bundesebene auch die Zollabgaben, sowie Tabak- und Alkoholsteuern. Indirekte Steuern werden auch von Kantonen und Gemeinden erhoben – so zum Beispiel die Hundesteuer und die Billetsteuer.

Neben indirekten Steuern werden auch *direkte* Steuern erhoben. Dies sind Abgaben, die alle Bewohnerinnen und Bewohner der Schweiz je nach Höhe ihres Einkommens und Vermögens dem Staat direkt bezahlen müssen. Die direkten Steuern treffen also nicht alle Bürger und Bürgerinnen gleich stark. Die Steuersätze sind so eingerichtet, dass diejenigen, die viel verdienen und ein hohes Vermögen besitzen, einen höheren Prozentanteil Steuern bezahlen müssen als diejenigen, die wenig verdienen und kein Vermögen haben. Solche «gerechten» Steuersätze nennt man progressiv (vom lat. «progressus» = das Vorwärtsschreiten). Die Höhe der direkten Bundessteuern wird durch die Steuererklärung ermittelt, die alle Bürger und Bürgerinnen jedes Jahr auszufüllen haben.

Direkte Steuern

3.3 | Die Steuererklärung

Grundsätzlich füllen alle Bürger und Bürgerinnen ihre Steuererklärung selbstständig aus. Die Steuerbehörde kontrolliert diese allerdings und kann gegebenenfalls eine Korrektur verlangen, die anfechtbar ist. Wer es versäumt, seine Steuererklärung bis zum geforderten Termin selbst auszufüllen, wird von der Steuerbehörde zuerst gemahnt und dann eingeschätzt. Meistens ist eine solche Einschätzung für die Steuerzahlenden nicht vorteilhaft, da die Steuerbehörde nicht im Detail weiss, welche persönlichen Abzüge den Steuerzahlenden zustehen.

Steuerbehörde kontrolliert

Die Steuererklärung ist in allen Kantonen grundsätzlich gleich aufgebaut. Wie viel vom eigenen Einkommen und eigenen Vermögen versteuert werden muss («steuerbares Einkommen»; «steuerbares Vermögen»), wird folgendermassen ermittelt:

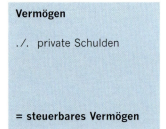

Nicht in allen Kantonen muss die Steuererklärung genau gleich ausgefüllt werden. Heute gibt es allerdings gedruckte und elektronische «Wegleitungen», die dem Bürger und der Bürgerin das Ausfüllen der Steuererklärung erleichtern. Wichtig ist, dass sämtliche Lohnausweise, Berufsauslagen (Belege für Transportspesen, auswärtige Verpflegung usw.), Vermögensunterlagen und die Dokumente der persönlichen Abzüge (z.B. für Kinder) aufbewahrt werden, damit sie beim Ausfüllen der Steuererklärung zur Verfügung stehen und der Steuerbehörde bei Bedarf vorgelegt werden können.

Unterlagen und Belege aufbewahren

Eine schematische Übersicht über den Aufbau der Steuererklärung und der dazu nötigen Unterlagen bietet die folgende Grafik:

Aufbau der Steuererklärung

Unterlagen: Berechnung des Einkommens	Schema der Steuererklärung
Lohnausweise (Lohnausweise, Quittungen u. a.)	Erwerbseinkommen + Nebenerwerb +
Vermögensunterlagen (Zinsnachtrag Sparheft, Dividenden, Steuerwert, Fahrzeuge, Rückkaufswert Lebensversicherung, Grundeigentum usw.)	Einkommen aus Vermögen = **Total Einkommen**
Besondere Berufsauslagen (Fahrspesen, auswärtige Verpflegung usw.) **Privatschulden** (keine Amortisation)	Gewinnungskosten + Schuldzinsen = **sachliche Abzüge**
	Total Einkommen — sachliche Abzüge = **Reineinkommen**
Persönliche Abzüge (Abzug für Verheiratete, Kinder usw.) **Versicherungsprämien** (Kranken-, Pensionskassen usw.)	Reineinkommen — Sozialabzüge = **Steuerbares Einkommen**

Unterlagen: Berechnung des Vermögens	Schema der Steuererklärung
Vermögensunterlagen (Werte gemäss Wertschriftenverzeichnis, Steuerwert, Fahrzeuge, Rückkaufswert, Lebensversicherung, Grundeigentum usw.)	Vermögen — Schulden = **Privatschulden**

Niemand bezahlt gerne Steuern. Dennoch gibt es gute Gründe die Steuererklärung ehrlich und vollständig auszufüllen. Wer seine Steuererklärung absichtlich falsch ausfüllt, begeht Steuerbetrug, was strafbar ist. Unvollständige Deklaration der Einkommens- und Vermögensverhältnisse in der Steuererklärung nennt man Steuerhinterziehung. Auch diese ist nicht legal. Die Erträge von Lohnkonten, Sparguthaben, Obligationen sowie von Aktien sind verrechnungssteuerpflichtig. Die Höhe der Verrechnungssteuer beträgt 35 Prozent des Bruttozinses und wird von den Banken direkt abgezogen und dem Bund abgegeben. Die Sparer können die Verrechnungssteuer allerdings in der nächsten Steuererklärung wieder zurückfordern. Zweck der Verrechnungssteuer ist es, Anreize zur vollständigen Deklaration der privaten Vermögenswerte zu schaffen. Da die Verrechnungssteuer 35 Prozent beträgt, also ziemlich hoch ist, lohnt sich eine Deklaration aller Kapitalanlagen und die Rückforderung der Verrechnungssteuer mehr, als Steuerhinterziehung zu begehen.

Steuerbetrug

Verrechnungssteuer

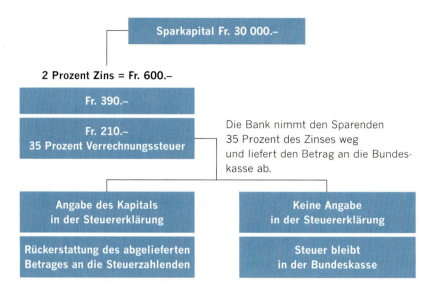

So funktioniert die Verrechnungssteuer

Das Problem der Staatsschulden

Sind die Ausgaben des Staates höher als seine Einnahmen, muss der Staat Schulden machen. Diese Defizite werden vor allem durch Anleihen auf dem Kapitalmarkt finanziert.

In den 90er-Jahren haben sich die Schulden des Bundes mehr als verdoppelt. Das ist einerseits auf die immer grösser und teurer werdenden Aufgaben des Bundes zurückzuführen und andererseits auch Folge der schlechten Wirtschaftslage. Im April 1998 haben die Schulden erstmals die Marke von 100 Milliarden Franken überschritten. Im Jahr 2000 hat der Bund allerdings über sechs Milliarden Franken mehr eingenommen als ausgegeben. So gibt es auch immer Möglichkeiten, die Schuldenlast wieder zu verkleinern.

Schulden verursachen zwei Probleme: Je grösser die Schulden werden, desto höher werden auch die Rückzahlungen. Dies führt wiederum entweder zu höheren Steuern oder zu noch stärkerer Verschuldung. Je mehr Schulden heute gemacht werden, desto mehr Rückzahlungen und Zinsen auf die Schulden müssen morgen von der nächsten Generation bezahlt werden. Das ist nur dann gerechtfertigt, wenn von den gekauften Gütern auch die zukünftigen Generationen profitieren können (z. B. Gebäude, Verkehrsinfrastruktur usw.).

3.4 | Wie hoch darf die Steuerbelastung sein?

Niemand bestreitet ernsthaft, dass der Staat zur Erfüllung seiner Aufgaben finanzielle Mittel braucht, die er zu Recht von seinen Bürgern und Bürgerinnen einfordert. Die Frage aber, wie hoch die Steuerbelastung ausfallen darf, ist ein politischer Dauerbrenner. Es handelt sich um einen alten Streit zwischen den beiden wichtigsten politischen Lagern in der Schweiz.

Die bürgerlichen Parteien (SVP, FDP und CVP), welche mehr oder weniger liberale Positionen vertreten, setzen sich für eine möglichst geringe Steuerbelastung ein. Sie schätzen die persönliche Freiheit der einzelnen Bürgerinnen und Bürger und deren Recht, sich individuell zu entfalten, sehr hoch ein. Sie möchten, dass der Staat ihnen so wenig Vorschriften und Einschränkungen macht wie irgendwie möglich und sinnvoll ist. Aus diesem Grund wünschen sich die bürgerlichen Parteien in der Schweiz, dass der Staat so wenig wie möglich ins Portemonnaie seiner Bürger greift.

Anders sehen dies die Sozialdemokraten und die Grünen. Sie stellen weniger die persönliche Freiheit der Einzelnen ins Zentrum, sondern die Chancengleichheit aller Bürgerinnen und Bürger – unabhängig davon, ob sie in einer begüterten oder einer armen Familie zur Welt gekommen sind. Sozialdemokraten und Grüne haben deshalb auch gegen relativ hohe Steuerabgaben nichts einzuwenden, denn nur damit lassen sich ein Bildungswesen und ein Netz der sozialen Sicherheit gewährleisten, das allen Bürgerinnen und Bürgern zu Gute kommt.

Heute sind die liberale und die sozialdemokratische Position nicht mehr unvereinbar. In der Schweiz lassen sich üblicherweise Kompromisse finden, die für alle tragbar sind. An der

Der Staat gibt viel Geld aus. Wofür ist häufig umstritten.

Steuerfrage ist leicht festzustellen, dass die wichtigsten politischen Vertreter in der Schweiz von zwei unterschiedlichen Ideologien des Abendlandes geprägt sind: die Bürgerlichen von der liberalen Auffassung von *Adam Smith,* dem «Vater des Kapitalismus» und die Sozialdemokraten von *Karl Marx,* dem «Vater des Sozialismus».

Soziale Marktwirtschaft Schweiz
GRUNDLAGEN ▸ S. 253

Unabhängig von solchen «ideologischen» Streitpunkten rund um die Steuern gibt es aber auch einige ziemlich objektive Kennzahlen zur Messung der steuerlichen Belastung der Bürgerinnen und Bürger. Sie eignen sich gut, um die Steuerbelastung in der Schweiz mit denjenigen anderer Länder zu vergleichen.

Die wichtigsten Kennzahlen sind:

▸ Mit Hilfe der Staatsquote kann die Staatstätigkeit gemessen werden. Sie beantwortet die Frage: Wie viel gibt der Staat gemessen am BIP aus? Die Staatsquote ist zwar in den letzten Jahren in der Schweiz angestiegen, im internationalen Vergleich weist die Schweiz jedoch eine tiefe Quote auf. Das bedeutet, dass der schweizerische Staat im Vergleich mit anderen Ländern eher wenig in die Wirtschaft eingreift.

Staatsquote

▸ Mit der Fiskalquote werden die Steuereinnahmen des Staates in Prozent des BIP gemessen. Je kleiner diese Quote ist, desto geringer ist die Steuerbelastung in einem Land. Die Fiskalquote hat in den letzten Jahren zugenommen. Im internationalen Vergleich hat die Schweiz dennoch eine niedrige Steuerbelastung.

Fiskalquote

▸ Die Schulden eines Staates gemessen in Prozent des BIP werden durch die Verschuldungsquote angegeben. Die Schweiz steht hier im internationalen Vergleich gut da.

Verschuldungsquote

Verstanden?

95. Welches sind die wichtigsten öffentlichen Aufgaben des Staates?
96. Weshalb müssen Bürgerinnen und Bürger Steuern bezahlen?
97. Welche Arten von Steuern gibt es?
98. Weshalb sind Liberale grundsätzlich eher für Steuersenkungen? Und welches sind die Gegenargumente der Sozialdemokraten?

Arbeit und Einkommen

4. | Einkommen, Vermögen und Armut

Bruttoinlandprodukt
GRUNDLAGEN ▸ S. 248

4.1 | Verteilung von Einkommen und Vermögen

Das Bruttoinlandprodukt (BIP) pro Kopf zeigt an, wie viel im Durchschnitt pro Einwohner eines Landes verdient wird. Weil es sich dabei um einen Durchschnitt handelt, verschleiert das BIP pro Kopf, dass die Einkommen in einem Land zwischen Reichen und Armen weit auseinander klaffen können.

> **Beispiel:** Ein Topmanager bezieht rund 3 Millionen Franken Einkommen pro Jahr. Eine Putzfrau bekommt vielleicht jährlich Fr. 24 000.–. Die beiden haben im Durchschnitt ein Einkommen von Fr. 1 512 000.–.
> Tatsache ist: Je grösser der Unterschied zwischen Reichen und Armen in einem Land ist, desto weniger sagt uns das BIP pro Kopf über das Einkommen der einzelnen Menschen aus.

Grosse Einkommens-unterschiede

In der Schweiz wurden in den letzten Jahren die Einkommensunterschiede zwischen Reichen und Armen immer grösser. Die Ärmsten 20 Prozent teilen sich nur 8 Prozent aller verfügbaren Einkommen. Das reichste Fünftel der Bevölkerung bezieht 38 Prozent aller ausbezahlten Löhne.

Ungleicher noch als die Einkommen sind in der Schweiz die Vermögen verteilt. Die 5 Prozent reichsten Schweizer besitzen mehr als die Hälfte allen Vermögens. Dagegen haben 21 Prozent aller Haushalte – etwa 700 000 – überhaupt kein Vermögen oder sogar Schulden.

Vermögen ungleich verteilt

An diesen Fakten wird sich in der nächsten Zeit kaum etwas ändern. Im Gegenteil: Die Tendenz zu immer grösserer Vermögens-Konzentration verstärkt sich, da sie durch unternehmenspolitische Entscheidungen (Stichwort: «Shareholder value») und die Bedeutungszunahme der Finanzgeschäfte begünstigt wird.

Im internationalen Vergleich liegt die Schweiz bezüglich Einkommensverteilung im Mittelfeld: Die skandinavischen Länder, aber auch Deutschland und Holland haben ausgeglichenere Einkommensverteilungen als die Schweiz. In den USA hingegen klaffen die Unterschiede zwischen Arm und Reich noch viel stärker auseinander: 1990 verdienten die Spitzenleute der 50 grössten US Firmen laut Zeitungsberichten durchschnittlich 2,8 Millionen Dollar pro Person. Im Jahre 2000 erhielten sie sogar durchschnittlich 9,3 Millionen aus der Lohnkasse.

Eine Villa in der Schweiz: Nicht alle können sich ein solches Heim leisten.

4.2 | Armut in der Schweiz: Working Poor

Wenn die Unterschiede zwischen Armen und Reichen immer grösser werden, gibt es zwar immer mehr Superreiche, aber auch immer mehr Menschen, die unter dem Existenzminimum leben. Das ist auch in der Schweiz so: Der Strukturwandel von Wirtschaft und Gesellschaft, die lang andauernde Rezession der 90er-Jahre sowie Veränderungen auf dem Arbeitsmarkt wirkten sich nachhaltig auf die Verbreitung der Armut in der Schweiz aus. Wer gilt als arm? Diese Frage ist schwierig zu beantworten, weil sich keine absolute Armutsgrenze festlegen lässt. So ist es beispielsweise in einigen Dritt-Welt-Ländern gut möglich, mit 10 Franken pro Tag eine Familie zu ernähren. In der Schweiz hingegen ist dies unmöglich. Aus diesem Grund muss die Armutsgrenze in jedem Land anders definiert werden. Je höher diese gezogen wird, desto mehr Menschen gelten natürlich als arm.

Verbreitung der Armut

Zahl der Armen sowie Anteil der Armen (Armutsquote) *Quelle: BfS, April 2007*

Armutsgrenze (nach Schweizerischer Konferenz für Sozialhilfe/SKOS):
2200 Franken pro Monat für eine Einzelperson

Arme in der Schweiz im Jahre 2005

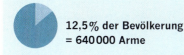
12,5% der Bevölkerung
= 640 000 Arme

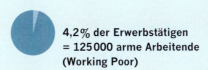
4,2% der Erwerbstätigen
= 125 000 arme Arbeitende
(Working Poor)

In der Schweiz gilt üblicherweise die Definition der SKOS (Schweizerische Konferenz für öffentliche Sozialhilfe) als verbindlich: Arm ist, wer höchstens Fr. 2480.– pro Monat verdient und einen Einpersonenhaushalt führt. Gemäss der SKOS-Definition beläuft sich die Zahl der Armen in der Schweiz auf ca. 925 000 Personen. Mehr als jede zehnte Person in der Schweiz gilt demnach als arm!

Früher waren vor allem ältere Menschen von Armut betroffen. Nach der Einführung der Alters- und Hinterbliebenen-Versicherung (AHV) und des Beruflichen Vorsorge-Gesetzes (BVG) hat sich das geändert. Heute sind allein Erziehende, geschiedene Frauen, allein lebende Männer und junge Familien mit mehr als drei Kindern von der Armut am stärksten bedroht. Im Tessin und in der Romandie ist die Armutsquote deutlich höher als in der Deutschschweiz. Zudem ist jede vierte von Armut betroffene Person in der Schweiz Ausländer. Armut ist in städtischen Zentren häufiger anzutreffen als in ländlichen Regionen. Gründe dafür sind u. a. der höhere Anteil an Einpersonenhaushalten und die Anzahl ausgesteuerter Arbeitsloser. Besorgniserregend ist in der Schweiz insbesondere die Tatsache, dass immer mehr Leute arm werden, obwohl sie eine Arbeitsstelle haben. Dieses Phänomen nennt man Working Poor (arme arbeitende Menschen).

AHV/BVG
THEORIE ▶ S. 58 ff

Armut wird in der Schweiz kaum wahrgenommen: Wer arm ist, versteckt dies nach Möglichkeit, da Armut als Zeichen von Unfähigkeit und Versagen gilt. Nicht selten wird versucht, die Notlage mittels Kleinkrediten zu überwinden – ohne zu erkennen, dass dadurch die Lage noch auswegsloser wird.

Schuldenfalle
THEORIE ▶ S. 41 ff

Die Bundesverfassung schreibt vor, dass Leute, die in Not geraten und nicht in der Lage sind, für sich selbst zu sorgen, Anspruch auf Hilfe haben. Kantone und Gemeinden müssen deshalb per Gesetz Notdürftige unterstützen. Längst nicht alle Menschen, die Anrecht auf Sozialhilfe haben, machen diesen Anspruch auch geltend: Viele schämen sich. Fachleute nehmen zwar an, dass die Zahl dieser «verschämten Arbeitslosen» leicht gesunken ist, da angesichts der zunehmenden Verarmung in den unteren Bevölkerungsschichten der Gang aufs Sozialamt «normal» geworden sei. Doch nach wie vor ist ihre Zahl hoch. Die Sozialämter erfassen in ihren Statistiken deshalb nur einen Teil derjenigen, die von Armut betroffen sind.

Verstanden?

99. Wie wird in der Schweiz die Armutsgrenze festgelegt?

100. Welche Bevölkerungsgruppen sind überdurchschnittlich von Armut betroffen?

Arbeit und Einkommen

5. | Informationsgesellschaft und neue Arbeitswelt

5.1 | Technologieschub der 1990er Jahre

Mit dem Handy können wir telefonieren, Kurzmitteilungen versenden, das Internet anzapfen und Fotos verschicken. Computerchips verdoppeln ihre Leistung ungefähr alle 18 Monate. Sie steuern Fabriken und speichern ganze Bibliotheken. Fabriken, Banken und Handelshäuser treffen sich auf elektronischen Marktplätzen und vernetzen sich. Die neuen Techniken haben alle und alles ergriffen, sie verändern Leben und Arbeit. Viel hört, spricht und schreibt man seit den 1990er Jahren von der «New Economy». Besonders wichtig sind in diesem Zusammenhang die Begriffe «Miniaturisierung», «Digitalisierung» und «Vernetzung».

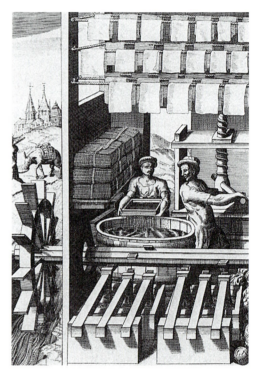

Eine Nockenwelle an einem Wasserrad im 17. Jahrhundert.

Chips

▶ *Miniaturisierung:* Der wissenschaftliche Fortschritt ermöglicht den Bau von Chips, die auf extrem kleinem Raum eine sehr grosse Anzahl Schaltungen aufweisen. Noch vor zweihundert Jahren «informierten» die Nockenwellen am Wasserrad, wann der Schmiedehammer fallen sollte. Um die Schaltungen eines einzigen Chips mit hölzernen Nockenwellen in Wassermühlen nachzubauen, würde die gesamte Fläche der Schweiz nicht ausreichen: Man müsste 330 Mühlen pro Gemeinde bauen!

Datenträger

▶ *Digitalisierung:* Johann Gutenberg, der 1445 den Buchdruck erfand, brauchte 26 Druckerpressen um einen Text wiedergeben zu können. Bilder wurden zur Reproduktion in Holz und Kupfer gestochen. Filme bestanden aus langen Zelluloid-Schlangen und Schallplatten gaben Töne von sich, weil ihnen zuvor Rillen eingeritzt worden sind. Alle diese Medien funktionierten analog. Heute benützt man für alle Datenträger das digitale System – dieses kennt nur zwei Zustände: «ein» und «aus». Damit können sowohl Texte, Töne, Bilder, Filme wie auch Dateien gespeichert werden.

Infonet

▶ *Netzintegration/Vernetzung:* Durch das Internet sind heute unzählige Computer miteinander verbunden. Noch nie zuvor in der Geschichte standen uns so viele Informationen so leicht zugänglich zur Verfügung – noch nie konnten Informationen so einfach, schnell und billig ausgetauscht werden, wie dies heute dank dem Internet möglich ist.

SchweizerInnen surfen durchschnittlich:
▶ 2,02 Millionen Schweizerinnen und Schweizer (29 Prozent der Bevölkerung) nutzen das Internet.
▶ 12,5 Minuten surfen Schweizerinnen und Schweizer täglich im Durchschnitt.
▶ Bis zum 25. Altersjahr surfen Frauen und Männer gleichviel, danach nutzen bedeutend mehr Männer als Frauen das Internet.

Quelle: MMXI-Studie

Internetnutzer nach Geschlecht und nach Einkommen, 2006

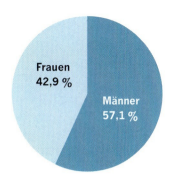

Nach wie vor bilden die Frauen die kleinere Gruppe bei der Nutzung von Online-Medien.

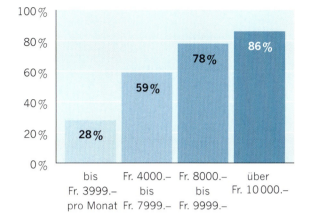

Quelle: WEMF, BfS 2007

Der Technologieschub der 1990er Jahre ist aber nicht nur durch Fortschritte in der Informations- und Kommunikationstechnologie geprägt. Auch die Gen- und die Nanotechnik werden die Wirtschaft und Gesellschaft des 21. Jahrhunderts massgeblich prägen.

Mit der Gentechnologie können Erbeigenschaften von Pflanzen, Tieren und Menschen erkannt und verändert werden. Dies beeinflusst die Art und Weise, wie Nahrungsmittel und Medikamente produziert und wie Schädlinge und Krankheiten bekämpft werden können. Da die Gentechnologie aber in die Grundlagen des Lebens eingreift, ist sie sehr umstritten und wirft auch ethische Fragen auf: Darf man und soll man alles tun, was technisch möglich ist?

Gentechnologie

Der Physik-Nobelpreis 2003 ging an drei Forscher, die sich mit der Nanotechnologie beschäftigen – der Technik der kleinsten Einheiten. Auch sie verspricht beträchtliche Fortschritte in der Informationsverarbeitung. Gelingt es dereinst, Atome und Moleküle nicht nur zu erkennen, sondern auch umzugruppieren, so lassen sich damit beispielsweise Chips bauen, die millionenfach kleiner sind als die besten heute erhältlichen Chips.

Nanotechnologie

Die neuen Technologien haben Auswirkungen auf die gesamte Wirtschaft und Gesellschaft:

▸ *Raum- und Zeit-Ersparnis:* Die Informationstechniken sparen Raum und Zeit, lasten vorhandene Kapazitäten besser aus. Der Aufenthalt von Menschen und Gütern lässt sich einfacher kontrollieren. Warenströme, Verkehrsflüsse zu Lande, zu Wasser und in der Luft lassen sich dank Positionierungssystemen überblicken. Lager und Transporte brauchen weniger Platz.

Die neuen Informationstechnologien haben die «New Economy» möglich gemacht.

Automatisierung

▸ *Flexible Automatisierung:* Die Produktion von Gütern und Dienstleistungen kann automatisiert werden. Trotzdem erlaubt es die elektronische Steuerung, die Massenproduktion nach individuellen Wünschen zu differenzieren – auf dem Fliessband rollen Autos in Grün oder Rot, als Kombiwagen oder mit Schiebedach heran.

▸ *Effiziente und konzentrierte Wertschöpfung:* Die meisten Firmen machen heute nicht mehr alles selbst, sondern reduzieren ihre Wertschöpfungstiefe und kaufen ihre Rohstoffe oder ganze Vorprodukte anderswo ein («outsourcing»). Sie spezialisieren sich immer stärker. Dadurch erhalten auch kleine, spezialisierte Firmen die Chance, auf dem Weltmarkt mitzuhalten.

Outsourcing

Vernetzung

Diese Art und Weise Geschäfte abzuwickeln nennt man «B-to-B» (oder «B2B») also «Business to business» resp. «B-to-C»/»B2C» (Business to consumer) und «C-to-C»/»C2C» (Consumer to consumer). Mit einem «C2C» Geschäft haben wir es beispielsweise dann zu tun, wenn private Internetnutzerinnen einander direkt über das Netz Waren verkaufen; allerdings verlangen Internet-Auktionsfirmen dafür eine Provision. «B-to-B» ist bei weitem der wichtigste elektronische Markt, da viele Güter, bevor sie auf dem Ladentisch landen, bis zu zehnmal unter Vorlieferanten ausgetauscht werden. Die neuen Informationstechnologien haben die Vernetzung möglich gemacht.

5.2. | Arbeitsproduktivität seit der Informationsrevolution

Technische Durchbrüche haben in der Geschichte stets zu Produktivitätssteigerungen geführt:

▸ Fertig gewobene Tücher mussten im Mittelalter von Arbeitern im Wasser weichgestampft werden. Eine Tuchwalke, die durch ein Wasserrad betrieben wurde, ersetzte vom 13. Jahrhundert an etwa 40 Arbeitskräfte.

▸ Die Erfindung der Dampfmaschine ging der industriellen Revolution voran, welche die Massenproduktion von Gütern ermöglichte.

▸ Büromaschinen, wie die Lochkartenapparate des deutschen Erfinders Hermann Hollerith, verdoppelten um 1890 die Leistung von Büroangestellten, Bankbeamten und -beamtinnen.

Technische Entwicklung

Fortschritt hat Vor- und Nachteile

Arbeitsvertrag
GRUNDLAGEN ▸ **S. 198–204**

Technische Fortschritte haben meistens Vor- und Nachteile. Wenn man die Tuchwalke verboten hätte, müssten viele Arbeitskräfte heute noch gegen einen erbärmlichen Lohn nasse Tücher stampfen. Auf der anderen Seite: Was haben die 40 Tuchstampfer nach ihrer Entlassung gemacht? Die negativen Folgen technischen Fortschritts spüren meistens die leistungsschwächeren oder weniger gut qualifizierten Arbeitskräfte. Für diese Personen wird es zunehmend schwieriger, überhaupt noch Arbeit und Lohn zu finden. Zugleich muss aber auch beachtet werden, dass dann, wenn Güter und Dienstleistungen schneller und günstiger hergestellt werden, diese auch billiger erhältlich sind. Dies hat zur Folge, dass die Nachfrage nach Gütern und Dienstleistungen steigt, was zur Schaffung neuer Arbeitsplätze führen kann. Die moderne Gesellschaft sollte also der neusten technischen Revolution nicht ängstlich gegenüberstehen.

Arbeit hat sich verändert
GRUNDLAGEN ▸ **S. 259/260**

Auch wenn also die Anzahl Arbeitsplätze als Ganzes nicht bedroht ist, verändert sich doch die Art des Arbeitens in der Informationsgesellschaft. Der früher übliche, garantierte Zeitlohn (z. B. pro Stunde, pro Monat) wandelt sich. Neue Firmen bieten ihren Angestellten oft partnerschaftliche Kapitalbeteiligungen an. Viele Firmen fügen dem Zeitlohn ein Element der Gewinn- oder Aktienbeteiligung bei. Andere wiederum erteilen Aufträge an externe Spezialisten und Spezialistinnen sowie Arbeiter, anstatt sie gleich selbst einzustellen. Wieder andere halten Arbeiter und Dienstleister auf Abruf bereit oder unterschreiben nur noch befristete Verträge. Die Arbeit bleibt auch nicht in Firmen und Büros konzentriert, sondern wird von zu Hause aus erledigt («Telearbeit»).

Flexibilität

Die neuen Arbeitsverhältnisse verlangen höhere Flexibilität und eine andere Motivation. Sie können für Spezialisten und Spezialistinnen sowie Facharbeiterinnen attraktiv sein. Für Unqualifizierte hingegen werden gewisse Mindestregeln (bezüglich Entlassung, Entlöhnung usw.) dringend notwendig. Auch sollten Firmen und Verbände, Manager und Einzelne die stete Arbeitsmarktfähigkeit aller Beschäftigten zu sichern helfen, indem sie die Weiterbildung, den Stellenwechsel innerhalb der Firma («Job Rotation») und ein gutes Arbeitsklima fördern.

Tuchwalker in Manufaktur (17. Jahrhundert).

Nicht alle müssen Informatiker oder Informatikerin werden. Gute fachliche Kenntnisse im eigenen Beruf sind weiterhin zentral, aber alle müssen zugleich auch wissen, wie die neuen Informationstechniken auf ihr Fachwissen angewendet werden können.

5.3 | Die Rolle des Staates

Auf den Staat selbst wirken sich Informations- und Kommunikationstechniken ebenfalls aus. Früher war es unsinnig, zwei, drei Kupferkabelnetze in einem Land aufzuziehen. Deshalb erhielt die damalige PTT («Post, Telegraph, Telephon») als Staatsbetrieb das Monopol. Heute fliessen Informationen aber auch über das Kabelnetz der Fernsehbetreiber oder über den Mobilfunk. Das Bestehen eines Staatsmonopols ist daher fragwürdig geworden.

Rolle des Staates

Wichtig bleibt hingegen die Regelung, wer welche Wellen und Kanäle benützen darf (Zutrittsrechte), welche Leistungen für Konsumenten und Regionen erbracht werden sollten (Service public/Grundversorgung) und dass die neuen privaten Betreiber sich nicht untereinander absprechen und gemeinsam mit hohen Preisen den Markt verfälschen können (Kartell-, Fusions- und Monopolrecht, Wettbewerbskommission). Zudem müssen die Bürger vor Datenmissbrauch geschützt werden. Dies geschieht wohl am besten durch ihr Recht auf Einsicht in gesammelte Daten, durch ihr Recht auf Berichtigung und Sperrung. Der Staat wird also vom Mitspieler zum Schiedsrichter. Dies gilt nicht nur für den Bereich der Information und Kommunikation, sondern auch für das Stromnetz, das Bahnnetz, bei der Post sowie bei Radio und Fernsehen. Die Qualität des «Service public» für Konsumentinnen sollte die gleiche bleiben, auch wenn sie von vielen verschiedenen Betreibern stammt.

Konzentration der Märkte
GRUNDLAGEN ▶ S. 252/253

Staat als Schiedsrichter

Verstanden?

101. Wodurch zeichnet sich die informationsgesteuerte Produktion gegenüber der früheren Massenproduktion aus?
102. Welches sind die drei wichtigsten Entwicklungen der Informationsrevolution?
103. Die ersten Jahrzehnte nach dem Zweiten Weltkrieg zielten mit Atomenergie, Weltraumfahrt und Autobahnen auf Techniken der Grösse. Wie könnte man die Stossrichtung der modernen Techniken bezeichnen?
104. Zeigen Sie an zwei Beispielen, warum die Arbeit nicht ausgeht.
105. Welche Personen haben besonders Schwierigkeiten, in der neuen Wirtschaft einen Job zu finden? Warum?
106. Welches ist die Rolle des Staates im Zusammenhang mit den neuen Technologien?
107. Was bedeutet «Service public»?

Arbeit und Einkommen

6. | Jugendarbeitslosigkeit

6.1 | Entwicklung der Jugendarbeitslosigkeit

Jugendarbeitslosigkeit in der Schweiz, Jahresdurchschnitte

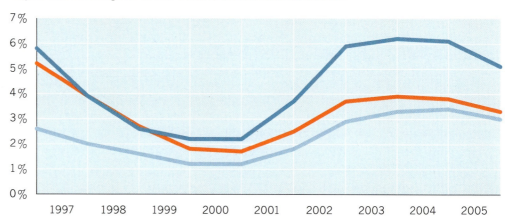

— 20–24-jährige
— gesamt
— 15–19-jährige

Quelle: seco 2007

Die Jugendarbeitslosigkeit wird in der Schweiz mit zwei verschiedenen Erhebungen erfasst: von der Arbeitslosenstatistik des Staatssekretariats für Wirtschaft (seco) – einer Vollerhebung aller registrierten Arbeitslosen – und von der Schweizerischen Arbeitskräfteerhebung (SAKE) des Bundesamts für Statistik (BFS) – einer Stichprobenanalyse, die von einem breiteren Begriff der Arbeitslosigkeit ausgeht. Die seco-Statistik erfasst die bei einem regionalen Arbeitsvermittlungszentrum (RAV) registrierten Arbeitslosen und zeigt somit den harten Kern der Arbeitslosigkeit.

Als arbeitslose Jugendliche gelten arbeitslose Personen im Alter von 15 bis 24 Jahren. Sinnvollerweise wird aber die Gruppe der 15–19 Jährigen getrennt von der Gruppe der 20–24 Jährigen betrachtet, da beide unterschiedlich von der Arbeitslosigkeit betroffen sind.

Die 15–19 Jährigen bilden die jüngste Gruppe der registrierten Arbeitslosen. Die Arbeitslosenquote ist in dieser Gruppe unterdurchschnittlich. Sie hat sich aber in den letzten Jahren der Gesamtarbeitslosenquote angenähert. Die Arbeitslosenquote der Jugendlichen zwischen 20 und 24 Jahren liegt deutlich über dem Durchschnitt. Es fällt auf, dass die Arbeitslosenquote bei dieser Gruppe sehr stark auf konjunkturelle Veränderungen reagiert. Während Phasen der wirtschaftlichen Erholung geht sie überdurchschnittlich stark zurück und steigt während einer Rezession wieder überdurchschnittlich an.

Konjunkturpolitik
GRUNDLAGEN ▶ S. 259/260

Im Gegensatz zu den Zahlen des seco erfasst die Erwerbslosenquote nach SAKE auch Personen, welche sich nicht bei einem RAV registriert haben. Im Jahre 2005 betrug die Erwerbslosenquote in der Schweiz 4.4 Prozent (Arbeitslosenquote nach seco 3.8 Prozent) und bei Jugendlichen zwischen 15 und 24 Jahren sogar 8.8 Prozent (Arbeitslosenquote nach seco 5.1 Prozent). Die Arbeitslosenquote des seco gibt also nicht das tatsächliche Ausmass der Arbeitslosigkeit wieder, wobei die Unterschätzung bei Jugendlichen besonders augenfällig ist. Dies kann zum Teil auf die geringe Meldeneigung bei Jugendlichen zurückgeführt werden. Oft sind den Jugendlichen die Dienstleistungen der RAV zu wenig bekannt oder sie wollen sich nicht den Bedingungen der RAV unterwerfen. Hinzu kommt, dass ein Teil der Jugendlichen in Ausbildung ist und nur im Nebenerwerb arbeitet oder sich nicht in einer finanziellen Notlage befindet, da die Kosten der Erwerbslosigkeit privat getragen werden.

6.2 | Jugendarbeitslosigkeit im Vergleich

Arbeitslosigkeit der 15-24-Jährigen nach Kantonen, Jahresdurchschnitt 2006

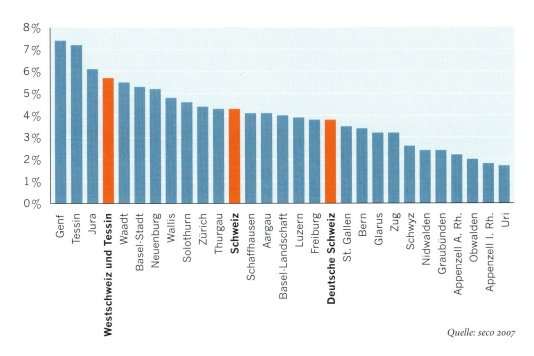

Quelle: seco 2007

Die Jugendarbeitslosigkeit weist grosse regionale Unterschiede auf. In der Westschweiz und im Tessin sind die Jugendarbeitslosenquoten höher als in der Deutschschweiz. Dies liegt an der generell höheren Arbeitslosigkeit in diesen Regionen. Wird aber der Anteil der Jugendlichen an der Gesamtarbeitslosigkeit betrachtet, so ist dieser in der Deutschschweiz höher. Die Jugendarbeitslosigkeit ist vor allem in der Deutschschweiz in den letzten Jahren überproportional angestiegen.

Grosse regionale Unterschiede

Die Jugendarbeitslosigkeit hat im Vergleich mit der gesamten Arbeitslosigkeit stark zugenommen. Im Vergleich zum Jahr 1997 hat sich der Anteil der 15–19 Jährigen an der gesamten Arbeitslosigkeit beinahe verdoppelt. Auch bei den 20–24 Jährigen hat der Anteil zugenommen.

Jugendarbeitslosigkeit hat zugenommen

Jugendliche sind im Durchschnitt weniger lang arbeitslos als Erwachsene. Der grössere Teil der betroffenen Jugendlichen findet innerhalb eines Jahres einen Arbeitsplatz. Häufig sind Jugendliche von so genannter Sucharbeitslosigkeit betroffen, die beim Übergang von der Ausbildung in die Berufstätigkeit auftritt. In den Monaten Juli und August drängen gleichzeitig viele Jugendliche auf den Arbeitsmarkt, der die zusätzlichen Arbeitskräfte erst in den folgenden Monaten teilweise aufnehmen kann. Ein Sockel an langzeitarbeitslosen Jugendlichen bleibt aber bestehen.

6.3 | Erklärungen für die Jugendarbeitslosigkeit

Jugendarbeitslosigkeit entsteht in erster Linie an zwei Übergängen: Beim Übertritt von der Volksschule zur Ausbildung und von der Ausbildung zum Arbeitsmarkt. Diese zwei Ausprägungen weisen unterschiedliche Merkmale und Ursachen auf und müssen deshalb differenziert betrachtet werden. Bei Jugendlichen, die vom ersten Übergang betroffen sind, wird von Ausbildungslosen gesprochen.

6.3.1 | Ausbildungslose Jugendliche ohne Abschluss auf Sekundarstufe II

Bei ausbildungslosen Jugendlichen, die über keinen Abschluss auf der Sekundarstufe II verfügen, ist die Meldeneigung gering. Nur ein Teil der betroffenen Jugendlichen lässt sich bei einem RAV registrieren. Die Ursachen der Ausbildungslosigkeit liegen zum Teil in der prekären Lehrstellensituation und in den individuellen Voraussetzungen der Jugendlichen im schulischen und persönlichen Bereich.

Gefahr nach Übergängen

Tobias B. besucht den gestalterischen Vorkurs. Im Anschluss an seine schriftliche Bewerbung schickt er ein selbst gestaltetes Plakat mit der Aufschrift «Meine Bewerbung liegt auf Ihrem Schreibtisch».

6.3.2 | Arbeitslose Jugendliche mit Abschluss auf der Sekundarstufe II

Mangelnde Arbeitserfahrung

Die mangelnde Arbeitserfahrung gilt als Haupthindernis für den Einstieg ins Berufsleben. Die Situation verschärft sich in Zeiten des wirtschaftlichen Abschwungs. Unternehmungen, welche zu einem Abbau ihrer Personalbestände gezwungen sind, tun dies häufig, indem sie natürliche Abgänge nicht ersetzen. Der Einstellungsstopp betrifft somit zuerst die Jugendlichen. Aus diesem Grund reagiert die Jugendarbeitslosigkeit sehr empfindlich auf konjunkturelle Schwankungen. Bei einem wirtschaftlichen Aufschwung sind ausgebildete Jugendliche aber auch ein Teil des Arbeitskräftepools, auf den der Arbeitsmarkt zurückgreifen kann.

6.3.3 | Demografische Entwicklung

Die Situation der Jugendlichen wird sich erst zu einem späteren Zeitpunkt entspannen. In den nächsten Jahren werden vermehrt Jugendliche auf den Arbeitsmarkt drängen. Dadurch wird die Zahl der jugendlichen Berufseinsteigerinnen und Berufseinsteiger noch grösser. Die Gruppe der 15–19 Jährigen wird bis ins Jahr 2007 wachsen und erst danach abnehmen. Ab 2008 wird die Gruppe der 20–24 Jährigen noch für ein paar Jahre wachsen. Erst danach entspannt sich die Situation. Wie sich die demografische Entwicklung auf die Jugendarbeitslosigkeit auswirken wird, hängt stark von der konjunkturellen Entwicklung ab.

Konjunktur
GRUNDLAGEN ▸ S. 259

6.4 | Folgen der Jugendarbeitslosigkeit

Jugendarbeitslosigkeit hat verschiedene Folgen. Davon betroffen sind erster Linie die Jugendlichen selbst. Aber auch für die ganze Gesellschaft ist die Jugendarbeitslosigkeit mit gravierenden und kostspieligen Konsequenzen verbunden. Sowohl die fehlende Ausbildung als auch der verpasste Berufseinstieg haben Konsequenzen für die Betroffenen.

6.4.1 | Persönliche Folgen der Jugendarbeitslosigkeit

Ausgrenzung

Fehlende Ausbildung verringert die Aussichten auf eine erfolgreiche Erwerbstätigkeit und kann zu Ausgrenzung führen. Je länger dieser Zustand andauert, desto schwieriger wird es, den Einstieg in die Ausbildung noch zu schaffen. Vergleichbar ist die Situation am Übergang von der Ausbildung ins Erwerbsleben. Langzeitarbeitslosigkeit verschlechtert die Chancen auf einen Stellenantritt drastisch. Abgesehen vom Verlust von Wissen und Können kommen psychische Folgen für die betroffenen Personen dazu. Arbeitslosigkeit führt zu einem Gefühl der Perspektivenlosigkeit, und die Motivation, sich bei der Stellensuche zu bemühen, sinkt weiter. Durch die fehlende Erwerbstätigkeit fallen zusätzliche Funktionen der Arbeit wie Tagesstruktur, Abwechslung, Freundschaften und Zusammengehörigkeit weg. Es drohen soziale Isolation und Verlust des Selbstwertgefühls.

Perspektivenlosigkeit

6.4.2 | Gesellschaftliche Folgen der Jugendarbeitslosigkeit
Durch Jugendarbeitslosigkeit entstehen für die Gesellschaft Kosten, die wesentlich höher sind als die Investition in Bildung und Weiterbildung.

Ein Teil der Kosten entsteht, weil arbeitslose Jugendliche bereits früh auf Unterstützungsleistungen angewiesen sind und weil sie durch Erwerbslosigkeit nicht zur Finanzierung der Sozialwerke beitragen. Bei längerer Erwerbslosigkeit geht auch erlerntes Wissen und Können verloren, was zu einem kostspieligen Verlust an Humankapital führt. Wenn Jugendliche den Einstieg in den Arbeitsmarkt nicht schaffen, liegt ausserdem ein grosses Potenzial, auf welches die Wirtschaft angewiesen ist, brach.

Verlust an Humankapital

6.5 | Massnahmen gegen Jugendarbeitslosigkeit
Eine gute Ausbildung ist der beste Schutz vor Jugendarbeitslosigkeit.
Ziel muss es sein, dass alle Jugendliche eine Ausbildung auf der Sekundarstufe II abschliessen. Folgende Massnahmen können mithelfen, die Jugendarbeitslosigkeit zu verringern:

- Der Übergang von der Volksschule zur Sek II (Berufsbildung, Gymnasium usw.) muss optimiert werden. Damit kann insbesondere das Risiko von Lehrvertragsauflösungen minimiert werden.
- Risikogruppen müssen beim Einstieg und während einer Grundbildung mit gezielten Angeboten begleitet werden. Gleiches gilt beim Übertritt ins Erwerbsleben oder bei einer Lehrvertragsauflösung (Case Management).
- Die Brückenangebote müssen gezielt auf die Risikogruppen ausgerichtet werden, damit diese den Einstieg in die Berufsausbildung schaffen.
- Das Angebot an Lehrstellen muss gezielt erweitert werden (Lehrstellenmarketing). Dies gilt insbesondere im Bereich der niederschwelligen zweijährigen Grundbildungen mit Berufsattest.
- Schaffung eines Anreizsystems, das die Ausbildungsbetriebe der Privatwirtschaft dazu animiert, zusätzliche Ausbildungsplätze (Lehrstellen, Grundbildung mit Attest), Praktikums- und Arbeitsstellen anzubieten.
- Die Betriebe müssen bei der Schaffung neuer Lehrstellen mit Know-how unterstützt werden.
- Schaffung von zusätzlichen Ausbildungsplätzen (Lehrstellen, Grundbildung mit Attest) in der kantonalen Verwaltung, in kantonalen Betrieben und in den kantonalen Lehrwerkstätten für schulisch schwache Jugendliche und Jugendliche mit Migrationshintergrund.
- Schaffung von Arbeits- und Praktikumsplätzen in der kantonalen Verwaltung und in kantonalen Betrieben für Lehr- und Studienabgängerinnen und -abgänger.
- Die Zusammenarbeit zwischen allen beteiligten Institutionen (Mittelschul- und Berufsbildungsämter, Organisationen der Arbeitswelt, Berufsberatung, RAVs, Sozialämter, IV-Stellen usw.) muss verbessert werden.

Arbeitsvertrag
GRUNDLAGEN ▶ S. 198–204

Verstanden?

108. Was für ein Zusammenhang besteht zwischen der Jugendarbeitslosigkeit und konjunkturellen Veränderungen (wirtschaftlicher Auf- und Abschwung)?
109. Weshalb melden sich nicht alle jugendlichen Arbeitslosen sofort bei der Regionalen Arbeitsvermittlungsstelle (RAV)?
110. Was sind die Folgen von Langzeitarbeitslosigkeit bei Jugendlichen?
111. Wer den Einstieg in die Berufslehre nicht sofort schafft, muss nicht zwingend arbeitslos werden. Nennen Sie weitere Angebote für Jugendliche, die einen Abschluss auf der Sekundarstufe II haben.

7. | Laufbahnentscheide in einer komplexen Arbeitswelt

7.1 | Bedürfnisse, Neigungen und Entwicklungspotenzial

Arbeitsvertrag
GRUNDLAGEN ▶ S. 198–204

Menschen kommen nicht als «unbeschriebene Blätter» auf die Welt: Erbanlagen, später aber auch Erziehungs- und Bildungseinflüsse formen Menschen zu Wesen mit eigenen Bedürfnissen, Fähigkeiten und Fertigkeiten, mit eigenen Motivationen, Neigungen und Persönlichkeitsmerkmalen. Vieles davon ist sichtbar und beruflich umsetzbar. Beispielsweise spürt jemand im Verlauf der Schul- oder Lehrzeit, dass eine besondere Sprachbegabung vorhanden ist. Eine Weiterbildung mit starken sprachlichen Akzenten erscheint deshalb sinnvoll. Viele Anlagen sind nach einer Grundbildung erst im Ansatz spürbar. Es kommt vor, dass ein Potenzial nicht oder nur wenig akzeptiert ist. Beispielsweise entdeckt jemand relativ spät, dass eine musikalische Begabung vorhanden ist, da diese nicht entdeckt oder von den Bezugspersonen nicht zugelassen wurde, weil künstlerische Tätigkeiten bei ihnen nicht als erstrebenswert gelten.

Selbst- und Fremdeinschätzung
Berufs- und Laufbahnwahlvorbereitung muss (Selbst-)Bewusstsein schaffen, damit eigene Stärken und Schwächen akzeptiert werden können. Sie muss Hilfe bieten, Selbst- und Fremdeinschätzungen zu ermöglichen, Spannungen abzubauen und vor allem den Vergleich mit Anforderungs- und Qualifikationsprofilen von Berufen und Weiterbildungen zu ermöglichen.

Nicht nur vor, sondern auch während der ersten Berufsausbildungsphase entwickeln sich Wünsche und Phantasien. Jugendliche entdecken beispielsweise, dass der gewählte Beruf doch nicht den Erwartungen entspricht. Erfolgserlebnisse im Beruf können aber auch die Motivation, sich weiterzubilden, positiv beeinflussen.

> Gute Berufs- und Laufbahnentscheide entstehen, wenn junge Menschen fähig sind, ihre Bedürfnisse, Neigungen und Fähigkeiten in Selbst- und Fremdeinschätzungsverfahren zu erkennen und entsprechende Vergleiche mit Anforderungen von Aus- oder Weiterbildungen und anderen Berufen zu machen.

Einflüsse auf Berufs- und Laufbahnentscheide

7.2 | Einflussfaktoren des Umfeldes

Möglichkeiten sind oft begrenzt

Menschen wachsen in einer bestimmten Zeit und an einem bestimmten Ort auf. Diese Faktoren führen zu speziellen Bedingungen bezüglich Möglichkeiten der Ausbildungs- und Berufswahl. Vielleicht gibt es einen Überhang oder einen Mangel an bestimmten Berufen («Mach doch noch die Berufsmaturität, dann findest du sicher eher eine Stelle ...», «Was willst du jetzt noch Fotografin lernen, die sind später eh alle arbeitslos ...»). Vielleicht ist die Verteilung der Berufe und Ausbildungsstätten in einer Region sehr ungleichmässig (In welcher Gegend der Schweiz werden wohl am meisten Uhrmacherinnen und Uhrmachermeister ausgebildet? Auch Berufsfischerinnen und Berufsfischer oder Ski-, Snowboardlehrerinnen und -lehrer brauchen ein bestimmtes Berufs- und Lebensumfeld.). Solche und ähnliche Situationen können suggestive oder manipulative Kräfte auf Jugendliche ausüben, besonders wenn sie durch Bezugspersonen noch verstärkt werden: «Mach doch deine Weiterbildung in der Nähe, dann kannst du die Reiseauslagen sparen ...». Es braucht schon eine ganze Portion Mut, um da die eigene Meinung durchzusetzen.

Eigene Meinung durchsetzen

Berufe haben in der Gesellschaft immer auch ein bestimmtes Image. Dieses verhindert oder fördert entsprechende Entscheide. So gibt es für junge Menschen Aus- oder Weiterbildungen, die aus Gründen des Zeitgeistes bevorzugt oder abgelehnt werden (z. B. moderne Hightech- oder «grüne» Berufe etc.). Und es gibt gewisse, für die Gesellschaft zwar wichtige, aber als verstaubt geltende traditionelle Tätigkeiten; Berufe mit eher geringen Verdienstaussichten oder solche, die im Sinne eines Vorurteils als unsicher gelten, Berufe, die typischerweise der jeweils anderen Geschlechterrolle zugeteilt werden etc.

Der soziale Status einer Familie übt ebenfalls einen grossen Einfluss auf die Berufs- oder Weiterbildungswahl der Jugendlichen aus.

> Gute Berufs- und Laufbahnentscheide entstehen, wenn junge Menschen sich der mannigfaltigen Einflussfaktoren des Umfelds auf die weiteren Berufs- und Laufbahnwünsche bzw. -motive bewusst werden und sie lernen, damit kritisch und selbstbewusst umzugehen.

Dem Traumberuf einen Schritt näher kommen.

7.3 | Entscheidungstechniken und aktive Selbststeuerung

Berufs-, Laufbahn- und Lebensplanungen fordern Entscheide. Menschen reagieren in Entscheidungssituationen recht unterschiedlich. Man kann Entscheide hinauszögern, man kann sie verdrängen. Man kann sie auch jemand anderem überlassen. Menschen können Situationen arrangieren, in denen Sachzwänge entstehen und nicht mehr anders entschieden werden kann. Andere wiederum packen zu und treffen die erstbeste Lösung.

Stellenangebote: Wie soll man sich entscheiden?

Entscheidungsverhalten bewusst machen

Die professionelle Berufs- und Laufbahnwahlvorbereitung macht den Berufs- oder Weiterbildungswählerinnen und -wählern Hintergründe und Zusammenhänge sowie mögliche Vor- und Nachteile des unterschiedlichen Entscheidungsverhaltens bewusst. Ebenso wichtig wie das Entscheidungsverhalten ist das eigenaktive Strukturieren, Planen und Ordnen des Berufsziels und -wegs.

> Gute Berufs- und Laufbahnentscheide entstehen, wenn sinnvolle Entscheidungstechniken bekannt sind und auch angewendet werden.

Zeit und Geduld haben

Berufs- und Laufbahnfindung braucht Zeit und Geduld. Die «rasche Macher-Mentalität» fördert zu oft schmeichelhafte Scheinlösungen, die aber zu wenig nachhaltig wirken und den hohen Qualitätsansprüchen, die an diese Aufgabe zu setzen sind, nicht genügen. Rein rationales Vorgehen ist aber nicht immer möglich. Auch der Faktor «Zufall» spielt mit. Warum dieser grosse Aufwand, wenn am Schluss doch der Zufall entscheidet? Eine Erklärung könnte dahingehen, dass vieles auch auf der unbewussten Ebene abläuft. Beschäftigung mit künftigen Ereignissen («Was könnte ich später noch werden?») können bei Menschen im Alltag oft nur im Unterbewusstsein ablaufen. Plötzliche Entscheide werden dann vielleicht als «zufällig» erlebt, weil man den Verlauf des Prozesses nicht mehr systematisch und ursächlich nachvollziehen kann.

> Gute Berufs- und Laufbahnentscheide können dann entstehen, wenn auch dem «Zufall» Raum gegeben wird.

7.4 | Kommunikation mit Bezugspersonen

Grundsätzlich kann davon ausgegangen werden, dass Jugendliche in ein Beziehungsnetz eingebunden sind. In Umfragen wird immer wieder deutlich, dass bei der ersten Berufswahl die Eltern von einer überwiegenden Mehrheit der Jugendlichen als die wichtigsten Berufswahlhelfer wahrgenommen werden. Während der Lehrzeit sind es häufiger die Lehrmeisterinnen und Lehrmeister oder die Lehrkräfte sowie Kolleginnen und Kollegen, die eine zunehmende Bedeutung bei der Wahl des künftigen Berufsweges einnehmen.

Es gehören aber auch die nahen Kontakte zur Arbeitswelt (z. B. Schnupperlehren, Praktika) und die Hilfen in der Schule oder in der Berufsberatung zu den bedeutenden Berufswahlhelfern der Jugendlichen. Eine logische Konsequenz wäre, dass diese unterschiedlichen Partnerinnen und Partner als «Beratungsteam» zusammen mit den Betroffenen ein gemeinsames Konzept für die Berufs- und Laufbahnwahlvorbereitung erarbeiten könnten.

Das Umfeld prägt

> Gute Berufs- und Laufbahnentscheide entstehen, wenn alle am Berufs- und Laufbahnwahlprozess beteiligten Partnerinnen und Partner in geeigneter Weise zugunsten der Betroffenen kooperieren. Dazu gehören die Lehrmeisterinnen/Lehrmeister, die Eltern, die Lehrkräfte, die Berufsberaterinnen und Berufsberater sowie die Abnehmerinstitutionen (ArbeitgeberInnen, Schulleitungen von weiterführenden Schulen etc.).

Lehrmeister und Lehrmeisterinnen sind wichtige Bezugspersonen.

Verstanden?

112. Was ist das Ziel der Berufs- und Laufbahnplanung?
113. Warum ist «lebenslanges Lernen» so wichtig?
114. Wie werden gute Berufs- und Laufbahnentscheide gefördert?
115. Erwartungshaltungen beeinflussen die Berufswahl: Was heisst das?
116. Durch welche gesellschaftlichen Faktoren wird die Berufswahl beeinflusst?
117. Nennen Sie unterschiedliche Reaktionen von Menschen in Entscheidungssituationen.
118. Warum haben Entscheidungstechniken Auswirkungen auf die Berufswahl?
119. Warum spielt auch der Zufall bei der Berufs- und Laufbahnplanung mit?
120. Nennen Sie drei Berufe, die ein gutes Image haben.
121. Wie kann man sich einen Überblick über den Stellenmarkt verschaffen?
122. Zählen Sie fünf Personen auf, die Ihnen heute beruflich weiterhelfen können.
123. Nennen Sie die wichtigsten Helfer und «Beeinflusser» bezüglich Berufswahl.
124. Was wird unter einer umfassenden und ganzheitlichen Berufs- und Laufbahnplanung verstanden?

8. | Eigeninitiative und Selbstmarketing

8.1 | Stellensuche

Der Arbeitsmarkt stellt Anforderungen und bietet Chancen. Selbstmarketing (sich selber verkaufen) ist eine Grundvoraussetzung, um heute seine eigene Arbeitsleistung optimal anbieten zu können. Information und Eigeninitiative bilden die Ausgangsposition für eine wirksame Bewerbung. Für junge Menschen bedeutet die erste Stellensuche oft den Verlust einer Struktur, welche von Schule, Lehrbetrieb, Elternhaus usw. vorgegeben wurde. Der eigene Einfluss im Arbeitsrhythmus war bis zum Ende der Lehrzeit oder Ausbildungszeit ziemlich eingeschränkt. Bei der Stellensuche muss plötzlich alles selbst bestimmt werden.

Eigeninitiative entwickeln

Das Management der Suche nach Arbeit liegt allein beim einzelnen Menschen. Das kann zu Unsicherheiten führen, stärkt dafür aber die Selbstverantwortung. Das soziale Umfeld spielt dennoch weiterhin eine ganz wichtige Rolle. Nicht mehr als strukturgebender Teil, sondern als Lieferant von wertvollen Informationen über den Arbeitsmarkt. Ausserdem kann man sich mit mitdenkenden Personen aus dem Familien-, Freundes- oder Bekanntenkreis über Zweifel, Unsicherheiten oder ganz konkret über einen Absagebrief nach einer erfolglosen Stellenbewerbung austauschen.

Selbstverantwortung

Die Stellensuche ist eine Aufforderung zum Handeln. Sie verlangt ein beträchtliches Mass an Geduld, Energie und persönlichem Einsatz. Am Anfang steht die Festlegung eines realistischen Ziels: Was will ich in meiner neuen Tätigkeit machen? Welche Art von Firma kommt für mich in Frage? Wo kann ich meine Fähigkeiten weiterentwickeln? usw. Die nächste Phase beschäftigt sich ausschliesslich damit, das Suchfeld abzustecken: Wo finde

Ziele setzen

Lernender bei der Arbeit: Um eine Stelle zu finden, braucht es Eigeninitiative und Selbstmarketing.

Die schriftliche Bewerbung ist der Schlüssel zur Tür des Vorstellungsgesprächs.

ich geeignete Stellen? Die Aufnahme von Kontakten (üblicherweise durch eine schriftliche Bewerbung) sowie das persönliche Gespräch (Vorstellungsgespräch in der Firma) beenden den Suchverlauf. Auf dem Arbeitsmarkt treffen sich Angebot und Nachfrage. Zum Vertragsabschluss kommt es, wenn die Bewerberin oder der Bewerber den Vorstellungen des Unternehmens entspricht und die angebotene Stelle mit den Vorstellungen der Bewerberin oder des Bewerbers übereinstimmt. Hierbei handelt es sich um eine klassische Verkaufssituation. Je besser es gelingt zu zeigen, dass man bezüglich der Anforderungen zusammenpasst, welche die Firma an die Bewerberin oder den Bewerber stellt, desto grösser sind die Chancen, angestellt zu werden.

Schriftliche Bewerbung

8.2 | Stellenbewerbung

Besondere Aufmerksamkeit muss den Bewerbungsunterlagen geschenkt werden. Sie sind die Visitenkarte der Bewerberin oder des Bewerbers. Diese erste schriftliche Begegnung zwischen der stellensuchenden Person und der stellenausschreibenden Firma wird dazu benutzt, Werbung in eigener Sache zu machen bzw. die eigene Person zu «verkaufen».

Bewerbungsunterlagen

Zu einer guten Stellenbewerbung gehören
Bewerbungsschreiben (mit PC geschrieben, Bezug nehmend auf Ausschreibung)

Beilagen:
- Personalienblatt/Lebenslauf, auch «Curriculum Vitae» genannt (tabellarisch, evtl. mit Passfoto),
- Liste mit Referenzpersonen,
- Handschriftenprobe (falls gefordert),
- Kopien von Zeugnissen, Abschlüssen und Arbeitszeugnissen.

Gute Berufs- und Laufbahnentscheide entstehen, wenn junge Menschen fähig sind, das Projekt Stellensuche systematisch anzupacken.
Dieser erste schriftliche Eindruck muss positiv sein und dient allein dem Ziel, zu einem Vorstellungsgespräch eingeladen zu werden. Zu den üblichen Unterlagen gehört ein Bewerbungsschreiben (kein Standardbrief, sondern ein individuell auf die Stellenanzeige ausgerichtetes Schreiben), ein tabellarischer Lebenslauf, eventuell mit aktuellem Passfoto (da gibt es unterschiedliche Meinungen), Kopien von Abschlusszeugnissen, Arbeitszeugnissen, Diplomen und Kursbestätigungen usw. Der persönliche Einsatz in dieser Ablaufphase ist von zentraler Bedeutung für die Bewerberin oder den Bewerber. Diese Unterlagen legen den weiteren Verlauf fest, lösen Aktionen aus und werden somit laufbahnentscheidend.

Positiven Eindruck machen

> **Überprüfen Sie vor dem Abschicken die Bewerbungsunterlagen**
> ▸ Habe ich mein berufliches Ziel klar und überzeugend formuliert?
> ▸ Habe ich beim Bewerbungsschreiben den Grund der Stellensuche gut begründet?
> ▸ Stimmt die formale Gestaltung? Hat jemand die Bewerbung auf Fehler, Stil und Richtigkeit gegengelesen?
> ▸ Sind die Unterlagen vollständig? Personalienblatt/Lebenslauf (Lücken? Stimmen die Kommunikationsadressen?)
> ▸ Zeugnisse (vollständig?)
> ▸ Wurden die Referenzpersonen angefragt? Können die Personen effektiv Auskunft über mich geben?
> ▸ Sind zusätzlich verlangte Unterlagen dabei?

8.3 | Vorstellungsgespräch

In diesem Gespräch entscheidet sich, ob man auf dem Weg zur neuen Stelle schon am Ziel ist oder ob man einen wichtigen Schritt weitergekommen ist. Ein Vorstellungsgespräch wird heute als Gespräch zwischen gleichwertigen Partnerinnen oder Partnern verstanden. Der Arbeitnehmer oder die Arbeitnehmerin bietet einem Arbeitgeber seine oder ihre Kompetenzen respektive Arbeitskraft an.

Gespräch zwischen gleichwertigen Partnerinnen und Partnern

Die Arbeitgeber laden die geeigneten Bewerberinnen und Bewerber zu einem ersten Gespräch ein. Der Entscheid für die weitere Selektion hängt einerseits davon ab, wie konkret der einzelne Kandidat oder die einzelne Kandidatin mit dem gesteckten Anforderungsprofil übereinstimmt. Andererseits bestimmt die Erscheinung und das Verhalten des Stelleninteressenten oder der Stelleninteressentin, ob er oder sie zu den Mitarbeitenden des Teams passt. Es lohnt sich, sich mit einem Fragenkatalog auf das Gespräch vorzubereiten und sich während des Gesprächs Notizen zu machen.

Gespräch vorbereiten

Arbeitsvertrag
GRUNDLAGEN ▸ S. 198–204

> **Checkliste für ein Vorstellungsgespräch:**
> ▸ Informationen über die Firma einholen,
> ▸ Fragen vorbereiten,
> ▸ Antworten auf eventuelle Fragen vorbereiten wie zum Beispiel: Warum haben Sie sich beworben? Gab es an Ihrem früheren Arbeitsplatz Situationen, in denen Sie mit Ihren Leistungen unzufrieden waren? Was sind Ihre Stärken und Schwächen? Wie haben Sie bei grosser Arbeitsbelastung reagiert? Wie haben Sie auf Konflikte mit Mitarbeitenden, Untergebenen und Vorgesetzten reagiert? Welche Lohnvorstellungen haben Sie?
> ▸ Ort und Zeit beachten (Anreiseweg planen),
> ▸ Kleidung beachten,
> ▸ Regeln der Kommunikation repetieren (Augenkontakt, nicht zu schnell sprechen, Haltung, Gestik, Mimik usw.).

Verstanden?

125. Was verstehen Sie unter dem Begriff Selbstmarketing?

126. Erstellen Sie ein Merkblatt für ein Vorstellungsgespräch.

127. Was beinhaltet eine Stellenbewerbung?

Medien

1. | Einleitung

Hooligans in Basel, Attentat im Irak, die Trend-Haarfarbe der Saison. Täglich füttern uns die Medien mit Informationen. Wir hören die Berichte im Radio, wir sehen sie im Fernsehen oder lesen sie in Zeitungen und Magazinen. Medien sind unsere wichtigste Informationsquelle: Sie liefern uns Wissen über politische Vorgänge und wirtschaftliche Themen, über das soziale Zusammenleben oder gesellschaftliche Wertvorstellungen. Medien kreieren unser Bild der Welt – oder mit den Worten des Soziologen Niklas Luhmann – «was wir über unsere Gesellschaft, ja über die Welt, in der wir leben, wissen, wissen wir durch die Massenmedien.»

1. Einleitung

2. Medien
2.1 Massenmedien 104
2.2 Die Freiheit der Medien 104
2.3 Wer überwacht die Medien? 104

3. Geschichte der Medien – vom Mensch zum Cyberspace
3.1 Von der Erfindung des Buchdrucks zur Tageszeitung 106
3.2 Die Schweizer Presse 107
3.3 Die Schweizerische Radio- und Fernsehgesellschaft SRG 108
3.3.1 Das Schweizer Radio 108
3.3.2 Das Schweizer Fernsehen 110

4. Journalismus als Beruf
4.1 Jeder ein Journalist? 112

2. | Medien

Medium: Mittel, Vermittler

Medien dienen dem Austausch und der Verbreitung von Nachrichten und Informationen. Medien sind Mittel der Kommunikation. Das Wort Medium bedeutet soviel wie (Verbreitungs-)Mittel, Vermittler.

2.1 | Massenmedien

Massenmedien: Presse, Radio, TV, Internet

Die Bezeichnung Massenmedien wurde im englischsprachigen Raum in den 1920er Jahren mit dem Aufkommen des Radios, der Massenblätter und -zeitschriften geprägt. Heute dient die Bezeichnung für Presse, Radio, Fernsehen und Internet. Ihre gemeinsamen Merkmale sind, dass sie sich über ein technisches Verbreitungsmittel, öffentlich, indirekt und einseitig an ein Publikum wenden.

Mit Unterstützung der Massenmedien werden Kriege geführt und Frieden geschlossen. Hitler verdankte seinen Aufstieg nicht zuletzt dem Propagandainstrument Radio. Zum Fall der Berliner Mauer haben Satellitenschüsseln, Fernsehen und Radio wohl ebenso viel beigetragen wie Politiker und Diplomaten. China wird sich durch das Internet verändern, ebenso wie die Rolle der Frau in der arabischen Welt.

Medien bedeuten Macht. Die gesendeten und gedruckten Meldungen nehmen Einfluss auf die öffentliche Meinung und Politik. Zudem decken Medien Missstände auf und wachen über das Funktionieren des Staates. Sie werden deshalb auch als vierte Gewalt im Staat bezeichnet.

2.2 | Die Freiheit der Medien

Bundesverfassung garantiert: Meinungs- und Informationsfreiheit, Medienfreiheit

In der neuen Bundesverfassung von 1999 sind Meinungs- und Informationsfreiheit (Art. 16) sowie Medienfreiheit (Art. 17) als Grundrechte garantiert. Die Meinungsfreiheit gewährleistet insbesondere, dass jede Person ihre Meinung frei bilden und äussern kann. Die Medienfreiheit garantiert die Freiheit von Presse, Radio und Fernsehen und anderen elektronischen Medien und verbietet die Ausübung einer Zensur. Von der Zensur darf nur in Ausnahmesituationen, wie zum Beispiel im 2. Weltkrieg, abgewichen werden. Diese Freiheiten sind ein wichtiges Gut des Menschen und Voraussetzung für eine Demokratie.

2.3 | Wer überwacht die Medien?

Kontrolle durch Medien- und Presserat

Um die Selbstregulierung der Medieninhalte sind heute weltweit rund 80 Institutionen bemüht (www.presscouncils.org). In den meisten westlichen Mediengesellschaften, mit Ausnahme der USA und Frankreich, gibt es Medien- oder Presseräte.

Der Schweizer Presserat wirkt seit bald 30 Jahren. Er überwacht den Journalistenkodex (www.presserat.ch), bestehend aus Pflichten und Rechten der Journalisten. Der Rat besteht aus sechs Publikumsvertretern und 15 Journalisten und befasst sich mit allen drei Massenmedien. Jährlich erledigt er gegen 100 Beschwerden, hauptsächlich wegen Verletzung der Privatsphäre.

Im Schweizerischen Zivilgesetzbuch (ZGB Art. 28 ff) wird das Recht auf Gegendarstellung geregelt. Das Bundesgesetz über den unlauteren Wettbewerb (UWG) bietet zudem Wirtschaftunternehmen Möglichkeiten, gegen negative Darstellungen in den Medien vorzugehen. 1998 wurde das revidierte Medienstrafrecht in Kraft gesetzt. Es garantiert den Medienschaffenden einen verbesserten Quellenschutz. Das sogenannte Zeugnisverweigerungsrecht ermöglicht den Journalisten, die Identität ihrer Informationen auch einem Richter gegenüber zu verschweigen. Ausnahmen bilden Notsituationen oder besonders schwere Straftaten.

Bundesrat Moritz Leuenberger und alt-Bundesrat Joseph Deiss werden von Medienschaffenden befragt.

Im Gegensatz zur rein privatwirtschaftlich organisierten Presse ist der Staat zuständig für die Regelung von Radio und Fernsehen. Seit 1984 enthält die Verfassung einen Radio- und Fernsehartikel (Art. 93) mit folgenden Regelungen:

- Die Gesetzgebung über Radio und Fernsehen sowie über andere Formen der öffentlichen fernmeldetechnischen Verbreitung von Darbietungen und Informationen ist Sache des Bundes.
- Radio und Fernsehen tragen zur Bildung und zur kulturellen Entfaltung, zur freien Meinungsbildung sowie zur Unterhaltung bei. Sie berücksichtigen die Besonderheiten des Landes und die Bedürfnisse der Kantone. Sie stellen die Ereignisse sachgerecht dar und bringen die Vielfalt der Ansichten angemessen zum Ausdruck.
- Die Unabhängigkeit von Radio und Fernsehen sowie die Autonomie der Programmgestaltung sind gewährleistet.
- Auf die Stellung und die Aufgabe anderer Medien, vor allem auf die Presse, ist Rücksicht zu nehmen.
- Programmbeschwerden können einer unabhängigen Beschwerdeinstanz vorgelegt werden.

Vollzug und Überwachung der Rechtsnormen unterstehen dem Bundesamt für Kommunikation (BAKOM).

Die Nutzung der sogenannten Neuen Medien (Internet, Teletext, usw.) ist rechtlich noch wenig geregelt. Umstritten ist vor allem die strafrechtliche Haftung inländischer Provider für die in der Schweiz illegalen Inhalte ausländischer Homepages.

Staat regelt und überwacht Radio und TV

3. | Geschichte der Medien – vom Mensch zum Cyberspace

Bei der Medienentwicklung sind vier Phasen bedeutend. Das Ende einer Phase wurde von den Menschen jeweils als «Kulturschock» wahrgenommen und als Untergang der kulturellen Werte verstanden. Das reichte von Platons Ablehnung des antiken Theaters über den Kampf der spätmittelalterlichen Kirche gegen den Buchdruck bis zur Verunglimpfung der Zeitung im 18. Jahrhundert, der Fotografie im 19. Jahrhundert und des Fernsehens oder des digitalen Cyberspace im 20. Jahrhundert.

Die vier Phasen im Überblick:

- *Phase 1:* Der Mensch (von den Anfängen bis 1500). Er verbreitet Medien, indem er durch Texte in Gedichten oder Liedern Erlebnisse schildert und damit Informationen verbreitet.
- *Phase 2:* Die Druckmedien (1500 bis 1900). Sie sind zunächst für einige wenige Leser zugänglich und verständlich, später informieren und unterhalten sie die breite Bevölkerung.
- *Phase 3:* Die elektronischen Medien (1900 bis 1990). Radio und Fernsehen entwickeln sich zu Massenmedien.
- *Phase 4:* Digitales Zeitalter, Neue Medien (1990 bis heute). Computer und Netzmedien führen zur Bildung einer weltweiten Informationsgesellschaft, die auch als «global village» (Weltdorf) bezeichnet wird.

3.1 | Von der Erfindung des Buchdrucks zur Tageszeitung

1450: Erfindung des Buchdrucks

Für die Druckmedien oder Printmedien (engl. to print = drucken) war das 15. Jahrhundert bedeutsam. Mit der Erfindung des Buchdrucks 1450 durch Johann Gutenberg, konnten politische oder religiöse Flugblätter, Kalenderblätter mit Tipps fürs Obstlesen und Holzschlagen bis hin zu Ratschlägen zu Sexualität und Körperpflege erstmals in grösserer Anzahl gedruckt und unter die Leute gebracht werden.

Gutenbergs Erfindung bedeutete aber keinen raschen Rückgang mündlicher Überlieferungen. Auch erfolgte kein Aufschwung der Alphabetisierung. Zu Beginn des 16. Jahrhunderts konnten vermutlich nicht einmal 10 Prozent der Menschen im deutschsprachigen Raum lesen und schreiben. Selbst gedruckte Fachliteratur in zumeist lateinischer Sprache war zunächst zum Vorlesen bestimmt. Erst in der zweiten Hälfte des 16. Jahrhundert wurden die Bücher teils in Hochdeutsch gedruckt.

Zeitungsinhalte: Neuigkeiten und Sensationen

Die zunehmende Menge an verfügbaren Informationen und ein wachsendes Bedürfnis nach Aktualität liessen periodische Druckerzeugnisse entstehen, die zu den Buchmessen in Frankfurt und Leipzig erschienen. Mitteilungen und Nachrichten aus der alten und der neuen Welt wurden als Neuigkeiten, Sensationen und Ratschläge zusammengefasst und veröffentlicht. Zuerst in unregelmässigen Abständen, dann wöchentlich und täglich. Die ersten bekannten Zeitungen erschienen um 1600. Viele der oft illustrierten «Neuen Zeitungen» befriedigten das wachsende Bedürfnis nach Sensationen. Die Zeitungen berichteten von den «erschröcklichen» Taten des Karpatenfürsten Dracula ebenso wie vom Einsturz einer Brücke unter dem Gewicht zu vieler Pilger. Auf die Wahrheit wurde dabei nicht immer grossen Wert gelegt. Die Neugier der Leser wurde zum Markenzeichen bis weit ins Zeitalter der Aufklärung des 18. Jahrhunderts hinein. Die Menschen wollten alles erfahren über fremde Länder, die Natur, die Astronomie und Medizin.

Nachrichten waren besonders zu Zeiten der grossen europäischen Kriege und der Französischen Revolution begehrt. Das Bedürfnis nach Informationen und die im 18. Jahrhundert stark ausgebauten Postdienste – in Deutschland war das die Thurn und Taxissche Post, in der Schweiz die Fischersche Post – förderten die Entstehung von Tageszeitungen.

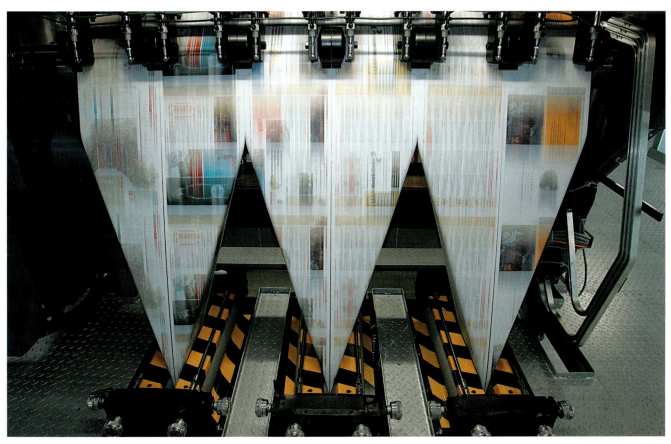

Die Schweiz ist ein zeitungsreiches Land, allerdings ist eine Konzentration festzustellen.

3.2 | Die Schweizer Presse

Anfangs vermittelten die Zeitungen als Text nur Nachrichten aus dem In- und Ausland. Bald kamen Anzeigen, später Illustrationen und separate Teile für Wirtschaft, Kultur, Sport und Unterhaltung dazu.

Im Verhältnis zur Bevölkerungszahl und gemessen an den Titeln, nicht der Auflagezahl, ist die Schweiz hinter Norwegen das zeitungsreichste Land. In den letzten Jahrzehnten ist allerdings eine zunehmende Pressekonzentration und damit ein eigentliches Zeitungssterben festzustellen. Die Zahl der Tageszeitungen reduzierte sich von 1980 bis 1997 von 129 auf 99. Einige davon gingen ein, die meisten fusionierten mit anderen Zeitungen oder erscheinen nicht mehr als selbstständiges Blatt, sondern als sogenanntes Kopfblatt einer grösseren Zeitung, d.h. eigenständig ist nur noch der Name der Zeitung und der Lokalteil. Beispiele dafür sind die Neue Mittellandzeitung (AG, SO) und die Südostschweiz (GR, GL, SG, SZ).

Rückgänge der Tageszeitungen

Wirtschaftlich starke Verlage, wie die EdiPress in der französischen Schweiz und Ringier, TA-Media und NZZ in der deutschen Schweiz, haben sich zunehmend durch Kapitalbeteiligungen einen starken Einfluss auf mittelgrosse und grosse Zeitungen verschafft, deren Redaktionen noch unabhängig sind (z.B. Berner Zeitung, Bund, St. Galler Tagblatt, Neue Luzerner Zeitung).

Wirtschaftliche Ziele: Sicherung der Marktanteile

Hinter diesen Zusammenschlüssen und Beteiligungen stehen wirtschaftliche Überlegungen. Es geht darum, den Marktanteil sichern zu können, um für die Geldgeber attraktiv zu bleiben. Die Finanzierung erfolgt zu rund 75 Prozent durch Inserate, Stellen-, Verkaufs-, Liegenschaftsinserate und Werbung für Produkte und Dienstleitungen. Dies kann bei wirtschaftlich schwachen Verlagen zu Abhängigkeiten führen.

Einst waren Tageszeitungen stark an politische Parteien gebunden. Das gibt es heute kaum mehr. Die meisten grossen Zeitungen geben unterschiedlichen Meinungen Raum.

Als bedenklich werden heute gewisse Trends bewertet: So breitet sich der Boulevardjournalismus, bei dem die Unterhaltung wichtiger als die Information ist, immer stärker aus; zudem wird in den stark verbreiteten Gratisanzeigern Werbung oft kritiklos abgedruckt.

Boulevard: Unterhaltung vor Information

Medien

Die grössten Tages- und Wochenzeitungen in der Schweiz nach Sprachregion (nach Auflagezahlen 2006)

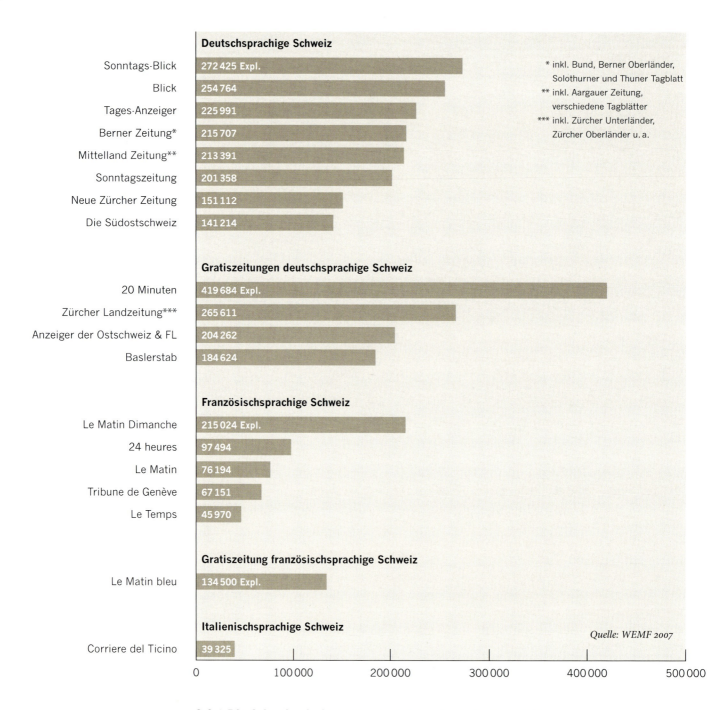

3.3 | Die Schweizerische Radio- und Fernsehgesellschaft SRG

Der Schweizerischen Radio- und Fernsehgesellschaft SRG wurde vom Bundesrat die Konzession erteilt, nationale und sprachregionale Radio- und Fernsehprogramme auszustrahlen.

Die SRG ist in der Gestaltung ihrer Programme autonom, der Staat nimmt aber Einfluss auf die personelle Besetzung von Führungspositionen.

Der Ertrag der SRG setzt sich hauptsächlich aus Gebühren für Radio- und Fernsehempfang und Fernsehwerbung zusammen. Von diesen Erträgen hat die SRG der Swisscom etwa einen Fünftel für die Übertragungstechnik abzugeben.

3.3.1 | Das Schweizer Radio

Seit den 1980er Jahren hat sich das Radio zu einem Nebenbei-Medium entwickelt, das mit Hintergrundgedudel der Unterhaltung dient. Im Programmbereich stieg der Musikanteil der Programme von 55 auf über 70 Prozent; umgekehrt sank das gesprochene Wort von einem Drittel auf etwa 10 Prozent. Die Radioprogramme präsentieren sich heute als

Transistorradios sind nicht mehr weit verbreitet. Die Entwicklung schreitet rasant voran.

homogene Musikteppiche mit Konzentration auf einige Hit-Titel, die Information wurde in vielen Fällen auf stündlich wiederholte Kurznews reduziert.

Erste Radiosendungen wurden 1922 ausgestrahlt. Sie wurden von Radiogenossenschaften in eigenen Studios produziert, die technische Übertragung lag in den Händen der PTT-Betriebe. Diese erstellten 1931–1933 die drei Landessender Beromünster, Sottens und Monte Ceneri.

1966 wurde Radio Beromünster umbenannt in Radio DRS (Radio der Deutschen und der Rätoromanischen Schweiz). Damals spielten Einschaltquoten noch keine Rolle. Die Radiomacher sahen sich in Übereinstimmung mit den 1964 formulierten Konzessionsbestimmungen, wonach die Radio- und Fernsehprogramme «die kulturellen Werte des Landes zu wahren und zu fördern» hatten und zur «geistigen, sittlichen, religiösen, staatsbürgerlichen und künstlerischen Bildung» beitragen sollten. Als Sender des benachbarten Auslands immer öfter Unterhaltungsprogramme mit viel Pop-Musik und flockiger Moderation boten, wuchs auch in der Schweiz die Nachfrage nach solchen Programmen.

Piratensender tauchten auf und unterhielten das Publikum illegal mit einem anderen Sound, als ihn DRS bot. 1983 kamen erste Privatradios auf. Seit 1983 wurden über 50 Konzessionsgesuche für Lokalradios bewilligt. Nicht alle Konzessionierten nahmen auch den Sendebetrieb auf.

Schweizer Radio DRS besitzt mit seinen Programmen in der Deutschschweiz einen Marktanteil von über 60 Prozent. Es ist als öffentlich-rechtlicher Sender gebührenfinanziert.

Die Empfangsmöglichkeit von Radio DRS über Digital Audio Broadcasting (DAB) wird im Moment ausgebaut. Auf der Website können die Sender in den Formaten Real Audio und Microsoft Windows Media live empfangen werden. Seit Ende 2005 stehen zahlreiche Sendungen auch als Podcast zur Verfügung.

1922: erste Radiosendung

1983: Privatradios

Zukunft: DAB und Podcast

Marktanteile und durchschnittliche tägliche Hördauer beim Radio in der Deutschschweiz

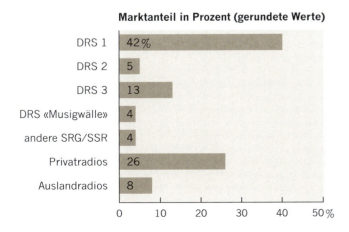
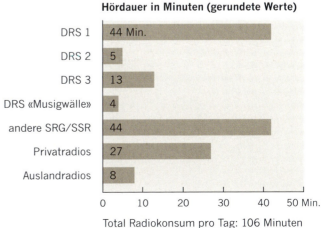

Total Radiokonsum pro Tag: 106 Minuten

Quelle: Radiocontrol 2005

3.3.2 | Das Schweizer Fernsehen

Das öffentliche Schweizer Fernsehen ist ein Unternehmen der SRG SSR und hat die Konzession zur Versorgung der ganzen Deutschschweiz und der rätoromanischen Gebiete.

Bis zum 4. Dezember 2005 hiess der Sender SF DRS. Die Bezeichnung war ein Konstrukt aus SF (Schweizer Fernsehen) und DRS (für Deutsche und Rätoromanische Schweiz). Rund ein Drittel der gesamten Fernsehdauer schauen sich Schweizer die Programme von SF an. Der Rest entfällt auf ausländische Programme. Die privaten einheimischen Veranstalter, wie Tele Bärn oder Tele Züri, spielen eine untergeordnete Rolle. In der Deutschschweiz erreicht das erste Programm von SF einen Zuschauermarktanteil von 26 Prozent, das reichweitenstärkste private Regionalprogramm, Tele Züri, kommt im Verbreitungsgebiet gerade auf 5,8 Prozent.

Öffentliches und privates Fernsehen

Private Fernsehstationen, die sich nicht über Empfangsgebühren, sondern über Werbeeinnahmen finanzieren, sind in der Schweiz seit 1982 zugelassen.

Verschiedene Versuche einer landesweiten Abdeckung mit Privatsendern (Tele 24 oder TV3) sind bisher gescheitert. Das hat damit zu tun, dass Privatsender relativ strenge Werbebestimmungen einhalten müssen und nur in Ausnahmefällen einen Anteil an den Gebührengeldern von der SRG erhalten. Zu bedenken ist dabei, dass das Werbepotenzial auf dem Schweizer Markt mit 500 Mio. Franken pro Jahr in allen vier Sprachregionen eher gering ist.

Das Fernsehen war, wie andere elektronische Medien, eine amerikanische Erfindung. 1928 wurden in den USA, 1929 in Deutschland erste Versuche durchgeführt. Bedingt durch den 2. Weltkrieg konzentrierte sich die weitere Entwicklung auf die USA, wo bereits 1951 das Farbfernsehen (NTSC-Standard) eingeführt wurde, während Europa zunächst einmal das schwarz-weiss System einführte.

1939: erste Fernsehübertragung

Die erste Fernsehübertragung in der Schweiz fand anlässlich der Landesausstellung 1939 statt. Der definitive Fernsehbetrieb wurde aber erst 1958 aufgenommen. Ab 1964 wurde in der Schweiz TV-Werbung gestattet. Zudem konnten ab 1964 mit Fernsehsatelliten erstmals weltweite Live-Übertragungen, etwa von Olympiaden oder der Mondlandung 1969, ausgestrahlt werden – ab 1968 in der Schweiz auch in Farbe.

Fernsehen war ein Luxus, den sich längst nicht alle leisten konnten. In den siebziger Jahren stieg die Zahl der Fernsehzuschauer stark an, auf 1 Million Haushalte, obwohl anfänglich nur ein sprachregionales Programm der SRG und in weiten Teilen des Mittellandes noch das erste und zweite deutsche Fernsehen zu empfangen waren, dazu in der Ostschweiz zwei österreichische Programme.

Marktanteile und durchschnittliche tägliche Sehdauer beim Fernsehen in der Deutschschweiz

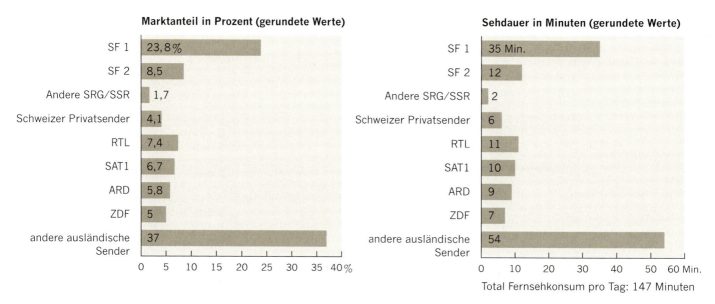

Total Fernsehkonsum pro Tag: 147 Minuten

Quelle: Telecontrol 2005

Fernsehen ist zum wichtigsten Medium geworden.

Erst Ende der 1970er Jahre brachten Kabelfernsehnetze und wenig später das Satellitenfernsehen eine Vielzahl von Programmen. 1984 wurde der Teletext eingeführt. Ende 2000 gab es in der Schweiz erstmals gleich viele (2,7 Millionen) Fernseh- wie Radio-Empfangskonzessionen, ohne Fernsehgerät leben nur noch wenige bewusst «Abstinente».

Seither haben sich nicht nur die Satellitenschüsseln auf den Hausdächern etabliert, sondern hat die Technik so grosse Entwicklungen gemacht, dass die Schüsseln bald wieder entfernt werden können. Ab Herbst 2007 wird der Aufbau des DVB-T-Netzes in der Schweiz abgeschlossen sein. DVB-T ist die englischsprachige Abkürzung für Digital Video Broadcasting – Terrestrial und bezeichnet die terrestrische (= erdgebundene) Verbreitung der Fernsehsignale in der Atmosphäre. Dies ist eine Variante des DVB, die vor allem in verschiedenen europäischen Staaten sowie in Australien als Standard für die Übertragung von digitalem Fernsehen und Hörfunk (Radio) per Antenne verwendet wird.

Ab 2010 soll bei SF zudem auf HDTV-Betrieb umgestellt werden: HDTV, engl. für hochauflösendes Fernsehen, ist ein Sammelbegriff, der eine Reihe von Fernsehnormen bezeichnet, die sich gegenüber dem herkömmlichen Fernsehen durch eine erhöhte vertikale, horizontale und/oder temporale Auflösung auszeichnen.

Technische Entwicklungen: DVB-T-Netz, HDTV

Verstanden?

128. Weshalb bedeutete Gutenbergs Erfindung des Buchdrucks keinen raschen Rückgang mündlicher Überlieferung?
129. In welchen Zeiten stieg das Bedürfnis nach Information ganz besonders?
130. Was bedeutet der Begriff «global village» im Zusammenhang mit den Medien?
131. Erklären Sie den Zusammenhang zwischen sogenannten Piratensendern und den Lokalradios.
132. Weshalb gelang es privaten Fernsehsendern in der Schweiz bisher nicht, ihre Sendungen landesweit auszustrahlen?
133. Welche Neuerung brachten die Fernsehsatelliten ab 1964?
134. Was für eine Auswirkung hat die HDTV-Technik auf die Bildqualität?
135. Warum ist das Fernsehen zum wichtigsten Medium geworden?

4. | Journalismus als Beruf

Journalismus: Selektionierung der Informationen

Journalismus bedeutet, dass Nachrichten aus einer unabhängigen und kritischen Warte gesammelt, ausgewählt und überarbeitet, allenfalls ergänzt, interpretiert und kommentiert werden. Anschliessend werden sie über ein öffentliches Medium dem Leser, Hörer oder Zuschauer zur Information oder Unterhaltung übermittelt.

Wer im Journalismus tätig ist, muss zuallererst mit der Informationsflut fertig werden. Heute berichten nicht nur Nachrichtenagenturen über jedes Ereignis aus jedem Winkel dieser Welt, sondern auch Firmen und Behörden liefern Berichte und Trendmeldungen in die Redaktionen. Es ist eine Aufgabe des Journalisten, Wichtiges von Unwichtigem zu trennen, das Relevante herauszufiltern und den Menschen eine verarbeitbare Menge an Neuigkeiten mitzuteilen. Darüber hinaus sorgen Journalistinnen und Journalisten für eine Vereinfachung schwieriger Sachverhalte. Ihre Aufgabe ist es, Phänomene so zu erklären, dass jeder Leser sie verstehen kann. Sie stellen Nachrichten in einen grösseren Zusammenhang, erläutern und vertiefen sie, zeigen Hintergründe auf und sorgen so für Aha-Erlebnisse.

4.1 | Jeder ein Journalist?

Bürgermedien: Jeder kann mitmachen

Blog, Phlog, Podcasting, Webcast, Wiki: Sie alle haben zu tun mit neuen Kommunikationsformen, wobei Blogs (oder Weblogs) als eine Art Internettagebücher die grösste Bedeutung besitzen – durch hinzugefügte Fotos werden sie zu Phlogs. Podcasting bedeutet «Download Hörfunk» und macht den Laien zum Radiomacher. Webcasts verschmelzen Radio und Fernsehen zum Internet und Wikis laden ihr Publikum zum Verfassen von Internettexten ein. Dies sind die neuen «Citizen Media» («Bürgermedien»), die erstmals in der Geschichte der modernen Massenkommunikation wirklichen «Participatory Journalism» versprechen, bei dem jeder Internetnutzer mit eigenen Beiträgen in Foren seine Meinung kundtun kann.

Die Folge davon ist, dass der Anteil Publikationen mit journalistischem Charakter im Internet rapide ansteigt. Die Grenzen zwischen professionellem Journalismus und der Aktivität von Amateuren verschwinden damit zusehends. Einige Medien werden mittlerweile von den Lesern selbst verfasst, etwa Indymedia, das koreanische Onlinemagazin OhmyNews oder Wikinews.

Wohin es führt, wenn sich Amateure mit ihrem Gemisch aus Informationen und Meinungen, Fakten und Fiktionen in die Publizistik einbringen, über das Internet ihre Stücke verbreiten und als Weblogger den professionellen Journalismus herausfordern, kann noch niemand sagen. Die Entwicklung wird von Verfechtern einer seriösen und objektiven Berichterstattung mit Sorge betrachtet. Es wird besonders bei kritischen Themen befürchtet, dass die Recherche und die Gegenüberstellung verschiedener Standpunkte in den Hintergrund gedrängt werden.

Fehlen von professionellen Kontrollinstanzen

In den USA, wo sich Weblogs als eigene Kommunikationsform durchgesetzt haben, sind mit dem «Bürgerjournalismus» bereits Erfahrungen gemacht worden. Diese haben gezeigt, dass vor allem das Fehlen von professionellen Kontrollinstanzen die Verbreitung blosser PR sowie von Pornographie und Peinlichkeiten begünstigt.

Dabei wäre es für den Medienkonsumenten in einem Zeitalter, das an einer Informationsflut zu ersticken droht, besonders wichtig, Informationen aufgearbeitet vermittelt zu bekommen, um sich der wachsenden Komplexität des Lebens stellen zu können.

Ökologie – eine Überlebensfrage

1. | Einleitung

Die grundlegende Voraussetzung für Leben auf der Erde ist eine intakte Umwelt: ohne Trinkwasser, saubere Luft, genügend Nahrung und ohne schützende Ozonschicht würde die Erde schnell unwirtlich und alles Leben wäre ernsthaft bedroht. Mitte des letzten Jahrhunderts änderte sich der Lebensstil der Industrienationen gewaltig: Konsum, Energieverbrauch und Strassenverkehr stiegen explosionsartig an. In den 1970er-Jahren bedrohte die erste Erdölkrise diese Länder. Es wurde klar, dass diese Entwicklung so nicht grenzenlos weitergehen kann.

Ökologie als Wissenschaft untersucht die Beziehungen zwischen Lebewesen und ihrer Umwelt: Wissen über das Ökosystem Erde ist heute wichtiger als je zuvor. Menschliche Aktivitäten müssen in natürliche Kreisläufe eingebunden werden. Seit einigen Jahren werden weltweit verschiedene Massnahmen zum Schutz der Umwelt getroffen. Die Menschheit wird sich bewusst, dass die Erde ihr kostbarstes Gut ist.

1. Einleitung

2. Was ist ein Ökosystem?
2.1 Stoffkreislauf und Energiefluss 116

3. Entwicklung und Stabilität: Boden, Wasser, Luft
3.1 Fakten zum Ökosystem Boden 119
3.2 Fakten zum Ökosystem Bach und Fluss 120
3.3 Fakten zum Ökosystem See 120
3.4 Fakten zur Atmosphäre 121
3.5 Treibhauseffekt 122

4. Lebensräume unter Druck
4.1 Zersiedelung der Landschaft 124
4.2 Städte als Ökosysteme 125

5. Drängende Umweltprobleme
5.1 Ressourcenverbrauch 127
5.2 Energieverbrauch 127
5.3 Klimawandel 128
5.4 Ozon oben und unten 129
5.5 Mobilität – Lärm und Luftverschmutzung 130
5.6 Artenvielfalt in Gefahr 131

6. Instrumente für den Umweltschutz
6.1 Der persönliche Beitrag 132
6.2 Gesetze 133
6.3 Ökosteuern 133
6.4 Umweltmanagement 134
6.5 Emissionsrechtehandel 135

7. Nachhaltigkeit – ein globaler Lösungsansatz
7.1 Nachhaltige Entwicklung 136
7.2 Internationale Klimapolitik 137

2. | Was ist ein Ökosystem?

In einem Wald, einem Bach oder einer Wiese gibt es ein ganzes Netz von Beziehungen zwischen der unbelebten Umwelt und den Pflanzen und Tieren. Diese Wechselwirkungen folgen natürlichen Gesetzen. Lebewesen, ihre Umwelt und die Wechselwirkung zwischen ihnen bilden ein Ökosystem.

Beziehungsnetz

Im Ökosystem Wald bestehen unzählige Beziehungen zwischen Bäumen und Boden oder Licht, Bäumen und Pilzen, Bäumen und Rehen oder verschiedenen Baumarten untereinander. Die Zusammensetzung der Baumarten wird dadurch bestimmt. Davon wiederum hängt ab, welche Tiere im Wald leben können oder welche Pflanzen wachsen.

Beispiel Wald

Bei der Beschreibung von Ökosystemen wird zwischen unbelebter Umwelt (Klima, Bodenbeschaffenheit, Lichtverhältnisse) und lebendigen Elementen (Algen, Pilze, Pflanzen und Tiere) unterschieden.

Auch die Menschen sind ein Teil der Ökosysteme und damit den Naturgesetzen unterworfen. Oft werden diese Beziehungen der Menschen zu Tieren, Pflanzen, Boden, Wasser und Luft vergessen. Durch technische Entwicklungen versucht sich der Mensch immer unabhängiger von der Natur zu machen. Trotzdem bleiben alle Menschen weiterhin auf gesunde Beziehungen zur Umwelt angewiesen: Fruchtbarer Boden, sauberes Wasser und saubere Luft sind auch Lebensgrundlagen des Menschen. Ohne gesunde Umwelt leidet früher oder später auch die menschliche Gesundheit.

Mensch – Natur

Jeder Eingriff in die Natur hat Einfluss auf das Funktionieren des globalen Ökosystems.

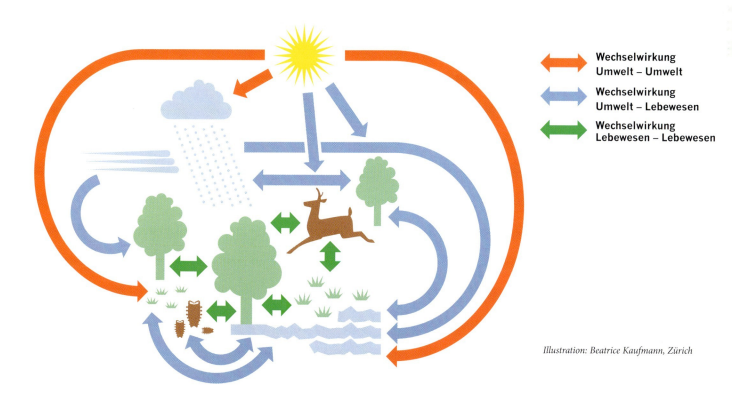

Illustration: Beatrice Kaufmann, Zürich

Der Wald hat im Ökosystem eine wichtige Rolle.

2.1 | Stoffkreislauf und Energiefluss

Nahrungskette

Im globalen Ökosystem befinden sich alle Stoffe in einem grossen Kreislauf. Die Nahrungskette ist Antrieb für die Stoffkreisläufe der Erde. Mineralien werden durch Pflanzen aus dem Boden aufgenommen. Die Nährstoffe gelangen in die Tiere, wenn sie Pflanzen fressen. Der ausgeschiedene Kot wird wiederum durch Kleinstlebewesen zersetzt. Dadurch gelangen die Nährstoffe wieder in den Boden zurück.

Durch chemische und physikalische Vorgänge können Stoffe umgewandelt werden. Die Summe der Stoffe bleibt jedoch gleich. Die Natur kennt keinen Abfall. Jedes «Abfallprodukt» (z. B. Kot) ist wieder Rohstoff oder Nahrung für ein anderes Lebewesen (z. B. Bakterien und Pilze).

Die Stoffe, aus denen die Abfälle bestehen, sind in dieser Form dem natürlichen Stoffkreislauf auf lange Zeit entzogen. Durch Recycling oder Kompostieren können die Stoffe dem Stoffkreislauf wieder zugeführt werden.

Meeresströmungen sind Beispiele für globale Stoffkreisläufe.

Energie strömt ununterbrochen von der Sonne zur Erde. Im Gegensatz zum Stoffkreislauf besteht hier ein Energiezufluss. Die Erde ist auf die Sonne als Hauptenergiequelle angewiesen. Die von der Sonne eingestrahlte Energie wird schliesslich vollständig als Wärmestrahlung wieder ins Weltall zurückgestrahlt. Es besteht eine ausgeglichene Energiebilanz: Die Menge des eingestrahlten Lichtes entspricht der Menge der abgestrahlten Wärme.

Globaler Energiefluss: Hauptenergiequelle ist die Sonne.

Die Energie der Sonne erreicht die Erde als sichtbares Licht, als UV-Strahlung und als Wärme. Mit Hilfe des sichtbaren Lichtes können die Pflanzen Kohlendioxid (CO_2) aus der Luft aufnehmen und für ihr Wachstum verwenden. Dieser Prozess heisst Fotosynthese. Die in den Pflanzen gespeicherte Energie steht anderen Lebewesen in Form von Nahrung zur Verfügung. Ohne Sonneneinstrahlung käme das globale Ökosystem sofort zum Stillstand. Die Sonnenenergie hat verschiedene Wirkungen auf das Ökosystem Erde:

Sonnenenergie

- Sie ist notwendig für die Fotosynthese und das Pflanzenwachstum.
- Sie treibt den Wasserkreislauf an: Das Meerwasser verdunstet, bildet Wolken und Nebel und fällt als Regen oder Schnee erneut auf die Erde.
- Sie treibt den Wind an: Durch unterschiedliche Sonneneinstrahlung entstehen Druckunterschiede, die durch Wind wieder ausgeglichen werden.
- Sie sorgt für Temperaturen, die geeignet sind für Lebewesen. Durch den so genannten natürlichen Treibhauseffekt wird ein Teil der abgestrahlten Wärme in Erdnähe zurückbehalten *(s. Abb. S. 122)*.

Bei der technischen Energienutzung entsteht bei jeder Energieumwandlung Abwärme, die nicht dem eigentlichen Nutzungszweck dient. Im Gegensatz zu Stoffen kann Energie also nicht einfach rezykliert und in Kreisläufe eingeführt werden.

Verstanden?

136. Aus welchen natürlichen Kreisläufen besteht das weltweite Ökosystem?

137. Welche Wirkungen hat die Sonneneinstrahlung auf das globale Ökosystem?

3. | Entwicklung und Stabilität: Boden, Wasser, Luft

In einem Ökosystem spielt jedes Element eine wichtige Rolle. Fällt ein Teil aus oder verändert sich, hat dies Einfluss auf das ganze Ökosystem. Würden beispielsweise in einem Wald die Pilze aussterben, so gingen auch die Bäume zugrunde, denn Baumwurzeln leben mit Wurzelpilzen in gegenseitiger Abhängigkeit (Symbiose).

Waldsukzession

Jedes Ökosystem ist Schwankungen und Entwicklungen unterworfen. Über Jahre verändert sich die Pflanzenzusammensetzung in einem Wald. Wachsen zuerst auf einer kahlen Fläche Birken und Haselsträucher, so kommen mit den Jahren Buchen hinzu und die Birken verschwinden wieder.

Anhand von Leitfossilien lässt sich die erdgeschichtliche Entwicklung in Jahrmillionen abschätzen. Hier im Bild sind Ammoniten zu sehen.

Eine solche Entwicklung ist natürlich. Im Laufe der Erdgeschichte hat sich das globale Ökosystem immer wieder stark verändert. Die Entwicklungen verliefen über Zeiträume von Jahrtausenden, so dass die Lebewesen Gelegenheit hatten, sich den neuen Bedingungen anzupassen.

Umweltverschmutzung

Die Situation sieht jedoch anders aus, wenn plötzlich ein Element im Ökosystem ausfällt. Unter Umständen kann dadurch das ganze System aus dem Gleichgewicht geraten. Die Veränderung findet in so kurzer Zeit statt, dass die Lebewesen keine Zeit zur Anpassung oder Abwanderung haben. Es kann für die Lebewesen zur Umweltkatastrophe werden. Gleiches passiert beispielsweise, wenn durch ein Tankerunglück Öl ins Meer ausläuft oder andere giftige Stoffe einen Lebensraum zerstören.

Gestörtes Gleichgewicht

Umweltprobleme wie verseuchte Böden, verschmutztes Trinkwasser oder Schadstoffe in der Luft hängen mit den Eigenschaften und Gesetzmässigkeiten in Ökosystemen zusammen. Boden, Luft und Wasser können mit Schadstoffen bis zu einem gewissen Mass fertig werden, ohne dass das natürliche Gleichgewicht gestört wird. Wird dieses Mass überschritten, reagiert das gesamte Ökosystem. Wenn der Boden gesättigt ist mit Schadstoffen, nimmt die Fruchtbarkeit ab und die landwirtschaftlichen Erträge sinken. Wenn Seen überdüngt sind, kann es innerhalb kurzer Zeit wegen akuten Sauerstoffmangels zu einem grossen Fischsterben kommen.

Ein Forschungscamp in der Antarktis liefert Daten über die natürliche Klimaentwicklung während Jahrtausenden.

Bohrkopf und Eisbohrkern aus einer Tiefe von 3200 m in der Antarktis. Das Alter dieses Eises beträgt etwa 800 000 Jahre.

3.1 | Fakten zum Ökosystem Boden

- Der Boden ist die feste Grundlage für die Pflanzenwelt. Er ernährt sie und bietet ihren Wurzeln Halt. Pflanzen wiederum sind die Nahrungsgrundlage für Tiere und Menschen.
- Im Boden geschehen die Umwandlungsprozesse: Organische Abfallstoffe (abgestorbene Pflanzen, Tiere) werden in anorganische Bestandteile zerlegt, die wiederum als Nährstoffe für die Pflanzen dienen. Im Boden schliessen sich die Stoffkreisläufe. Diese Prozesse im Boden sind langsam und dauern über lange Zeiträume.
- Natürlicher Boden bildet sich laufend durch chemische, physikalische und biologische Prozesse. Allerdings ist dies ein sehr langsamer Vorgang, abhängig von Klima und Gestein. Die Bildung von 30 cm Boden braucht 1000 bis 10 000 Jahre.
- Verschiedene Böden haben den gleichen Grundaufbau: Über einer Gesteinsschicht liegt eine Schicht mit vorwiegend mineralischen Anteilen. Darüber folgt eine humusreiche Schicht, in der viel abgestorbenes Pflanzenmaterial abgebaut wird. Zuoberst liegt die Streuschicht. Der Krümel ist der Baustein des Bodens. Bodenkrümel bestehen aus Ton-Humus-Teilchen, die sehr nährstoffreich sind.
- Der Boden ist belebt. Nicht nur Mäuse, Maulwürfe und Regenwürmer leben unter der Erde; in einer Hand voll Erde leben über 100 000 Kleinlebewesen. In der oberen Bodenschicht eines fruchtbaren Bodens leben pro Quadratmeter eine Billiarde Bakterien. Würde man diese Winzlinge aneinander reihen, so könnte man sie fünfundzwanzigmal um den Erdball legen.

Stoffkreislauf

Bodenbildung

Bodenlebewesen

Im Biotop können die Entwicklungen und Kreisläufe eines Ökosystems besonders gut beobachtet werden.

Bodenverseuchungen
▸ Stoffe, die durch Zivilisations- und Industrieabfälle sowie durch industrielle Produktion (z. B. künstlicher Dünger, Schwermetalle) in den Boden gelangen und nicht durch natürliche Prozesse in den Stoffkreislauf eingefügt werden können, bleiben im Boden und reichern sich an. Diese Stoffe können über die Nahrungskette (Pflanzen, Tiere) wieder zurück zum Menschen gelangen.

Überblick über die Bodenbelastungen

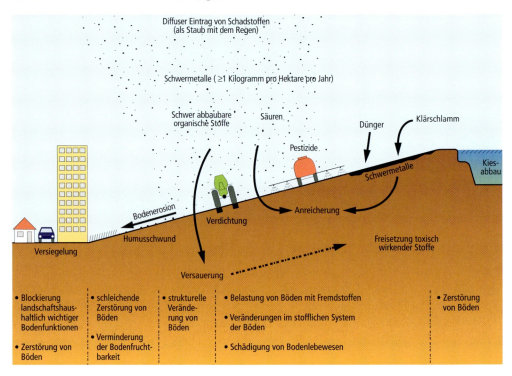

3.2 | Fakten zu den Ökosystemen Bach und Fluss (Fliessgewässer)

Strömungen
▸ Die Strömung ist der wichtigste ökologische Faktor im Fliessgewässer. Von der Strömung hängen andere Faktoren, wie z. B. die Wassertemperatur oder die Gestaltung des Flussbettes ab. Teilweise hängt auch der Verschmutzungsgrad mit der Strömung zusammen. Alle diese Faktoren zusammen prägen den Lebensraum der Fliessgewässer für Pflanzen und Tiere.

Fliessgeschwindigkeit
▸ Die Geschwindigkeit der Strömung hängt vom Gefälle ab und vom Durchfluss (Wassermenge) sowie der Breite, Tiefe und Beschaffenheit des Flussbettes.

Wassertemperatur
▸ Die Wassertemperatur beeinflusst hauptsächlich Ausbreitung und regionales Vorkommen der Tierarten.

Sauerstoff
▸ Wasser in Bächen und Flüssen ist in der Regel reich an gelöstem Sauerstoff. Wenn Abwässer mit organischer Substanz in einen Bach gelangen (z. B. bei fehlender Kläranlage), wird der Sauerstoff benötigt für die Selbstreinigung des Wassers.

Ufer
▸ Zur ökologischen Beurteilung eines Baches oder Flusses ist auch die Ufergestaltung und das Umland zu beachten. Ein Fliessgewässer zieht sich wie ein schmales Band durch die Landschaft und wird stark vom Gelände (Landwirtschaftsflächen, natürliche Wälder, Siedlungen usw.), durch das es fliesst, beeinflusst.

3.3 | Fakten zum Ökosystem See

Gewässerschichtungen
▸ In Seen ist das Wasser aufgrund seiner physikalischen Eigenschaften nach Temperatur geschichtet. Das Oberflächenwasser eines Sees erwärmt sich zuerst. Auf dem Seegrund hat das Wasser eine Temperatur von 4° C, da dieses Wasser die grösste Dichte hat. Die Eisdecke schwimmt deshalb bei einem See obenauf. Auch wenn ein See eine geschlossene Eisdecke aufweist, so befindet sich auf dem Seegrund immer noch eine Schicht von 4° C warmem Wasser, in dem Fische und andere Wasserlebewesen überleben können.

Seedurchmischung
▸ Im Frühling und Herbst wird das Seewasser durchmischt. Die Durchmischung bewirkt einerseits einen Temperaturausgleich im See, andererseits wird dadurch Sauerstoff in die

Schadstoffeinträge in Gewässer

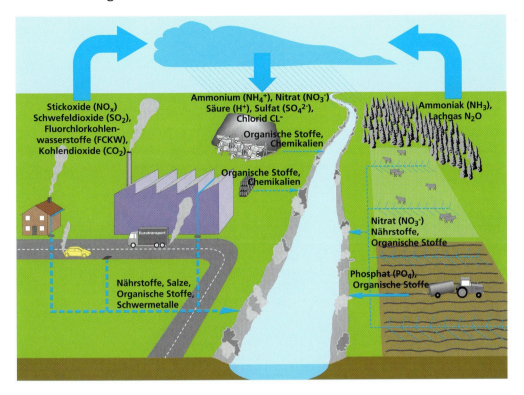

Seetiefe gebracht. Dort wird dieser benötigt, um abgestorbene Pflanzen und Tiere, die auf den Seeboden gesunken sind, zu zersetzen.

▶ Zuflüsse in Seen können sehr viele Nährstoffe (Dünger und Jauche aus der Landwirtschaft) mit sich bringen und so zur Überdüngung eines Sees führen. Produziert ein See zu viele Algen wegen des grossen Nährstoffangebots, fehlt der Sauerstoff, um die abgestorbenen Algen, die auf den Seegrund sinken, wieder abzubauen. Wird dem Wasser rasch der Sauerstoff entzogen, kann dies zu einem Fischsterben, wie es in der Vergangenheit in verschiedenen Mittellandseen vorgekommen ist, führen.

Überdüngung

3.4 | Fakten zur Atmosphäre

▶ Die Atmosphäre ist im Vergleich zum Erddurchmesser eine sehr dünne Schicht. In den untersten ca. 10 km spielt sich das Wetter ab. Luftschadstoffe bleiben abgesehen von wenigen Ausnahmen (wie FCKW) ebenfalls in dieser Luftschicht.

▶ Die chemische Zusammensetzung der Luft ist konstant. Luftschadstoffe (Ozon, Feinstaub, Stickoxide u.a.) und Treibhausgase (CO2, Methan u.a.) nehmen aufgrund menschlicher Aktivitäten zu, auch wenn sie insgesamt nur in sehr geringen Mengen in der Atemluft enthalten sind.

Chemische Zusammensetzung

▶ Werden Luftschadstoffe ausgestossen, spricht man von Emissionen. Schadstoffe können sich je nach Wetterlage chemisch verändern (Transmission) und mit den Niederschlägen (Regen und Schnee) wieder auf die Erdoberfläche zurückgebracht werden (Immission).

Emissionen

▶ Hauptverursacher der Luftverschmutzung in der Schweiz sind der motorisierte Verkehr, Industrieabgase und Heizungen.

Quellen der Luftverschmutzung

Klimaerwärmung

Treibhauseffekt

3.5 | Treibhauseffekt

Weltweit führende Klimawissenschafter haben sich im Intergovernmental Panel on Climate Change (IPCC) zusammengeschlossen. Ihre Fakten lassen keinen Zweifel offen: Es wird wärmer auf der Erde. Und zwar beunruhigend schnell.

Im 20. Jahrhundert sind die Temperaturen weltweit um 0,6 Grad Celsius angestiegen. Die 90er Jahre waren die wärmste Dekade seit Beginn der Messungen, und der Temperaturanstieg im 20. Jahrhundert war der intensivste seit 1000 Jahren.

Übrigens: vor 18 000 Jahren war es nur 3 Grad kälter als heute. Das war während der letzten Eiszeit, in der das schweizerische Mittelland eisbedeckt war.

Ein Modell zur Erklärung des Temperaturanstiegs ist der vom Menschen verursachte Treibhauseffekt. Durch das Verbrennen fossiler Energieträger (Benzin, Heizöl und Kohle) entweicht sehr viel Kohlendioxid (CO_2) in die Luft. Dieses und weitere Treibhausgase verstärken den natürlichen Treibhauseffekt. Wärme wird vermehrt in Erdnähe zurückgehalten. Es gibt den beobachteten Temperaturanstieg, der mit Klimaveränderungen einhergeht.

So funktioniert der Treibhauseffekt

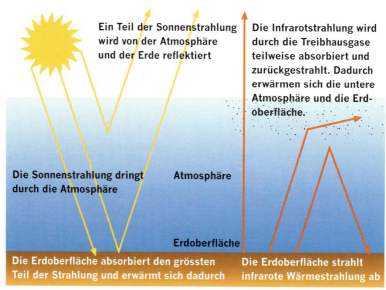

Quelle: «Umwelt in der Schweiz», Buwal

Durch das Verbrennen fossiler Energieträger wird es wärmer auf der Erde.

Kapitel 7

Temperaturentwicklung der letzten tausend Jahre

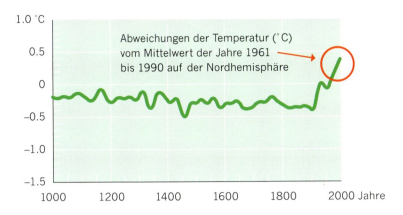

CO₂-Konzentration der letzten 160 000 Jahre und der nächsten 100 Jahre.

Messungen der CO₂-Konzentration der letzten 50 Jahre. Die jährlichen Schwankungen entsprechen dem Sommer- und Winterhalbjahr.

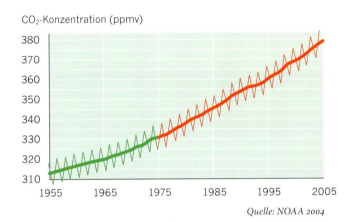

Quelle: NOAA 2004

Verstanden?

138. Was bewirkt eine Umweltkatastrophe in einem Ökosystem ganz allgemein?
139. Welcher wesentliche Umwandlungsprozess findet im Boden statt?
140. Wie können Seen überdüngt werden?
141. Welche Folgen hat dies für das Ökosystem See?
142. In welcher Schicht der Atmosphäre reichern sich die Luftschadstoffe an?

4. | Lebensräume unter Druck

4.1 | Zersiedelung der Landschaft

Siedlungsfläche

Zum Wohnen, für Freizeit und Mobilität beanspruchen wir grosse Flächen an Lebensraum, die nach menschlichen Vorstellungen und Wünschen gestaltet werden. Häuser und Strassen werden gebaut, Freizeitanlagen erstellt, Skipisten planiert. In diesem vom Menschen beanspruchten Lebensraum müssen sich Pflanzen und Tiere den Bedürfnissen der Menschen anpassen.

Nicht nur in der Schweiz, auch weltweit, beanspruchen die Menschen immer mehr Raum. Natürliche Lebensräume für Pflanzen und Tiere, die nicht oder nur wenig vom Menschen beeinflusst sind, existieren in der Schweiz eigentlich nicht mehr, ausser an Extremstandorten (z. B. im Hochgebirge).

Naturraum Schweiz
Die Schweiz bedeckt eine Fläche von 41 248 km². 68 Prozent davon sind produktive Flächen (landwirtschaftliche Nutzflächen) und knapp 7 Prozent Siedlungsflächen.

Boden
Die Ausbreitung der Siedlungsgebiete nimmt überproportional zur Einwohner- und Arbeitsplatzzahl zu. Rund 6 Prozent der Landesoberfläche sind mit undurchlässigen Materialien versiegelt (überbaut).

Bevölkerung
Die Schweizer Bevölkerung erreichte Ende 2005 den Stand von 7,5 Millionen Menschen, jene der Welt beträgt ungefähr 6,5 Milliarden. Die Bevölkerungszahl hat einen wichtigen Einfluss auf das Ausmass der Umweltbelastungen. Genauso wichtig sind aber auch das Konsumniveau, die Bevölkerungsdichte und die eingesetzten Technologien.

Quelle: BfS 2007, Deutsche Stiftung Weltbevölkerung

Pro Sekunde wird fast ein Quadratmeter Land überbaut.

Mobilität erlaubt das Ausüben verschiedener Tätigkeiten an ganz unterschiedlichen Standorten. Wohnort und Arbeitsplatz müssen nicht mehr räumlich nahe beieinander liegen, Freizeit kann irgendwo verbracht werden. Diese räumliche Trennung von Wohnort, Arbeitsplatz und Freizeitanlagen verlangt nach immer mehr Verkehrsverbindungen und Strassen. Mehr Strassen bedeuten höheres Verkehrsaufkommen, was die Umwelt direkt belastet.

Mobilität

Die Lebensräume von Pflanzen und Tieren werden nicht nur durch die direkte Überbauung mit Häusern und Strassen zerstört, sondern auch durch Strassen und Bahnschienen in kleine Gebiete zerstückelt.

Lebensraumzerstörung

Pro Sekunde entsteht fast ein Quadratmeter neue Siedlungsfläche; dazu gehören Gebäude, Industrieareale, Verkehrsflächen, Erholungs- und Grünanlagen.

Statistisch gesehen benötigt heute jede in der Schweiz lebende Person durchschnittlich 397 Quadratmeter Siedlungsfläche. Seit Beginn der 1980er-Jahre hat die Siedlungsfläche der Schweiz um mehr als die Grösse des Kantons Schaffhausen zugenommen.

Raumbedarf

Mit der Nutzung der natürlichen Landschaft wird vieles dauerhaft verändert, Neues geschaffen, Altes verschwindet. Da auch die nächsten Generationen Anspruch auf Lebensqualität haben braucht, es Leitsätze zur Nutzung und Entwicklung der Landschaft.

Lebensraum nachhaltig nutzen

- Artenvielfalt erhalten: eine ethische Pflicht.
- Die letzten Paradiese nicht antasten: Wir brauchen auch Landschaften (stille Täler der Alpen), die gänzlich verschont bleiben von störenden Einflüssen.
- Freiraum gewähren für natürliche Dynamik: Die Landschaft ist erstarrt, Flüsse sind in enge Verbauungen gezwängt, Wälder können sich kaum verändern.
- Den Naturgewalten ausweichen: Es ist besser, Gefahrenzonen (Lawinen, Hochwasser usw.) zu meiden, anstatt sie mit unverhältnismässigem Aufwand für die Besiedelung sicher zu machen.
- Das Siedlungswachstum begrenzen: In den bereits überbauten Gebieten schlummern noch grosse Reserven für unsere künftigen Raumbedürfnisse.
- Den Zehntel der Natur zurückgeben: Im Mittelland sind 10 bis 15 Prozent der landwirtschaftlichen Nutzfläche als ökologische Ausgleichsflächen wie Hecken, Heumatten, Brachen, Obstgärten, Waldsäume oder Feuchtwiesen zu bewirtschaften.
- Den grauen Alltag begrünen: Erholung in der Landschaft und Kontakt zur Natur sind menschliche Grundbedürfnisse. Dazu braucht es vielfältiges Grün vor der Haustür und naturnahe Erholungsräume bei der Bus-Endstation.
- Die Füsse wieder entdecken: Die Füsse sind das weitaus umweltverträglichste Verkehrsmittel.

Quelle: Buwal 2002

4.2 | Städte als Ökosysteme

Ein grosser Teil der Schweizer Bevölkerung lebt in der Stadt. Man könnte vermuten, dass die Stadt der Lebensraum ist, der den Menschen am besten entspricht und die höchste Lebensqualität bietet. Wenn man genauer hinsieht, zeigen sich in Städten (und auch Dörfern) soziale, politische und ökologische Probleme. Lärmgeplagte Anwohnerinnen an Durchgangsstrassen, wenig Freiräume und Spielmöglichkeiten im Freien, hohe Luftverschmutzung usw. sind nur einige der Nachteile des Lebensraumes «Stadt».

Stadt

Damit die Lebensqualität der Städte wieder steigt, sollen Verbesserungen für Menschen, Tiere und Pflanzen im Siedlungsraum erreicht werden. Es können mehr Grünflächen geschaffen werden, verkehrsberuhigte Zonen, Nischen für verschiedene Tier- und Pflanzenarten. Der Verlust an natürlichen Lebensräumen kann jedoch nie kompensiert werden. Die Stadt bleibt ein von Menschen geprägter und gebauter, künstlicher Lebensraum.

Lebensqualität

In den Städten herrschen spezielle Lebensbedingungen, an die sich einige Tiere und Pflanzen angepasst haben:

- Erhöhte Durchschnittstemperatur und geringere Temperaturschwankungen. Dies sind ideale Bedingungen für wärmeliebende Pflanzenarten aus dem Süden.
- Grössere Niederschlagsmenge und häufiger Nebel,
- grosse Mengen an Nährstoffen auf Komposthaufen sowie
- kleinräumige Strukturen (Vorgärten, Keller, Dachstöcke, Abwasserkanäle, Parkbäume, Hinterhöfe usw.).

Künstlicher Lebensraum

Kulturfolger

Für einige Tiere wird die Stadt zum bevorzugten Lebensraum. Diese «Kulturfolger» wie z. B. Füchse, Wanderratten, Tauben, Spatzen und Amseln haben ihre Scheu vor den Menschen teilweise verloren und können die vielen Futterangebote sowie Nischen und Verstecke einer Stadt nutzen.

Tauben

Mit ihren Steinhäusern und Strassenschluchten erinnern die Innenstädte an Felswände, wo Tauben ihre Nistplätze finden können. Ein natürliches Gleichgewicht der Taubenpopulationen stellt sich nicht von allein ein, denn es gibt wenige Feinde der Tauben und das Futterangebot ist riesig. Die wachsenden Taubenpopulationen verschmutzen in vielen grossen Städten durch ihren Kot Hausfassaden und Strassen. Sie sind deshalb aus Sicht des Menschen hier nicht mehr erwünscht. Aus diesem Grund werden die Bestände der Tauben in vielen Städten reduziert.

Füchse

Füchse machen auch immer wieder von sich reden, wenn sie plötzlich durch Stadtparks oder Gärten spazieren. Wenn die Füchse genügend Futter aus Abfallsäcken, auf Komposthaufen oder in Futternäpfen von Haustieren finden und es ungestörte Grünflächen, stillgelegte Industriegebiete und Schrebergärten gibt, dann finden sie ideale Bedingungen für die Aufzucht ihrer Jungtiere.

Auch wenn Füchse in nächster Nachbarschaft mit Menschen leben, bleiben sie Wildtiere. Deshalb ist Vorsicht und gebührend Abstand im Umgang mit ihnen angebracht.

Füchse sind typische «Kulturfolger».

Verstanden?

143. Welche Empfehlungen geben Sie, damit die natürlichen Landschaften nicht noch stärker unter Druck geraten?

144. Was sind typische Kulturfolger? Wo treffen Sie diese an?

5. | Drängende Umweltprobleme

5.1 | Ressourcenverbrauch

Der Mensch braucht Rohstoffe (Ressourcen), um zu überleben: Nahrung, Energie, Baustoffe usw. Solange sich die Menschheit in natürliche Stoffkreisläufe einfügt hatte und wenig Abfall produzierte, blieb das globale Ökosystem im Gleichgewicht. Heute werden für die Deckung der täglichen Bedürfnisse allerdings viel mehr Rohstoffe verbraucht als wieder nachwachsen können. Dies hängt mit gewissen Lebensansprüchen zusammen und mit der grossen Bevölkerungsdichte. Vorräte werden in kurzer Zeit aufgebraucht und hinterlassen Abfallberge. Dadurch geraten Ökosysteme aus dem Gleichgewicht, da sie die raschen Veränderungen nicht ausgleichen können. Zum Ressourcenverbrauch gehört auch die Verschmutzung von Boden, Wasser und Luft.

Nicht erneuerbare Ressourcen

5.2 | Energieverbrauch

Der grosse Energieverbrauch ist eines der wichtigen Merkmale unserer Gesellschaft; der Industriestaaten überhaupt. Wirtschaft und Gesellschaft sind sehr stark abhängig von einer stetigen und sicheren Energieversorgung. Dabei werden ca. 80 Prozent der weltweiten Energie von 20 Prozent der Weltbevölkerung (in den Industrieländern) verbraucht.

Globale Energieversorgung

Der grösste Teil der heute genutzten Energie wird aus fossilen (nicht erneuerbaren) Energiequellen gedeckt. Dazu gehören Erdöl, Erdgas und Kohle. Diese Energievorräte sind über Jahrmillionen aus abgestorbenem Pflanzen und Tiermaterial entstanden. Heute verbrauchen wir diese Vorräte in wenigen Jahrzehnten und es bleibt keine Zeit zur Entstehung von neuem Erdöl. Im Gegensatz dazu können Energiequellen wie Wasserkraft, Sonnenenergie und Windkraft nicht aufgebraucht werden. Dies sind erneuerbare Energiequellen, die praktisch unbeschränkt zur Verfügung stehen. Damit der Energiebedarf langfristig gedeckt werden kann, braucht es die vermehrte Nutzung erneuerbarer Energien.

Fossile Energie

Erneuerbare Energie

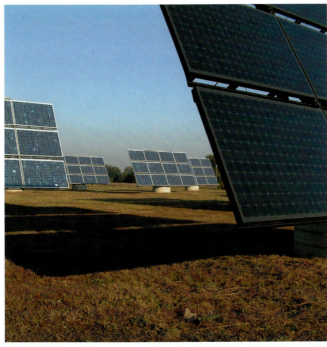

Sonnenkollektoren

Windenergie

Die Nutzung der Kernkraft scheint ein Ausweg aus dem drohenden Energieengpass. In Atomkraftwerken (Kernkraftwerken) kann aus wenig Uran sehr viel Energie gewonnen werden. Das Risiko einer Strahlenverseuchung durch einen Störfall im Atomkraftwerk und die ungelöste Entsorgung der radioaktiven Abfälle machen die Kernkraftwerke aber zu einem zwiespältigen Ausweg und keiner langfristig befriedigenden Lösung.

Energieverbrauch in der Schweiz

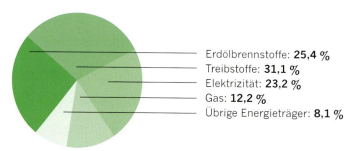

Erdölbrennstoffe: **25,4 %**
Treibstoffe: **31,1 %**
Elektrizität: **23,2 %**
Gas: **12,2 %**
Übrige Energieträger: **8,1 %**

5.3 | Klimawandel

Auswirkungen des Klimawandels

Einzelne Auswirkungen der gegenwärtigen Klimaveränderungen sind bereits spür- und sichtbar, weitere Folgen lassen sich erst abschätzen.

Das Bundesamt für Umwelt (BAFU) gibt folgende Stellungnahme betreffend Auswirkungen des Klimawandels auf die Schweiz: Die Schweiz ist vom Klimawandel im globalen Vergleich überdurchschnittlich stark betroffen. Dies zeigt der Temperaturverlauf des letzten Jahrhunderts und äussert sich in messbaren Veränderungen bei den Niederschlägen. Veränderungen von Temperatur und Wasserhaushalt wirken sich auf zahlreiche Bereiche aus: Pflanzen und Tiere reagieren auf veränderte Standortbedingungen, Land- und Forstwirtschaft stehen vor neuen Herausforderungen, wetterabhängige Branchen wie der Tourismus und die Wasserkrafterzeugung sind betroffen. Auch die Gesundheit der Bevölkerung wird vom Klima mit beeinflusst.

Sichtbare Auswirkung in der Schweiz: starker Gletscherrückgang in den letzten Jahren. Im Vergleich die Gletschergrösse im Jahr 1948 (links) und die Gletschergrösse heute (rechts).

Der Klimawandel macht sich weltweit bemerkbar.

Hinweise auf den globalen Klimawandel

- Seit Ende der 60er Jahre hat die Schneedecke weltweit um 10 Prozent abgenommen.
- Im 20. Jahrhundert haben sich die Gletscher weltweit zurückgebildet.
- Die sommerliche Eisdicke in der Arktis hat seit den 50er Jahren um 40 Prozent abgenommen.
- Im 20. Jahrhundert sind die Meeresspiegel weltweit um 10 bis 20 cm angestiegen.
- Regenfälle haben auf der Nordhemisphäre pro Jahrzehnt um 0.3 Prozent abgenommen.
- In der zweiten Hälfte des 20. Jahrhundert haben extreme Wetterereignisse (wie Überschwemmungen, Hitzewellen, Erdrutsche usw.) auf der Nordhalbkugel um 2 bis 4 Prozent zugenommen.
- Hitzewellen wie El Niño wurden häufiger, intensiver und länger seit den siebziger Jahren.
- In gewissen Regionen Asiens und Afrikas hat die Häufigkeit und Intensität von Dürren und damit eine Ausbreitung von Wüsten in den vergangenen Jahrzehnten zugenommen.

Extreme Wetterereignisse lösen oft ein grosses Medienecho aus und sind entsprechend präsent in der Klimadiskussion. Gesellschaftlich und wirtschaftlich von mindestens ebenso grosser Bedeutung sind jedoch die schleichenden Veränderungen, die oft weniger dramatisch wahrgenommen werden: eine Veränderung der Häufigkeit von Niederschlägen mit weit reichenden Folgen für die Trinkwasserversorgung, Landwirtschaft, Energieerzeugung und natürliche Ökosysteme; die Ausbreitung von Wüsten in heute bereits wasserarmen Gebieten; die Versalzung des Grundwassers und die steigende Überflutungsgefahr für intensiv genutzte und dicht besiedelte Küstengebiete sowie neue Ausbreitungsgebiete von temperaturabhängigen Krankheitsüberträgern, bzw. -erregern.

Schleichende Veränderung

Durch die Veränderungen der Lebensräume werden schliesslich auch Migrationsströme ausgelöst.

Die Kosten, die durch den Klimawandel entstehen, sind enorm gross. In einem 2006 veröffentlichten und viel beachteten Bericht schätzt der ehemalige Chefökonom der Weltbank, N. Stern, dass die Kosten des Klimawandels, wenn nicht gehandelt wird, dem Verlust von mindestens 5 Prozent des globalen Bruttoinlandprodukts entsprechen. Die Verluste können je nach Schäden auch wesentlich höher sein.

Kosten

Es scheint deshalb ökonomisch wesentlich günstiger, den Ausstoss von Treibhausgasen zu reduzieren. Damit werden auch neue Märkte geschaffen, z. B. für energieeffiziente Technologien. Der Stern-Report schätzt, dass die jährlichen Kosten für die Stabilisierung der Treibhausgaskonzentration bei etwa 1 Prozent des globalen Bruttoinlandsprodukts liegen. Allerdings nur, wenn jetzt entschieden gehandelt wird.

5.4 | Ozon oben und unten

Ozon (O_3) erfüllt als Gas in ca. 20 km Höhe über der Erdoberfläche (in der Atmosphäre) eine lebenswichtige Aufgabe. Die so genannte Ozonschicht hält die starken, schädlichen

Ozonschicht

UV-Strahlen (Ultraviolette Strahlung) des Sonnenlichts weitgehend zurück und ermöglicht Leben auf der Erde. Heute wird diese Schutzschicht abgebaut durch verschiedene chemische Substanzen. Menschliche Tätigkeiten verursachen das Ozonloch.

Da die Ozonschicht nicht mehr zuverlässig schützt, muss man sich einerseits selber besser vor der Sonnenstrahlung schützen (Sonnencrème mit Schutzfaktor 30!), andererseits treten häufiger Hautkrankheiten (z. B. Hautkrebs) auf.

Der Einsatz ozonschichtzerstörender Substanzen (z. B. FCKW) ist weltweit verboten. Da die Stoffe jedoch einige Jahrzehnte benötigen, um in die Höhe zu steigen, wird der Abbau der Ozonschicht über Jahre weitergehen und noch grössere Ausmasse annehmen.

Sommersmog

Im Gegensatz zum Abbau in der Ozonschicht gibt es eine sommerliche Anreicherung von Ozon in Bodennähe, also in der Atemluft. Es ist zwar in beiden Fällen Ozon beteiligt, es handelt sich aber um zwei verschiedene Phänomene. Die Anreicherung von Ozon in der Atemluft, der sogenannte Sommersmog, ist gesundheitsschädigend und greift die Atemorgane an.

Auswirkungen

Ozon in der Atemluft wird gebildet aus verschiedenen Luftschadstoffen, die hauptsächlich durch den Strassenverkehr ausgestossen werden. Durch Temporeduktionen und Aufrufe an die Bevölkerung, bei Schönwetterperioden auf das Auto zu verzichten, versucht man den Sommersmog einzudämmen. Trotzdem bleiben die Ozonkonzentrationen oft über den gesetzlich festgesetzten Grenzwerten. Die schädigenden Auswirkungen auf die Gesundheit (wie Hustenreiz, tränende Augen und Allergien) bleiben. Deshalb soll man sich während der Mittagsstunden im Freien nicht körperlich anstrengen (z. B. kein Sport).

5.5 | Mobilität – Lärm und Luftverschmutzung

Die Erfüllung aller Mobilitätswünsche scheint heute zu den Grundbedürfnissen zu gehören. Über das Wochenende fährt man dorthin, wo etwas los ist, sei es zur Ausübung spezieller Sportarten oder an eine Party. Mit dem Anspruch auf möglichst grosse Mobilität wird das Gefühl von persönlicher Freiheit verbunden.

Auto

Um unabhängig zu sein, benutzt man das private Auto. Mit dem Verkehrsaufkommen sind allerdings verschiedene Umweltprobleme verbunden. Einerseits wird sehr viel Kulturland geopfert für den Strassenbau, andererseits werden viele Luftschadstoffe und das Treibhausgas CO_2 durch den Strassenverkehr ausgestossen. Ausserdem wird der Lärm in Strassennähe zu einem ernst zu nehmenden Problem, da er die Lebensqualität in vielen Wohngebieten stark vermindert. Auch die Zunahme der Ferienreisen per Flugzeug ist mit Lärm- und Schadstoffemissionen verbunden. Der Lärm in Flughafennähe führt zu harten politischen Diskussionen, da die Bevölkerung ihren Anspruch auf Schutz vor übermässigem Lärm geltend macht.

Lärm

Flugreisen: Freizeit und Ferien für die einen – Lärmbelästigung und Luftverschmutzung für die anderen.

5.6 | Artenvielfalt in Gefahr

Weltweit sind Tiere und Pflanzen vom Aussterben bedroht. Einige davon sind nicht einmal bekannt. Dieses weltweite Artensterben betrifft uns aus verschiedenen Gründen. Im Ökosystem Erde spielt jede Pflanzen- und Tierart eine wichtige Rolle. Fehlt eine Art, kann die ganze Funktion des Ökosystems gefährdet sein. Auch aus ethischen Gründen ist dieses Artensterben nicht verantwortbar, da jedes Lebewesen ein Recht auf Leben hat. In der Schweiz nimmt die Vielfalt der Lebewesen ebenfalls deutlich ab:

Artensterben

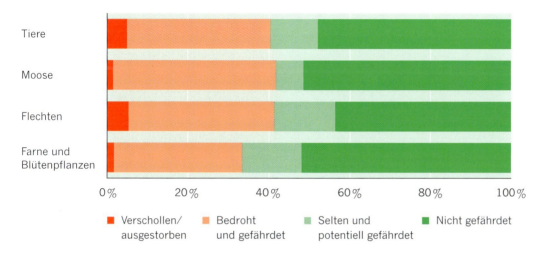

Biodiversität: Rote Listen, in Anzahl Arten, Stand 2002*

Stand Tiere 1994, ausser Vögel 2001 und Libellen 2002; Stand Moose 2004   *Quelle: Buwal*

Die Wölfe kehren auch in die Schweiz zurück.

Bekannt als Beispiele für ausgestorbene Tiere sind vor allem Bär und Wolf, die in weiten Teilen Europas ausgerottet wurden. Dies zum Schutz der Bevölkerung und der Weidetiere. Die Ausrottung ist jedoch nicht der typische Grund des Artensterbens. Viel häufiger sterben Arten aus, weil ihre Lebensräume zerstört werden. Durch den Bau von Strassen und Wohnsiedlungen oder durch chemische Verunreinigung werden ständig Lebensräume zerstört und Ökosysteme aus dem Gleichgewicht gebracht. Auf internationalen Konferenzen werden nun Programme zur Erhaltung der Artenvielfalt ausgearbeitet. Man hat erkannt, dass dem Artensterben rasch ein Ende bereitet werden muss.

Zerstörung von Lebensraum

Verstanden?

145. Was wird unter dem Begriff «Ressourcenverbrauch» verstanden?
146. Wie unterscheiden sich erneuerbare und nicht erneuerbare Energiequellen?
147. Was sind die Risiken der Atomkraftwerke?
148. Wo ist Ozon nützlich, wo schädlich?
149. Was sind Auswirkungen des Klimawandels? In der Schweiz und global?
150. Nennen Sie den Hauptgrund des Artensterbens.

6. | Instrumente für den Umweltschutz

6.1 | Der persönliche Beitrag

«Es gibt nichts Gutes ausser man tut es.» Am Anfang jeder Veränderung stehen Menschen, die etwas bewirken wollen. Vielen Menschen ist heute bewusst, dass es einen sorgsameren Umgang mit den natürlichen Ressourcen, mit Natur und Umwelt dringend braucht. Alle können im Privatbereich, als Berufsleute, als Staatsbürger (in Abstimmungen) ihre Verantwortung gegenüber einer gesunden Umwelt wahrnehmen. Trotzdem wird tagtäglich die Umwelt weiter verschmutzt, natürliche Flächen werden zerstört und andere Dinge sind viel wichtiger als Umweltschutz, denn die direkten Auswirkungen umweltschädlichen Verhaltens sind für den einzelnen Menschen oft nicht unmittelbar spür- und sichtbar. Umgekehrt führt individuelles umweltfreundliches Verhalten auch nicht unbedingt zu einer Verbesserung der Umweltsituation in der Umgebung. Wenn nur eine Person auf das Auto verzichtet, ist deshalb die Luftbelastung im Quartier nicht geringer.

Dieser vordergründige Widerspruch macht es schwierig, dass sich umweltfreundliches Verhalten durchsetzt.

Viele Menschen wissen sehr genau, wie man sich umweltfreundlich verhalten könnte. Trotzdem tun sie es nicht. Deshalb ist es eine Aufgabe der Zeit, diese Lücke zwischen Wissen und Handeln zu überbrücken. Jeder persönliche Beitrag ist gefragt. Es gibt Schritte zu umweltfreundlichem Verhalten, die sich ohne Verlust umsetzen lassen. Es braucht jedoch die Anstrengung, sich an ein neues Verhalten zu gewöhnen. Ein gut belegtes Beispiel ist die «Abfall-Sammel-Leidenschaft» der Schweizer. Als (inoffizielle) Weltmeister im getrennt Sammeln von Papier, Glas und PET-Flaschen ist es vielen bereits zur Gewohnheit gewor-

Persönliche Verantwortung

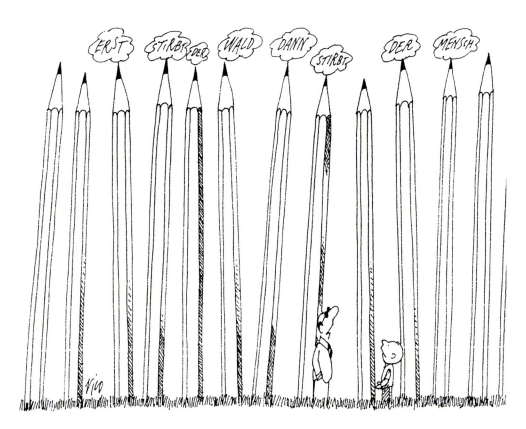

den, den Abfall zu Hause zu sortieren und dann entsprechend zu den Sammelstellen zu bringen. Umweltfreundliches Verhalten, das zu einer Selbstverständlichkeit in der Gesellschaft geworden ist, ist am wirkungsvollsten.

Lebensqualität

Solange Lebensqualität mit Wohlstand, uneingeschränktem Konsum, individueller Freiheit oder Mobilität gleichgesetzt wird, ist eine weitere Umweltbelastung nicht zu vermeiden. Bei diesem Verständnis von Lebensqualität wird das Wohlbefinden vergessen. Damit gemeint ist eine längerfristige Sicht, die auch Gesundheit, befriedigende soziale Kontakte, Musse und Zeit einschliesst. Wer Lebensqualität auch unter Berücksichtigung anderer Menschen und der Natur für sich selbst neu definiert, wird sorgfältiger mit der Umwelt umgehen und damit ökologischer leben.

Wohlbefinden

Vorschläge für mehr Gesundheit und Wohlbefinden

▸ mehr Velo, weniger Auto/Motorrad
▸ mehr Gemüse, weniger Fleisch
▸ mehr PET-Flaschen, weniger Aludosen
▸ …

Und was ist mit dem guten Gefühl, heute meinen Beitrag für die Umwelt geleistet zu haben?

Ausprobieren und dann urteilen!

6.2 | Gesetze

In Gesetzen werden auf politischem Weg Gebote und Verbote im Umweltbereich ausgesprochen. Grenzwerte (Menge Schadstoff pro Menge Boden, Wasser oder Luft) für verschiedene Schadstoffe sind festgelegt. Diese Grenzwerte dürfen nicht überschritten werden und stellen sicher, dass Mensch und Umwelt nach wissenschaftlichen Erkenntnissen möglichst wenig Schaden nehmen.

Gebote/Verbote

Verwaltungsstellen überprüfen die Einhaltung der Gesetze und verfügen Massnahmen, damit die Verschmutzung unterhalb der Grenzwerte bleibt. So konnte beispielsweise die Gewässer- oder die Luftverschmutzung durch Heizöl mit geringem Schwefelgehalt herabgesetzt werden.

Verwaltung

Die Schweiz verfügt über ein umfassendes Bundesgesetz zum Umweltschutz, das durch verschiedene Verordnungen und Erlasse ergänzt wird. Weitere Bereiche regeln das Natur- und Heimatschutzgesetz, das Raumplanungsgesetz und das Gewässerschutzgesetz.

Gesetze

Verursacherprinzip

Das Verursacherprinzip ist der wichtigste Grundsatz, der im Umweltschutzgesetz festgehalten wird. Das heisst, dass jede Person oder jedes Unternehmen, das für Umweltschäden/Umweltbelastungen verantwortlich ist, auch für die Behebung der Schäden aufkommen muss. So wird beispielsweise bei Batterien oder Elektrogeräten eine Entsorgungsgebühr auf den Kaufpreis geschlagen. Auch durch den Kauf von gebührenpflichtigen Abfallsäcken oder Abfallmarken wird das Verursacherprinzip umgesetzt. Denn jeder bezahlt die Kosten für die Entsorgung seines Abfalls selber.

6.3 | Ökosteuern

«Umweltschutz per Portemonnaie» ist das Schlagwort für marktwirtschaftliche Massnahmen, welche diejenigen Personen finanziell entschädigen, die sich umweltfreundlich verhalten. Gleichzeitig soll derjenige, der sich umweltschädlich verhält oder viele Ressourcen verbraucht, dafür bezahlen. Beispielsweise wird eine CO_2-Steuer auf alle fossilen Energieträger (Benzin, Heizöl, Erdgas, Kohle) geschlagen, so dass der Verbrauch dieser Energieträger wesentlich teurer wird. Der Markt soll also umweltfreundliches Verhalten fördern. In der Schweiz besteht eine Abgabe auf Stoffe mit so genannten «flüchtigen organischen Verbindungen» (Treibmittel in Spraydosen, FCKW u. ä.). Diese Treibmittel leisten

Marktwirtschaftliche Instrumente

einen wesentlichen Beitrag zur Luftverschmutzung. Es wird in Zukunft also wirtschaftlich interessant sein, diese Stoffe durch umweltfreundlichere zu ersetzen.

6.4 | Umweltmanagement

Zertifizierung

Industrie und Gewerbe verfügen über ein eigenes, freiwilliges Umweltschutz-Instrument: die Umweltmanagementsysteme mit Zertifizierung. Die Einführung eines Umweltmanagementsystems verpflichtet die oberste Geschäftsleitung, die geltenden Umweltschutzgesetze einzuhalten und durch kontinuierliche Verbesserung weitere Massnahmen umzusetzen. Mit dieser Verpflichtung werden ausserdem die Mitarbeitenden motiviert, sich aktiv für den Umweltschutz in ihrem Betrieb einzusetzen. Es ermöglicht den Unternehmen auch, ihre Umweltmassnahmen gegenüber der Öffentlichkeit zu präsentieren.

Kontinuierliche Verbesserung

Immer mehr mittlere und grosse Unternehmen lassen sich zertifizieren. Über den Erfolg der umgesetzten Massnahmen kann zur Zeit noch wenig ausgesagt werden. Es wird sich erst in einigen Jahren zeigen, ob die oft mit grossem Aufwand eingeführten Umweltmanagementsysteme auch die gewünschten Verbesserungen für die Umwelt bringen.

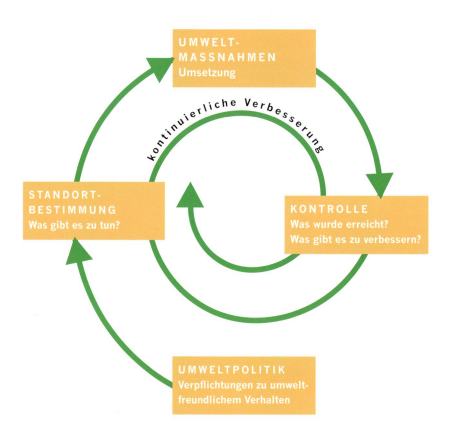

6.5 | Emissonsrechtehandel

Neues Instrument

Im Zusammenhang mit der Reduktion von Treibhausgasen wird ein neues marktwirtschaftliches Instrument angewendet, der sogenannte Emissionshandel. Damit sollen die CO_2-Emissionen dort reduziert werden, wo es am kostengünstigsten ist.

> **Ein Rechenbeispiel**
>
> Zwei Unternehmen, A und B, stossen jährlich je 100 000 Tonnen CO_2 aus. Der Staat erteilt beiden Unternehmen Emissionsgutschriften über 95 000 Tonnen, das heisst, dass die Unternehmen in Zukunft nur noch 95 000 Tonnen CO_2 ausstossen dürfen.
> Für das Unternehmen A kostet die Reduktion der CO_2 Emission 5 Franken pro Tonne CO_2. Für das Unternehmen B kommt die Reduktion wesentlich teurer zu stehen, nämlich 15 Franken pro Tonne CO_2.
> Liegt der Marktpreis für das Emissionszertifikat bei 10 Franken, dann wird das Unternehmen A seine Emissionen beispielsweise um 10 000 Tonnen senken. Mit dem Verkauf von 5000 Zertifikaten kann es so 50 000 Franken zurückgewinnen, was seine Reduktionskosten auf null senkt. Das Unternehmen B hingegen wird 5000 Emissionszertifikate für 50 000 Franken einkaufen, statt 75 000 für die Reduzierung der Emissionen im eigenen Betrieb auszugeben. Die Vorgabe ist erfüllt, dass beide Unternehmen zusammen 10 000 Tonnen weniger CO_2 ausstossen.

Das Instrument des Emissionshandels gibt den Unternehmen mehr Flexibilität, um ihre Ziele zu erreichen und senkt gesamthaft die Kosten für alle Unternehmen, welche im System eingebunden sind.
Im Kyoto-Protokoll werden die Regeln für den internationalen Handel mit Emissionsrechten geregelt.

KYOTO-PROTOKOLL ▶ S. 137

Die CO_2-Emmissionen müssen reduziert werden.

> **Verstanden?**
>
> 151. Zählen Sie möglichst viele Massnahmen auf, die «man» umsetzen sollte, um die Umwelt zu schonen. Markieren Sie dann diejenigen Massnahmen farbig, die Sie persönlich treffen.
> 152. Welche grundlegend verschiedenen Möglichkeiten gibt es, um auf politischer und wirtschaftlicher Ebene etwas für die Umwelt zu erreichen?
> 153. Nennen Sie zwei Beispiele des Verursacherprinzips.
> 154. Wie funktioniert der Emissionshandel?

7. | Nachhaltigkeit – ein globaler Lösungsansatz

Definition

7.1 | Nachhaltige Entwicklung

Auf der Weltkonferenz von Rio im Jahr 1992 wurde erstmals der Begriff der Nachhaltigkeit eingeführt. Seither wird der Begriff immer beliebter und häufiger verwendet – er ist zu einem Modewort geworden.

Gemäss ursprünglicher Definition soll eine nachhaltige Entwicklung die Deckung der heutigen Bedürfnisse aller Bevölkerungsgruppen ermöglichen.

Gleiches soll aber auch in Zukunft für die nachfolgenden Generationen möglich sein. Vereinfacht kann man sagen: «Wir haben die Erde nicht von unseren Eltern geerbt, sondern von unseren Kindern geliehen». Das heutige Wirtschaften und unser Umgang mit Ressourcen erfüllt diesen haushälterischen Anspruch nicht. In einer nachhaltigen Entwicklung sollen wirtschaftliche, gesellschaftliche und ökologische Anliegen im Gleichgewicht stehen.

Wirtschaft – Umwelt – Gesesllschaft

Entscheide sollen also nicht mehr allein aus wirtschaftlichen Überlegungen gefällt werden, sondern Gesellschaft und Umwelt werden auch gebührend berücksichtigt. Wer den Gedanken der Nachhaltigkeit konsequent weiterdenkt, stellt fest, dass damit tiefgreifende wirtschaftliche und gesellschaftliche Veränderungen verbunden sind. Beispielsweise ist eine vermehrte Einbindung wirtschaftlicher Aktivitäten in natürliche Kreisläufe gefordert.

Tiefgreifende Veränderungen

Gleichzeitig muss die gesellschaftliche Solidarität zwischen Nord und Süd selbstverständlich werden. Auf verschiedenen internationalen Konferenzen werden nun konkrete Massnahmen zur Realisierung einer nachhaltigen Entwicklung diskutiert und nach Möglichkeit gemeinsam beschlossen.

Nachhaltigkeit im Wald heisst, es wird nicht mehr Holz geschlagen als auch wieder nachwächst.

Nachhaltige Entwicklung auch in der Schweiz

Ressourcenverbrauch

Eine Studie über die Nachhaltigkeit in der Schweiz hat festgestellt, dass auf zu grossem Fuss gelebt wird. Das bedeutet, dass mehr Ressourcen verbraucht werden, als in der Schweiz eigentlich zur Verfügung stehen. Wenn alle Länder wie die Schweiz Ressourcen und Energie verbrauchen würden, bräuchte es fünf Planeten Erde. Dies veranschaulicht, dass die jetzige Wirtschafts- und Lebensweise nicht nachhaltig ist. In erster Linie muss der rasante Verbrauch nicht erneuerbarer Energievorräte stark eingeschränkt werden: durch effizientere Energienutzung, durch Ergänzung mit erneuerbaren Energiequellen, durch verändertes Verhalten z.B. bei der Mobilität. Diese Änderungen sind vielleicht nicht von heute auf morgen umsetzbar. Doch heute können die Entscheide gefällt werden, dass diese Entwicklung in Gang gesetzt wird.

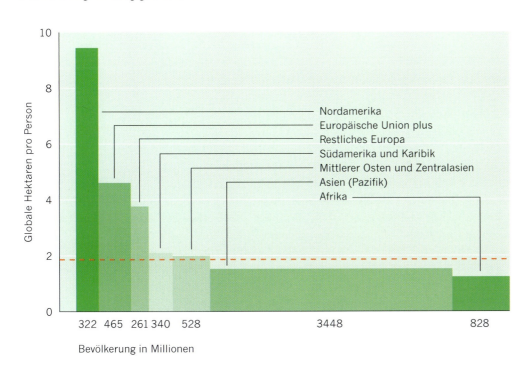

Lokale Agenda

Unter dem Stichwort «Lokale Agenda 21» werden in vielen Gemeinden Ideen gesammelt, wie eine nachhaltige Entwicklung konkret umgesetzt werden kann. Dafür gibt es keine allgemein gültigen Lösungen. Möglichst viele Menschen sollen an dieser Lösungssuche beteiligt sein. Dadurch ist eher gewährleistet, dass die Massnahmen rasch umgesetzt werden.

7.2 | Internationale Klimapolitik

Die globale Klimaveränderung verlangt internationale Anstrengungen und die Suche nach gemeinsamen Lösungen. Die internationale Gemeinschaft hat bereits verschiedene Schritte unternommen, um der «grössten Herausforderung der Zukunft» – wie die Klimaveränderung oft bezeichnet wird – zu begegnen.

Meilensteine der Klimapolitik

1997: Kyoto-Protokoll

Senkung der Emissionen

Das Kyoto-Protokoll ist ein internationales Abkommen der UN-Organisation UNFCCC zum Klimaschutz, das verbindliche Ziele zur Verringerung des Ausstosses (Emission) von Treibhausgasen festsetzt. Das Abkommen verlangt, dass die meisten Industriestaaten ihre Emissionen bis zum Jahre 2012 um 6 bis 8 Prozent unter das Niveau von 1990 senken müssen. Für China und die Entwicklungsländer sind keine Beschränkungen vorgesehen. Das Kyoto-Protokoll trat am 16.2.2005 in Kraft, nachdem 55 Staaten das Abkommen ratifiziert hatten (USA, einer der Hauptakteure beim Ausstoss von Treibhausgasen, gehört nicht dazu). Diese 55 Staaten sind verantwortlich für mehr als 55 Prozent der CO_2-Emissionen des Jahres 1990.

Längerfristige Perspektiven

2005: Klimakonferenz Montreal
Die Vertragsparteien des Kyoto-Protokolls trafen sich erstmals im Dezember 2005 in Montreal. Dabei wurden erste Beschlüsse über das Vorgehen bei der Festlegung weitergehender Massnahmen zur Erreichung der Ziele der Klimakonvention gefasst. Darüber hinaus wurden die Regeln für den internationalen Handel mit Emissionsrechten präzisiert.

In längerfristiger Perspektive wurde an der Konferenz ein Prozess in die Wege geleitet, der die Verpflichtungen der einzelnen Länder nach 2012 festlegen soll. Damit dürfte die Weiterführung des Protokolls nach 2012 gewährleistet sein.

An der Konferenz wurde zudem beschlossen, das Thema der Abholzung von Wäldern in den Entwicklungsländern und der damit verbundenen Emissionen anzugehen.

Weitergehende Reduktionsziele

2006: Klimakonferenz Nairobi
An der Klimakonferenz in Nairobi wurden die Grundlagen geschaffen, damit im Jahr 2007 konkrete Verhandlungen über die Reduktionsziele nach 2012 beginnen können.

Ausserdem wurde ein Fonds eingerichtet zur Unterstützung afrikanischer Länder, damit diese den Ausstoss von Treibhausgasen einschränken.

International koordinierte Klimapolitik

Klimapolitik in der Schweiz
Mit der Ratifikation der Klimakonvention (1993) und des Kyoto-Protokolls (2003) hat die Schweiz den Willen bekundet, konkrete Schritte in Richtung einer umfassenden und international koordinierten Klimapolitik zu unternehmen.

Gemäss Kyoto-Protokoll muss die Schweiz neben dem CO_2 auch die Emissionen von fünf weiteren Treibhausgasen bis zur Periode 2008–2012 gesamthaft um 8 Prozent reduzieren: Methan (CH_4), Lachgas (N_2O), teilhalogenierte Kohlenwasserstoffe (HFC), perfluorierte Kohlenwasserstoffe (PFC), Schwefelhexafluorid (SF_6).

Bedeutung der einzelnen Treibhausgase (Schweiz 2002)

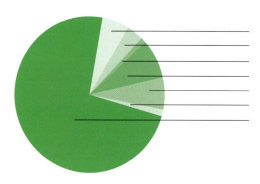

CO_2 Abfall und Raffinerie: **5,9%**
CO_2 Industrieprozesse: **3,4%**
CO_2 organische Böden: **1,1%**
CH_4 Landwirtschaft und Abfall: **8,1%**
N_2O Landwirtschaft (und Verkehr): **6,7%**
Synthetische Gase (FKW, SF_6): **1,3%**
CO_2 nach CO_2-Gesetz: **73,5%**

Prozent-Anteil am Total der CO_2-Äquivalente

Verstanden?

155. Erklären Sie den Begriff «Nachhaltigkeit» einfach und kurz.
156. Welche drei Faktoren müssen bei einer nachhaltigen Entwicklung im Gleichgewicht stehen?
157. Weshalb kann man sagen, dass «die Schweiz auf zu grossem Fuss lebt»?
158. In welchem Rahmen werden Entscheide zur internationalen Klimapolitik gefällt?
159. Welche Massnahmen sind in der internationalen Klimapolitik bereits getroffen?

Globalisierung: Herausforderungen für die ganze Welt

1. | Einleitung

Bis zur Gründung der Schweizerischen Eidgenossenschaft als Bundesstaat 1848 benötigte ein Pferdefuhrwerk von Bern nach Zürich zwei Tage. Dabei mussten ein- bis zweimal die Pferde ausgewechselt und ein halbes Dutzend mal Zölle an den Kantonsgrenzen und Brückenköpfen entrichtet werden. Neben einem Aussenzoll bestanden im Landesinnern der Schweiz hunderte von Weg- und Brückenzöllen, die den Handel im Binnenmarkt Schweiz behinderten. Diese Handelshindernisse wurden 1848 mit der Gründung der Eidgenossenschaft weitgehend abgeschafft.

Und wie ist es heute? – Heute, über 150 Jahre danach, haben wir einen Binnenmarkt Schweiz und einen nahezu zollfreien Binnenmarkt Europa, in welchem zwischen den Ländern die Zölle und Handelsschranken (mit Ausnahme der Landwirtschaftsprodukte) beseitigt sind. Die Welt ist daran, einen weltweiten (= globalen) Markt für Waren, Dienstleistungen, Telekommunikation, Touristen und Touristinnen einzurichten. Die «Globalisierung» beseitigt nach und nach die Grenzzäune zwischen den Staaten. Die Grenzbehinderungen der nationalen Regierungen werden durch internationale Regeln ersetzt.

Die Globalisierung, also die weltweite Beseitigung von Handelshindernissen an den Grenzen (= Liberalisierung) und die Aufhebung von nationalen Regeln (= Deregulierung) ist ein geschichtlicher Vorgang, der schon seit Jahrzehnten abläuft. In diesem Kapitel wollen wir der Frage nachgehen, wie sich die Schweiz in diesem unaufhaltsamen Prozess der weltweiten Verflechtung und Grenzliberalisierung positioniert, und herausfinden, wie sich dies auf die Menschen und die Arbeitnehmenden in der Welt und bei uns auswirkt.

---

1. Einleitung

2. **Was ist Globalisierung?**
2.1 Historischer Prozess der Globalisierung 141
2.2 Globalisierung der Gütermärkte 141
2.2.1 Agrarland – Industriestaat – Dienstleistungsgesellschaft 141
2.2.2 GATT/WTO als Motor der Globalisierung..................................... 142
2.3 Globalisierung der Finanzmärkte 144
2.3.1 Alte und neue Arbeitsplätze.. 144
2.3.2 Astronomische Geldsummen im Umlauf.. 144

3. Die Schweiz und internationale Organisationen

- 3.1 Grausame Kriege und Friedenseinsätze 146
- 3.2 Die Schweiz und Europa 147
- 3.2.1 Die Europäische Union (EU) 147
- 3.2.2 Kurze Geschichte der europäischen Einigung 147
- 3.2.3 Die EU wird grösser und stärker 147
- 3.2.4 Das Verhältnis der Schweiz zur EU 147
- 3.2.5 Geschichtlicher Abriss: Verhältnis Schweiz – EU 148
- 3.3 Freier Personenverkehr in Europa 149
- 3.3.1 Personenfreizügigkeit zwischen der Schweiz und der EU 150
- 3.3.2 EU Bürgerinnen und Bürger in der Schweiz 151
- 3.3.3 Schweizer und Schweizerinnen in der EU 152
- 3.3.4 Personenfreizügigkeit mit Osteuropa 152
- 3.4 Die Schweiz und die UNO 153
- 3.4.1 Die UNO heute 153
- 3.4.2 Die UNO: Friedensorgan oder Papiertiger? 153
- 3.4.3 Die kleine Schweiz in der grossen UNO 153

4. Die Schweiz in der globalisierten Welt

- 4.1 Tieflohnländer als neue Konkurrenten? 155
- 4.2 Arbeitsproduktivität als Schlüsselgrösse 155
- 4.3 Lohnstückkosten erlauben Vergleich der Konkurrenzfähigkeit 155
- 4.4 Produktivitätssteigerung erhöht Konkurrenzfähigkeit 156
- 4.5 Auslandverflechtung 157

5. Globalisierung und Entwicklungsländer

- 5.1 Ungleiche Verteilung des Reichtums in der Welt 158
- 5.2 Weltweit Geld verdienen, lokal arm bleiben 158
- 5.3 Verlierer der Globalisierung – Arme werden ärmer 160
- 5.4 Schulden verhindern die Entwicklung 161
- 5.5 Globalisierung zum Nutzen aller? 162
- 5.6 Die Schweiz profitiert wirtschaftlich von Schwellen- und Entwicklungsländern 163
- 5.7 Entwicklungszusammenarbeit und Solidarität 163

2. | Was ist Globalisierung?

2.1 | Historischer Prozess der Globalisierung

Unter «Globalisierung» wird der Prozess der Vernetzung und des Zusammenwachsens der Weltwirtschaft verstanden. Dieser ist begleitet von einer Öffnung der einzelnen Ländermärkte und vom immer stärkeren Güteraustausch unter den Ländern, bedingt durch einen Abbau von Zöllen und Handelshemmnissen. Zur Globalisierung gehört auch das Zusammenwachsen der Finanzmärkte, d.h. der internationalen Verbindungen im Zahlungsverkehr, im Bankenwesen und bei den Aktienmärkten (Börsen).

Vernetzung

Globalisierung ist nicht eine völlig neue Erscheinung. Sie ist ein Integrationsprozess, der schon vor 200 Jahren begonnen hat. Während Jahrhunderten hielt jeder Nationalstaat sein eigenes Zollsystem aufrecht, welches die Wareneinfuhr aus anderen Ländern massiv verteuerte. Nach dem Zweiten Weltkrieg erhoben die meisten Industrieländer bei der Wareneinfuhr (Import) im Durchschnitt einen Zoll von 45 Prozent des Warenwerts. Die Verzollung der Importgüter stellte also eine enorme Handelsschranke dar.

2.2 | Globalisierung der Gütermärkte

2.2.1 | Agrarland – Industriestaat – Dienstleistungsgesellschaft

Bei der Gründung der Schweizerischen Eidgenossenschaft 1848 waren 57 von 100 Personen in der Schweiz in der Urproduktion tätig: In der Landwirtschaft, der Fischerei und dem Bergbau (Primärsektor). In diesem Sektor waren im Jahr 2000 nur noch 4 Prozent der Erwerbstätigen beschäftigt.

Produktionsfaktoren
GRUNDLAGEN ▸ S. 246/247

1850 waren 33 Prozent der Erwerbstätigen im Industrie- und Gewerbebereich tätig, vor allem im Handwerk, in den vor- und nachgelagerten Stufen der Landwirtschaft (Wagner, Schreiner, Zimmermann, Maurer, Metzger usw.) sowie in der Textilindustrie und Textilmaschinenherstellung (Sekundärsektor).

Früher bezahlte man noch Brückenzoll: Nydegg- und Untertorbrücke in Bern.

Globalisierung: Herausforderungen für die ganze Welt

Fabrikarbeiter in Wales, 1937: Auch im Industriesektor arbeiten immer weniger Leute.

Produktionsfaktoren
GRUNDLAGEN ▶ S. 244

Der Industriesektor stieg bis in die 1960er-Jahre auf nahezu 50 Prozent der Beschäftigten an, in den letzten Jahrzehnten fiel er aber rasant zurück und liegt heute bei einem Beschäftigtenanteil von etwa 25 Prozent. Dieser Industrieabbau wird weitergehen.

1850 waren die Dienstleistungen mit einem Beschäftigtenanteil von 10 Prozent noch wenig verbreitet. Namentlich waren es die Post, das Verkehrswesen, das Handels- und Transportwesen. Innert 150 Jahren ist der Dienstleistungssektor auf 70 Prozent der Erwerbstätigen gestiegen (Tertiärsektor).

 Primärsektor Land- und Forstwirtschaft, Fischerei, Bergbau

 Sekundärsektor Industrie und Gewerbe

 Tertiärsektor Dienstleistungen (Gastgewerbe, Verkehr, Telekommunikation, Finanz- und Bankensektor, Gesundheits- und Pflegebereich, Bildung)

Die Wirtschaft ändert sich ständig. Traditionelle Industrien und Berufe gehen zurück und verschwinden, neue Bereiche mit neuen Berufsarten sind gefragt und entstehen. Der Ökonom Joseph Schumpeter nannte diesen ständigen Wandel den «Prozess der schöpferischen Zerstörung».

Man kann den Wandel in der Wirtschaft nicht erklären, ohne die Phänomene des Wettbewerbs und – in den letzten Jahren – der Globalisierung zu verstehen.

2.2.2 | GATT/WTO als Motor der Globalisierung

Internationale Wirtschaftsorganisationen
GRUNDLAGEN ▶ S. 262

1947 wurde unter den grössten Industriestaaten ein multilateraler Handelsvertrag abgeschlossen, das Allgemeine Zoll- und Handelsabkommen (GATT = General Agreement on Tariffs and Trade). Dieses Abkommen hatte zum Ziel, den Güterverkehr unter den Nationen zu fördern und zu diesem Zweck die Handelshemmnisse (Zölle, Vorschriften, Mengenbeschränkungen) abzubauen.

Die GATT-Verträge wurden 1995 erweitert und in eine neue supranationale Organisation, die Welthandelsorganisation (WTO), überführt.

1995 wurde das GATT-System konsequent und wirksam weiterentwickelt. Bisher stand vor allem der Zollabbau im Vordergrund. Mit den neuen Verträgen wurden zusätzliche Bereiche in die weltweite Befreiung der Wirtschaft von verschiedenen Schranken einbezogen:

Grenzüberschreitende Dienstleistungen

▶ *Dienstleistungen:* Neben grenzüberschreitendem Warenverkehr wurden auch grenzüberschreitende Dienstleistungen liberalisiert: Zulassung von Banken/Versicherungen, Telecom-Firmen aus anderen Ländern, Abbau von Schranken im Tourismus. Dies führte zu einer Liberalisierungswelle bei Telekommunikationsmärkten, z. B. zur Anerkennung und Zulassung von ausländischen Anbietern im Mobilfunknetz.

▶ *Patente/Rechtsschutz:* In einem weiteren Abkommen über das so genannte geistige Eigentum werden die Staaten verpflichtet, Urheberrechte, Markenbezeichnungen, Industriedesign usw. gegenseitig zu akzeptieren und anzuerkennen. Dadurch können patentierte und internationale Markennamen von grossen multinationalen Unternehmen (Konzerne) weltweit durchgesetzt werden (z. B. Lacoste, Nestlé, Nike, Motorola etc.). Mit dem neuen Abkommen kann man Graumarkt-Herstellern, die ohne Markenrechte Nachahmerprodukte mit gleichem Namen auf den Markt bringen, gerichtlich belangen.

Schützen von Markennamen

Marke und Design sind geschützt.

- *Öffentliche Verwaltungen:* Mit dem neuen Vertrag wird auch der Zugang zu den öffentlichen Beschaffungsmärkten (so genannte Submissionen) erzwungen: Wenn eine staatliche Stelle (Bund, Kanton, Gemeinde) oder eine öffentliche Institution (z. B. eine Berufsfachschule) einen Bau von über 10 Millionen Franken Bausumme ausschreibt oder eine Dienstleistung (von über 250 000 bzw. 400 000 Franken) einkaufen will, muss dies öffentlich und international ausgeschrieben werden. Es können sich ausländische Firmen an diesem Bau oder der Dienstleistung beteiligen, sofern sie qualitativ gleichwertig und preislich gleich günstig oder günstiger anbieten. Jeder Lieferant/jede Lieferantin kann zudem auf Einsicht in Offertenunterlagen klagen und ein völlig transparentes Verfahren erzwingen.

Internationale Ausschreibungen

Mit denselben Verträgen wurde 1995 auch die Welthandelsorganisation WTO gegründet, welche als supranationale (übernationale) Behörde die Streitschlichtung unter den Mitgliedstaaten sichert. Aus einem blossen Vertragswerk ist 1995 eine Behörde geworden. Die WTO-Streitschlichtungsbehörde kann die GATT-Mitgliederländer zwingen, ihre Märkte für Produkte aus anderen Ländern zu öffnen. Die neuen GATT/WTO-Regeln haben die Weltwirtschaft bewegt: Nationale Märkte wurden «geöffnet», indem sie Produkte aus anderen Ländern zulassen müssen. Dabei entstand ein weltweiter Kostensenkungswettbewerb unter den Ländern. Die freie Standortwahl und die Eigentumsgarantie für die Investoren (Finanzierer von Fabriken und Firmen) erlauben die Wahl von Produktionsstandorten aufgrund kostengünstiger Rahmenbedingungen. Nun entsteht Wettbewerb unter den Wirtschaftsstandorten (Länder): Löhne, Sozialabgaben, Steuern, Arbeitsschutz- und Umweltschutzmassnahmen werden dadurch zu wichtigen Faktoren für die Standortwahl von Unternehmen. Die Globalisierung verschärfte den Wettbewerb in der Weltwirtschaft. Dies hat Folgen auf den Marktöffnungsprozess:

Öffnung der Märkte

- *Fusionswellen:* Kleinere Firmen kommen unter Druck und werden schliesslich von Grossen geschluckt. Eine Fusions- und Umstrukturierungswelle ist die Folge.
- *Ökodumping:* Nationale Umweltschutzbestimmungen können durch Ausweichen auf andere Produktionsstandorte mit «weicheren» Bedingungen unterlaufen werden: Zum Beispiel wurden bestimmte Chemieproduktionen von Basel nach Ostasien verlegt, wo die Umweltvorschriften weniger strikt sind.
- *Steuerdumping:* Es entstand ein Steuerwettbewerb unter den Standorten: Verschiedene Regierungen und Länder konkurrenzieren sich heute durch Steuersenkungen oder mittels Steuergeschenken für Unternehmen.
- *Lohndruck:* Löhne und Arbeitsbedingungen kommen in verschiedenen internationalen Industrien wechselseitig unter Druck. Die Arbeitnehmerin im Land A wird zur Konkurrentin der Arbeitnehmerin im Land B.

Globalisierung verschärft Wettbewerb

Globalisierung: Herausforderungen für die ganze Welt

Aus den Börsenringhändlern wurden Computer-Spezialisten und -Spezialistinnen.

2.3 | Globalisierung der Finanzmärkte

Börse
GRUNDLAGEN ▶ S. 252

2.3.1 | Alte und neue Arbeitsplätze

Die Börse ist ein Ort, an dem Wertpapiere (Aktien, Obligationen, Optionen) gehandelt werden. Früher standen die Börsenhändler der Handelsfirma (Makler) oder der Banken an einem Börsenring, der als Handelsplatz diente. Durch Schreie und Handzeichen verständigten sie sich über Käufe, Verkäufe und Handelspreise von Wertpapieren. Es gab solche Börsen in Zürich, New York, Tokio, Frankfurt, London und Mailand.

Diese Börsen gehören der Vergangenheit an: Heute werden Wertpapiere, Währungen, Gold und andere Werte nur noch auf einem virtuellen Handelsplatz gehandelt: in einem vernetzten Computersystem. Die Börsen von Zürich, Luxemburg, London usw. sind elektronisch vernetzt und die Börsenhändler direkt von ihrem Arbeitsplatz aus in Banken und Handelsfirmen am Handel beteiligt.

Aus dem alten Börsenringhändler ist ein «Portfolio-Worker» am Computer geworden. Portfolio-Worker nennt man Händler und Spezialisten und Spezialistinnen, die mit Portfolios (Wertpapiere wie Aktien oder Obligationen) meist im Auftrag von Kunden Handel treiben.

2.3.2 | Astronomische Geldsummen im Umlauf

Finanz- und Devisenmärkte wurden in den letzten Jahren international vernetzt. Wir erleben ein rasantes, ja fast explosionsartiges Wachstum von grenzüberschreitenden Kapitalströmen: 1985 betrug der grenzüberschreitende Kapitalverkehr weltweit das Zehnfache des Welthandelsvolumen (der Welthandel umfasst die Verschiebung von Waren und Dienstleistungen). 22 Jahre später (2007) ist der internationale Kapitalverkehr bereits 120 Mal grösser als das Welthandelsvolumen. Die globalen Finanzmärkte erhalten zunehmend ein Übergewicht über die reale, mit Handelsgütern operierende Wirtschaft. Astronomisch grosse Kapitalströme zwischen Finanzmärkten und virtuellen Börsenplätzen sind für die Staaten und Nationalbanken, die den internationalen Kapitalverkehr überwachen, kaum mehr kontrollierbar. Spekulative Kapitalbewegungen entstehen. Grosse Spekulanten können die Währung eines Landes destabilisieren, wie dies 1997/98 einigen asiatischen Ländern widerfahren ist.

IWF
GRUNDLAGEN ▶ S. 263

Während die WTO die Behörde ist, die den Welthandel kontrolliert, ist der IWF (Internationale Währungsfonds) für die weltweiten Finanzmärkte zuständig.

Die neuen Spielregeln der Weltwirtschaft beseitigen viele bisherige Schranken zwischen Ländern und Welthandelsnationen. Sie fördern das Wachstum der grossen multinationalen Konzerne, die bereits heute 60 Prozent des Welthandels kontrollieren.

In der Weltwirtschaft bilden sich drei grosse Player (Spieler), die den überwiegenden Teil des Welthandels bestreiten und einen entscheidenden Einfluss auf die Spielregeln ausüben.

Die drei Weltwirtschaftsblöcke

Nordamerika unter Führung der USA: mit Kanada und Mexiko als Wirtschaftsraum zusammengeschlossen in der NAFTA (North American Free Trade Agreement)

Europa unter Führung der Europäischen Union (EU): 25 Mitgliedsländer, in Erweiterung begriffen

Südostasien: Japan mit den ASEAN-Staaten (Association of South East Asian Nations): Indonesien, Thailand, Philippinen, Malaysia, Singapur, Brunei, Vietnam, Taiwan

Verstanden?

160. Wie viele Prozente des Welthandels werden heute von multinationalen Konzernen kontrolliert?
161. Nennen Sie die drei grossen Handelsblöcke in der Weltwirtschaft. Welche wichtigen Staaten gehören dazu?
162. Nennen Sie einen Wirtschaftsbereich, in dem ein rasanter Technologiewandel stattfindet.
163. Wie haben sich die Wirtschaftssektoren in den letzten 150 Jahren verändert?
164. Nennen Sie drei Nachteile, welche aus dem verschärften Standortwettbewerb entstanden sind.

Globalisierung: Herausforderungen für die ganze Welt

3. | Die Schweiz und internationale Organisationen

3.1 | Grausame Kriege und Friedenseinsätze

Jahrzehntelang hat sich die Schweiz aus sämtlichen Organisationen und Bündnissen, welche militärische Massnahmen anwenden, aus Gründen der Neutralität herausgehalten.

Nach Ende des Kalten Krieges (dem jahrzehntelangen Ringen zwischen Kommunismus und westlichem Kapitalismus) wurde die Schweiz von verschiedenen Staaten und internationalen Organisationen zur Mitwirkung bei Stabilisierungsaktionen eingeladen.

UNO
GRUNDLAGEN ▶ S. 237

Die grausamen, menschenverachtenden Kriege im Balkan in den 1990er-Jahren (Bosnien, Kosovo) erforderten militärische Interventionen gegen den Völkermord durch internationale Truppenverbände, die von der UNO geschickt und unter das UNO-Kommando gestellt wurden. Herausgefordert durch diese gemeinsamen Aktionen der Völkergemeinschaft ist die Schweiz schrittweise in das militärische Engagement für Friedenssicherung eingestiegen. In ganz begrenztem Ausmass und nur durch Entscheide der eidgenössischen Räte kann heute die schweizerische Armee auch bei Friedenseinsätzen im Ausland mitwirken.

Die Beteiligung an Friedenseinsätzen der Schweizer Armee im Ausland liegt auch im Interesse der Schweiz. Es hat sich gezeigt, dass bei Konflikten an den Rändern Europas sehr schnell massive Flüchtlingsströme entstehen, die den reichen Ländern, auch der Schweiz, grosse Lasten aufbürden. Eine Stabilisierung dieser Staaten und Konfliktgebiete zum Schutz der dortigen Bevölkerung liegt auch im Interesse der reichen Staaten Europas. Die Schweiz anerkennt damit, dass heute nicht nur wirtschaftliche, sondern auch politische Belange globales Denken erfordern.

Die Schweiz in einem militärischen Auslandeinsatz (hier im Kosovo).

3.2 | Die Schweiz und Europa

3.2.1 | Die Europäische Union (EU)

In Europa spielt sich ein Integrationsprozess (Zusammenschluss von Staaten) ab, der vergleichbar ist mit demjenigen der Schweiz nach der Gründung des Bundesstaates von 1848: Jeder Kanton hatte seine eigene republikanische Regierung, eigene Truppen, eigene Grenzzölle und eigene Währungen. Die Gründung des Bundesstaates führte zur Integration dieser Staatsaufgaben unter dem Dach des Bundesstaats.

Ein ähnlicher Integrationsprozess spielt sich seit 1948 innerhalb Europas ab. Am Anfang dieses europäischen Integrationsprozesses standen sechs Länder: die drei Grossen, Deutschland, Frankreich, Italien sowie drei Kleine, nämlich Belgien, Niederlande und Luxemburg (Benelux). Bis 2004 zählten 15 Länder, seit Mai 2004 dann 25 und seit Januar 2007 sogar 27 Staaten mit zusammen 480 Millionen Einwohnern (Vergleich USA 300 Millionen) zur Europäischen Union. Neue Mitglieder waren 2004 Estland, Lettland, Litauen, Polen, Tschechien, die Slowakei, Ungarn, Slowenien, Zypern und Malta, 2007 dann Bulgarien und Rumänien.

EU
GRUNDLAGEN ▶ S. 233–236

Die Währungsunion mit der Einführung des Euro 1999 war ein wichtiger Schritt im europäischen Integrationsprozess.

3.2.2 | Kurze Geschichte der europäischen Einigung

Während Jahrhunderten war Europa ein Kontinent der Kriege. Alle paar Jahrzehnte entstanden neue Konflikte, Wirren und Kriege, in denen ein Teil des Wohlstandes zunichte gemacht wurde. Nach den beiden Weltkriegen 1914–1918 und 1939–1945 entwickelten weitsichtige Politiker eine langfristige Strategie für einen friedlichen Zusammenschluss. Dieser europäische Integrationsprozess führte zu einer Friedensperiode, wie sie unser Kontinent zuvor nie gekannt hatte. Zwischen den historischen «Erzfeinden» Deutschland und Frankreich entstand eine echte Interessenspartnerschaft. Ein Krieg innerhalb der EU ist heute kaum mehr denkbar.

Frieden in Europa

3.2.3 | Die EU wird grösser und stärker

Die Europäische Union gründet auf einem System, das in der Welt einmalig ist. Es handelt sich bei der EU nicht um einen Staat im wörtlichen Sinn, sondern um einen Verbund von souveränen Staaten. Deshalb besteht ein kompliziertes Vertragswerk, das laufend mit neuen Verträgen unter den EU- Mitgliedländern ergänzt wird. Die EU ist ein Staaten-Vertrag ohne Kündigungsklausel. Die 25 Staaten wollen eine gemeinsame Verfassung schaffen, in der die wichtigsten Organe und auch die Rechte der Bürgerinnen und Bürger erstmals für die ganze Europäische Union festgeschrieben sind.

Verbund souveräner Staaten

3.2.4 | Das Verhältnis der Schweiz zur EU

Die Schweiz ist nicht Mitglied der Europäischen Union. Wirtschaftlich ist sie aber stärker in Europa integriert als manches EU-Mitgliedsland. Wir leben mitten auf dem europäischen Kontinent und sind seit Jahrhunderten mit diesem verflochten.
Wie wir mit der EU verflochten sind:
▶ 82 Prozent der Einfuhren (Importe) stammen aus der EU.
▶ 62 Prozent unserer Ausfuhren (Exporte) gehen in die EU.

Globalisierung: Herausforderungen für die ganze Welt

Wirtschaftliche Vereinigung ➔ Politische Vereinigung

- Zollunion
- Gemeinsame Landwirtschaftspolitik
- Gemeinsamer Aussenhandel

- Binnenmarkt, 4 Freiheiten
- Währungsunion Unionsbürgerschaft
- Aussenpolitik
- Sicherheitspolitik

- Zusammenarbeit Justiz/Inneres
- Sozialpolitik
- Einwanderungs- und Asylpolitik

Montanunion, 1951
Belgien, Bundesrepublik Deutschland, Frankreich, Italien, Luxemburg und die Niederlande schliessen sich zur Europäischen Gemeinschaft für Kohle und Stahl zusammen.

Römer Verträge, 1957 Zusammenschluss der sechs Staaten zur Europäischen Wirtschaftsgemeinschaft EWG und Gründung der europäischen Atomgemeinschaft Euratom.

EG, 1967
Zusammenschluss von Montanunion, Euratom und EWG zur Europäischen Gemeinschaft EG.

Erweiterung, 1973–1986
Aus der EFTA kommend treten Grossbritannien, Dänemark sowie Irland der EU bei. 1981 kommt Griechenland dazu, 1986 treten auch Portugal und Spanien bei.

Gemeinsamer Binnenmarkt, 1992
Es entsteht der Europäische Wirtschaftsraum (4 Freiheiten). Als einziges Land Westeuropas ist die Schweiz nicht dabei.

Maastrichter Vertrag, 1993–1995
Die EG wird zur Europäischen Union EU. 1995: Finnland, Österreich und Schweden treten der EU bei.

Währungsunion, 1999
Der Euro wird Einheitswährung. Vertrag von Amsterdam stärkt die EU-Aussen- und Sicherheitspolitik.

Erweiterung, 2000
Einleitung der nötigen Reformen für die Erweiterung der EU um zehn süd- und osteuropäische Staaten.

Erweiterung, 2004
Beitritt von zehn Staaten in Süd- und Mittelosteuropa.

Erweiterung, 2007
Beitritt von Bulgarien und Rumänien (neu 27 Mitglieder).

Geschichte der EU
GRUNDLAGEN ▸ S. 233

- Schweizerische Firmen haben in EU-Ländern Niederlassungen, Tochtergesellschaften und Filialen mit fast 800 000 Beschäftigten.
- Auch EU-Firmen führen in der Schweiz zahlreiche Unternehmen und Filialen.
- Die Rekrutierung von Arbeitskräften im Ausland konzentriert sich nach wie vor mehrheitlich auf EU-Mitgliedsländer.
- 60 Prozent aller Schweizerinnen und Schweizer, die im Ausland leben, haben ihren Wohnsitz in den EU-Staaten.

3.2.5 | Geschichtlicher Abriss: Verhältnis Schweiz – EU

- Bei der Gründung der Europäischen Wirtschaftsgemeinschaft 1956 machte die Schweiz nicht mit, schloss sich jedoch dem damals loseren Staatenverbund der EFTA an (europäische Freihandelszone). Die EFTA ist heute bedeutungslos.
- 1972 vereinbarte die Schweiz mit der Europäischen Wirtschaftsgemeinschaft ein Handelsabkommen. Dieses Abkommen beseitigte in fast allen Bereichen ausser der Landwirtschaft die Zölle für den gemeinsamen Handel.

EWR und EFTA
GRUNDLAGEN ▸ S. 234

- 1992 lehnte das Schweizer Volk den Beitritt zum Europäischen Wirtschaftsraum (EWR) knapp ab. Dieser hätte die Schweiz in den Binnenmarkt der Europäischen Union eingebunden, ohne dass sie Mitglied der EU geworden wäre. Eine knappe Mehrheit der Stimmenden befürchtete eine zu grosse Einschränkung der schweizerischen Souveränität und die starke Einwanderung von Arbeitskräften aus der EU.
- Nach Ablehnung des EWR versuchte die Schweiz, mit zahlreichen Einzelverträgen (sog. bilateralen Abkommen) mit der EU die hängigen Probleme des gegenseitigen Verkehrs zu lösen. Ein Paket von sieben bilateralen Abkommen wurde 1999 vom Schweizer Volk angenommen. Diese betreffen die Bereiche Personenfreizügigkeit (Personen-Niederlassung über die Grenzen hinweg), den Luftverkehr (Landerechte für Flugzeuge), den Landverkehr (Transit von EU-Lastwagen durch die Schweiz) usw.
- In unzähligen Bereichen hat die Schweiz von sich aus (ohne Verträge!) das europäische Recht übernommen und nachvollzogen. So wurden Normen für technische Grössen, für Küchen und Autos, Abgasvorschriften, Regeln für die Mehrwertsteuer usw. weitgehend mit der EU harmonisiert. Man bezeichnet diese Anpassung als «autonomen Nachvollzug» des EU-Rechts.
- 2001 verwarf das Schweizervolk die Initiative «Ja zu Europa», welche den Bundesrat verpflichten wollte, unverzüglich Beitrittsverhandlungen mit der EU aufzunehmen. Bloss 23 Prozent der Schweizerinnen und Schweizer stimmten der Initiative zu.

Der EU-Hauptsitz in Brüssel.

- 2000 begannen weitere Verhandlungen zwischen der Schweiz und der EU über ein neues Paket von bilateralen Abkommen (sog. Bilaterale II). Die Schweiz hat die Kooperationsabkommen bezüglich Flüchtlingen (Dublin-Vertrag) und grenzüberschreitender Kriminalität (Schengen-Abkommen) nach der Volksabstimmung vom 5. Juni 2005 unterschrieben. Auf die Forderung der EU-Staaten nach einer intensiveren Kooperation bei der Bekämpfung der Steuerflucht ist die Schweiz in diesem Zusammenhang ebenfalls eingetreten. Die Diskussion über das Bankgeheimnis, welches Steuerhinterziehung schützt, ist noch im Gange.

Bilaterale Verträge
GRUNDLAGEN ▶ S. 236

- Wie geht es weiter? Der Bundesrat möchte das im Jahr 1992 eingereichte Beitrittsgesuch gegenüber der EU vorläufig nicht reaktivieren aber auch nicht zurückziehen. Die Frage des EU-Beitritts bleibt wohl für viele Jahre in der Schwebe. Allerdings wird die Schweiz gezwungen sein, in vielen Bereichen des Handels-, Finanz- und Personenverkehrs weitere Abkommen mit der EU abzuschliessen. Die immer stärkeren wirtschaftlichen Verflechtungen lassen unserem Land gar keine andere Wahl, wenn es sich nicht zum eigenen Schaden aus der europäischen Wirtschaft ausklinken will. Die bisherige Erfahrung hat gezeigt, dass die Schweiz auch ohne Mitgliedschaft die europäischen Wirtschaftsregeln weitgehend übernimmt.

Beitrittsgesuch

3.3 | Freier Personenverkehr in Europa

3.3.1 | Personenfreizügigkeit zwischen der Schweiz und der EU

Von den 1,6 Millionen Ausländerinnen und Ausländern in der Schweiz stammen rund 900 000 aus der Europäischen Union (EU) und den Efta-Staaten. Umgekehrt leben rund 600 000 Schweizerinnen und Schweizer in den Staaten der Europäischen Union. Es ist das erklärte Ziel, im Rahmen der Europäischen Union einen Binnenmarkt mit freiem Personenverkehr zu schaffen. Das Schweizervolk hat im Rahmen der bilateralen Abkommen mit der EU entschieden, sich mit einer Übergangsfrist von mehreren Jahren an diesem freien Personenverkehr zu beteiligen.

Zunächst wurde der freie Personenverkehr zwischen der Schweiz und den bisherigen 15 EU-Ländern geöffnet und liberalisiert *(siehe Abschnitte 3.3.2 und 3.3.3)*. Am 1. April 2006 wurde der freie Personenverkehr auch mit den zehn neuen EU-Staaten vollzogen. Dabei ist eine Übergangsfrist für arbeitsmarktbezogene Beschränkungen bis 30. April 2011 vorgesehen.

Übergangsfristen

Globalisierung: Herausforderungen für die ganze Welt

Gleiche Rechte

3.3.2 | EU Bürgerinnen und Bürger in der Schweiz

Mit der Personenfreizügigkeit gelten für EU-Bürger und Schweizerinnen und Schweizer die gleichen Lebens-, Beschäftigungs- und Arbeitsbedingungen, und zwar sowohl in der Schweiz als auch in der EU. Bürger und Bürgerinnen aus EU-Staaten, die sich in der Schweiz aufhalten, dürfen nicht mehr diskriminiert werden. Für sie gelten gleiche Rechte. Zum Beispiel:

- Geografische und berufliche Mobilität: Sie können in der Schweiz jeder Zeit den Wohnort, den Arbeitsort und die Stelle wechseln.
- Gleiche Arbeitsbedingungen,
- gleicher Sozialversicherungsschutz und gleiche soziale Unterstützung,
- das Recht auf den Nachzug der eigenen Familie und
- das Recht, im Land zu bleiben, auch wenn sie nicht mehr erwerbstätig sind.

Einreisen aus einem EU-Staat kann, wer eine Arbeit aufnimmt oder einen Nachweis für eine Stelle in der Schweiz mitbringt. Auch Nichterwerbstätige wie Rentner und Studierende haben das Recht auf Einreise und Aufenthalt, sofern sie krankenversichert, und über ausreichend finanzielle Mittel verfügen, sodass sie nicht der Sozialhilfe der Schweiz zur Last fallen.

Schrittweise Öffnung der Grenze

Selbst Dienstleistungserbringer wie Händler oder Eisenleger-Teams können während maximal 90 Werktagen ein Recht auf Einreise und Aufenthalt geltend machen. (Selbstverständlich gelten alle diese Rechte auch für Schweizer Bürgerinnen und Bürger in der EU.) Allerdings sind diese Rechte des freien Personenverkehrs noch für viele Jahre Zukunftsmusik. Es besteht nämlich ein Etappen-Plan zur Öffnung der Grenzen bis zum Jahre 2014. Die Aufhebung der Behinderungen erfolgt schrittweise und der freie Personenverkehr wird zunächst auf «Probe» realisiert. Im Jahr 2009 (sieben Jahre nach dem Beginn der Übergangsfrist) können die Schweiz und die EU über die Weiterführung des Abkommens entscheiden. Dann wird nochmals ein fakultatives Referendum möglich sein. Allerdings würde die Rückgängigmachung des Abkommens durch die Schweiz auch entsprechende Gegenmassnahmen seitens der EU auslösen.

Im Jahr 2014 wird der Personenverkehr zwischen der Schweiz und den EU-Staaten voraussichtlich vollständig liberalisiert sein. Wird sich dann eine «Überschwemmung» der Schweiz durch Ausländer ereignen? Alle Erfahrungen sprechen dagegen, weil nämlich die EU-Staaten einkommensmässig und wirtschaftlich so weit aufgeholt haben werden, dass sich eine Migration in die Schweiz kaum mehr lohnt. Wir stellen heute schon fest, dass mehr Personen aus der Schweiz nach Italien und Spanien zurückwandern als neue aus diesen Ländern einwandern. Dies könnte in anderen EU Staaten der Fall sein.

Flankierende Massnahmen

Um einen allfälligen Druck auf die Löhne in der Schweiz zu vermeiden, der durch die Einwanderung von Arbeitnehmenden aus dem Ausland entstehen könnte, hat der Gesetzgeber sogenannt «flankierende Massnahmen» gegen den Lohndruck eingeführt:

Die Schweiz und die EU sind aufeinander angewiesen.

Personenfreizügigkeit ist geregelt.

Gegenseitige Anerkennung von Diplomen.

▸ Wenn ausländische Unternehmen, zum Beispiel Baufirmen, in der Schweiz Arbeiten ausführen, müssen sie das Prinzip «gleicher Lohn für gleichwertige Arbeit am gleichen Ort» bei uns einhalten (sogenannt Entsendegesetz).

Gleiche Bedingungen

▸ Um allfällige schwarze Schafe unter Arbeitgebern, welche tiefe Löhne anstreben, einzubinden, können die Gesamtarbeitsverträge für alle Firmen verbindlich erklärt werden. Gesamtarbeitsverträge sind Abmachungen zwischen Gewerkschaften und Arbeitgeberverbänden über minimale Lohn- und Arbeitsbedingungen, die für alle gelten.

▸ In jedem Kanton soll eine dreiteilige Kommission, bestehend aus Arbeitgebenden, Arbeitnehmenden und Staatsvertretern darüber wachen, dass bestimmte Mindestlöhne nicht unterschritten werden. Als Mindestlohn wurde das Niveau von ca. CHF 3500.– brutto für eine Vollzeitstelle genannt.

Diese «flankierenden Massnahmen» wurden mit der Personenfreizügigkeit eingeführt, um zu verhindern, dass schweizerische Arbeitgeber im Ausland billigere Arbeitskräfte als Lohndrücker rekrutieren können.

3.3.3 | Schweizer und Schweizerinnen in der EU

Im Zuge der Personenfreizügigkeit erhielten die 600 000 Schweizerinnen und Schweizer im EU-Raum die gleichen Lebens-, Beschäftigungs- und Arbeitsbedingungen wie die EU-Bürger in den betreffenden Staaten. Konkret haben die Schweizerinnen und Schweizer in der EU zum Beispiel folgende neue Rechte:

Neue Rechte

▸ Recht auf geografische und berufliche Mobilität: Alle können in den EU-Ländern jederzeit den Wohnort, den Arbeitsort und die Stelle wechseln.
▸ Das Recht auf gleiche Arbeitsbedingungen,
▸ das Recht auf die Nutzniessung des Sozialversicherungssystems des betreffenden Landes,
▸ alle Rechte auf Familiennachzug, auf Verbleib nach der Erwerbstätigkeit usw.

Im Gegensatz zur Etappierung bei der Öffnung der Schweiz für EU-Bürger galt die Personenfreizügigkeit in den meisten Bereichen für Schweizerinnen und Schweizer in den EU-Staaten bereits von Anfang an, also ohne Übergangsfrist. Pensionierte Schweizerinnen und Schweizer, die zum Beispiel auf Mallorca leben oder in der Toscana ein Haus besitzen, erhielten von Anfang an die gleichen Rechte wie die EU-Bürgerinnen und -Bürger.
Allerdings bedeutet die volle Personenfreizügigkeit nicht die Abschaffung aller Grenzen: Am Zoll zwischen der Schweiz und der EU wird es weiterhin Personen- und Warenkontrollen geben. Auf Waren, die von der Schweiz in einen EU-Staat transportiert werden und umgekehrt, wird weiterhin die Mehrwertsteuer und allenfalls ein Zoll erhoben. Jedes Land behält seine eigene Gesetzgebung auf dem Gebiet des Arbeitsrechts, des Aufenthalts und der sozialen Sicherheit.

Grenzen bleiben bestehen

Anerkennung von Diplomen und Ausbildungen

Weil die Grenzkontrollen zwischen der Schweiz und der EU weiter abgebaut werden sollen, wurden dazu neue bilaterale (zwischenstaatliche) Abkommen zwischen der Schweiz und der EU nötig (sogenanntes Schengen-Abkommen und Dublin-Übereinkommen). Diese neuen bilateralen Abkommen mussten wiederum vom Parlament angenommen und in einer Volksabstimmung abgesegnet werden.

Die volle Personenfreizügigkeit zwischen der Schweiz und der EU hat auch Bedeutung für das Ausbildungssystem: Schrittweise sollen die Diplome für die höhere Ausbildung (zunächst Universitäten, dann auch Fachhochschulen) zwischen der Schweiz und den EU-Staaten angeglichen und gegenseitig anerkannt werden. Für die Diplome der Berufsbildung (Eidgenössisches Fähigkeitszeugnis, Berufsattest) ist eine gegenseitige Anerkennung noch nicht möglich, weil viele EU-Staaten keine qualifizierte Berufslehre wie jene in der Schweiz kennen.

3.3.4 | Personenfreizügigkeit mit Osteuropa

Osterweiterung in Etappen

Im Mai 2004 sind zehn neue europäische Länder als Vollmitglieder zur EU gestossen: Estland, Lettland, Litauen, Polen, Tschechien, Slowakei, Ungarn, Slowenien, Zypern und Malta. Mit diesen Staaten der sog. Osterweiterung der EU bestand nicht automatisch ein freier Personenverkehr wie mit den ersten 15 EU-Ländern. Die Schweiz hat das bilaterale Abkommen deshalb mit einer Referendums-Abstimmung auf die zehn neuen EU-Länder im Osten ausgedehnt.

Die Personenfreizügigkeit für die Osterweiterungs-Länder wird wiederum in Etappen und mit einer Übergangsfrist bis 2011 vollständig und ohne Schutzklausel eingeführt.

Für die zwei Länder Bulgarien und Rumänien ist für die Ausdehnung der Personenfreizügigkeit wiederum das fakultative Referendum vorgesehen. Das heisst, falls eine politische Partei oder eine Organisation gegen diese Ausdehnung ist, müssen 50 000 Unterschriften gesammelt werden und es gibt wiederum eine Volksabstimmung.

Bei den Arbeitnehmenden bestehen Befürchtungen, dass Arbeitnehmende aus den Oststaaten, in denen heute noch tiefe Löhne bezahlt werden, bei uns als Lohndrücker eingesetzt werden könnten. Um diesen Befürchtungen Rechnung zu tragen, werden im Zuge der Osterweiterung weitere flankierende Massnahmen zum Lohnschutz realisiert werden. Auch darüber wird wohl eine Volksabstimmung stattfinden.

Exportmöglichkeiten für die Schweiz

Langfristig wird die Osterweiterung der EU auf die zehn neuen Mitgliedsländer für die schweizerische Wirtschaft zusätzliche Exportmöglichkeiten bieten. Der Aufbau der Industrie in diesen Ländern wird ein gewaltiges Wachstum erzeugen, von dem auch schweizerische Unternehmen profitieren können.

Mit der Aufnahme von Bulgarien und Rumänien ist die Europäische Union im Januar 2007 auf 27 Mitglieder bzw. gegen eine halbe Milliarde Bürgerinnen und Bürger angewachsen. Bulgarien ging auf die EU-Bedingung ein, zwei unsichere Atomkraftblöcke gegen eine Entschädigung von 220 Millionen Euro still zu legen, was in der ersten Zeit zu Stromengpässen führen könnte. Neu braucht es an der bulgarischen Aussengrenze ein Visum für die Einreise von Bürgern aus den Nachbarländern Serbien und Mazedonien, die nicht in der EU sind. Das wirkt sich unter Umständen negativ auf den Tourismus an der Schwarzmeerküste aus. Obwohl das monatliche Durchschnittseinkommen in beiden Ländern noch

Sofia, Hauptstadt von Bulgarien (seit 2007 in der EU)

tief ist (180 EURO in Bulgarien/ 300 EURO in Rumänien), herrscht Aufbruchstimmung: Investoren aus dem «alten Europa» melden bereits ihr Interesse an. Es besteht Hoffnung, dass die Auswanderungswelle von rumänischen und bulgarischen Arbeitssuchenden in die reichen Länder des EU-Raums nun abklingen wird.

3.4 | Die Schweiz und die UNO

3.4.1 | Die UNO heute

Die UNO (United Nations Organization = Vereinte Nationen) ist die einzige universale Organisation, die im Zeichen der Globalisierung ein weltweites überstaatliches Ordnungssystem geschaffen hat. Mit Ausnahme des Vatikans und einiger kleiner Inselstaaten sind praktisch alle Staaten der Welt Mitglied der UNO.

UNO
GRUNDLAGEN ▸ S. 237/238

Sie wurde von den Siegermächten des Zweiten Weltkrieges 1945 in San Francisco gegründet. Der Hauptsitz der Organisation befindet sich in New York. Der Europäische Sitz ist in Genf im Palais des Nations angesiedelt. Das Hauptziel der UNO besteht in der Sicherung des Weltfriedens und der internationalen Sicherheit. In der UNO-Charta, die als eine Art Grund-Urkunde aller Beitrittsländer gilt, werden neben der Sicherung des Weltfriedens auch die Menschenrechte, Gerechtigkeit und Freiheit als Ziele und übergeordnete Grundsätze genannt.

Sicherung des Weltfriedens

3.4.2 | Die UNO – Friedensorganisation oder Papiertiger?

Die UNO ist lange Zeit belächelt worden, weil sie über wenig Durchsetzungsmöglichkeiten ihrer Beschlüsse verfügte. Dies war vor allem während der Zeit des Kalten Krieges (1950 bis ca. 1990) der Fall, als sich die Grossmächte mittels Veto-Recht im Sicherheitsrat gegenseitig blockierten und die UNO-Beschlüsse wirkungslos machten.

Grundsätze der UNO-Charta

Die UNO-Charta, welche die Mitgliedsländer beim UNO-Beitritt unterzeichnen, enthält zum Beispiel folgende Grundsätze und international gültige Regeln:

Gültige Regeln

- Jeder Staat ist souverän, d.h. er kann sein Schicksal selbst bestimmen, alle Staaten sind einander rechtlich gleichgestellt.
- Internationale Streitigkeiten zwischen den Staaten sind durch friedliche Mittel beizulegen.
- Anwendung oder Androhung von Gewalt gegenüber anderen Ländern ist zu unterlassen.
- Gewaltanwendung gegenüber anderen Ländern darf nur durch die UNO (Sicherheitsrat) beschlossen und durchgesetzt werden. Jede andere kriegerische Gewalt verstösst gegen das Völkerrecht der UNO.
- Jeder Staat hat aber das Recht, sich gegen einen bewaffneten Angriff zu verteidigen.

Im Rückblick hat die UNO dennoch zur Stabilisierung des Weltsystems und zur Durchsetzung von moralischen Normen beigetragen. Gerade seit den Golf-Kriegen (1991 und 2003) wird von zahlreichen Regierungen ein Mandat (Sicherheitsrats-Beschluss) gefordert, wenn ein Land gegen ein anderes Krieg führen oder Gewalt anwenden will. Letztlich hat die UNO als Organisation selber keine Möglichkeiten, ihre Beschlüsse durchzusetzen, wenn einzelne Staaten diese missachten. Aber die internationale politische und moralische Ächtung eines Landes, das gegen UNO-Beschlüsse verstösst, hat sich langfristig dennoch als wirksames Druckmittel erwiesen. Die UNO ist gewissermassen Sachwalterin und «Transmissionsriemen» internationaler Spielregeln in der Welt.

Stabilisierung des Weltsystems

3.4.3 | Die kleine Schweiz in der grossen UNO

Die Schweiz ist der UNO erst 2002 als Vollmitglied beigetreten – dies nach einer Volksabstimmung, bei der Volk und Stände (Mehrheit der Kantone) dem Beitritt zugestimmt hatten. Bei der Gründung der UNO 1945 hat der Schweizerische Bundesrat einen Beitritt nicht ins Auge gefasst und auch nicht beantragt. Es herrschte damals die Meinung vor, die Neutralität der Schweiz könnte durch den UNO-Beitritt und durch völkerrechtliche

Erst seit 2002 Vollmitglied

Globalisierung: Herausforderungen für die ganze Welt

UNO Hauptquartier in New York.

Palais des Nations in Genf.

Pflichten beeinträchtigt werden. Diese sehr strenge Doktrin (Auslegung) der Neutralität hat sich später als zu eng erwiesen. Die Schweiz galt mehr und mehr als Sonderling in der Völkergemeinschaft.

Bereits 1986 wurde eine Volksabstimmung über den UNO-Beitritt durchgeführt, damals noch mit einer Ablehnung durch das Volk mit Dreiviertelmehr. Die Schweiz hat in ihrer Beitrittserklärung gegenüber der UNO klar festgehalten, dass sie an ihrer «immerwährenden Neutralität» auch als UNO-Mitglied festhalten will. Die UNO hat ihrerseits beim schweizerischen Beitritt erklärt, dass sie unser Land niemals zu einer kriegerischen Handlung verpflichten will, sofern die Schweiz nicht aus eigenem Willen an Friedenseinsätzen teilnimmt.

Schweiz ist Nutzniesserin

Die Schweiz ist verpflichtet, entsprechend ihrer Grösse (oder Kleinheit) das UNO-Budget mitzufinanzieren. Allerdings ist die Schweiz auch Nutzniesserin der vielen tausend UNO-Angestellten und internationalen Funktionäre, die in Genf ihren Sitz haben und natürlich die örtliche Wirtschaft dank ihrer Kaufkraft beleben.

Bereits vor dem UNO-Beitritt war die Schweiz Mitglied in den meisten der UNO-Sonderorganisationen und Spezialorgane. Sie finanziert diese Organisationen mit, die ihrerseits völkerverbindende Funktionen und Regelungen wahrnehmen oder in Entwicklungsländern entsprechende Hilfe leisten. Auch in diesem Bereich ist die Schweiz Nutzniesserin, weil mehrere Organisationen in Genf ihre Niederlassung haben: UNO-Europasitz, ILO (International Labour Organization), WHO (World Health Organization). Ferner ist die Schweizer Wirtschaft auch Lieferantin von Materialien, Medikamenten, Maschinen und Investitionsgütern, die von multilateralen Organisationen für die Entwicklungszusammenarbeit und für Entwicklungsprojekte beschafft werden.

Verstanden?

165. Schreiben Sie stichwortartig die wichtigsten Etappen des europäischen Integrationsprozesses auf.
166. Nennen Sie vier Bereiche, in denen die Schweiz in die EU integriert ist.
167. Zählen Sie vier Beispiele auf, bei denen die Schweiz Rechtsnormen von der EU übernommen und vollzogen hat.
168. Wozu dienen die Abkommen von Dublin und Schengen?
169. Was versteht man unter der Personenfreizügigkeit zwischen der Schweiz und der EU?
170. Bei welchen Rechten sind Bürgerinnen und Bürger aus der Schweiz und der 15 ersten EU-Länder seit Einführung der Personenfreizügigkeit gleichgestellt?
171. Welche Massnahmen wurden ergriffen, damit der Druck von aussen auf die Löhne in der Schweiz aufgefangen werden kann?
172. Was für Auswirkungen hat der freie Personenverkehr auf die Personen- und Warenkontrollen an der Grenze zwischen der Schweiz und der EU?
173. Welche Funktionen hat die UNO in der Weltgemeinschaft?
174. Weshalb hat die Durchsetzungskraft der UNO in den letzten fünfzehn Jahren zugenommen?

4. | Die Schweiz in der globalisierten Welt

4.1 | Tieflohnländer als neue Konkurrenten?

Kann die Schweiz mit ihren relativ hohen Löhnen der Konkurrenz aus Billiglohnländern standhalten? Weltweit bringt die Globalisierung eine verschärfte Lohnkonkurrenz unter den Ländern und Produktionsstandorten mit sich. In den asiatischen Staaten wie Indien, China, Südkorea, Singapur, Hongkong und in Osteuropa gibt es gut qualifizierte Ingenieure und Informatiker, die zu einem Bruchteil der hiesigen Löhne arbeiten.

In der Maschinenindustrie sind qualifizierte Arbeiter in Osteuropa zu Löhnen tätig, die zehnmal tiefer sind als jene in Westeuropa. In Indien beispielsweise gibt es hunderttausende von qualifizierten Informatikerinnen und Mathematikern, die zunehmend in direkter Verbindung (Online) zu europäischen Zentren Programmieraufträge ausführen und für 1000 Franken Monatslohn arbeiten.

Der Kostensenkungswettbewerb, der durch die Liberalisierung aufgrund der GATT/WTO-Bedingungen entstanden ist, führt zu einer Lohnkonkurrenz unter den verschiedenen Produktionsstandorten. Die zwischen den Sozialpartnern ausgehandelten hohen Löhne und guten Arbeitsbedingungen in der Schweiz können umgangen werden, indem Firmen ihre Produktion an andere Standorte verlegen oder indem Billigprodukte aus Tieflohnländern auf den einheimischen Markt vordringen. Gewerkschaften und Arbeitnehmerorganisationen sprechen von «Sozialdumping», also von Preisunterbietung durch massives Unterschreiten der hiesigen Lohn- und Arbeitsbedingungen.

Verschärfte Lohnkonkurrenz

GATT/WTO
GRUNDLAGEN ▶ S. 262

4.2 | Arbeitsproduktivität als Schlüsselgrösse

Die Schweiz hat neben Deutschland weltweit die höchsten Arbeitskosten pro Stunde. Bei den Arbeitskosten sind die Löhne und Lohnnebenkosten für die Sozialversicherungen wie die AHV etc. inbegriffen. Würde man nur diese Arbeitskosten pro Stunde vergleichen, wäre die Schweiz längst nicht mehr konkurrenzfähig.

Bei der Konkurrenzfähigkeit spielt aber nicht nur eine Rolle, wie viel eine Arbeitsstunde den Unternehmer oder die Unternehmerin kostet, sondern auch, wie viel in einer Arbeitsstunde geleistet wird, wie effizient die Arbeit verrichtet wird. Als Mass für Arbeitseffizienz gilt die Arbeitsproduktivität. Sie gibt an, wie viel Wert in einer Arbeitsstunde geschaffen wird. Bei einem internationalen Vergleich der Arbeitsproduktivität ist die Schweiz an der Spitze aller Länder. Mit anderen Worten: Die Arbeitsleistung pro Stunde ist so hoch, dass sie die hohen Arbeitskosten kompensiert.

Schweiz hat höchste Arbeitskosten

4.3 | Lohnstückkosten erlauben den Vergleich der Konkurrenzfähigkeit

Entscheidend für den Vergleich der internationalen Konkurrenzfähigkeit sind die Lohnstückkosten. Die Lohnstückkosten bezeichnen die effektiven Arbeitskosten unter Berücksichtigung der Produktivität: Die Lohnkosten, die für ein Produkt oder eine Dienstleistung anfallen, werden durch die Leistung (z. B. Stück) dividiert (Lohnkosten pro Stück). Lohnstückkosten können für einzelne Produkte, Unternehmen und Branchen berechnet werden. Beim Vergleich von ganzen Volkswirtschaften müssen weitere Faktoren einbezogen werden: Arbeitslose, mithelfende Familienmitglieder, Teuerung, Währung usw.

Die Schweiz ist bei den Arbeitskosten relativ teuer, aber bei den Lohnstückkosten liegt sie im Mittelfeld, weil die Produktivität höher ist als in anderen Ländern. Umgekehrt ist es in Grossbritannien: Dort herrschen sehr tiefe Lohn- und Lohnnebenkosten pro Stunde, weshalb das Land auf den ersten Blick konkurrenzfähiger zu sein scheint. Bei den Lohnstückkosten ist Grossbritannien jedoch teurer als andere Länder und somit wenig konkurrenzfähig.

Schweiz im Mittelfeld

Globalisierung: Herausforderungen für die ganze Welt

Ein Ingenieur verdient in der Schweiz 100 000 $, in China 2000 $ im Jahr.

Ein Arbeiter in der Schweizer Maschinenindustrie hat einen Stundenlohn von 23 $, in Tschechien 2 $.

Grund: Die Produktivität ist in Grossbritannien viel tiefer, bedingt durch die schlechtere Ausbildung der Arbeitnehmerschaft (zum Beispiel gibt es keine Berufslehre) und eine hohe Zahl Ausfallstunden (Krankheit etc.).

4.4 | Die Produktivitätssteigerung erhöht die Konkurrenzfähigkeit

Mit der Darstellung des Produktivitätsbegriffs und der Messung der Lohnstückkosten wurde aufgezeigt, dass die Arbeitsproduktivität absolut entscheidend ist für die Wettbewerbsfähigkeit des Produktionsstandortes Schweiz.

Viele ausländische Firmen wählen trotz hoher Löhne den Standort Schweiz, weil die Arbeitsleistung pro Stunde hoch ist.

Ausbildung ist entscheidend

Entscheidend sind Ausbildung und Qualifikationsstandard der Beschäftigten. Die Schweiz kennt eine Berufslehre wie nur wenige Länder (Deutschland, Holland, Dänemark). Die Arbeitnehmerinnen und Arbeitnehmer sind in der Regel besser qualifiziert, termintreuer und beweglicher als in anderen Ländern. Hohe Qualifikation, Präzision, Exaktheit, Bereitschaft zu Innovationen und Weiterbildung prägen die schweizerische Wirtschaft.

Produktiv sind vor allem jene Branchen, die im internationalen Wettbewerb stehen, so zum Beispiel die chemische Industrie, die Maschinenindustrie, Banken und Versicherungen. Dagegen sind einheimische Branchen im Rückstand mit der Produktivitätsentwicklung, so zum Beispiel das Gastgewerbe, die Landwirtschaft und in einzelnen Bereichen auch die Bauwirtschaft. Dies sind gleichzeitig auch Branchen, in denen ein hoher Anteil an Beschäftigten ohne Berufslehre und ohne weitere Qualifikation angestellt ist.

Die Schweizer Wirtschaft weist markante Produktivitätsunterschiede zwischen den Branchen auf. In der Regel kennen Wirtschaftszweige mit hoher Produktivität auch hohe bis sehr hohe Löhne, solche mit tiefer Produktivität weisen tiefere Löhne aus. Allerdings hängt

Exportanteil nach ausgewählten Wirtschaftsregionen

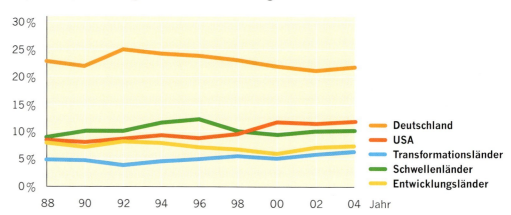

Der Produktionsstandort Schweiz im internationalen Wettbewerb.

das Lohnniveau nicht nur von der Produktivität ab, sondern auch vom Organisationsgrad, d.h. von der Stärke der Gewerkschaften und anderen Arbeitnehmerorganisationen.

4.5 | Auslandverflechtung

Die Europäische Union ist wichtigste Handelspartnerin der Schweiz. Die Mehrheit der Exporte und der Importe wickelt die Schweiz mit den Ländern der EU ab. Die Zusammenarbeit zwischen der Schweiz und der Europäischen Union basiert auf einer Vielzahl von bilateralen Verträgen. Gleichzeitig ist das Ziel der schweizerischen Aussenhandelspolitik, der schweizerischen Wirtschaft einen möglichst diskriminierungsfreien Zugang zu den Weltmärkten auch ausserhalb Europas zu garantieren. Für die Länder, die weder der EFTA noch der EU angehören, hält die Schweiz andere Zölle aufrecht als für die übrigen europäischen Länder.

Regionale Aufgliederung der Exporte und Importe, 2006

Region	Importanteil in %	Exportanteil in %
Industrieländer	89,8	79,8
EU	82.3	62.9
USA	4,7	10,4
Transformationsländer	3.0	4,3
Schwellenländer	3,3	9,6
Entwicklungsländer	3,9	9,1

Quelle: Eidgenössische Zollverwaltung 2007

Verstanden?

175. Was wird unter dem Begriff «Sozialdumping» verstanden?
176. Umschreiben Sie den Begriff «Arbeitsproduktivität» mit eigenen Worten.
177. Wo liegt die Schweiz bei den Lohnstückkosten im internationalen Vergleich?
178. Durch welche Massnahmen kann die Produktivität der schweizerischen Wirtschaft erhöht werden?
179. Welches sind die wichtigsten Handelspartner der Schweiz?

5. | Globalisierung und Entwicklungsländer

5.1 | Ungleiche Verteilung des Reichtums in der Welt

Die Globalisierung brachte Gewinner und Verlierer mit sich. Insbesondere Länder in Afrika südlich der Sahara und Länder in Südasien gehören zu den Verlierern der Globalisierung. Den afrikanischen Staaten gelang es bis heute nicht, ihre Produkte auf den Weltmarkt zu bringen.

Globalisierung brachte Gewinner und Verlierer

Staaten, welche die neuen Technologien aufzunehmen wussten und ausländisches Kapital anzogen, gehören zu den Gewinnern: zum Beispiel asiatische Staaten wie China, Indien, Südkorea, Taiwan oder Singapur, aber auch lateinamerikanische Länder wie zum Beispiel Brasilien.

Es besteht ein zunehmendes Ungleichgewicht zwischen Arm und Reich.

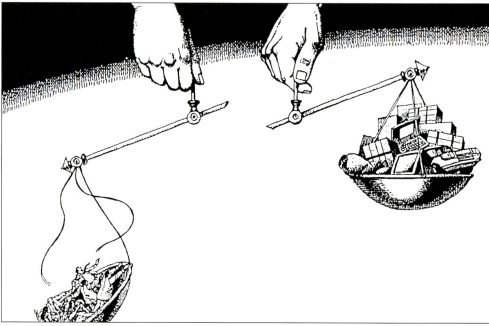

Illustration: Claus Knezy

- 840 Millionen Menschen haben nicht genug zu essen.
- Mindestens 350 Millionen Kinder können ihren Hunger nicht stillen.
- 840 Millionen Erwachsene können nicht lesen und schreiben. Fast zwei Drittel der Analphabeten und Analphabetinnen sind Frauen.
- Mindestens 100 Millionen Menschen müssen sich auf der Strasse durchschlagen.
- 800 Millionen Menschen haben keinen Zugang zu Gesundheitsdiensten.
- 1,2 Milliarden Menschen haben keinen Zugang zu sauberem Trinkwasser.
- 70 Prozent der Menschen, die in Armut leben, sind Frauen.

5.2 | Weltweit Geld verdienen, lokal arm bleiben

Folgende Faktoren ermöglichen das rasante Voranschreiten der globalisierten Wirtschaft:
- Kapital fliesst weltweit. Devisen- (Geld-) und Kapitalmärkte sind weltweit verbunden, operieren rund um die Uhr und wickeln Transaktionen über weite Entfernungen in Echtzeit ab. Jeden Tag wechseln ungeheure Summen an den Börsen Kontinente und Besitzer. Grosse Anleger investieren weltweit. So schnell das Geld durch Gewinnaus-

Nicht alle profitieren von der wirtschaftlichen Globalisierung: Flüchtende in Ruanda/Afrika.

sichten angezogen wird, so schnell ist es bei ungenügenden Gewinnaussichten auch wieder weg.

▸ Technische Kommunikationsmöglichkeiten und Transportmittel lassen Distanzen schrumpfen. Internet-Verbindungen, Videokonferenzen, Mobiltelefone und Medien-Netzwerke ermöglichen direkte und schnelle Kommunikation zwischen und innerhalb der verschiedenen Firmen. Immer bessere Verkehrsnetze und tiefe Treibstoffpreise bieten zudem die Möglichkeit, schnell und zunehmend problemlos an fast jeden Ort der Welt zu reisen.

Distanzen schrumpfen

▸ Firmen und Organisationen sind nicht mehr an einzelne Staaten gebunden. Die WTO (World Trade Organization) kann einmal getroffene Vereinbarungen auch gegenüber Staaten durchsetzen. Die wirtschaftliche Macht multinationaler Konzerne ist oft grösser als jene vieler Staaten. Global tätige Nichtregierungsorganisationen (NGO, Non-Governmental Organization) wie Greenpeace, Amnesty International, WWF und andere Gruppen versuchen ihre Anliegen weltweit durchzusetzen.

Bedeutung der Staaten nimmt ab

▸ Die Politik einzelner Staaten verliert an Einfluss. Wirtschaftliche Abkommen zwischen den Staaten schränken die Handlungsfreiheit der einzelnen Regierungen immer mehr ein. Abkommen zwischen mehreren Staaten («Multilaterale» Abkommen) über Handel, Dienstleistungen und geistiges Eigentum (Produkte-Ideen, Design etc.) sind nationalen Gesetzen übergeordnet. Der Spielraum für nationale Politik wird eingeschränkt. Wer nicht mitmacht, muss gravierende wirtschaftliche Nachteile in Kauf nehmen.

Politik verliert Einfluss

Gewinner ...

Seit den 80er-Jahren des letzten Jahrhunderts haben viele Länder die Chancen der ökonomischen und technischen Globalisierung genutzt. Zu den traditionellen Industrieländern kommen neu asiatische Länder wie China, Südkorea, Taiwan, Singapur und Hongkong. Auch Chile, die Dominikanische Republik, Indien, Mauritius, Polen, Irland, die Türkei und viele andere haben es geschafft, Auslandinvestitionen anzuziehen und sich den technologischen Fortschritt zunutze zu machen.

... und Verlierer

Das Gegenteil sind zahlreiche Länder, die von den neuen Märkten und der modernen Technologie kaum profitieren. Dies sind vor allem die Länder Afrikas. Die Verarmung breiter Bevölkerungsschichten in diesen Ländern schreitet in dramatischem Ausmass voran. Einen guten Überblick über die aktuelle Situation bietet der jährliche Bericht der Vereinten Nationen (UNO) über die Entwicklung der Menschheit.

5.3 | Die Verlierer der Globalisierung – Arme werden ärmer

Der Anteil der armen Länder am Welthandelsvolumen ist um mehr als die Hälfte geschrumpft. Seit 1994 ging Afrikas Anteil von 8 auf 2 Prozent zurück, derjenige Lateinamerikas von 11 auf 5 Prozent. Die 49 ärmsten Entwicklungsländer fielen von 1 auf 0,4 Prozent zurück.

Die realen Austauschverhältnisse («terms of trade») von Rohwaren exportierenden Entwicklungsländern haben sich nochmals verschlechtert: Mussten 1980 für ein Schweizer Sackmesser noch 4,2 Kilo Kaffeebohnen exportiert werden, waren es 1990 schon 6,9 Kilo, und heute sind es 10,5 Kilo. Die Entwicklungsländer müssen stets mehr liefern, um gleich viel von unseren Produkten zu erhalten. Die Zahl der Menschen, die weltweit mit weniger als einem Dollar pro Tag auskommen muss, blieb trotz den WTO-Wachstumsversprechen gleich hoch. 1990 waren es laut UNO 1,276 Milliarden Menschen, heute immer noch ca. 1,1 Milliarden. Für mehr als eine Milliarde Menschen in Armut waren die zehn Jahre Liberalisierung ein verlorenes Jahrzehnt. Auch die Folgen der Öffnung der Kapitalmärkte tragen diejenigen, die wenig Kapital haben: Alle Kapitalzuflüsse in die Entwicklungsländer – Entwicklungshilfe, Privatkapital und übrige Zuflüsse – betragen rund 240 Milliarden Dollar; doch die Rückflüsse an Kapitalerträgen – Dividenden und Zinse – stiegen auf 272 Milliarden. Allein die abfliessenden Kapitalerträge übersteigen die Zuflüsse um 32 Milliarden Franken. Rückflüsse zur Schuldentilgung sind dabei noch nicht berücksichtigt.

Selbst bei der Plünderung der Ressourcen (Rohstoffe wie Erdöl) der Erde ist die Schere weiter aufgegangen. US-Amerikaner verbrauchen durchschnittlich zweimal so viel Energie wie Schweizerinnen und Schweizer, neunmal so viel wie ein Chinese, siebzehnmal so viel wie eine Inderin und sogar achtundfünfzigmal so viel wie die Bewohner und Bewohnerinnen von Bangladesh.

Gemessen am jährlichen Pro-Kopf-Einkommen liegt das Wohlstandsniveau in den Industriestaaten dreiundzwanzigmal so hoch wie im Süden. Gegenüber den ärmsten Entwicklungsländern beträgt das Gefälle sogar 123:1.

Verschiebungen beim internationalen Wohlstandsniveau spiegeln sich in grotesker Form im Reichtum der 200 reichsten Personen der Welt wider. Sie haben ihr privates Nettovermögen seit 1994 mehr als verdoppelt. Diesen 200 reichsten Personen der Welt gehört zusammen mehr als eine Billion Dollar. Das sind durchschnittlich über 7 Milliarden Franken pro Person.

Die drei Reichsten dieser Superreichen besitzen mehr als die ärmsten Staaten der Welt mit zusammen über 600 Millionen Einwohnerinnen und Einwohner.

Kinder in Afrika: Kaum Chancen, jemals zu den Reichen dieser Welt zu gehören.

Wenige leisten sich viel ... und die Mehrheit der Menschheit konsumiert wenig

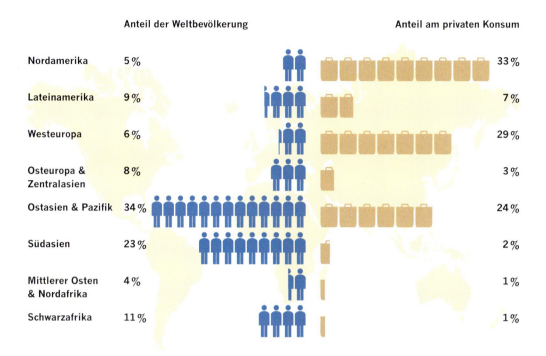

5.4 | Schulden verhindern Entwicklung

Die Finanzkrise in Asien Ende der 90-Jahre des letzten Jahrhunderts verdrängte die Schuldenkrise der ärmsten Länder aus den Schlagzeilen. Die Verschuldung dieser Länder gegenüber ausländischen Gläubigern (vor allem Weltbank und Industriestaaten) hat jedes Jahr zugenommen. Die gesamten Auslandschulden der Entwicklungs- und Schwellenländer (Länder an der «Schwelle» zwischen Entwicklungs- und Industriestaaten) erhöhten sich gemäss Zahlen der Weltbank auf 2465 Milliarden Franken.

Dieser Schuldenberg kostet diese armen Länder etwa 200 Milliarden Franken Zinsen – und dies jedes Jahr. Das ist viermal mehr als sie an Entwicklungshilfe pro Jahr erhalten. In den letzten Jahren mussten diese Länder also mehr Geld für ihren Schuldendienst aufwenden, als sie neue Kredite erhielten.

Trotzdem vergrösserte sich der Schuldenberg. So geben die meisten armen Staaten mehr Geld für Schuldzinsen aus als für ihre Schulen, Spitäler und sozialen Einrichtungen.

Schuldenberg nimmt zu

Schuldenerlass oder Konkursverfahren für Staaten?

Mit über 17 Millionen gesammelten Unterschriften fordern Hilfswerke und kirchliche Organisationen einen internationalen Schuldenerlass. Der Internationale Währungsfonds (IWF) und Weltbank haben unter dem Druck dieser 17 Millionen Unterschriften und zahlreicher Demonstrationen Modelle ausgearbeitet, wie die ärmsten Länder entschuldet werden können.

Vielen Politikerinnen und Politikern und Nichtregierungsorganisationen gehen diese Vorschläge zu wenig weit. Sie fordern mehr Geld und eine dringendere Politik, um den betroffenen Staaten wieder eine wirtschaftliche Zukunft zu verschaffen.

Gesamtverschuldung der Entwicklungs- und Schwellenländer

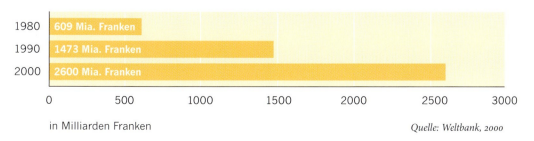

in Milliarden Franken

Quelle: Weltbank, 2000

Selbst ärmere Länder, die heute zu den Gewinnern der Globalisierung gehören, haben Nachholbedarf bei der Infrastruktur. Tiruvanantapuram, Südindien: Hygienische Massnahmen sind dringend nötig.

Verschiedene Organisationen aus der Entwicklungspolitik schlagen vor, dass Staaten bei überhöhter Schuldenlast einfach den Konkurs erklären können, so wie dies auch Firmen oder Privatpersonen tun können. Bisher gibt es aber kein Konkursrecht für Staaten. Ein solches Konkursverfahren würde private und staatliche Geldgeber zwingen, ihre Gelder sorgfältiger zu vergeben und ihre Verwendung genau zu kontrollieren. Den Schuldnerländern würde dies einen geordneteren Neuanfang ermöglichen. Länder wie Kongo, Nigeria oder die Philippinen fordern zudem, dass die Schulden, welche ihre früheren Diktatoren Mobutu Sese Seko (Kongo), Sani Abacha (Nigeria) und Ferdinand Marcos (Philippinen) aufgenommen haben, nicht als rechtsgültig anerkannt werden müssen.

5.5 | Globalisierung zum Nutzen aller?

Ungerechte Verteilung der Chancen

Die Regierungen der einzelnen Staaten verlieren an Einfluss. Internationale Organisationen, Wirtschaftsabkommen und sogar Firmen werden stärker. Wenn die wirtschaftlichen Interessen die sozialen und politischen Lebensbedingungen zu stark dominieren, führt dies zu ungerechter Verteilung der Chancen und Nutzen der Globalisierung. Dann konzentrieren sich Macht und Reichtum auf eine kleine, ausgesuchte Gruppe von Menschen, Staaten und Firmen, während andere keine Chance mehr haben, von den Vorteilen einer globalen Wirtschaft zu profitieren. Das Gewinnstreben finanzkräftiger, multinationaler Firmen bedroht auch moralische Werte. Schon jetzt können Konzerne Länder gegeneinander ausspielen, um hinderliche Gesetze (Umweltschutz, Arbeitsbedingungen usw.) zu kippen oder Steuererleichterungen durchzusetzen.

Regeln für Steuerungsentwicklung

Die wirtschaftliche Globalisierung lässt sich nicht aufhalten. Die Herausforderung ist, Regeln auf lokaler, nationaler und globaler Ebene für eine wirkungsvollere Steuerung zu entwickeln. Dies ist nötig, um die Vorteile des weltweiten Wettbewerbs auf den globalen Märkten zu erhalten und um gleichzeitig die Menschen in ihrer Umwelt und ihren Kulturen zu schützen. Nur so kann sichergestellt werden, dass die Globalisierung den Menschen und nicht nur den Profiten Einzelner nützt. Die Vereinten Nationen (UNO) haben in ihrem Bericht über die Entwicklung der Menschheit 1999 folgende Begriffe für eine Globalisierung zum Nutzen aller definiert:

▸ Mehr Moral – weniger Verletzung von Menschenrechten,
▸ mehr Gerechtigkeit – weniger Unterschiede innerhalb und zwischen den Staaten,
▸ mehr Mitbestimmung – weniger Ausgrenzung von Menschen und Ländern,
▸ mehr menschliche Sicherheit – weniger Unsicherheit in Gesellschaften und weniger Verletzbarkeit von Menschen,
▸ mehr Nachhaltigkeit – weniger Umweltzerstörung,
▸ mehr Entwicklung – weniger Armut und Entbehrungen.

5.6 | Die Schweiz profitiert wirtschaftlich von Schwellen- und Entwicklungsländern

Entwicklungsländer sind für die Schweiz ein lukrativer Markt. Die Angst, dass unsere Arbeitsplätze durch Billiglohnländer bedroht sind, ist ökonomisch (wirtschaftlich) nicht begründet. Im Gegenteil: In der Schweiz verdienen rund 100 000 Beschäftigte ihr Geld in Firmen, die Exportprodukte für diese Länder herstellen.

Genaue Zahlen gibt es nicht, aber seriöse Schätzungen gehen davon aus, dass in der Schweiz über 100 Milliarden Franken an Guthaben aus Entwicklungsländern platziert sind. Fluchtgelder (Gelder, die durch kriminelle Handlungen gewonnen wurden) sind dabei nicht eingerechnet. Schweizer Banken sind immer noch eine wichtige Drehscheibe für Fluchtgelder aus Afrika, Asien und Lateinamerika. Der letzte bekannt gewordene grosse Fall dieser Art, die Gelder des verstorbenen Diktators Sani Abacha aus Nigeria, hat gezeigt, dass die Schweizer Banken dieses Problem immer noch nicht im Griff haben. In den letzten Jahren kam die Schweiz zunehmend unter Druck von anderen Staaten, vor allem der EU, weil das Bankgeheimnis solche Fluchtgelder schützt. Anzunehmen ist, dass der längerfristige Schaden für die Schweiz grösser sein könnte als der Nutzen aus diesen Geldern.

Bankgeheimnis schützt Fluchtgelder

5.7 | Entwicklungszusammenarbeit und Solidarität

Die öffentliche Entwicklungshilfe der Schweiz beläuft sich auf ca. 1,6 Milliarden Franken. Das entspricht ungefähr 0,35 Prozent des schweizerischen Bruttosozialproduktes. Damit hat die Schweiz das Ziel des Bundesrates, 0,4 Prozent, nicht erreicht. Im internationalen Vergleich steht die Schweiz im Mittelfeld. Vom Ziel 0,7 Prozent, welches die UNO vorgegeben hat, ist sie noch weit entfernt.

Nebst staatlichen Institutionen in der Schweiz sind vor allem Hilfswerke und andere private Organisationen in der Entwicklungszusammenarbeit tätig. Sie investieren jährlich rund 250 Millionen Franken und führen zum Teil auch Projekte im Auftrag des Bundes durch. Die Hilfswerke arbeiten vor Ort mit lokalen Partnerinnen und Partnern zusammen. Sie sind vor allem in den Bereichen Ernährungssicherung, Armutsbekämpfung, Erziehung und Bildung, Gesundheitsvorsorge und in der humanitären Hilfe aktiv.

Hilfswerke sind aktiv

Direktion für Entwicklung und Zusammenarbeit (DEZA)
- Die direkte Hilfe konzentriert sich auf 18 Schwerpunktländer in Afrika, Asien und Lateinamerika. Gefördert werden Projekte in den Bereichen Gesundheitswesen, Landwirtschaft und Industrie. Gefördert werden nachhaltige Projekte mit den Technologien, die zum Zielland passen.
- Bei der indirekten Hilfe findet eine Zusammenarbeit mit internationalen Organisationen (UNO, Weltbank etc.) statt.
- Technische Zusammenarbeit findet mit den Ländern Osteuropas statt. Diese Staaten werden auf ihrem Weg zu Demokratie und Marktwirtschaft mit Wissenstransfer (Fachleuten) und Finanzen unterstützt.
- Humanitäre Hilfe richtet sich nach den aktuellen Bedürfnissen und kommt bei Naturkatastrophen und bewaffneten Konflikten zum Einsatz.

Das Staatssekretariat für Wirtschaft (seco) arbeitet im handelspolitischen Bereich:
- Finanzierung von Krediten (mit der Privatwirtschaft) für Entwicklungsprojekte, Anstrengungen für die Handelsförderung (Zollsenkungen für Produkte aus Entwicklungsländern),
- Entschuldungsprojekte und Aktionen im Bereich Rohstoffe (Vermittlung/Lieferung).

Immer mehr Menschen in der Schweiz ist es nicht mehr egal, was sie in den Einkaufskorb legen. Produkte aus Entwicklungsländern sind alltäglich geworden. An Fussbällen oder Markenklamotten, die von Kinderhänden zusammengenäht worden sind, kann sich niemand wirklich freuen. Die Arbeitsbedingungen der Menschen im Süden hängen sehr direkt mit dem Preis zusammen, den wir für diese Produkte zu bezahlen gewillt sind. Neben Bio-Produkten werden deshalb zunehmend auch so genannte Fair-Trade-Produkte gekauft.

Konsumenten und Konsumentinnen können durch den täglichen Einkauf sehr viel für eine wirtschaftliche und soziale Verbesserung der Entwicklungsländer beitragen. Produkte aus dem fairen Handel sichern den Produzenten und Produzentinnen in armen Ländern einen existenzsichernden Lohn, Labels (entsprechende Logos) garantieren sozial- und umweltverträgliche Herstellungsbedingungen. Ein bewusster Einkauf, das Nachfragen bei Produkten, deren Herkunft nicht klar deklariert ist, kann eine wirksame Art von praktischer Entwicklungshilfe sein.

Waren es früher vor allem die Weltläden, die auf diesem Gebiet Pionierarbeit geleistet haben, findet man heute zunehmend auch in den Regalen der Grossverteiler fair gehandelte Produkte.

Produkte aus fairem Handel fördern die Wirtschaft der armen Staaten.

Verstanden?

180. Bei wem verschulden sich arme Länder?
181. Wie könnte ein Konkursverfahren für ein überschuldetes Entwicklungsland ablaufen?
182. Wer macht in der Schweiz Entwicklungshilfe?
183. Was ist mit dem Ausdruck «Nord-Süd-Gefälle» gemeint?
184. Was ist ein «Fair-Trade»-, was ein «Label»-Produkt?
185. Was könnte die Schweiz tun, um den Entwicklungsländern aus der Schuldenfalle zu helfen? Diskutieren Sie und stellen Sie Ihre Vorschläge grafisch dar.
186. Recherchieren Sie im Internet, welches die Schwerpunktländer der Schweizer Entwicklungshilfe sind. Wählen Sie ein Land aus und dokumentieren Sie schriftlich die Projekte, welche die Schweiz dort durchführt und unterstützt.
187. Informieren Sie sich über ein Label (Claro, Max Havelaar, STEP etc.) aus dem Fair-Trade-Bereich. Stellen Sie dieses in einem Kurzvortrag dar und nehmen Sie persönlich dazu Stellung. (Ist dies ein gutes Projekt für Sie? Was ist nicht gut gelöst? Was könnte man verbessern?)

Migration – Ausländerinnen und Ausländer unter uns

1. | Einleitung

Anfang dieses Jahrhunderts war die Schweiz ein Auswanderungsland, heute ist sie ein Einwanderungsland. 25 Prozent der Arbeitskräfte in der Schweiz sind Ausländerinnen und Ausländer. Diese Arbeitskräfte gehören bereits zum Alltag und vermehren unseren Wohlstand. Die Schweiz profitiert nicht nur von den Ausländerinnen und Ausländern, sondern auch von ihren Tätigkeiten im Ausland. Die Schweiz ist ein Land, in dem sich einheimische und fremde Kulturen nebeneinander entwickeln und auch vermischen. Mit der EU entsteht in Zukunft eine besondere Migrationsbeziehung durch die Einführung der innereuropäischen Personenfreizügigkeit.

1. Einleitung

2. Ausländerinnen und Ausländer in der Schweiz
2.1 Ausländer schiessen Tore für Schweizer Spitzenclubs   166
2.2 Auf der Suche nach Arbeit   167

3. Ausländerfrage im Licht der Statistik   169

4. Schweiz profitiert von ausländischen Arbeitskräften   170

5. Multikulturalität und Integration
5.1 Einbürgerung: Seit Jahrzehnten in der Schweiz und noch immer Ausländer   172
5.2 Leben mit der Multikulturalität   173
5.3 Integration der ausländischen Bevölkerung   174

Migration – Ausländerinnen und Ausländer unter uns

2. | Ausländerinnen und Ausländer in der Schweiz

2.1 | Ausländer schiessen Tore für die Schweizer Spitzenklubs

Spielerhandel

Junge Fussballer aus Afrika und Südamerika sind in allen Ländern Europas begehrt: Sie sind oft überdurchschnittlich talentiert, billig, und wenn sie wirklich erfolgreich sind, lässt sich mit ihnen Millionen verdienen. Auch in Schweizer Fussballclubs lässt sich eine lange Liste von Spielern zusammenstellen, die ursprünglich nicht von hier sind, was ihre exotischen Namen verraten. Seit den internationalen Erfolgen afrikanischer Mannschaften in den letzten Jahren sind unzählige Spielervermittler in Afrika unterwegs, um viel versprechende Talente nach Europa zu holen. Oft werden schon 14- bis 16-jährige Jugendliche von Spielervermittlern «gekauft» und nach Europa gebracht. Während einigen Spielern der Durchbruch gelingt und sie nach anfänglichen Hungerlöhnen Gehälter in Millionenhöhe beziehen, endet der Traum für viele schon nach kurzer Zeit. Sie schaffen es nicht, sich bei einem Grossklub durchzusetzen, werden arbeitslos und verlieren damit ihre Aufenthaltsbewilligung.

Prinzip Hoffnung

Dem schwunghaften Handel tut das keinen Abbruch, denn für viele junge afrikanische Talente ist Fussball die einzige Hoffnung, der Armut zu entfliehen. Für die Vermittler lohnt sich das Geschäft schon dann, wenn nur ein kleiner Prozentsatz den Durchbruch schafft. Gearbeitet wird dort, wo Einkommen und Prestige stimmen. Afrikanische Fussballer tun genau das, was Millionen andere Arbeitnehmer in wirtschaftlich schwachen Ländern auch tun: Sie suchen einen Arbeitsplatz im Ausland, der ihnen materielle Sicherheit verspricht und Zukunftsperspektiven eröffnet. Wer Arbeit und Lohn hat, geniesst zudem Prestige (Ansehen) und stärkt damit sein Selbstvertrauen. Dies ist auch in der Schweiz nicht anders.

Multikulturalität im Schweizer Fussball.

Die oben beschriebene «Fussball-Migration» funktioniert nicht nur zwischen den Kontinenten von Süd nach Nord, sondern auch innerhalb Europas. Wer erfolgreich ist, sucht einen Spitzenklub, der die besten Bedingungen offeriert. So verdient die Hälfte der Spieler der Schweizer Fussballnationalmannschaft ihr Geld im Ausland.

Schweizer Fussballsöldner

2.2 | Auf der Suche nach Arbeit

Ruedi T. ist Schweizer. Als Spezialist einer Schweizer Firma war er in den letzten drei Jahren beim Aufbau eines computergesteuerten Lagersystems für den neuen Flughafen in Hongkong tätig. Seit einem Jahr lebt und arbeitet er an einem neuen Projekt in einer Provinzstadt in China für dieselbe Firma. Eine Rückkehr in die Schweiz ist für ihn während der nächsten Jahre kein Thema.

Auswanderungsgründe konkret

Vimaladevi A. ist Tamilin. Sie lebt seit 1991 in der Schweiz. Seit ihr 1995 die definitive Aufenthaltsbewilligung erteilt wurde, arbeitet sie als Krankenpflegerin in einem Alterspflegeheim in Zürich. Ihr Mann arbeitet in einem Restaurant als Kellner.

José M. stammt aus Portugal. Er arbeitet seit sechs Jahren als Saisonier auf einem Bauernhof im Berner Mittelland. Seine Familie lebt in Portugal. Sein Ziel ist es, eine dauerhafte Aufenthaltsbewilligung in der Schweiz zu erhalten und mit seiner Frau und den drei Kindern in der Schweiz zu leben.

Drei zufällig ausgewählte Beispiele zeigen, dass immer mehr Menschen auf der Suche nach Arbeit ausserhalb ihrer Heimat sind.

Nach Schätzungen der Internationalen Arbeitsorganisation (International Labour Organization/ILO) in Genf kehren heute über 120 Millionen Menschen weltweit auf der Suche nach Arbeit ihrem Land den Rücken. Dies geschieht auf allen Kontinenten: Allein in den wirtschaftlich reicheren Ländern Asiens gibt es Millionen von Gastarbeitern und Gastarbeiterinnen, in den USA versuchen jedes Jahr Hunderttausende von Mexikanerinnen und Mexikanern, die Grenze legal oder illegal zu überqueren, um im Süden der Vereinigten Staaten Arbeit zu finden. Bald wird die Mehrheit der Bevölkerung im Staat Kalifornien spanisch sprechen.

Auf der Suche nach Lebenserwerb

Mangelnde Perspektiven im Heimatland ...

Gründe für diese Arbeitsmigration sind fast immer schlechte berufliche und wirtschaftliche Perspektiven im eigenen Land. Das Wohlstandsgefälle zwischen den Ländern ist für viele Menschen sichtbarer geworden. Informationen über bessere Lebensbedingungen anderswo werden über Zeitungen, Magazine und Fernsehen weltweit verbreitet. Zudem profitieren reiche Länder vom Zustrom billiger Arbeitskräfte.

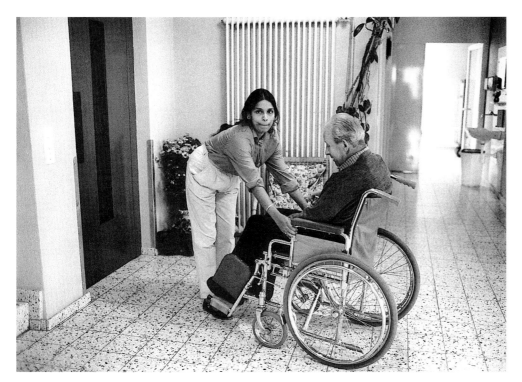

Tamilische Pflegerin in einem Schweizer Altersheim.

Arbeiten in Sydney (Australien): für viele Schweizer ein Traum.

... und interessante Jobs im Ausland

Schweizer Firmen im Ausland

Weltweit tätige Schweizer Unternehmen haben in den letzten Jahren über hunderttausend neue Arbeitsplätze im Ausland geschaffen. Gute, qualifizierte Mitarbeiterinnen erhalten dabei oft Gelegenheit, für kurze oder längere Zeit im Ausland zu leben und zu arbeiten. Für diese Menschen ist es eine Herausforderung und unschätzbar wichtige Erfahrung für die weitere Karriere. Für Schweizerinnen und Schweizer zählt heute weniger die wirtschaftliche Not als spannende Jobs, um ihrem Heimatland den Rücken zu kehren.

Standortvorteile

Grosse Firmen produzieren weltweit. Für eine Firma, die beispielsweise Internet-Dienstleistungen anbietet, spielt es keine Rolle, wo ihr Standort ist. Voraussetzung sind einigermassen gute Lebensbedingungen für die Mitarbeiter und der Anschluss ans Internet. In Deutschland wird intensiv diskutiert, ob einige zehntausend Informatik-Spezialisten und -Spezialistinnen aus Indien eingeflogen werden sollen, um den eigenen Mangel an Fachkräften auszugleichen. Schweizer Textilfirmen lassen schon lange im Ausland produzieren und deutsche Autos werden auch in Brasilien gebaut.

Bewegliche Arbeitnehmende gefragt

Diese Beispiele zeigen: Die Mobilität von Gütern, Dienstleistungen, Kapital und von Menschen und deren Kultur wird in Zukunft weiter zunehmen. Firmensitze, Produktionsstandorte und Verbrauchermärkte können dank neuer Technologien und vergleichsweise immer noch zu billigen Transportkosten weit auseinander liegen. Werden Arbeitsplätze weltweit verschoben, folgen ihnen die Menschen. Weil auch die Schweiz viele Arbeitsplätze nur noch mit ausländischen Arbeitskräften besetzen kann, ist sie schon lange zu einem Einwanderungsland geworden. Das ist gleichzeitig Tatsache und Notwendigkeit. Dabei müssen die ausländischen Arbeitskräfte in der Schweiz integriert werden, was Entgegenkommen von beiden Seiten erfordert. Die zweite Herausforderung wird sein, die Arbeitsmigration gesetzlich human zu regeln. Nur so kann verhindert werden, dass illegale «Schlepper»-Organisationen mit arbeitssuchenden Migrantinnen und Migranten profitable Geschäfte machen.

Verstanden?

188. Wie kann ein europäischer Fussballspieler-Vermittler mit einem jungen afrikanischen Fussballtalent Millionen verdienen?
189. Warum endet für viele ausländische Fussballspieler die Hoffnung auf eine Fussballkarriere mit einem Alptraum?
190. Was sind Gründe, für Arbeit auszuwandern?
191. Wie viele Menschen sind weltweit auf Arbeitssuche?
192. Nennen Sie Gründe, die zu einer Auswanderung, respektive Zuwanderung führen.
193. Warum kehren junge Schweizerinnen und Schweizer ihrem Heimatland den Rücken zu?

3. | Ausländerfrage im Licht der Statistik

In der Schweiz leben 2006 etwa 1,7 Millionen Ausländerinnen und Ausländer. Zwei Drittel der ausländischen Bevölkerung sind Niedergelassene, also Menschen mit einer unbefristeten Bewilligung, die nicht an Bedingungen geknüpft ist.
Nur 4,1 Prozent der ausländischen Wohnbevölkerung sind Personen, denen die Schweiz Asyl gewährt hat oder die einen Asylantrag gestellt haben.
Die Asylpolitik ist immer wieder Gegenstand heftigster Diskussionen, wenn über Ausländer in der Schweiz debattiert wird. Tatsache ist, dass nur jede 25. ausländische Person Flüchtling ist oder mit dem Asylwesen etwas zu tun hat. Die politische Wahrnehmung stimmt also in keinerlei Art und Weise mit der zahlenmässigen Vertretung überein.

Asyldebatte

Ausländische Wohnbevölkerung nach Anwesenheitsbewilligung 2005

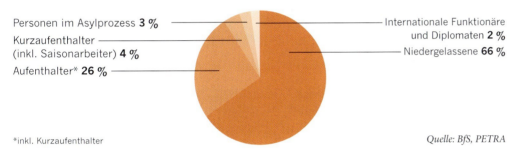

inkl. Kurzaufenthalter

Quelle: BfS, PETRA

Im Vergleich zu anderen Staaten in Europa hat die Schweiz statistisch einen relativ hohen Ausländeranteil: 21 Prozent der schweizerischen Wohnbevölkerung sind Ausländerinnen und Ausländer. Nur in Kleinstaaten wie Luxemburg und Liechtenstein ist dieser Anteil höher.
Der statistisch hohe Ausländeranteil ist jedoch irreführend: Weil in der Schweiz die Einbürgerung von Ausländerinnen und Ausländern sehr stark erschwert ist, sind unter der ausländischen Wohnbevölkerung viele Menschen, die in der Schweiz geboren sind oder schon viele Jahre in der Schweiz leben. In andern Ländern wären sie längst eingebürgert worden.
24 Prozent der Ausländerinnen und Ausländer sind in der Schweiz geboren worden. 51 Prozent der ausländischen Wohnbevölkerung sind in der Schweiz geboren worden oder leben bereits mehr als 15 Jahre in der Schweiz. 65 Prozent, also zwei Drittel, aller Ausländerinnen und Ausländer sind hier geboren oder seit mehr als zehn Jahren unter uns.

Anteil Ausländer und Ausländerinnen

Verstanden?

194. Wie hoch ist der Ausländeranteil der Schweiz in absoluten Zahlen?

195. Wie viel Prozent an der ausländischen Wohnbevölkerung beträgt der Anteil aus dem Asylbereich?

Migration – Ausländerinnen und Ausländer unter uns

4. | Schweiz profitiert von ausländischen Arbeitskräften

Integration am Arbeitsplatz

Ausländische Arbeitskräfte sind in den Beizen schon lange zur Gewohnheit geworden. Gerade das Gastgewerbe wäre ohne sie nicht überlebensfähig. Rund die Hälfte der Arbeit in diesem Bereich wird von Ausländerinnen und Ausländern erbracht. Auch in der Industrie, Energiewirtschaft und Wasserversorgung macht ihr Anteil rund 40 Prozent aus, im Gesundheits- und Sozialwesen sind fast ein Drittel der Angestellten ausländischer Herkunft.

Ausländische Arbeitskräfte sind vorwiegend in arbeitsintensiven Bereichen beschäftigt; also dort, wo viel Handarbeit benötigt wird. Sie leisten gesamthaft über 1,6 Milliarden Arbeitsstunden pro Jahr. Das ist mehr als ein Viertel der in der Schweiz jährlich geleisteten Arbeit. Ausländer arbeiten im Durchschnitt länger als Schweizer. Dies bedeutet, dass ihr Arbeitsbeitrag vergleichsweise überdurchschnittlich hoch ist.

Bereits seit einiger Zeit wird über die Finanzierung der Schweizer Alters- und Hinterbliebenen-Versicherung «AHV» diskutiert, weil man gemerkt hat, dass mit der zunehmenden Überalterung der Schweizer Bevölkerung die finanzielle Reserve der AHV nicht reichen wird.

Viele Ausländer und Ausländerinnen arbeiten im Gastgewerbe.

Ständige ausländische Wohnbevölkerung 2005
Ohne Saisoniers, Kurzaufenthalter und Asylsuchende

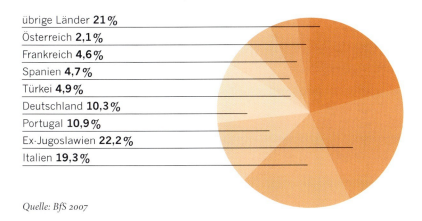

- übrige Länder **21%**
- Österreich **2,1%**
- Frankreich **4,6%**
- Spanien **4,7%**
- Türkei **4,9%**
- Deutschland **10,3%**
- Portugal **10,9%**
- Ex-Jugoslawien **22,2%**
- Italien **19,3%**

Quelle: BfS 2007

Finanzielle Unterstützung durch ausländische Arbeitnehmende

Erwerbstätige Ausländer und Ausländerinnen zahlen rund 25 Prozent der gesamten Beiträge an die AHV, beziehen aber nur etwa 12 Prozent. Jeder Ausländerhaushalt subventioniert Schweizer pro Jahr mit etwa 2000 Franken. Gesamtwirtschaftlich entspricht das einem Gewinn von jährlich 600 Millionen Franken zu Gunsten von Schweizerinnen und Schweizern.

Ausländerinnen und Ausländer sind meist die ersten, die in schlechten Zeiten ihre Arbeit verlieren. Obwohl deshalb ihr Anteil an der Arbeitslosenquote höher ist als derjenige der Schweizer, tragen sie dazu bei, die Arbeitslosigkeit zu mildern.

In den wirtschaftlich schwierigeren Jahren von 1990 bis 1999 mit hoher Arbeitslosigkeit mussten mehr ausländische Arbeitskräfte auswandern als neue integriert wurden. So wurde ein Teil der Schweizer Arbeitslosigkeit «exportiert». Dasselbe geschah auch während der Rezession der 70er-Jahre.

Verstanden?

196. Wie hoch ist der Anteil der ausländischen Arbeitskräfte im Gastgewerbe?

197. Wie viel Prozent zahlen die ausländischen Arbeitskräfte in die AHV ein? Wie viel beträgt der Anteil der ausländischen AHV-Bezügerinnen resp. AHV-Bezüger?

Migration – Ausländerinnen und Ausländer unter uns

5. | Multikulturalität und Integration

Zurückhaltende Einbürgerung

5.1 | Einbürgerung: Seit Jahrzehnten in der Schweiz, und immer noch Ausländer

In der Schweiz lebt ein überdurchschnittlich hoher Anteil an Ausländerinnen und Ausländern, die hier geboren sind oder schon viele Jahre bei uns leben. Würden alle Menschen, die bei uns geboren sind und zusätzlich alle, die zehn und mehr Jahre da sind, eingebürgert werden, würde der Ausländerbestand schlagartig um zwei Drittel vermindert.

Jährlich werden nur etwa 1,5 Prozent der hier lebenden Ausländerinnen und Ausländer eingebürgert. Dies ist, verglichen mit andern Ländern Europas, sehr wenig. Viele Ausländerinnen und Ausländer unterscheiden sich nicht von Schweizerinnen und Schweizern: Sie reden Mundart, gehen oder gingen in die gleichen Schulen und haben die gleichen Hobbys. Viele sind integriert, aber mit der politischen Integration hapert es. Viele Ausländerinnen und Ausländer, die hier geboren sind (sog. Ausländer der zweiten Generation), kennen das Herkunftsland, von dem sie den Pass besitzen, nur noch durch den Besuch ihrer Grossmutter.

Verändertes Verfahren

Das Einbürgerungsverfahren ist in der Schweiz bürokratisch und zeitaufwändig. Zuständig für die Einbürgerung sind Gemeinden, Kantone und Bund gemeinsam. Schweizer Bürgerin oder Bürger kann nur werden, wer in der Gemeinde eingebürgert wird.

Schweizer werden ist sehr schwierig: Bürokratie und Vorurteile verbauen den Weg.

In vielen Orten hatte bisher das Volk (Gemeindeversammlung oder Urnenabstimmung) über Einbürgerungen abgestimmt. Dabei wurden Einbürgerungsbegehren oft nur aufgrund des Namens der Ausländerin oder des Ausländers, der z.B. auf eine ex-jugoslawische Herkunft schliessen liess, abgelehnt. Das Bundesgericht hat aufgrund der neuen Bundesverfassung entschieden, dass ähnlich wie bei Ehescheidung, Heirat oder Sekundarschulübertritt nicht eine Volksabstimmung, sondern eine Behörde entscheiden muss. Man will mit dem Behördenentscheid verhindern, dass blosse Vorurteile zu Willkürurteilen führen.

Man muss also unterscheiden: Das Volk hat volle Mitbestimmung, wenn es um Spielregeln und Kriterien geht, die Anwendung dieser Kriterien hingegen wird durch Behörden oder Gerichte vollzogen.

5.2 | Leben mit der Multikulturalität

Religionsfreiheit

Schweizer sind Weltmeister im Zusammenleben mit verschiedenen Kulturen, Sprachen und Religionen. Zwar wurden in früheren Jahrhunderten ebenfalls schwere interne Konflikte ausgetragen, so in den Konfessionskriegen im 16. und 17. Jahrhundert wie auch im Kulturkampf zwischen Katholiken und Reformierten nach 1870. Doch gelang es in der Geschichte immer wieder, mehrere Sprachen, Religionen und Konfessionen zu tolerieren. Migration fordert heraus, neue Kulturen zu akzeptieren und mit ihnen zu leben. Beispielsweise leben in der Schweiz rund 300 000 Menschen, die sich zum Islam bekennen. Seit jeher haben in der Schweiz auch Menschen mit jüdischem Glauben gelebt, wobei sie bis weit ins 20. Jahrhundert immer wieder diskriminiert und bedrängt worden sind.

Judentum, Christentum und Islam werden zusammengefasst als «Abrahaminische Religionen» bezeichnet, weil sie sich auf die biblische Ursprungsfigur des Abraham beziehen. Neben den abrahaminischen Religionen gibt es in der Schweiz auch einige tausend Menschen mit einem Glaubensbekenntnis aus den asiatischen Hochreligionen Hinduismus, Buddhismus und der Chinesischen Religion (Konfuzianismus).

Die Weltreligionen und ihre goldenen Regeln

Hinduismus
Man sollte sich gegenüber anderen nicht in einer Weise benehmen, die für einen selbst unangenehm ist; das ist das Wesen der Moral.

Mahabharata XIII.114.8

Chinesische Religion
Was du selbst nicht wünschst, das tue auch nicht anderen Menschen an.

Konfuzius, Gespräche 15,23

Buddhismus
Ein Zustand, der nicht angenehm oder erfreulich für mich ist, soll es auch nicht für ihn sein; und ein Zustand, der nicht angenehm oder erfreulich für mich ist, wie kann ich ihn einem anderen zumuten?

Samyutta Nikaya V, 353.35–354.2

Judentum
Tue nicht anderen, was du nicht willst, dass sie dir tun.

Rabbi Hillel, Sabbat 31a

Christentum
Alles, was ihr wollt, dass euch Menschen tun, das tut auch ihr ihnen ebenso.

Matthäus 7,12; Lukas 6,31

Islam
Keiner von euch ist ein Gläubiger, solange er nicht seinem Bruder wünscht, was er sich selber wünscht.

40 Hadithe
(Sprüche Muhammads)
von an-Nawawi 13

Oft werden bei ängstlichen Debatten die Unterschiede und das Trennende der Religionen und Kulturen hervorgehoben. Religionswissenschafter sowie Theologen und Theologinnen machen aber vermehrt auch auf Gemeinsamkeiten aufmerksam:
Unter verschiedenen Hochreligionen besteht eine minimale Übereinstimmung: die Würde und Unversehrtheit des Menschen wird geschützt mit der Weisung «du sollst nicht töten!» oder positiv «hab Ehrfurcht vor dem Leben!». Diese Grundsätze, die in allen Religionen gelten, werden auch mit dem Begriff «Weltethos» bezeichnet.

Weltethos

Es gibt keine einheitliche Weltreligion, aber einen Grundkonsens:
1. Jeder Mensch muss menschlich behandelt werden.
2. Es braucht eine Ehrfurcht vor allem Leben, also vor Menschen, Tieren, Pflanzen und der Natur.
3. Es braucht eine Verpflichtung auf eine Kultur der Solidarität und der gerechten Wirtschaftsordnung.
4. Eine Verpflichtung auf Wahrhaftigkeit und eine Kultur der gegenseitigen Toleranz.
5. Eine Kultur der Gleichberechtigung und der Partnerschaft von Mann und Frau.

5.3 | Integration der ausländischen Bevölkerung

Massnahmen zur Integration

Lange Zeit hat es die Schweiz vernachlässigt, die ausländische Wohnbevölkerung auch in die Gesellschaft und den Arbeitsmarkt zu integrieren. Viele ausländische Frauen der ersten Zuwanderungsgeneration aus den 60er und 70er-Jahren haben zum Beispiel nie eine schweizerische Umgangssprache gelernt und blieben immer isoliert im Haushalt oder unter ihren Landsleuten. Sehr viele Ausländerinnen und Ausländer haben in der Schweiz nie eine Berufslehre absolviert, weil sie aus Staaten stammen, die das hochqualifizierte schweizerische Berufsbildungssystem nicht kennen.

In den letzten Jahren wurde erkannt, dass die Schweiz auch etwas tun muss, um Ausländerinnen und Ausländer zu integrieren. Zum Beispiel sind folgende Integrationsmassnahmen in Diskussion oder Erprobung:
▸ Verstärkter Unterricht in einer schweizerischen Umgangssprache, besonders auch für ausländische Frauen.
▸ Möglichkeiten einer beruflichen Nachholbildung für Ausländerinnen und Ausländer in der Schweiz.
▸ Hilfen und Unterstützung für ausländische Jugendliche, damit sie eine Berufslehre oder berufliche Grundausbildung absolvieren können. Dazu gehören Zwischenjahre nach der Schule, Berufspraktika, Motivationssemester, Coaching durch Berufsberatungspersonen usw.

Wer eine Berufslehre mit eidgenössischem Fähigkeitszeugnis oder Berufsattest absolviert hat, ist weniger anfällig auf Entlassungen und langfristige Arbeitslosigkeit.

Verstanden?

198. Mit welcher Massnahme könnte der Ausländeranteil um zwei Drittel vermindert werden?
199. Nennen Sie verschiedene Religionen, welche in der Schweiz vertreten sind.
200. Nennen Sie Massnahmen, welche in der Schweiz realisiert worden sind, um Ausländerinnen und Ausländer zu integrieren.

Grundlagen des Rechts

1. | Einleitung

In diesem Kapitel werden die wesentlichen Grundlagen des schweizerischen Rechtssystems kurz und prägnant erklärt. Was heisst «Recht» überhaupt? Welche Bedeutung hat es für uns Menschen? Was müssen wir tun, um unser Recht gegenüber anderen durchzusetzen? Wie ist die Rechtsordnung in der Schweiz aufgebaut? Weshalb braucht es das Recht? Wo Menschen zusammenleben und unterschiedliche Lebensformen aufeinander treffen, sind auch Konfliktsituationen vorprogrammiert. Der Mensch will sich stetig entfalten und verwirklichen können – auch wenn dies auf Kosten seiner Mitmenschen gehen sollte. Nicht jedermann benimmt sich anständig und höflich. Sitte und Moral sind zwar ebenfalls feste Grundpfeiler der menschlichen Gemeinschaft, können das Zusammenleben aber nicht nachhaltig regeln, da sie nicht durchsetzbar sind. Damit auch schwächere Menschen innerhalb der Gemeinschaft eine Chance haben und sich durchsetzen können, hat der Staat die Aufgabe, gewisse verbindliche Verhaltensregeln aufzustellen – das Recht. Das Recht ordnet menschliches Verhalten: Es legt verbindlich fest, wie sich die Mitglieder einer Rechtsgemeinschaft (z.B. eines Landes) zu verhalten haben. In diesem Teil des Buches werden die Grundlagen der wesentlichen Rechtsgebiete behandelt.

---

1. Einleitung

2. Sittlichkeit, Brauchtum und Recht 177

3. Bedeutung und Eigenheiten des Rechts 177

4. Rechtsordnung in der Schweiz 178

5. Privates und öffentliches Recht 179

6. Allgemeine Rechtsgrundsätze....................................... 181

7. Rechtsdurchsetzung und ihre Schranken......................... 182

8. Rechts-, Urteils- und Handlungsfähigkeit........................ 182

9. Natürliche und juristische Personen............................... 183

10. Grundrechte und Persönlichkeitsrechte 183

11. Strafrecht 184

12. Zusammenleben (ZGB)
12.1 Gesetzliche Grundlagen 187
12.2 Vorbereitungen für die Eheschliessung............................. 187
12.3 Wirkungen der Ehe 187
12.4 Eheliches Güterrecht 188
12.5 Drei Güterstände 188
12.6 Merkmale der Errungenschaftsbeteiligung 188
12.7 Wichtiges zur Errungenschaftsbeteiligung......................... 188
12.8 Auflösung der Errungenschaftsbeteiligung 189
12.9 Ehescheidung 190
12.10 Merkmale gesetzlicher Erbfolge 190
12.11 Erbteilung 190
12.12 Pflichtteile und Testamentsformen................................. 190

13. Vertragsrecht... 194

14. Lehrvertrag (OR/BBG)
14.1 Allgemeine Vorschriften 196
14.2 Wichtigste Bestimmungen zum Lehrvertrag....................... 196
14.3 Rechte und Pflichten 197
14.4 Konflikte im Lehrbetrieb.. 197

15. Arbeitsvertrag (OR/ArG)
15.1 Hintergrund und Quellen 198
15.2 Arbeitsvertrag 199
15.3 Gesamt- und Normalarbeitsvertrag 203

16. Kaufvertrag (OR/KKG)
16.1 Kaufvertrag und Leasing 205
16.2 Probleme des Kaufvertrages und Fristen.......................... 207
16.3 Bundesgesetz über den Konsumkredit (Konsumkreditgesetz KKG) 207

17. Mietvertrag (OR)
17.1 Gebrauchsüberlassungsverträge.................................... 208
17.2 Miete 208

2. | Sittlichkeit, Brauchtum und Recht

Sittlichkeit (Moral) definiert unsere ethischen und moralischen Wertvorstellungen, die uns durch die Erziehung mit auf den Lebensweg gegeben wurden. Die Sittlichkeit ist eine *innere* Haltung, die unserem Handeln gewisse moralische Schranken setzt. Unsere Moral bestimmt z. B. unsere Toleranz und Achtung gegenüber Mitmenschen und anderen Kulturen. Fehlt einem Menschen das übliche Mass an Sittlichkeit, so kann diese Unmoralität nicht bestraft werden.
Brauchtum und Sitten zielen auf das *äussere* Verhalten der Menschen ab. Es geht um Regeln des Anstandes, um lokale Bräuche und Feste oder darum, dass man z. B. dem Finder von Wertsachen 10 Prozent Finderlohn ausrichtet, obwohl dies nirgends gesetzlich niedergeschrieben ist. Auch hier kann keine Bestrafung oder Durchsetzung erfolgen, wenn ein Brauch nicht eingehalten wird – es steht jedem Menschen frei, sich daran zu halten oder nicht. Bei ständigen Verstössen gegen Sitten und Bräuche wird man in der Gesellschaft jedoch wohl als Aussenseiter betrachtet und gemieden.
Die *Rechtsordnung* dagegen ist – im Gegensatz zu Sittlichkeit und Brauchtum – für alle verbindlich und verlässlich. Der Staat greift durch eine Vielzahl von Ordnungsregeln in das Verhalten der Menschen ein. Wichtig ist, dass der Staat bei der Schaffung seiner Rechtsordnung wichtige Grundwerte wie Freiheit, Gerechtigkeit, Menschenwürde und Solidarität beachtet.

Moral	Gewohnheitsrecht	Recht
inneres Verhalten	äusseres Verhalten	äusseres Verhalten
ungeschrieben	ungeschrieben (selten schriftlich)	geschrieben
nicht erzwingbar	erzwingbar	erzwingbar

Weil heute immer weniger Menschen bereit sind, Sitten und Bräuche als Verhaltensnormen zu akzeptieren und die Wertvorstellungen der einzelnen Menschen stetig weiter auseinanderfallen, hat die Rechtsordnung gegenüber früheren Zeiten stark an Bedeutung gewonnen. Immer mehr Lebensbereiche bedürfen der verbindlichen Regelung und Normierung. Die Gesetzgebung hat daher in den letzten Jahrzehnten eine rasante Entwicklung erfahren – z. B. Gentechnologie, Atomenergie, Umweltschutz, Luftverkehr etc.

3. | Bedeutung und Eigenheiten des Rechts

Das Recht ist die Summe der Spielregeln, die ein Staat für seine Bürgerinnen und Bürger aufstellt, damit ein geordnetes und friedliches Zusammenleben überhaupt möglich ist. In vielen Bereichen des täglichen Lebens – z. B. im Strassenverkehr oder an der Arbeitsstelle – genügen unverbindliche Regeln wie Sittlichkeit und Moral nicht: Längst nicht jeder hält sich daran und setzt stattdessen nur allzu gerne die Ellbogen ein.

> **Zu den zentralen Aufgaben des Rechts gehören:**
> ▸ Sicheres und friedliches Zusammenleben der Menschen ermöglichen und fördern.
> ▸ Schutz der Würde und Freiheit der Bürger sowie
> ▸ Schaffen von günstigen Rahmenbedingungen für eine solidarische Gesellschaft, eine prosperierende Wirtschaft und eine gesunde Umwelt.

Das Recht zeichnet sich unter anderem durch folgende Eigenheiten aus:
▸ *Recht ist allgemeingültig:* Im Gegensatz zu den Bräuchen gilt das Recht nicht nur an einem bestimmten Ort oder für einzelne Gruppen, sondern allgemein. Allerdings gibt es einzelne Gesetze, die nur für bestimmte Personengruppen gelten; z. B. das Fürsprechergesetz für Anwältinnen und Anwälte oder das Berufsbildungsgesetz für Lernende in Ausbildung.
▸ *Recht ist verbindlich und erzwingbar:* Sitten und Bräuche sollten eingehalten werden, erzwungen werden können

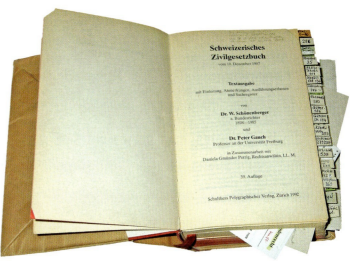

Grundlagen des Rechts

Die Justitia – das Symbol des Rechts.

sie nicht. Wesentliches Merkmal aller staatlichen Rechtsnormen ist ihre Durchsetzbarkeit. Das Recht verleiht Rechte und auferlegt Pflichten, es erlässt Verbote und Gebote und verhängt nötigenfalls Strafen. Für die Durchsetzung ihrer Rechtsansprüche (z. B. aus einem Kaufvertrag) stehen dem Bürger/der Bürgerin die staatlichen Gerichte zur Verfügung.

▸ *Recht ist wandelbar:* Die Rechtsordnung bleibt in einem Staat nicht über Jahrhunderte unverändert bestehen, sie ist nicht statisch, sondern unterliegt einem stetigen Wandel, der mit den kulturellen, wirtschaftlichen und technologischen Neuerungen innerhalb der Gesellschaft einher geht. So wurde z. B. das Schweizer Eherecht in der Vergangenheit immer wieder revidiert und an das veränderte Rollenverständnis von Mann und Frau angepasst. Ebenso wurden in den letzten Jahren zahlreiche Gesetze erlassen, um dem veränderten Konsumverhalten der Menschen Rechnung zu tragen (z. B. Konsumkreditgesetz, Pauschalreisegesetz etc.).

▸ *Recht ist schriftlich fixiert:* Im Gegensatz zu Sitten und Bräuchen zeichnet sich das Recht in der Regel durch schriftliche Fixierung aus. Man spricht von geschriebenem Recht, d. h. von Verfassung, Gesetzen, Verordnungen und Reglementen. Die Bürgerinnen und Bürger können sich so jederzeit über ihre Rechte und Pflichten ins Bild setzen. Daneben gibt es auch ungeschriebenes Gewohnheitsrecht (langgeübte Bräuche, die zu Recht geworden sind), und gerichtliche Praxis. Wichtig in der Gerichtspraxis sind Entscheide des Bundesgerichts, des höchsten schweizerischen Gerichts.

▸ *Recht beruht auf Gerechtigkeit:* Die staatliche Rechtsordnung muss mit den von der menschlichen Gesellschaft allgemein als gerecht und angemessen anerkannten Lebensgrundsätzen übereinstimmen. Die Bürgerinnen und Bürger empfänden es als stossend, sich an eine als ungerecht empfundene Rechtsordnung halten zu müssen (z. B. an ein Steuergesetz, das vorsieht, dass Arm und Reich den genau gleich grossen Steuerbetrag zu bezahlen haben).

4. | Rechtsordnung in der Schweiz

Die Rechtsordnung verleiht den Menschen Rechte und Pflichten, enthält Gebote und Verbote und sieht bei Rechtsverstössen Sanktionen, d. h. Strafen, vor. So hat jede und jeder sogenannte Persönlichkeitsrechte, die es ihr/ihm erlauben, beispielsweise ihren/seinen Beruf oder Wohnort frei zu wählen oder gegen Leute, die ihre/seine Persönlichkeitsrechte verletzen, gerichtlich vorzugehen (z. B. gegen eine Zeitung zu klagen, die einen verleumderischen Artikel publiziert hat). Andererseits haben alle auch gesetzliche Pflichten, z. B. die Pflicht zur Bezahlung von Steuern und zur Entrichtung von Sozialversicherungsbeiträgen (AHV, IV, ALV etc.). Zudem besteht für Schweizer Männer die allgemeine Wehrpflicht.

Aufbau der schweizerischen Rechtsordnung

Die Bundesverfassung ist das «Fundament» der schweizerischen Rechtsordnung, das grundlegendste und wichtigste «Gesetz». Jeder Staat hat eine Verfassung, in Deutschland beispielsweise wird sie «Grundgesetz» genannt. In der Schweiz wurde die Bundesverfassung erst kürzlich umfassend revidiert und 1999 von Volk und Ständen angenommen. Sie bestimmt die Grundidee und das System unserer Rechtsordnung.

Sie ist in folgende drei Bereiche eingeteilt:
- Grundrechte, Bürgerrechte und Sozialziele,
- Zweck, Organisation und Behörden des Bundesstaates Schweiz,
- Aufgaben und Zuständigkeit von Bund und Kantonen.

Neben der Bundesverfassung existieren in der Schweiz auch Verfassungen für jeden Kanton. Diese kantonalen Verfassungstexte dürfen nicht gegen Sinn und Zweck der Bundesverfassung verstossen.

Einerseits garantiert die Bundesverfassung den Menschen wichtige Freiheiten und Verfahrensrechte gegenüber dem Staat. Dadurch wird die staatliche Macht beschränkt und die Menschen in ihren Grundrechten geschützt. Andererseits stellt die Bundesverfassung auch die systematische Grundlage der schweizerischen Rechtsordnung dar: Die von der Bundesversammlung beschlossenen Gesetze (als nächsttiefere Stufe in der Rechtsordnung) brauchen eine Grundlage in der Bundesverfassung, d.h. es können nicht beliebig Gesetze «erfunden» und beschlossen werden. Auf der dritten Stufe finden sich die Verordnungen. Sie leiten sich aus den Gesetzen oder ausnahmsweise direkt aus der Verfassung ab. Unterhalb dieser dritten Normstufe befinden sich schliesslich Reglemente.

Das folgende Schema gibt einen Überblick, welche Behörde in der Schweiz für den Erlass der verschiedenen Normstufen zuständig ist und was die unterschiedlichen Normstufen beinhalten:

Zuständigkeit	Erlass/Stufe	Inhalt
Volk und Stände (obligatorisches Referendum)	Verfassung	Zuständigkeit des Bundes; wichtige Grundsätze, Grundrechte
Bundesversammlung (National- und Ständerat), evtl. fakultatives Referendum	Gesetz/Beschluss	grundsätzliche Regelung einzelner Rechtsgebiete, wichtige Einzelheiten
Regierung (Bundesrat)	Verordnung	nähere Ausführung, regelt den Vollzug
Verwaltung (Departement)	Reglement	bestimmt Einzelheiten des Vollzugs

Die Rechtsordnung eines Staates ist nicht beliebig, sondern basiert auf einem verbindlichen und durchdachten System. Trotzdem bleibt auch die ausgeklügeltste Rechtsordnung stets lückenhaft, da mit Gesetzen unmöglich alles normiert werden kann. Um solche Gesetzeslücken zu schliessen, sieht Art. 1 des Schweizerischen Zivilgesetzbuches vor:
«Das Gesetz findet auf alle Rechtsfragen Anwendung, für die es nach Wortlaut oder Auslegung eine Bestimmung enthält. Kann dem Gesetz keine Vorschrift entnommen werden, so soll der Richter nach Gewohnheitsrecht und, wo auch ein solches fehlt, nach der Regel entscheiden, die er als Gesetzgeber aufstellen würde.» (Siehe auch S. 181 f.)

Gesetze werden vom Parlament gemacht. In der Schweiz kann aber auch das Volk darüber entscheiden.

5. | Privates und öffentliches Recht

«Rechtsunkenntnis schadet» – dieser Grundsatz macht deutlich, dass alle über die Rechtsordnung Bescheid wissen sollten. Rechtskenntnisse sind unentbehrlich: Sie zeigen uns, wann wir «recht haben» und wann nicht und bewahren uns davor, Rechtsverstösse zu begehen. Die schweizerische Rechtsordnung unterteilt sich in das Privatrecht und das öffentliche Recht.

Das *Privatrecht* regelt die Rechtsverhältnisse zwischen Personen, d.h. zwischen gleichgestellten Partnern. Es ist enthalten im Schweizerischen Zivilgesetzbuch (ZGB) und im Schweizerischen Obligationenrecht (OR) sowie in den dazugehörigen Verordnungen. Das Privatrecht stellt die Interessen der einzelnen Personen als Träger von Rechten und Pflichten in den Vordergrund und enthält neben zwingenden Vorschriften auch zahlreiche nachgiebige (abänderbare, dispositive) Normen. Zum Privatrecht gehören z.B. das Familienrecht, das Erbrecht, das Personenrecht sowie das gesamte Vertragsrecht (z.B. Arbeitsvertrag, Mietvertrag, Kaufvertrag usw.).

Das *öffentliche Recht* regelt die Beziehungen zwischen dem (übergeordneten) Staat und den (untergeordneten) Bürgerinnen und Bürgern. Es findet sich in zahlreichen Gesetzen und Verordnungen. Im Vordergrund steht das Interesse der Allgemeinheit, nicht das der einzelnen Bürgerinnen und Bürger. Das öffentliche Recht enthält nur zwingende Vorschriften, d.h. diese Rechtsnormen müssen bedingungslos eingehalten und können nicht durch Vereinbarungen abgeändert werden. Wichtige Bereiche des öffentlichen Rechts sind das Strafgesetzbuch (StGB), das Schuldbetreibungs- und Konkursgesetz (SchKG) sowie das gesamte Prozessrecht. Auch die Bundes- und Kantonsverfassungen gehören zum öffentlichen Recht.

Grundlagen des Rechts

Öffentliches Recht	Privat- oder Zivilrecht
Das öffentliche Recht finden wir in einer Vielzahl von Gesetzen und Verordnungen, z. B. im Krankenversicherungsgesetz, Arbeitsgesetz oder im Strassenverkehrsgesetz usw.	Das Privatrecht ist enthalten im Schweizerischen Zivilgesetzbuch (ZGB) und im Obligationenrecht (OR) sowie in Ausführungsgesetzen und Verordnungen.
Es regelt die Rechtsbeziehungen zwischen der übergeordneten Staatsgewalt und den (untergeordneten) Personen.	Es regelt die Rechtsbeziehungen zwischen grundsätzlich gleichgestellten Partnern.
Im Vordergrund steht das Interesse der Allgemeinheit oder der Schutz der Einzelnen oder des Einzelnen aus öffentlichem Interesse.	Im Vordergrund stehen die Interessen der einzelnen Personen als Träger von Rechten und Pflichten.
Die Vorschriften des öffentlichen Rechts sind stets zwingend.	Neben zwingenden Vorschriften enthält das Privatrecht auch nachgiebige (dispositive, abänderbare) Bestimmungen.

Einteilung der Rechtsordnung

Öffentliches Recht

zwingende Vorschriften

- Bundesverfassung **BV**
- Kantonsverfassungen
- Verwaltungsrecht
- Strafrecht **StGB**
- Prozessrecht
- Schuldbetreibungs- und Konkursgesetz **SchKG**
- Kirchenrecht
- Völkerrecht

Privates Recht

gleichgestellt

zwingende und nicht zwingende (dispositive) Vorschriften (dispositive: Dürfen durch Vertragspartner abgeändert werden)

- **ZGB**
  - Personenrecht — ZGB 11–89bis
  - Familienrecht — ZGB 90–456
  - Erbrecht — ZGB 457–640
  - Sachenrecht — ZGB 641–977
- **OR**
  - allgemeine Bestimmungen — OR 1–183
  - einzelne Vertragsverhältnisse — OR 184–551
  - Handelsgemeinschaften und Genossenschaften — OR 552–926
  - Handelsregister — OR 927–964
  - Wertpapiere — OR 965–1186

Strafprozess

- Strafrecht – Strafregister
- StGB; verschiedene eidg. und kantonale Strafbestimmungen
- strafbare Handlungen (z. B. Verstösse gegen das StGB)

- **Staatsanwalt** (Ankläger des Staates)

Angeklagte/r
- schuldig – unschuldig?
- Schuldspruch – Freispruch

Der Staat muss der/dem Angeklagten die Schuld beweisen, sonst erfolgt ein Freispruch (Grundsatz «in dubio pro reo»).

Zivilprozess

- Zivilrecht – Zivilgericht
- ZGB/OR
- Streitigkeiten und Forderungen zwischen natürlichen und juristischen Personen

Kläger/in  **Beklagte/r**

- Wer ist im Recht?
- Rechtsspruch

Der Kläger hat seine/ihre Ansprüche gegenüber dem/der Beklagten zu beweisen, sonst erhält er/sie vom Gericht nichts zugesprochen (der/die Beklagte muss beweisen, dass der Anspruch gegen ihn/sie nicht besteht).

6. | Allgemeine Rechtsgrundsätze

Zu den Rechtsquellen der schweizerischen Rechtsordnung gehört sowohl das geschriebene als auch das ungeschriebene Recht. Zum geschriebenen Recht gehören alle Normen, die wir in Gesetzbüchern niedergeschrieben sind. Dazu gehören nicht nur die Gesetze, sondern auch Verordnungen und Reglemente, ebenso wie die Bundesverfassung und die zahlreichen Staatsverträge. Das geschriebene Recht ist die wichtigste Rechtsquelle.

Daneben existieren jedoch noch andere wichtige Rechtsquellen:

- *Gewohnheitsrecht:* Es gibt Regeln, die sich über lange Zeit im öffentlichen Bewusstsein verankert haben und die, obwohl gesetzlich nicht verankert, vom Richter/von der Richterin zur Beurteilung eines Falles herangezogen werden können (z. B. der sog. «Ortsgebrauch» im Mietrecht, die Verzinsung von Darlehen, falls nichts vereinbart wurde etc.).
- *Gerichtspraxis:* Bei vielen Rechtsproblemen gibt das Gesetz keine eindeutige Antwort auf die Frage, wer Recht hat. Um herauszufinden, ob man in der besseren Position ist als die Gegenpartei, muss man einen Blick auf die aktuelle Gerichtspraxis werfen. Wie haben die Gerichte in vergleichbaren Fällen entschieden? Von grosser Bedeutung sind die Entscheide des höchsten schweizerischen Gerichts, des Bundesgerichts in Lausanne. Allerdings kommt es vor, dass die Gerichte ihre Praxis im Laufe der Zeit ändern, wenn sie zur Einsicht gelangen, dass ihre frühere Rechtsauffassung falsch oder ungerecht war.
- *Rechtswissenschaft (Lehre):* Gerichte stellen aus Zeitgründen nicht zu jedem unterbreiteten Problem umfangreiche Grundsatzüberlegungen an. Sie greifen darum auf die juristische Fachliteratur und die Lehrmeinungen von Rechtsgelehrten zurück.

Schliesslich bestehen gewisse traditionelle Rechtsgrundsätze, die für die gesamte schweizerische Rechtsordnung gelten. Das bedeutet, dass ein Gericht zur Urteilsfindung diese Rechtsgrundsätze stets vor Augen halten muss und kein Urteil fällen darf, das diesen Rechtsgrundsätzen widerspricht. Man unterscheidet *geschriebene* und *ungeschriebene* Rechtsgrundsätze.

Beispiele für geschriebene Rechtsgrundsätze

Art. 8 BV (Rechtsgleichheit)
Diese Bestimmung verlangt, dass alle Menschen vor dem Gesetz gleich zu behandeln sind und niemand diskriminiert werden darf. Mann und Frau sind gleichberechtigt. Dieses in der Verfassung verankerte Gleichheitsgebot ist in der ganzen Rechtsordnung zu beachten. Gleiche Sachverhalte sind gleich, Ungleiches ist ungleich zu behandeln. Die Gerichte haben sich bei ihrer Entscheidungsfindung an diesem Rechtsgrundsatz zu orientieren, gleichgültig ob es um Urteile im Bereich des öffentlichen Rechts oder des Privatrechts geht.

Art. 2 ZGB (Treu und Glauben)
Dieser Gesetzesartikel schreibt vor, dass sich alle im Rechtsverkehr nach Treu und Glauben zu verhalten haben. Die Bestimmung appelliert an die Sittlichkeit der Menschen (s.o.). Wer auf die Anständigkeit seines Geschäftspartners vertraut, soll nicht enttäuscht werden. Stellen die Gerichte fest, dass sich eine der Streitparteien treuwidrig verhalten hat, schützen sie deren Rechtsposition nicht. Wichtig ist, dass der im ZGB verankerte Grundsatz von Treu und Glauben eben nicht nur im Privatrecht, sondern in sämtlichen Bereichen der Rechtsordnung und damit auch im öffentlichen Recht gilt. Auch der Staat hat gegenüber dem Bürger/der Bürgerin nach Treu und Glauben zu handeln; die Bürger können auf Zusicherungen, die ihnen der Staat gemacht hat (z.B. Bezahlung einer Entschädigung bei Enteignung), vertrauen.

Das Bundesgericht in Lausanne ist die höchste juristische Instanz der Schweiz.

Grundlagen des Rechts

Rechtsquellen

Wenn ein Gericht Recht spricht, orientiert es sich wie folgt:
- Geschriebenes Recht (ZGB, OR, Strafgesetzbuch usw.)
- Gewohnheitsrecht
- Gerichtsentscheide
- Lehre (Rechtswissenschaft)

Beispiele für ungeschriebene Rechtsgrundsätze

«in dubio pro reo»
Dieser Rechtsgrundsatz war schon den alten Römern bekannt und lautet aus dem Lateinischen übersetzt «im Zweifel für den Angeklagten». Das bedeutet, dass einem/einer Angeschuldigten im Strafprozess die Schuld nachgewiesen werden muss und keine Zweifel mehr daran bestehen dürfen. Bleiben berechtigte Zweifel an der Schuld bestehen und können diese nicht ausgeräumt werden, ist der/die Angeklagte freizusprechen.

«Rechtsunkenntnis schadet»
Niemand kann sich darauf berufen, eine gesetzliche Regelung oder ein Verbot nicht gekannt zu haben – die Richterin/der Richter wird einen solchen Einwand nicht hören. Nur in ganz besonderen Ausnahmefällen werden solche «Rechtsirrtümer» vom Gericht anerkannt, z.B. wenn jemand aus dem Ausland einen Gesetzesverstoss begeht, weil er mit der hiesigen Rechtsordnung nicht vertraut ist. Andererseits haben sich selbstverständlich auch alle ausländischen Staatsbürger und Staatsbürgerinnen, die sich auf Schweizer Boden befinden, an die schweizerische Rechtsordnung zu halten.

7. | Rechtsdurchsetzung und ihre Schranken

Für die Durchsetzung der Rechtsansprüche stellt der Staat seine Gerichte zur Verfügung – allerdings müssen gewisse Voraussetzungen eingehalten werden, denn auch bei der Rechtsdurchsetzung gibt es Schranken:
- Damit das Gericht von Ansprüchen überzeugt, resp. die Rechtsverletzung bewiesen ist, müssen die nötigen *Beweismittel* vorgelegt werden. Dies können schriftliche Verträge, Quittungen, Korrespondenzen etc. sein. Art. 8 ZGB auferlegt die Beweislast dem Kläger/der Klägerin. Es heisst, dass derjenige/diejenige, der/die etwas beansprucht, diesen Anspruch auch beweisen muss. Es handelt sich auch hier um einen Rechtsgrundsatz, der für die gesamte Rechtsordnung Gültigkeit hat.
- Bevor ein Gericht zur Durchsetzung von Ansprüchen angerufen wird, muss das Begehren der Gegenpartei direkt unterbreitet werden. Erst wenn feststeht, dass das Ziel auf diesem Wege nicht erreicht werden kann und die Vertragspartnerin nicht auf die Forderungen eingehen will, kann die Hilfe eines Gerichts oder eines Betreibungsamtes in Anspruch genommen werden.
- Wer voreilig oder grundlos einen Prozess gegen jemanden einleitet und dafür staatliche Hilfe beansprucht, darf nicht geschützt werden; diese Person risikiert, dass sie am Schluss nicht nur die Kosten des aussichtslosen Verfahrens tragen muss, sondern auch sämtliche Anwaltshonorare und Entschädigungen der Gegenpartei. Art. 2 Abs. 2 ZGB stellt den allgemeinen Rechtsgrundsatz «kein Schutz bei Rechtsmissbrauch» auf – dieser Grundsatz gilt für alle Bereiche der Rechtsordnung!
- Wichtig ist, sich vor Einleitung eines Gerichtsverfahrens zu erkundigen, ob der Anspruch überhaupt geltend gemacht werden kann oder ob eine Geldforderung z.B. bereits verjährt ist (viele Rechnungen verjähren innerhalb von fünf Jahren, manche bereits nach zwei Jahren).

8. | Rechts-, Urteils- und Handlungsfähigkeit

In der Schweiz ist jeder und jede Einzelne unabhängig von Alter, Geschlecht, Bildung und Herkunft rechtsfähig. Dies bedeutet, dass alle Menschen in der Schweiz ohne jede Bedingung Rechte haben und Pflichten eingehen können (Zivilgesetzbuch ZGB 11). Die Rechtsfähigkeit beginnt mit der vollendeten Geburt und endet mit dem Tode (ZGB 31,1). Ein Kind wird also mit dem ersten Schrei rechtsfähig. Von diesem Moment an hat es zum Beispiel ein Recht auf einen Namen, ist erbberechtigt und hat Anspruch auf eine Bestattung im Todesfall.

Unter der Urteilsfähigkeit versteht man die Fähigkeit, vernunftgemäss zu handeln. Die Urteilsfähigkeit wird nach und nach erworben und mit ungefähr 14 Jahren vollständig erreicht. Nach dieser Altersgrenze nimmt man bei allen Personen an, dass die Urteilsfähigkeit vorhanden ist. Wenn sie fehlt, muss dies bewiesen werden. Eine Beschränkung oder Aufhebung der Urteilsfähigkeit kann im Kindesalter (unter 14 Jahren), bei Geistesschwäche, Trunkenheit oder z.B. bei Drogensucht, Schreckreaktionen, Senilität (Altersschwäche) usw. vorgenommen werden.

Wenn eine Person urteilsfähig, aber noch nicht mündig oder entmündigt ist, besitzt sie nur eine beschränkte Handlungsfähigkeit. Sie darf alltägliche Geschäfte selbstständig

Rechtsfähig sind alle Menschen, Urteilsfähigkeit hängt vom Alter und der «Vernunft» ab.

erledigen, weil man das stillschweigende Einverständnis der Eltern oder des Vormundes voraussetzt und muss für unerlaubte Taten die Verantwortung übernehmen. Für wichtige Handlungen wie das Kaufen einer Wohnungseinrichtung, der Miete einer Wohnung oder grössere Wertschriftengeschäfte ist jedoch die Zustimmung der Eltern oder des Vormundes nötig.

9. | Natürliche und juristische Personen

Die Rechtsordnung ist verbindlich und durchsetzbar. Sie auferlegt allen Rechte und Pflichten.

Natürliche Personen
sind Menschen wie Du und ich, die ihre Handlungen grundsätzlich beurteilen, frei entscheiden und selbst handeln können. Handlungsfähig im rechtlichen Sinne ist nur, wer urteilsfähig und mündig ist. Das Mündigkeitsalter erreicht man mit 18 Jahren. Einzelheiten zur Rechts- und Handlungsfähigkeit sind dem Personenrecht des Schweizerischen Zivilgesetzbuches (ZGB) zu entnehmen (ZGB Art. 11–19).

Juristische Personen
sind Verbindungen von mehreren Leuten zu einer neuen, vom Rechtssystem als eigenständig anerkannten Person. Beispiele für eine juristische Person sind Aktiengesellschaften (AG), Gesellschaften mit beschränkter Haftung (GmbH), Genossenschaften und Vereine. Juristische Personen handeln nicht selbst, sondern durch ihre Organe. Bei einer Aktiengesellschaft ist dies z. B. der Verwaltungsrat, bei einem Verein der Vorstand. Juristische Personen stellen Rechtssubjekte dar und sind wie die natürlichen Personen Träger von Rechten und Pflichten, d. h. sie können sich vertraglich verpflichten oder Forderungen stellen.

Personenrecht

Rechtsfähig: Grundsätzlich alle Menschen können Rechte und Pflichte haben
Mündig: Ab 18. Geburtstag
Urteilsfähig: Fähigkeit, vernunftgemäss zu handeln
Nicht urteilsfähig: Kleinkinder, Geistesschwache, Geisteskranke, Betrunkene oder Ähnliches
Beschränkt urteilsfähig: Kinder, je nach Alter, bevormundete Personen
Handlungsfähig: Mündig und urteilsfähig. Vor dem Gesetz die volle Verantwortung von Handlungen tragen, alle Rechte und Pflichten dazu übernehmen
Beschränkt handlungsfähig: Mündig, aber nur teilweise urteilsfähig (Vormund); unmündig, aber schon fortgeschritten urteilsfähig (Jugendlicher)
Handlungsunfähig: Nicht mündig, nicht urteilsfähig; mündig, aber nicht urteilsfähig
Natürliche Personen: Einzelpersonen
Juristische Personen: Verbindung von Personen, die wie eine «künstliche» Person vor dem Gesetz auftreten: AGs, GmbH, Vereine, Genossenschaften usw.

10. | Grundrechte und Persönlichkeitsrechte

In der schweizerischen Rechtsordnung sind die Bürger und Bürgerinnen allfälligen Eingriffen des Staates nicht schutzlos ausgeliefert. So ist es undenkbar, dass jemand grundlos inhaftiert und ohne Strafprozess verurteilt und in ein Zuchthaus gesteckt wird. Auch dürfen die Schweizer Gerichte und Behörden die Bürger und Bürgerinnen nicht ungleich behandeln und im genau gleichen Fall dem einen Bürger etwas bewilligen, der anderen Bürgerin dasselbe aber verweigern. Auch wenn uns dies selbstverständlich erscheinen mag – die Grundlage für diesen Schutz der Persönlichkeit des/der Einzelnen findet sich in der Bundesverfassung (BV). Sie enthält einen Katalog von verschiedenen Grundrechten der Menschen, die für alle Bereiche unserer Rechtsordnung Geltung haben müssen. So sieht die Bundesverfassung zum Beispiel in Art. 7 vor, dass die Menschenwürde zu achten sei. Wichtig ist diese Vorgabe z. B. vor allem im Bereich des Strafverfahrens und des Strafvollzuges. Weiter garantiert die Bundesverfassung unter anderem das Recht auf Leben und persönliche Freiheit, den Schutz der Privatsphäre, die Wirtschaftsfreiheit und die Religionsfreiheit. Auch das Eigentum wird dem Bürger in der Bundesverfassung garantiert – der Staat kann somit nicht plötzlich Besitz enteignen und Eigentum verstaatlichen. Die Grundrechte der Bundesverfassung garantieren die Entfaltung und das Selbstbestimmungsrecht des Menschen.

Polizei ist Kantonsangelegenheit. Sie schützt Bürgerinnen und Bürger.

11. | Strafrecht

Wenn wir an Recht denken, kommt uns vielleicht zuerst das Strafrecht in den Sinn. Das Strafrecht ist wichtig für jeden von uns. Einerseits soll es uns Sicherheit und Schutz bieten für den Fall, dass wir Opfer einer Straftat werden. Andererseits möchten wir selber lieber nicht in der Haut eines/einer Angeschuldigten stecken – wir versuchen also, uns an die Strafgesetze zu halten! In der Zeitung lesen wir Reportagen von Gerichtsberichterstattern über grössere Strafprozesse, wir lesen Krimis oder sehen uns im Kino an, wie ermittelt und der Täter oder die Täterin schliesslich überführt wird. Das Strafrecht erfreut sich somit einer gewissen «Beliebtheit» – es lohnt sich, etwas mehr darüber zu wissen.

Zweck des Strafrechts

Das Strafrecht schützt die wichtigsten sog. Rechtsgüter des Menschen. Zu diesen Rechtsgütern gehören u. a. Leib und Leben, Freiheit, sexuelle Integrität sowie Eigentum und Vermögen. Verletzt jemand ein strafrechtlich geschütztes Rechtsgut, muss er mit Bestrafung rechnen. Dabei spielt es keine Rolle, ob man den entsprechenden Artikel des Strafgesetzes kennt oder nicht – er wird einfach als bekannt vorausgesetzt.

Wichtige Grundsätze des Strafrechts

- *Keine Strafe ohne Gesetz:* Dieser wichtigste Grundsatz des Strafrechts ist in Art. 1 des Schweizerischen Strafgesetzbuches (StGB) ausdrücklich verankert: Strafbar ist nur, wer eine Tat begeht, die das Gesetz ausdrücklich mit Strafe belegt. Der Grundsatz schützt die Bürgerinnen vor Willkür und dient der Rechtssicherheit: Man muss wissen, was verboten ist, um sich überhaupt daran halten zu können. In der Schweiz dürfen weder ungesetzliche Schuldsprüche gesprochen noch ungesetzliche Sanktionen verhängt werden.

Keine Strafe ohne Schuld: Das moderne, heute geltende Strafrecht ist ein Schuldstrafrecht. Das bedeutet, dass jemand nur dann von einem Strafrichter/einer Strafrichterin verurteilt werden darf, wenn ihm die Schuld für sein strafrechtliches Verhalten nachgewiesen werden kann. Das Strafrecht kennt die beiden Schuldformen Vorsatz und Fahrlässigkeit. Hat jemand ein Delikt weder vorsätzlich begangen noch kann ihm *Fahrlässigkeit* vorgeworfen werden, trägt er keine Schuld – für den Zufall muss niemand haften! Ebenfalls nicht schuldfähig ist z. B. jemand, der zum Zeitpunkt der Tat zurechnungsunfähig ist. Es gilt die Faustregel, dass jemand ab einer Blutalkoholkonzentration von ca. 3 Promille im strafrechtlichen Sinn zurechnungsunfähig ist.

- *Verjährung:* Sowohl die Strafverfolgung als auch der Strafvollzug können verjähren. Ausgenommen von diesem Grundsatz sind sog. Delikte gegen die Menschlichkeit, d. h. Straftaten von grossen Dimensionen wie z. B. der Holocaust. Geregelt ist diese Unverjährbarkeit im Strafgesetzbuch (StGB). Im übrigen tritt die *Verfolgungsverjährung* je nach Schwere des Delikts nach 7 bis 30 Jahren ein. Das bedeutet, dass ein begangenes Delikt nach dieser Zeitspanne von den Strafbehörden nicht mehr verfolgt werden kann. Mit ein Grund für diese Regelung sind zunehmende Beweisschwierigkeiten im Laufe der Jahre. In Fällen von sexuellem Kindsmissbrauch und anderen schwerwiegenden Delikten gegen Kinder gilt gemäss Art. 70 StGB, dass das Opfer die Strafverfolgung mindestens bis zu seinem/ihrem 25. Altersjahr einleiten kann, d. h. die Delikte verjähren nicht früher. Aber hier gilt: Je grösser die Zeitspanne zwischen Delikt und Einleitung der Strafverfolgung, desto grösser die Beweisschwierigkeiten!

Keine Strafe ohne Schuld.

Die Polizeit sorgt für die öffentliche Sicherheit.

Auch verhängte Strafen selber verjähren nach einer gewissen Zeit, wenn sie nicht rechtzeitig vollzogen werden. Hier kommt es ebenfalls auf die Schwere des Delikts an. Man spricht von *Vollstreckungsverjährung*.

Strafgesetzbuch (StGB) und andere strafrechtliche Bestimmungen (Nebenstrafrecht)

Das Schweizerische Strafgesetzbuch (StGB) trat 1942 in Kraft und wurde seither mehrmals teilrevidiert. Vorher hatte jeder einzelne Kanton sein eigenes Strafgesetzbuch. Die Todesstrafe wurde gesamtschweizerisch erst mit der Einführung des StGB abgeschafft!

Das StGB ist sozusagen das «Hauptstrafgesetzbuch» der Schweiz. Daneben gibt es in beinahe allen übrigen Gesetzen Strafrechtsbestimmungen, deren Verletzungen ebenfalls von Strafgerichten zu ahnden sind. Man spricht hier vom Nebenstrafrecht. Besondere Bedeutung haben das Strassenverkehrsgesetz (SVG) und das Betäubungsmittelgesetz (BetmG). Gegen diese beiden Nebenstrafgesetze wird heute besonders oft verstossen. Aber auch in den kantonalen und eidgenössischen Steuergesetzen finden sich Strafbestimmungen für den Fall, dass jemand Steuern hinterzieht oder gar einen Steuerbetrug begeht. Die angedrohten Bussen sind empfindlich hoch.

Strafen im schweizerischen Strafrecht

Im schweizerischen Strafrecht gibt es grundsätzlich zwei Arten von Sanktionen: Freiheitsstrafe und Busse.

Freiheitsstrafen sind in Art. 35 ff. StGB geregelt. Man unterscheidet:

- *Zuchthausstrafen:* Sie dauern zwischen einem Jahr und lebenslänglich, d. h. 25 Jahren.
- *Gefängnisstrafen:* Sie dauern zwischen drei Tagen und maximal drei Jahren.
- *Haftstrafen:* Ihre Dauer beträgt zwischen einem Tag und drei Monaten.

Bei der Busse handelt es sich dagegen um eine Geldstrafe. Sie ist ebenfalls im StGB geregelt (Art. 48 ff.) und grundsätzlich auf maximal Fr. 40 000.– beschränkt. Das Gesetz kann aber in Einzelfällen etwas anderes bestimmen. Höher ausfallen kann die Busse dann, wenn der Täter oder die Täterin z. B. aus Gewinnsucht handelt.

Daneben kennt das schweizerische Strafrecht sog. Massnahmen (Art. 42 ff. StGB). Beispiele dafür sind die Verwahrung und die ambulante oder stationäre psychotherapeutische Massnahme. Die Verwahrung ist die härteste Massnahme, bei der ein Täter oder eine Täterin u. U. nie mehr seine bzw. ihre Freiheit erlangt. Sie sollte nur in Ausnahmefällen und als letztes Mittel ausgesprochen werden, wenn die Sicherheit der Öffentlichkeit vor bestimmten, nicht therapierbaren Tätern geschützt werden muss. Die anderen Massnahmen des StGB dienen dagegen pädagogischen und therapeutischen Zwecken. Sie sollen z. B. milieugeschädigten Drogenabhängigen oder Alkoholkranken einen Ausstieg aus der Sucht erleichtern (Art. 44 StGB, Einweisung in eine Heilanstalt).

Für Jugendliche bis 18 Jahre gilt ein besonderes Jugendstrafrecht. Für sie sind keine Zuchthaus- oder Gefängnisstrafen denkbar. Sinnvoller sind hier pädagogische Massnahmen wie gemeinnützige Arbeit oder Erziehungshilfe. Auch für junge Erwachsene zwischen 18 und 25 Jahren gibt es zusätzliche, vom Erwachsenenstrafrecht abweichende Massnahmen, z. B. die Einweisung in eine Arbeitserziehungsanstalt.

Die Strafanstalt Thorberg (BE).

Dort haben die jungen Erwachsenen die Möglichkeit, eine Berufslehre zu machen.

Strafzumessung

Es ist Aufgabe des Gerichts, das Strafmass festzulegen. Das Gesetz schreibt dem Richter/der Richterin nur den Strafrahmen vor, an den er/sie sich zu halten hat. Für einen Mord beträgt der Strafrahmen gemäss StGB zwischen 10 und 25 Jahren Zuchthaus. Es liegt nun an der Strafrichterin oder am Strafrichter, zu entscheiden, welches Strafmass im Einzelfall angemessen ist. Bei Festlegung der Strafe hat sie/er das Verschulden des Täters/der Täterin, die Beweggründe, das Vorleben und die persönlichen Verhältnisse zu berücksichtigen.

Offizialdelikte und Antragsdelikte

Grundsätzlich geht der Staat von sich aus gegen Straftäterinnen vor und wartet nicht zuerst die Anzeige eines Dritten ab. Man spricht von *Offizialdelikten*. Beispiele von Offizialdelikten sind Raub, jedes Tötungsdelikt, Vergewaltigung sowie die meisten Vermögensdelikte.

Bei *Antragsdelikten* hingegen erfolgt die Strafverfolgung gegen den Täter/die Täterin nicht von Amtes wegen, sondern nur auf Anzeige des/der Geschädigten hin. Antragsdelikte bilden im schweizerischen Strafrecht die Ausnahme. Beispiele hierfür sind Diebstahl zum Nachteil eines Angehörigen, Ehrverletzung, Drohung oder Hausfriedensbruch. Der Staat soll sich hier ohne ausdrücklichen Willen des/der Geschädigten nicht in Sachverhalte einmischen können, die eher dem Privatbereich zuzuordnen sind.

Strafverfahren

Während die Strafgesetze (d.h. das materielle Strafrecht) einheitlich für die ganze Schweiz Geltung haben, ist das Verfahrensrecht kantonal geregelt, d.h. ein Strafverfahren läuft grundsätzlich in jedem Kanton der Schweiz unterschiedlich ab. Für den Kanton Bern gilt das Gesetz über das Strafverfahren vom 15. März 1995 (kurz StrV). Bereits die Bundesverfassung enthält aber gewisse Verfahrensgarantien, die ein faires und korrektes Strafverfahren sichern sollen.

Der/die Angeschuldigte hat z.B. das Recht auf Akteneinsicht. Nur so ist es ihm/ihr möglich, sich in genauer Kenntnis der ihm/ihr vorgeworfenen Taten zu verteidigen. Um einen Fall von sog. notwendiger Verteidigung handelt es sich dann, wenn jemand selbst nicht in der Lage ist, sich zu verteidigen und wenn es sich um Sanktionen einer gewissen Tragweite handelt. Zudem haben alle am Strafverfahren beteiligten Parteien (Angeschuldigte, Privatklägerin, Staatsanwältin und Staatsanwalt) Anspruch auf rechtliches Gehör, d.h. sie dürfen an allen Befragungen teilnehmen und selbst Anträge stellen.

Letztlich darf es nur dann zur Verurteilung kommen, wenn eine schuldhafte Verantwortung für ein Delikt bewiesen ist. Das bedeutet, dass im Rahmen des Strafverfahrens während der sog. Voruntersuchung versucht wird, alles verfügbare, entscheidungsrelevante Beweismaterial zu sammeln. Solche Beweismittel sind z.B. die Befragung von Zeugen und Zeuginnen, der Beizug von Expertinnen und Experten (Rechtsmedizinerinnen und Gerichtspsychiater), die Sicherstellung von Gegenständen (z.B. Tatwaffe, Beute), die Durchführung einer Tatrekonstruktion vor Ort, die Konfrontation (z.B. zwischen Opfer und mutmasslichem Täter) sowie die Überwachung des Post- und Fernmeldeverkehrs einer verdächtigen Person etc. Im Fall des sexuellen Missbrauchs von Kindern wird die Befragung des Kindes durch die Untersuchungsbehörde stets auf Video aufgezeichnet, da Kinder sich oft besser durch Gebärdensprache ausdrücken können.

Derzeit sind Bestrebungen im Gang, das Strafprozessrecht für die gesamte Schweiz zu vereinheitlichen.

12. | Zusammenleben (ZGB)

12.1 | Gesetzliche Grundlagen
Das Zusammenleben von Menschen wird durch Gesetze geregelt. Die Rechtsbeziehungen zwischen Privatpersonen sind vor allem im Zivilgesetzbuch (ZGB) geordnet. Das ZGB enthält vier Teile:

1. Personenrecht (ZGB Art. 11– 89bis):
- Natürliche Personen
- Recht der Persönlichkeit
- Beurkundung des Personenstandes
- Juristische Personen

2. Familienrecht (ZGB Art. 90–456):
- Verlobung
- Eherecht
- Eheschliessung
- Ehescheidung/Ehetrennung
- Wirkungen der Ehe
- Güterrecht
- Verwandtschaft
- Entstehung und Wirkungen des Kindesverhältnisses
- Vormundschaft

3. Erbrecht (ZGB Art. 457– 640):
- Gesetzliche Erben
- Verfügungen von Todes wegen (Testament und Erbvertrag)
- Wirkungen des Erbganges
- Teilung der Erbschaft

4. Sachenrecht (ZGB Art. 641–977):
- Rechte an Sachen
- Eigentum (Grundeigentum, Stockwerkeigentum, Fahrniseigentum)
- Beschränkte dingliche Rechte
- Besitz
- Grundbuch

Zu den gesetzlichen Grundlagen des Zusammenlebens gehört auch das Mietrecht. Dieses ist allerdings im OR geregelt.

12.2 | Vorbereitungen für die Eheschliessung
- Um die Ehe eingehen zu können, müssen Braut und Bräutigam urteilsfähig und mündig sein (ZGB 94/16).
- Die Ehemündigkeit ist gleichgesetzt mit der Mündigkeit, die man mit 18 Jahren erreicht (ZGB 14).
- Wer unter 18 Jahre alt ist, kann nicht heiraten (ZGB 12/13).
- Eine gültige Ehe kann zudem nur geschlossen werden, wenn keine Ehehindernisse durch Verwandtschaft (ZGB 95) sowie aufgrund einer schon bestehenden Ehe (ZGB 96) vorliegen.

12.3 | Wirkungen der Ehe
Die Eheschliessung hat rechtliche Wirkungen:
- Die Ehegatten werden durch die Trauung zur ehelichen Gemeinschaft verbunden. Sie schulden einander Beistand und Treue. Sie verpflichten sich, das Wohl der Gemeinschaft zu wahren und für die Kinder gemeinsam zu sorgen (ZGB 159).
- Der Name des Ehemannes ist in der Regel der Familienname der Ehegatten. Wenn achtenswerte Gründe vorliegen, kann auf Gesuch hin der Name der Ehefrau als Familienname geführt werden. Die Kinder erhalten, wenn die Eltern miteinander verheiratet sind, ihren Familiennamen. Die Ehefrau hat die Möglichkeit, ihren bisherigen Namen dem des Mannes, dem Familiennamen, voranzustellen – ohne Bindestrich (ZGB 160).
- Die Ehefrau erhält das Bürgerrecht des Ehemannes, ohne das Bürgerrecht zu verlieren, das sie als Ledige hatte (ZGB 161).
- Die beiden Ehepartner bestimmen gemeinsam die eheliche Wohnung, die nur gemeinsam gekündigt oder verkauft werden kann ZGB (162/169).
- Die Ehepartner sorgen gemeinsam, ihren Möglichkeiten entsprechend, für den Unterhalt der Familie (ZGB 163).
- Es gibt keine gesetzliche Rollenverteilung.
- Der Ehegatte, der den Haushalt führt, hat Anspruch auf einen angemessenen Betrag zur freien Verfügung. Beide sollen die gleich grossen finanziellen Möglichkeiten zur Befriedigung ihrer persönlichen Bedürfnisse haben (ZGB 164).

Nach Gesetz werden drei Güterstände unterschieden:		
1. Errungenschaftsbeteiligung	**2. Gütergemeinschaft**	**3. Gütertrennung**
ZGB 181/196–220	ZGB 221–246	ZGB 247–251
Gesetzlicher oder ordentlicher Güterstand. Er tritt automatisch in Kraft, wenn die Ehepartner nichts anderes vereinbaren. Sie ist Norm, leben doch rund 95 Prozent aller Ehen unter diesem Güterstand. Er hat dort Bedeutung, wo im Todesfall der überlebende Ehegatte (bei kinderlosen Paaren) gegenüber Verwandten besser gestellt wird.	*Vertraglicher Güterstand,* der vor oder während der Ehe durch einen schriftlichen Ehevertrag zustande kommt. Dieser muss öffentlich beurkundet und von den Eheleuten unterschrieben werden. Damit können spezielle vermögensrechtliche Wünsche der Ehepartner berücksichtigt werden. Er dient vor allem der wirtschaftlichen Besserstellung des überlebenden Ehegatten oder der Sicherung eines eigenen Geschäftes.	Sie kennt kein eheliches Vermögen. Es ist der «einfachste» Güterstand, weil es keine «Teilungsprobleme» gibt. Jeder ist für sich allein verantwortlich, wie wenn er nicht verheiratet wäre.

- Beide Ehegatten können erwerbstätig sein, wobei auf das Wohl der ehelichen Gemeinschaft Rücksicht genommen werden muss (ZGB 167).
- Für die laufenden Bedürfnisse (Haushaltausgaben, Kleidung, kleine Anschaffungen, Arzt, das Buchen gemeinsamer Ferien usw.) kann jeder Ehegatte die eheliche Gemeinschaft alleine rechtsgültig vertreten. Für diese Aufgaben haften beide Ehegatten solidarisch (ZGB 166).
- Die Ehegatten müssen sich gegenseitig über ihr Einkommen, ihr Vermögen und ihre Schulden Auskunft geben (ZGB 170).

12.4 | Eheliches Güterrecht

Im ehelichen Güterrecht werden die Vermögensverhältnisse der Ehegatten geregelt. Es geht dabei um folgende Fragen:
- Wem gehört was? Eigentum
- Wer verfügt über das Vermögen? Verfügung
- Wer haftet für welche Schulden? Haftung
- Wer verwaltet das Vermögen? Verwaltung
- Wer nutzt bzw. behält die Erträge? Nutzung
- Wie sieht die Aufteilung bei Auflösung der Ehe aus? Aufteilung

12.5 | Drei Güterstände

Die meisten Ehepaare machen sich über ihre Vermögensverhältnisse vor und während der Ehe keine Gedanken; wie sollen sie auch, wenn doch die Liebe im Vordergrund steht? Erst bei Auflösung der Ehe erkennen sie die Bedeutung der Vorschriften des ehelichen Güterrechts.

12.6 | Merkmale der Errungenschaftsbeteiligung

95 Prozent der Eheleute heiraten unter dem Güterstand der Errungenschaftsbeteiligung (ZGB 181). Bei der Errungenschaftsbeteiligung werden vier Vermögensteile unterschieden:

Mannesvermögen
1. *Eigengut des Mannes* (ZGB 196, 198): Es umfasst das in die Ehe eingebrachte Vermögen, z.B. Sparheft, und die persönlichen Gegenstände, wie z.B. Kleider, Schmuck, Sport- und Hobbygeräte, Gegenstände zur Ausübung des Berufes usw. Dazu kommen die während der Ehe erhaltenen Erbschaften und Schenkungen. Ebenso gehören so genannte Ersatzanschaffungen, die Vermögenswerte aus dem Eigengut ersetzen, dazu.
2. *Errungenschaft des Mannes* (ZGB 197): Sie beinhaltet die während der Ehe gebildeten Ersparnisse des Mannes aus:
   - Arbeitserwerb bzw. Leistungen von Personalfürsorgeeinrichtungen und Sozialversicherungen,
   - Erträgen des Eigengutes, z.B. Zinsen,
   - Lottogewinne u.ä.

Frauenvermögen
3. *Eigengut der Frau:* wie beim Mann
4. *Errungenschaft der Frau:* wie beim Mann

12.7 | Wichtiges zur Errungenschaftsbeteiligung

Für die Errungenschaftsbeteiligung gelten bezüglich Eigentum, Verfügung, Haftung, Verwaltung und Nutzung nach Gesetz klare Vorschriften.
- *Eigentum:* Jeder Ehegatte bleibt Eigentümer seines ganzen Vermögens (ZGB 200).
- *Verfügung:* Jeder Ehegatte kann alleine über sein Vermögen verfügen, wie Verkauf, Schenkung, Verpfändung, Tausch usw. (ZGB 201).
- *Verwaltung:* Jeder Ehegatte verwaltet sein Einkommen und sein Vermögen selbst. Ausgenommen davon sind die Ausgaben für gemeinsame Auslagen wie Wohnungsmiete, Haushalt, Steuern, Versicherungen usw. (ZGB 201).
- *Nutzung:* Die Bestimmungen über die Verwaltung gelten sinngemäss auch für die Nutzung (ZGB 201).
- *Haftung:* Jeder Ehegatte haftet nur für seine Schulden mit seinem ganzen Vermögen und Einkommen. Ausnahme bilden die Haushaltschulden für die laufenden Bedürfnisse (ZGB 202).

12.8 | Auflösung der Errungenschaftsbeteiligung

Mit dem Tod eines Ehegatten, mit der Vereinbarung eines anderen Güterstandes oder bei Scheidung, Trennung, Ungültigkeitserklärung der Ehe oder gerichtlicher Anordnung der Gütertrennung wird der Güterstand der Errungenschaftsbeteiligung aufgelöst (ZGB 204).

Es kommt zur so genannten güterrechtlichen Auseinandersetzung, die wie folgt geregelt ist:

- Das Eigengut geht an die Ehegatten zurück (ZGB 207).
- Die Eheleute regeln ihre gegenseitigen Schulden. Allfällige Vermögensverschiebungen zwischen Eigengut und der Errungenschaft werden korrigiert (Belege dafür sind unbedingt notwendig) (ZGB 205.3).
- Jeder Ehegatte ist am Errungenschaftsvorschlag des andern zur Hälfte beteiligt. Einfacher ausgedrückt heisst das, der Vorschlag (also das, was die beiden Ehegatten seit der Ehe zusätzlich an Vermögen erworben haben, gleichgültig von wem) wird je zur Hälfte an beide Ehegatten verteilt (ZGB 210, 215).
- Durch einen Ehevertrag kann diese Teilung geändert werden. Sind die Errungenschaftsschulden grösser als das Vermögen, bedeutet dies einen Rückschlag. Diesen hat jeder Ehegatte alleine zu tragen (ZGB 216).
- Beim Tod eines Ehegatten kann der Überlebende verlangen, dass ihm Wohnung oder Haus sowie der Hausrat zugeteilt werden. Somit kann der überlebende Elternteil nicht von den Kindern aus der Wohnung oder dem Haus vertrieben werden. Selbstverständlich wird dies den güter- und erbrechtlichen Ansprüchen angerechnet (ZGB 219).

Güterrechtliche Auseinandersetzung (Beispiel)

Mann		Frau
Vor der Ehe/bei der Heirat		
Aktien 20 000.–	Eigengut	Obligationen 10 000.– Bauernschrank 20 000.–
Während der Ehe		
Ersparnisse aus Arbeitserwerb 70 000.–	Errungenschaft	Ersparnisse aus Arbeitserwerb 10 000.–
–	Eigengut	Erbschaft 120 000.–
Auflösung der Ehe durch Tod oder Scheidung		
Aktien 20 000.–	Eigengut	Obligationen 10 000.– Bauernschrank 20 000.– Erbschaft 120 000.–
Ersparnisse 70 000.–	Errungenschaft	Ersparnisse 10 000.–
90 000.–	Vermögen Total	160 000.–
Güterrechtliche Auseinandersetzung		
20 000.–	Eigengut	150 000.–
5 000.–	½ Errungenschaft Frau	5 000.–
35 000.–	½ Errungenschaft Mann	35 000.–
60 000.–		190 000.–

12.9 | Ehescheidung

Gesetzlich werden zwei Vorgehensweisen bei der Ehescheidung unterschieden:

Scheidung auf Klage eines Ehegatten nach zweijähriger Trennung (ZGB 114)

Wenn nur einer der beiden Ehepartner sich scheiden lassen will, braucht es vorerst eine zweijährige Trennung, bis der scheidungswillige Ehepartner die Scheidungsklage einreichen kann.
Trennung bedeutet, dass die Ehepartner nicht mehr gemeinsam wohnen. In schweren Fällen wie Gewaltanwendung, seelischer Grausamkeit, Suchtverhalten usw. gilt die zweijährige Trennungszeit nicht.

Die Konventionalscheidung (ZGB 111)

Die Konventionalscheidung stellt die Scheidung auf gemeinsames Begehren dar. Die beiden Ehepartner legen dem Gericht eine Vereinbarung vor, in welcher die Zuteilung der elterlichen Sorge, das Besuchsrecht und die Ferien, die Unterhaltsbeiträge, die Aufteilung des Vermögens usw. einvernehmlich geregelt sind. Das Gericht hört die Ehegatten getrennt und zusammen an und überprüft die so genannte Scheidungskonvention auf die gesetzliche Richtigkeit und Angemessenheit (bezüglich Einkommen usw.).
Bestätigen beide Ehegatten nach einer zweimonatigen Bedenkzeit ihren Scheidungswillen, spricht das Gericht die Scheidung aus und genehmigt die Vereinbarung.
Bei strittigen Punkten (ZGB 112) können die Ehegatten trotzdem gemeinsam die Scheidung verlangen und erklären, dass die Scheidungsfolgen, über die sie sich nicht einig sind, vom Gericht beurteilt werden sollen.

Folgen der Scheidung

- Das Vermögen wird nach den gesetzlichen Bestimmungen des Güterrechts aufgeteilt. Für die geschiedenen Ehepartner gilt das Erbrecht nicht mehr (ZGB 120).
- Der erworbene Familienname wird beibehalten, ausser der Ehepartner, der bei der Heirat den Namen gewechselt hat, beantragt innert Jahresfrist, wieder seinen angestammten Namen tragen zu dürfen. Das Bürgerrecht ist von der Scheidung nicht betroffen (ZGB 119).
- Das Pensionskassen-Guthaben, das während der Ehe entstanden ist, wird zur Hälfte geteilt. Für die AHV gilt das gleiche Vorgehen. Die während der Ehe erzielten Einkommen (Erziehungsgutschriften mit eingeschlossen) werden bei der Scheidung zusammengezählt und hälftig geteilt. Dies ist für die spätere Festsetzung der AHV-Rente nötig (ZGB 122).
- Nach der Scheidung ist jeder Ehepartner für seine Altersvorsorge selbst verantwortlich.
- Derjenige Ehegatte, der den Hauptteil des Einkommens erwirtschaftet hat, muss je nach Bedürftigkeit und Lebensumständen (Dauer der Ehe, Aufgabenteilung während der Ehe usw.) nach Auflösung der Ehe dem anderen einen Unterhaltsbeitrag in Form einer monatlichen Rente bezahlen, die in der Regel zeitlich befristet ist (ZGB 125 ff).
- Das Gericht kann den Mietvertrag auf einen der beiden Ehepartner übertragen, so dass der andere eine neue Wohnung suchen muss (ZGB 121).
- Das Sorgerecht für die Kinder wird in der Regel jenem Ehepartner zugesprochen, der für diese am besten sorgen kann. Die Ehepartner können aber auch das gemeinsame Sorgerecht errichten (ZGB 133).

12.10 | Merkmale gesetzlicher Erbfolge/Erbrecht

Nach Gesetz sind Blutsverwandte und der überlebende Ehegatte/die überlebende Ehegattin erbberechtigt, wobei Ehepartner eine Sonderstellung einnehmen (ZGB 457 ff).
Die Blutsverwandten werden nach so genannten Stämmen geordnet:

- Zum ersten Stamm gehören die eigenen Kinder und die Grosskinder.
- Zum zweiten Stamm gehören die Eltern, die Geschwister und deren Kinder und Kindeskinder.
- Zum dritten Stamm gehören die beiden Grosselternteile sowie die Onkel und Tanten und deren Nachkommen.

Fehlen irgendwelche Erben, fällt die Erbschaft an den Kanton, in welchem der Erblasser/die Erblasserin zuletzt gewohnt hat, oder an die Gemeinde, die von der Gesetzgebung dieses Kantons als berechtigt bezeichnet wird.
Eine Erbschaft kann nur als Ganzes, d.h. mit allen Vermögenswerten und allen Schulden, angenommen oder ausgeschlagen werden.

12.11 | Erbteilung

- Zuerst sind die Kinder erbberechtigt und allenfalls an Stelle eines eigenen Kindes, das bereits verstorben ist, die Grosskinder (ZGB 457).
- Sind keine Erben im ersten Stamm vorhanden, geht die Erbschaft an Erbberechtigte im zweiten oder dritten Stamm. Die Erbschaft fällt in diesem Fall zuerst den Stammträgern zu, also den Eltern bzw. den Grosseltern (ZGB 458).
- Sobald mindestens ein Erbe im ersten Stamm A vorhanden ist, gehen alle anderen in den Stämmen B und C leer aus. Der nähere Stamm schliesst den entfernteren Stamm vom Erbrecht aus (ZGB 459).
- Für den überlebenden Ehegatten/die Ehegattin gilt eine besondere Regelung. Er/sie hat Anspruch auf die Hälfte der Erbschaft, wenn Nachkommen (1. Stamm) vorhanden sind. Die andere Hälfte fällt den Nachkommen des Erblassers zu. Der/die überlebende Ehegatte/-gattin hat Anspruch auf drei Viertel der Erbschaft, wenn keine Nachkommen da sind, die er/sie aber mit den Erben des elterlichen Stammes zu teilen hat. In allen anderen Fällen bekommt er/sie die ganze Erbschaft (ZGB 462).
- Als Enterbungsgrund gilt, wenn jemand den Tod des Erblassers vorsätzlich und rechtswidrig herbeigeführt hat oder verursachen wollte (ZGB 540).

12.12 | Pflichtteile und Testamentsformen

Der Erblasser/die Erblasserin kann durch Testament oder Erbvertrag die gesetzlichen Erbansprüche des überlebenden Ehegatten sowie der Kinder verändern. Er/sie kann den gesetzlichen Erbanspruch des überlebenden Ehegatten

Grundlagen des Rechts

Die blutsverwandten gesetzlichen Erben

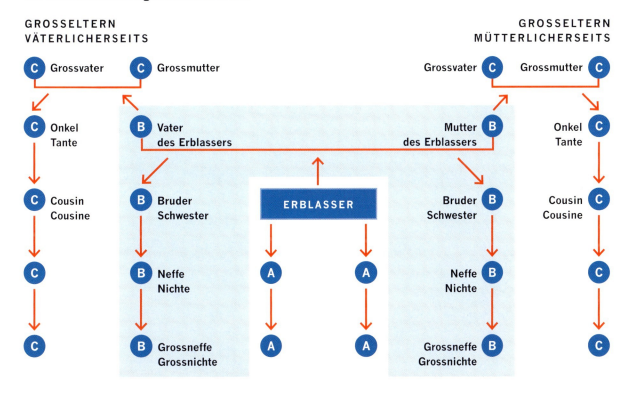

A = Stamm der Nachkommen
B = Stamm der Eltern
C = Stamm der Grosseltern

Quelle: Guido Müller/Einführung in die kaufmännische Rechtskunde

halbieren und somit beispielsweise seine Nachkommen besser stellen. Umgekehrt kann er/sie die Kinder auf den so genannten Pflichtteil setzen, indem er/sie deren gesetzlichen Anspruch um einen Viertel kürzt (ZGB 470 ff).

Pflichtteile (ZGB 471)
- für einen Nachkommen ¾ des gesetzlichen Erbanspruchs
- für jeden Elternteil die Hälfte des gesetzlichen Erbanspruchs
- für den überlebenden Ehegatten die Hälfte des gesetzlichen Erbanspruchs

Für die Geschwister und deren Nachkommen bestehen keine Pflichtteile. Die Pflichtteile dürfen nie verletzt werden. Wäre dies der Fall, könnte ein Testament angefochten werden. Einer erbrechtlichen Teilung geht immer die güterrechtliche Auseinandersetzung voraus: Erst dann steht fest, wie viel Vermögen der/die Verstorbene hinterlässt *(vgl. Kapitel 12.8 «Auflösung der Errungenschaftsbeteiligung», mit Abbildung, Seite 189).*

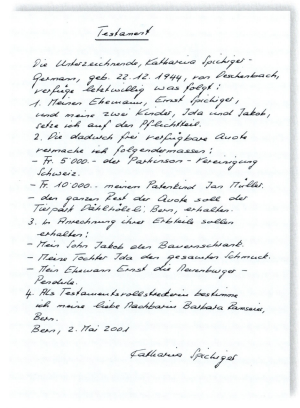

So könnte ein Testament aussehen.

191

Grundlagen des Rechts

Gesetzliche Erbteile/Pflichtteile

erbrechtliche Situation (Angehörige)	gesetzliche Erbteile (kein Testament oder Erbvertrag vorhanden)	Pflichtteile/freie Quote (zu beachten beim Verfassen von Testament/Erbvertrag)
Ehepartner* und Nachkommen	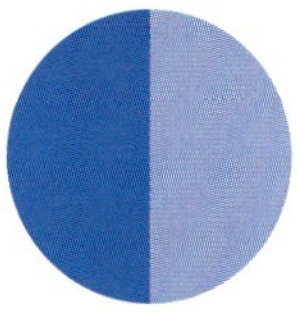 Ehepartner ½ Nachkommen ½	Ehepartner ¼ Nachkommen ⅜ Freie Quote ⅜
Ehepartner* und beide Eltern (ohne Nachkommen)	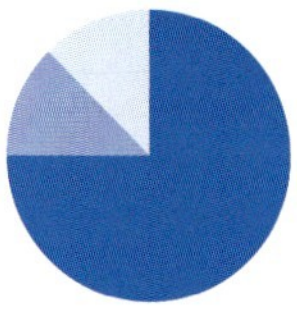 Ehepartner ¾ Vater ⅛ Mutter ⅛	Ehepartner ⅜ Vater 1/16 Mutter 1/16 Freie Quote ½
Ehepartner* und ein Elternteil (ohne Geschwister)	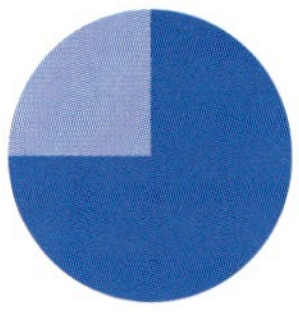 Ehepartner ¾ Elternteil ¼	Ehepartner ⅜ Elternteil ⅛ Freie Quote ½
Ehepartner* und ein Elternteil und Geschwister	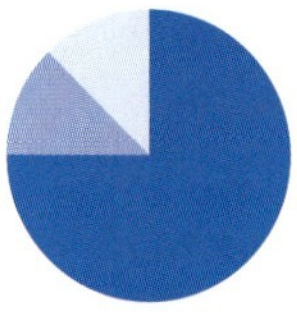 Ehepartner ¾ Elternteil ⅛ Geschwister ⅛	Ehepartner ⅜ Elternteil 1/16 Geschwister 0 Freie Quote 9/16
nur Nachkommen	Nachkommen 1	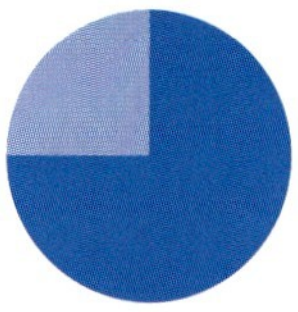 Nachkommen ¾ Freie Quote ¼
nur beide Eltern	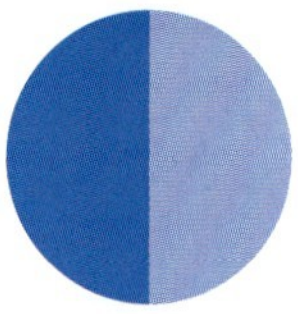 Vater ½ Mutter ½	Vater ¼ Mutter ¼ Freie Quote ½
nur ein Elternteil (ohne Geschwister)	Elternteil 1	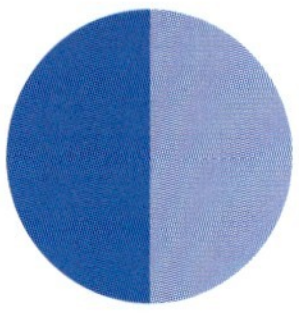 Elternteil ½ Freie Quote ½
nur Geschwister	Geschwister 1	Geschwister 0 Freie Quote 1
Eltern und Lebenspartner (in eheähnlichem Verhältnis)	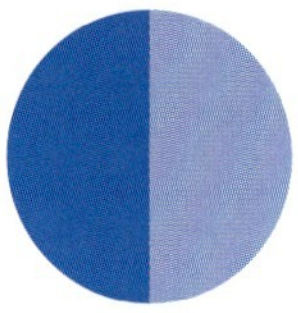 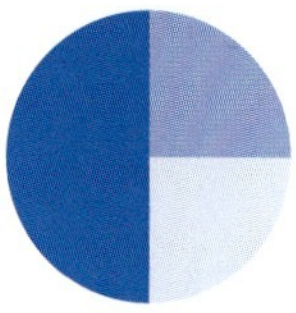 Vater ½ Mutter ½ Lebenspartner 0	Vater ¼ Mutter 1/4 Lebenspartner 0 Freie Quote 1/2
Geschwister und Lebenspartner (in eheähnlichem Verhältnis)	Geschwister 1 Lebenspartner 0	Geschwister 0 Lebenspartner 0 Freie Quote 1

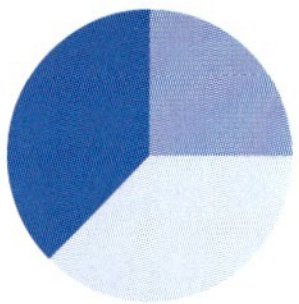

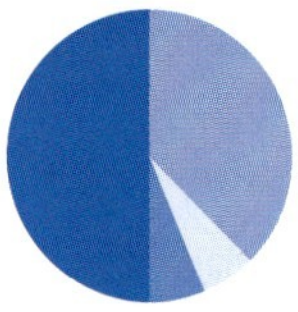

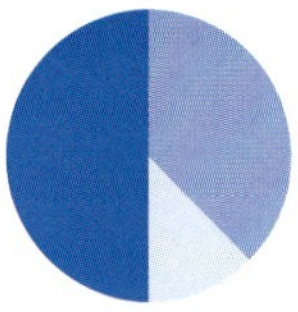

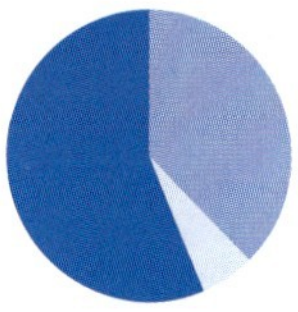

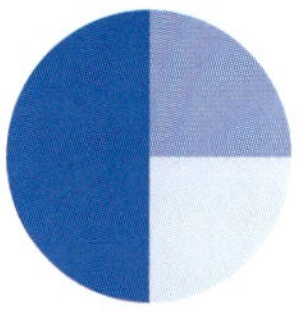

* vor der Erbteilung erfolgt die Güterrechtsauseinandersetzung

Quelle: admin.ch

Testamentsformen

Wer urteilsfähig ist und das 18. Altersjahr zurückgelegt hat, kann ein rechtsgültiges Testament verfassen (ZGB 467).
Es werden drei Testamentsformen (letztwillige Verfügungen) unterschieden:

▸ Das *öffentliche Testament* kommt unter Mitwirkung einer Urkundsperson (z.B. Notar) und zweier handlungsfähiger Zeugen zustande. Dies ist die sicherste Testamentsform (ZGB 499).

▸ Das *eigenhändige Testament* schreibt der Erblasser selber von Hand nieder. Es muss Ort, Datum und Unterschrift enthalten (ZGB 505).

▸ Das *mündliche Testament,* auch Nottestament genannt, ist infolge ausserordentlicher Umstände wie Todesgefahr zulässig. Es muss vor zwei Zeugen gemacht werden, die für eine Beurkundung sorgen (ZGB 506).

Der Erblasser/die Erblasserin kann jederzeit das Testament abändern.

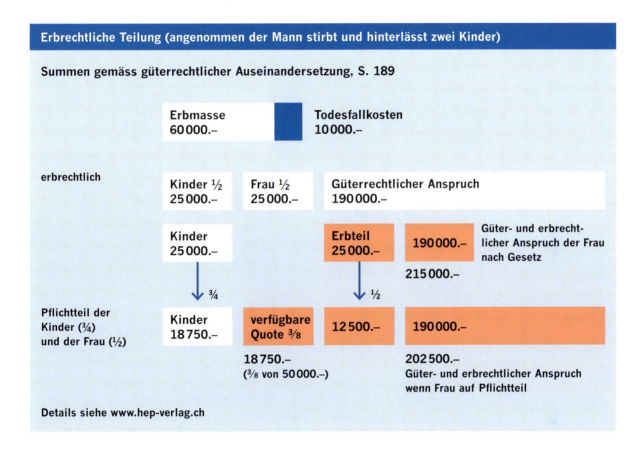

13. | Vertragsrecht

Die Entstehung eine Vertrages setzt folgende Elemente voraus:
- die *Vertragsparteien*. Ein Vertrag erfordert das Mitwirken zweier oder mehrerer Parteien/Personen (OR 1).
- die *gegenseitige Willensübereinstimmung*. Der Wille zum Abschluss eines Vertrages muss vorhanden sein (Kaufs- und Verkaufsabsicht). Jeder Vertragspartner muss dem Vertragsabschluss ausdrücklich (mündlich/schriftlich) oder stillschweigend (durch ein bestimmtes Verhalten) zustimmen. Ein Vertrag kommt nur zustande, wenn sich die Willensäusserungen der Vertragsparteien in den wesentlichen inhaltlichen Punkten decken (Gegenstand, Menge und Preis) (OR 2).

Vertragsfähigkeit (ZGB 12)
Die Voraussetzung für den Abschluss eines Vertrages ist die Handlungsfähigkeit. Eine häufige Ausnahme zu diesem Grundsatz trifft für Jugendliche unter 18 Jahren zu: Verträge, die sie mit ihrem Lohn, den damit gebildeten Ersparnissen oder mit ihrem Sackgeld erfüllen können, sind ohne die Einwilligung des gesetzlichen Vertreters gültig, obwohl diese Jugendlichen noch nicht mündig sind.

Vertragsformen (OR 11)
Vertragsparteien können frei bestimmen, mit wem und was für einen Vertrag sie abschliessen wollen (Formfreiheit). Verträge bedürfen zu ihrer Gültigkeit nur dann einer besonderen Form, wenn das Gesetz dies ausdrücklich vorschreibt (z. B. Lehrvertrag, Gesamtarbeitsvertrag). Wo keine Formvorschrift besteht, kann ein Vertrag formlos abgeschlossen werden, d. h. *mündlich*.
- Die Vertragspunkte werden abgesprochen – oder gelten stillschweigend.
- Der Wille, einen Vertrag abzuschliessen, kann aus dem Verhalten der Parteien abgeleitet werden (z. B. wenn jemand in einer Buchhandlung ein Buch aus dem Regal nimmt und den Preis an der Kasse bezahlt).

Schriftliche Verträge
Bei wichtigen Verträgen sollten die Parteien aus Beweisgründen ihre Abmachungen immer *schriftlich* festhalten. Dabei unterscheidet das Gesetz folgende Möglichkeiten:

▶ *Einfache Schriftlichkeit (OR 13 ff.)*
Der Vertrag muss schriftlich (von Hand oder PC) abgefasst werden und die eigenhändige Unterschrift des Verpflichteten aufweisen (z. B. bei einem Schenkungsvertrag die Schenkerin, bei einem Kaufvertrag die Käuferin und der Verkäufer).

▶ *Qualifizierte Schriftlichkeit*
Der Vertrag erfordert neben der Unterschrift noch andere handschriftliche Vertragsbestandteile (z. B. beim Bürgschaftsvertrag bis Fr. 2000.– die Bürgschaftssumme).

▶ *Öffentliche Beurkundung*
Der Vertrag wird unter Mitwirkung einer Urkundsperson (Notar) abgeschlossen. Die Urkundsperson fasst den Vertrag ab, lässt diesen von den Parteien unterschreiben und bestätigt mit der eigenen Unterschrift, dass der Inhalt dem Willen der Vertragsparteien entspricht (z. B. Ehevertrag, Erbvertrag).

▶ *Eintrag in ein öffentliches Register*
Die Rechtswirkung des Vertrages entsteht erst mit dem Eintrag in ein öffentliches Register (z. B. Eigentumsvorbehalt beim Kauf von Waren mit Kreditvertrag). Interessierte haben die Möglichkeit, Einsicht in das Register zu nehmen. Öffentliche Register sind: das Handelsregister, das Grundbuch und das Register «Eigentumsvorbehalt».
Für Verträge von grosser Tragweite (z. B. Kauf einer Liegenschaft, Gründung einer Aktiengesellschaft) sind sowohl die öffentliche Beurkundung als auch der Eintrag in ein öffentliches Register vorgeschrieben.

Vertragsinhalte (OR 19–21, 23 ff)
Grundsätzlich kann jede beliebige Leistung in einem Vertrag verbindlich vereinbart werden. Dieser Vertragsfreiheit sind aber selbstverständlich Grenzen gesetzt:

▶ *Unmöglicher Vertragsinhalt (OR 20)*
Ein Vertrag ist unmöglich, wenn bereits bei Vertragsabschluss niemand in der Lage ist, die vertragliche Pflicht zu erfüllen (z. B. Ferienreise auf den Mars).

▶ *Widerrechtlicher/rechtswidriger Vertragsinhalt (OR 20)*
Ein Vertrag ist rechtswidrig, wenn er gegen das Gesetz verstösst (z. B. Ware schmuggeln, mit Drogen dealen).

▶ *Unsittlicher Vertragsinhalt (OR 20)*
Ein Vertrag ist unsittlich (sittenwidrig), wenn er gegen das allgemeine Rechtsempfinden, d. h. gegen die guten Sitten

verstösst (z. B. Frauenhandel, Vereinbarungen von Schmier- und Schweigegeldern).

▶ *Wesentlicher Irrtum (OR 23–27)*
Ein wesentlicher Irrtum liegt dann vor, wenn er so schwerwiegend ist, dass der Vertrag nicht abgeschlossen worden wäre, wenn der Irrende ihn gekannt hätte (z. B. echtes Bild erweist sich als Fälschung).

▶ *Absichtliche Täuschung (OR 28)*
Eine absichtliche Täuschung liegt bei der Vorspiegelung falscher Tatsachen oder beim Unterdrücken von Tatsachen vor (z. B. Unfallauto wird als unfallfrei verkauft).

▶ *Drohung*
Eine Drohung liegt vor, wenn eine Person einer anderen droht, ihr oder einer ihr nahestehenden Person im Falle des Nichtabschlusses eines bestimmten Vertrages Schaden zuzufügen (z. B. Person schliesst einen Versicherungsvertrag ab, weil ihr Leben bedroht wird).

▶ *Übervorteilung (OR 21)*
Eine Übervorteilung liegt vor, wenn zwischen der vereinbarten Leistung und Gegenleistung ein krasses Missverhältnis besteht oder wenn sich der Übervorteilte zur Zeit des Vertragsabschlusses in einer wirtschaftlichen oder persönlichen Notlage befunden hat (z. B. wenn eine Person dringend Geld braucht und jemand ihr ein Darlehen zu 20 Prozent Zins gewährt).

Ein anfechtbarer Vertrag ist grundsätzlich zustande gekommen und deshalb *nicht ungültig.*
Die benachteiligte Partei kann den Vertrag jedoch innerhalb eines Jahres anfechten und der Gegenpartei erklären, dass sie den Vertrag nicht einhalten wolle, sondern die Aufhebung oder eine Änderung verlange.

In der Regel erlöschen vertragliche Vereinbarungen indem sie erfüllt werden.

Verjährung/Zeitablauf (OR 60, 67, 127, 128, 210)
Werden die vertraglichen Vereinbarungen nicht erfüllt und die Gläubigerin kümmert sich nicht um ihre Forderung, verjährt sie nach einer bestimmten Zeit, d. h. die Gläubigerin kann den Schuldner nicht mehr zur Zahlung zwingen. Die verjährte Forderung wird unklagbar und lässt sich mittels Betreibung nicht mehr geltend machen.
Grundsätzliche Verjährungsfrist: 10 Jahre (OR 127). Viele Forderungen wie Handwerksarbeit, Lohnforderungen, Warenverkauf usw. verjähren nach 5 Jahren (OR 128).

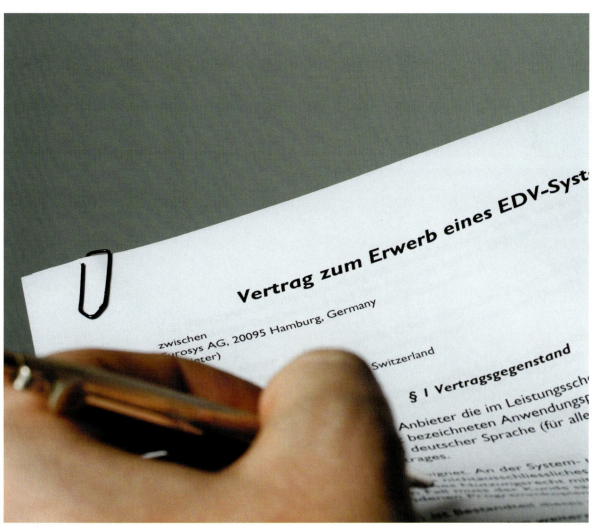

Der Vertrag bedingt gegenseitige Willensübereinstimmung.

14. | Lehrvertrag (OR/BBG)

Die Berufslehre ist im Obligationenrecht (OR) Art. 344–346 und im neu gestalteten Berufsbildungsgesetz (BBG) geregelt. Damit ein Lehrvertrag anerkannt wird, muss er schriftlich abgefasst und vom Anbieter beruflicher Bildung, von der auszubildenden Person und den Eltern (bzw. gesetzlicher Vertretung) unterzeichnet sowie vom kantonalen Berufsbildungsamt genehmigt worden sein.

14.1 | Allgemeine Vorschriften

Beim Lehrvertrag handelt es sich um einen «besonderen» Einzelarbeitsvertrag – «besonders», weil die Lehre gleichzeitig ein Ausbildungs- und ein Arbeitsverhältnis ist: Im Vordergrund steht die fachgemässe, systematische und verständnisvolle Ausbildung. Die bzw. der Lernende ist verpflichtet, alles zu tun, um das Lehrziel (Bestehen der Lehrabschlussprüfung) zu erreichen. Der Berufsschulbesuch ist obligatorisch. Vornehmlich praktisch Begabte (Art. 11 BBG) können die neu eingeführte zweijährige Grundbildung mit eidg. Berufsattest absolvieren. Dabei gelten die gleichen rechtlichen Grundlagen wie für die drei- oder vierjährigen Grundbildungen.

14.2 | Wichtigste Bestimmungen zum Lehrvertrag

Der schriftlich abgefasste Ausbildungsvertrag hält u. a. fest: Berufsbezeichnung, Vertragsparteien, Dauer von Probe- und Lehrzeit, Umfang von Arbeitszeit, Lohn, Ferien und Freizeit, berufsnotwendige Anschaffungen, Verfahren bei Streitigkeiten.

Wenn im Lehr- und Ausbildungsvertrag nichts Spezielles festgehalten wird, gelten die ersten drei Monate automatisch als Probezeit. Diese darf nicht weniger als einen Monat dauern und kann ausnahmsweise bis auf sechs Monate verlängert werden.

In den meisten Berufen sind überbetriebliche Kurse (üK) obligatorisch. Ziel ist das Aneignen von grundlegenden beruflichen Fertigkeiten und Kompetenzen. Die Kosten gehen zu Lasten des Ausbildungsbetriebs.

Lernende dürfen nur von Lehrmeistern und Lehrmeisterinnen ausgebildet werden, die über die erforderlichen beruflichen Fähigkeiten und die persönliche Eignung verfügen sowie eine entsprechende Schulung absolviert haben. Sie bieten somit Gewähr für eine Ausbildung ohne gesundheitliche oder sittliche Gefährdung. Als Lehrmeisterin kann auch eine mitarbeitende Person gelten, welche die nötigen Anforderungen erfüllt.

Etwa zwei Drittel der Schweizer Jugendlichen absolvieren eine Berufslehre.

Die wichtigsten Bestimmungen zum Lehrvertrag

Rechte	Pflichten
▸ Fachgerechte und systematische Ausbildung ▸ Genügend Zeit für Berufsschulbesuch ohne Lohnabzug ▸ Übertragene Arbeiten gewissenhaft ausführen ▸ Lohn ▸ Nicht mehr als 9 Stunden Arbeit pro Tag ▸ Keine Nacht- oder Sonntagsarbeit (Ausnahmen in bestimmten Branchen) ▸ Mindestens 5 Wochen Ferien bis zum 20. Altersjahr ▸ Eine Woche unbezahlten Urlaub für Jugendarbeit ▸ Orientierung 3 Monate vor Ausbildungsende über Weiterarbeit im Betrieb ▸ Lehrzeugnis	▸ Voller Einsatz, um das Lehrziel zu erreichen ▸ Anweisungen des Ausbildners, der Ausbildnerin befolgen ▸ Geschäftsgeheimnis wahren ▸ Berufsschulbesuch ▸ Teilnahme an der Lehrabschlussprüfung

14.3 | Rechte und Pflichten

▸ Die Arbeitszeit der Lernenden darf diejenige der anderen im Betrieb beschäftigten ArbeitnehmerInnen bzw. die ortsübliche Arbeitszeit nicht überschreiten.
▸ Die Höchstgrenze der täglichen Arbeitszeit beträgt neun Stunden. Diese muss innerhalb von zwölf Stunden liegen (Arbeitsgesetz ArG Art. 31).
▸ Die Tagesarbeit darf im Sommer nicht vor 5 Uhr und im Winter nicht vor 6 Uhr beginnen und nicht länger als bis 20 Uhr dauern. Die Grenzen der Tagesarbeit für Jugendliche über 16 Jahre dürfen nur von 20 Uhr bis 22 Uhr verschoben werden (ArG Art. 10, 31).
▸ Die tägliche Ruhezeit muss mindestens zwölf aufeinander folgende Stunden betragen. Nacht- und Sonntagsarbeit für Jugendliche ist grundsätzlich untersagt oder – falls für die Berufsbildung unentbehrlich – bewilligungspflichtig; z. B. im Bäckerei- und Konditorenberuf, im Gastgewerbe, im medizinischen Bereich sowie im Verkauf und in den Gärtnerberufen.
▸ Lernende über 16 Jahre können zur Leistung von Überstunden verpflichtet werden, wenn diese für den Betrieb notwendig sind und der/die Lernende diese zu leisten vermag und ihm/ihr zugemutet werden können. Die Überzeit ist durch Freizeit von mindestens gleicher Dauer zu kompensieren oder durch einen Lohnzuschlag von 25 Prozent zu entschädigen.
▸ Ausnahmeregelungen bezüglich Arbeitszeit müssen im Lehrvertrag oder auf einem Beiblatt festgehalten werden.
▸ Bis zum vollendeten 20. Altersjahr hat der oder die Lernende Anrecht auf mindestens fünf Wochen Ferien pro Jahr, wobei es je nach Branche und Lehrbetrieb bessere Ferienregelungen gibt (z.B. in der Maschinenindustrie sieben Wochen im ersten Lehrjahr, sechs Wochen im zweiten und jeweils fünf Wochen im dritten und vierten Lehrjahr).
▸ Es gibt keinen gesetzlich vorgeschriebenen Minimallohn. Häufig werden von den Berufsverbänden Empfehlungen herausgegeben. Der Lehrbetrieb ist nicht verpflichtet, zum Jahresende eine Lohnerhöhung, einen 13. Monatslohn oder eine Gratifikation zu gewähren. Der Lohn wird für die ganze Ausbildungsdauer im Lehrvertrag festgelegt.
▸ Spätestens drei Monate vor Lehrabschluss muss der Betrieb der oder dem Lernenden mitteilen, ob er oder sie im Betrieb weiterhin beschäftigt wird.

14.4 | Konflikte im Lehrbetrieb

Konflikte mit der ausbildenden Person sind auch im besten Betrieb nicht ausgeschlossen.
Bevor der oder die Lernende im Falle eines Konflikts das Gespräch mit der Lehrmeisterin sucht, sollte er oder sie Selbstkritik üben: Für welchen Teil des Problems bin ich verantwortlich? Anschliessend ist es empfehlenswert, eine Vertrauensperson beizuziehen, um mit ihr das Problem zu erörtern. Nach sorgfältiger Gesprächsvorbereitung und vereinbartem Termin ist es wichtig, sachlich zu argumentieren. Falls sich die Vertragsparteien nicht einigen können, nimmt man mit der Lehraufsichtskommission Kontakt auf, die im Lehrvertrag genannt ist. Diese ist verpflichtet, zu vermitteln und das Problem einer tragfähigen Lösung zuzuführen.
Schwierigkeiten zwischen Lehrbetrieb und auszubildender Person sind kein Grund für einen Lehrabbruch. Lassen sich diese allerdings nicht lösen, kann der Lehrvertrag im gegenseitigen Einverständnis der Vertragsparteien aufgelöst werden. Das kantonale Berufsbildungsamt muss vorher informiert werden.
Während der Probezeit beträgt die Kündigungsfrist sieben Tage. Nach Ablauf der Probezeit kann es nur dann zu fristlosen Lehrvertragsauflösungen kommen, wenn:
▸ Die/der Auszubildende nicht über die für die Ausbildung nötigen geistigen oder körperlichen Voraussetzungen verfügt, oder
▸ er oder sie sittlich oder gesundheitlich gefährdet ist, oder
▸ die beruflichen oder persönlichen Eigenschaften der auszubildenden Person nicht genügen, oder
▸ die Ausbildung nicht oder nur unter wesentlich veränderten Verhältnissen beendet werden kann.

15. | Arbeitsvertrag (OR/ArG)

15.1 | Hintergrund und Quellen

Gesetzliche Regelungen rund um die Arbeit sind wichtig: Fast 4 Millionen Menschen gehen in der Schweiz einer bezahlten Arbeit nach – das entspricht 54 Prozent der Gesamtbevölkerung. Das Arbeitsrecht regelt das Verhältnis von Arbeitgebenden und Arbeitnehmenden, also die unselbstständige Erwerbstätigkeit.

Die Grafik zeigt, dass in der Schweiz die grosse Mehrheit der Erwerbstätigen unselbstständig Erwerbende sind. Dies unterstreicht die Bedeutung des Arbeitsrechts.

Arbeit wurde erstmals im Obligationenrecht von 1881 geregelt; also in der Zeit der Industrialisierung, in der Arbeitszeiten von bis zu 16 Stunden pro Tag, 6-Tage-Wochen, Hungerlöhne und Kinderarbeit auch in Europa noch üblich waren. Zwingend vorgeschrieben wurde in diesem ersten Gesetz nur gerade die Lohnfortzahlungspflicht des Arbeitgebers bei Militärdienst und Krankheit. Im Obligationenrecht des Jahres 1911 regelten 44 Artikel den «Dienstvertrag», wie der Arbeitsvertrag damals noch genannt wurde. Erst das 1972 in Kraft getretene Arbeitsgesetz zeichnete sich durch einen klaren und logischen Aufbau und einen umfassenden Schutz der Erwerbstätigen aus. Entscheidend zum Schutz von Arbeitnehmerinnen und Arbeitnehmern trug überdies die 1989 erfolgte Revision der Kündigungs- und Kündigungsschutzbestimmungen bei.

Das Arbeitsrecht hat seine Quellen teilweise im privaten und teilweise im öffentlichen Recht. Die Regelungen des öffentlichen Arbeitsverhältnisses sind in den kantonalen Beamtengesetzen, Beamtenverordnungen, Dienst- und Besoldungsordnungen zu finden. Jeder Kanton hat seine eigene Gesetzgebung, d.h. es gibt in der Schweiz 26 verschiedene. Dazu kommen noch die Regelungen des Bundes für das Bundespersonal.

Wenn eine Arbeitnehmerin oder ein Arbeitnehmer wissen will, welchen Bestimmungen sie oder er unterstellt ist, muss geklärt werden:
▶ Gibt es für meine Branche einen Gesamtarbeitsvertrag?
▶ Unterstehe ich öffentlich-rechtlichen Regelungen?
▶ Gibt es firmeninterne Regelungen?
▶ Unterstehe ich dem OR?

Vorschriften

Obligationenrecht
Dies ist für das Arbeitsrecht das wichtigste privatrechtliche Gesetz. Es enthält sowohl ergänzende wie auch zwingende Vorschriften (gilt aber nicht für öffentlich-rechtliche Angestellte, wie z.B. Beamte und Lehrerinnen/Lehrer).

Beamten- und Personalgesetz
Dieses regelt die Arbeitsverhältnisse der Beamtinnen und Angestellten bei Bund, Kantonen und Gemeinden. Es gehört zum öffentlichen Recht.

Arbeitsgesetz (ArG)
Das Arbeitsgesetz enthält allgemeine Schutzbestimmungen, z.B. zur Gesundheitsvorsorge und zu Arbeits- und Ruhezeiten. Es enthält zudem Bestimmungen zum Schutz von jugendlichen Angestellten, werdenden Müttern und Angestellten mit Familienpflichten. Zum Arbeitsgesetz gibt es verschiedene Verordnungen, die das Gesetz konkretisieren und die Bestimmungen detaillierter aufführen. Eine weitere Verordnung enthält Sonderbestimmungen für bestimmte Gruppen von Betrieben, zum Beispiel für Krankenanstalten, Heime, Internate, Arztpraxen, Zahnarztpraxen, Apotheken, Gastbetriebe usw. Zu den bisherigen Betrieben mit Sonderregelungen sind neu unter anderem auch Spitex-Betriebe hinzugekommen.

Arbeitnehmer und selbstständig Erwerbende

Männer

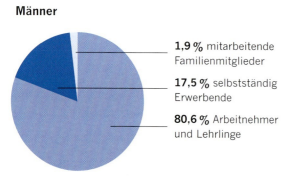

- 1,9 % mitarbeitende Familienmitglieder
- 17,5 % selbstständig Erwerbende
- 80,6 % Arbeitnehmer und Lehrlinge

Frauen

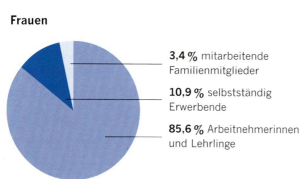

- 3,4 % mitarbeitende Familienmitglieder
- 10,9 % selbstständig Erwerbende
- 85,6 % Arbeitnehmerinnen und Lehrlinge

Struktur des schweizerischen Arbeitsrechts

Das Arbeitsrecht ist teilweise privatrechtlicher, teilweise öffentlich-rechtlicher Natur.	
Privatrecht ▸ Das Privatrecht regelt die Rechtsstellung der einzelnen Bürgerinnen und der privaten Verbände. ▸ Die Vorschriften dienen vorwiegend dem Schutz der Interessen der Einzelnen. ▸ Die Parteien sind grundsätzlich gleichgeordnet (Arbeitnehmende – Arbeitgebende). ▸ Das Recht ist grundsätzlich dispositiv, d. h. abänderbar. Beispiele: ▸ Kauf eines Autos (Kaufvertrag) ▸ Anstellung neuer Mitarbeiter (Arbeitsvertrag)	**Öffentliches Recht** ▸ Das öffentliche Recht regelt den Aufbau des Staates und seine öffentlichen Aufgaben. ▸ Seine Normen dienen überwiegend dem Schutz des Allgemeininteresses. ▸ Die Parteien stehen in einem Über- und Unterordnungsverhältnis (staatliche Instanz – Bürgerin). ▸ Das Recht ist zwingend. Jedermann muss sich ihm unterordnen. Beispiele: ▸ Verkehrsregeln: Für alle bedeutet rotes Licht «Halt». ▸ Steuerpflicht der Bürgerinnen

Einzelarbeitsvertrag	Gesamtarbeitsvertrag (GAV)	Eidg. Arbeitsrecht (ArG)
▸ zwingendes Recht ▸ ergänzendes Recht	▸ Normen ▸ Schuldrechtliche Verpflichtungen, gemeinsame Einrichtungen, Schlichtung, Schiedsgerichte	▸ Kantonale Polizeivorschriften ▸ Ladenschluss, Sonntagsruhe
Normalarbeitsvertrag (NAV)	Allgemeinverbindlicherklärung auf Antrag der Vertragsparteien (AVE)	
I. Privatrecht (OR) «Wo kein Kläger, ist kein Richter»	III. Kollektives Arbeitsrecht Durchsetzung von Verbandwegen	II. Öffentlich-rechtlicher Arbeitsschutz Durchsetzung von Amtswegen

Kantonale Polizeivorschriften
Sie enthalten Bestimmungen über Ladenschlusszeiten, Sonntagsruhe, regionale Feiertage usw.

Berufsbildungsgesetz (BBG)
Es regelt zusammen mit der Verordnung, den Ausbildungsordnungen, Bildungsplänen und den Lehrplänen die Berufslehren und gehört zum öffentlichen Recht.

Gesamtarbeitsverträge (GAV)
Sie werden zwischen Arbeitgeber- und Arbeitnehmerverbänden abgeschlossen und regeln für eine bestimmte Branche Fragen betreffend Mindestlöhne, Teuerungsausgleich, Höchstarbeitszeiten usw.

Einzelarbeitsvertrag
Darin werden individuelle Vereinbarungen für die einzelnen Mitarbeitenden getroffen (Lohn, Kündigungsfristen, Ferien, Stellenbeschrieb, Position in der Firma usw.).

Firmeninterne Reglemente
Sie regeln Fragen über gleitende Arbeitszeit, Freitage, Hausordnung usw. Für Industriebetriebe schreibt das Arbeitsgesetz eine Betriebsordnung vor.

15.2 | Einzelarbeitsvertrag

In einem Arbeitsvertrag verpflichten sich die Arbeitnehmenden auf eine unbestimmte oder bestimmte Zeit zur Leistung von Arbeit. Die Arbeitgebenden müssen im Gegenzug Lohn und weitere Leistungen (Versicherungsbeiträge, Altersvorsorge usw.) an die Arbeitnehmenden entrichten (OR Art. 319). Ein Arbeitsvertrag kann grundsätzlich in jeder beliebigen Form abgeschlossen werden. Es braucht keine Schriftlichkeit, wenn auch aus Beweisgründen die schriftliche Form dringend zu empfehlen ist. Für zahlreiche Einzelvereinbarungen schreibt das Obligationenrecht zudem Schriftlichkeit vor, so zum Beispiel für das Konkurrenzverbot des Arbeitnehmers.

Grundsatz: Das Obligationenrecht lässt den Parteien viel Freiheiten, setzt aber auch klare Grenzen.

Probezeit (OR 335b)
Der erste Monat eines Arbeitsverhältnisses gilt als Probezeit. Durch schriftliche Vereinbarung kann diese auf höchstens drei Monate verlängert werden.

Lohn (OR 322)
Die Lohnhöhe wird im Arbeitsvertrag geregelt. Wenn kein Minimallohn im Gesamtarbeitsvertrag oder durch einen Normalarbeitsvertrag festgelegt ist, können sich die Vertragsparteien auf jede Lohnhöhe einigen, also auch auf einen Lohn unter dem Existenzminimum.

In Notlagen besteht ein Anspruch auf einen Vorschuss, allerdings nur für die bis zu diesem Zeitpunkt geleistete Arbeit (OR Art. 323).

Gratifikation (OR 322 d)
Richtet der Arbeitgeber neben dem Lohn bei bestimmten Anlässen (z.B. Weihnachten) eine Sondervergütung aus, so hat der Arbeitnehmer darauf Anspruch, wenn diese verabredet ist.
Zudem gilt der Vertrauensgrundsatz: Eine Arbeitnehmerin oder ein Arbeitnehmer hat bei gutem Geschäftsgang grundsätzlich Anspruch auf Ausrichtung einer Gratifikation, jedenfalls dann, wenn die Gratifikation in den letzten Jahren vorbehaltlos ausgerichtet worden ist.

Arbeitszeit (ArG 9 ff)
Für Männer und Frauen gelten dieselben Arbeits- und Ruhezeiten. Die wöchentliche Höchstarbeitszeit beträgt 45 (Industrie, Büro-, Verkaufspersonal in Grossbetrieben) beziehungsweise 50 Stunden für die übrigen Angestellten. Neu definiert wird im Arbeitsgesetz die Tages- und Abendarbeit: Tagesarbeit wird von 6 bis 20 Uhr geleistet, Abendarbeit von 20 bis 23 Uhr. Abendarbeit können Arbeitgebende ohne behördliche Bewilligung einführen, wenn sie vorgängig die betroffenen Angestellten anhören.
Bei der Festsetzung der Arbeits- und Ruhezeiten sind generell die Bedürfnisse von Arbeitnehmerinnen und Arbeitnehmern mit Familienpflichten zu berücksichtigen. So dürfen sie etwa nicht gezwungen werden, Überzeitarbeit zu leisten. Zudem können sie mindestens anderthalb Stunden Mittagspause verlangen. Zur Betreuung kranker Kinder ist ihnen bis zu drei Tage freizugeben.

Manchmal entscheidet das Gericht: Eingang zum Zürcher Arbeitsgericht.

Pausen (ArG 15)
Minimalregelung: Die Arbeit ist durch Pausen von folgender Mindestdauer zu unterbrechen:
▸ Eine Viertelstunde bei einer täglichen Arbeitszeit von mehr als fünfeinhalb Stunden,
▸ eine halbe Stunde bei einer täglichen Arbeitszeit von mehr als sieben Stunden und
▸ eine Stunde bei einer täglichen Arbeitszeit von mehr als neun Stunden.
Pausen gelten als Arbeitszeit, wenn die Arbeitnehmerinnen ihren Arbeitsplatz nicht verlassen dürfen.

Überstunden (OR 321 c)
Überstunden sind Stunden, die über die vertraglich vereinbarte Arbeitszeit hinaus geleistet werden. Arbeitnehmer können zu Überstunden verpflichtet werden, wenn dies vom Betrieb her notwendig ist und Überstunden nach Treu und Glauben zugemutet werden können. Überstunden werden entweder durch Freizeit von mindestens der gleichen Dauer abgegolten oder mit einem Lohnzuschlag von mindestens 25 Prozent entschädigt. Häufig werden jedoch Überstundenentschädigungen vertraglich ausgeschlossen. Von Kaderleuten z.B. wird in der Regel erwartet, dass sie bereit sind, Überstunden zu leisten, ohne dass diese speziell entschädigt werden.

Überzeit (ArG 12/13)
Überzeitarbeit ist jene Überstundenarbeit, welche Arbeitnehmende über die wöchentliche Höchstarbeitszeit erbringen. Bei Angestellten, deren Höchstarbeitszeit bei 50 Stunden liegt, sind gemäss Arbeitsgesetz nur 140 Stunden Überzeit jährlich erlaubt.

Nacht- und Sonntagsarbeit (ArG 16 ff.)
Bei der Nachtarbeit gilt die Gleichstellung von Mann und Frau. Beide dürfen zwischen 23 und 6 Uhr grundsätzlich nicht arbeiten. Eine Bewilligung wird jedoch erteilt, wenn der Arbeitgeber die Notwendigkeit von Nachtarbeit nachweisen kann. Wer vorübergehend Nachtarbeit leistet, hat Anspruch auf 25 Prozent Lohnzuschlag. Bei regelmässiger Nachtarbeit – über 25 Nächte pro Jahr – besteht mit gewissen Ausnahmen ein Anspruch auf mehr Freizeit, und zwar im Umfang von 10 Prozent der Nachtarbeitszeit.

Ferien/übliche freie Stunden und Tage (OR 329 a)
Seit 1966 haben Arbeitnehmer und Arbeitnehmerinnen einen gesetzlichen Anspruch auf bezahlte Ferien von vier Wochen pro Jahr. Jugendliche bis zum 20. Altersjahr einen solchen von fünf Wochen pro Jahr. Während den Ferien haben sich Arbeitnehmer und Arbeitnehmerinnen zu erholen. Deshalb müssen Ferien wie auch Freizeit bezogen werden und dürfen nicht mit Geldleistungen oder anderen Vergünstigungen abgegolten werden. Nur wer schon gekündigt hat und deshalb Ferien bis zum Ablauf der Kündigungsfrist nicht mehr beziehen kann, darf sich die Ferien auszahlen lassen. Teilzeit-Angestellte haben ebenso einen Ferienanspruch.

Sorgfaltspflicht (OR 321 a)
Arbeitnehmerinnen und Arbeitnehmer haben die übertragene Arbeit sorgfältig auszuführen und die berechtigten Interessen der Arbeitgebenden zu wahren. Das heisst, die Angestellten haben alles zu unterlassen, was die Arbeitgebenden wirtschaftlich schädigen kann. Obligationenrecht 321 d regelt, dass der Arbeitgeber über die Ausführung der Arbeit und das Verhalten der Arbeitnehmerinnen und Arbeitnehmer am Arbeitsort allgemeine Anordnungen aufstellen und besondere Weisungen erlassen kann. Die Arbeitnehmenden haben die allgemeinen Anordnungen der Arbeitgebenden zu befolgen. Dazu gehört auch die Schweigepflicht.

Krankheit (Lohnzahlung bei Verhinderung der Arbeitsleistung) (OR 324 a)
Eine Arbeitnehmerin oder ein Arbeitnehmer erhält bei unverschuldeter Abwesenheit (Krankheit, Unfall, Ausübung eines öffentlichen Amtes, Erfüllung öffentlicher Pflichten oder bei Schwangerschaft und Geburt) weiterhin den Lohn, falls das Arbeitsverhältnis auf unbestimmte Zeit abgeschlossen wurde und mehr als drei Monate gedauert hat. Dies ist die Grundbestimmung. Es besteht jedoch die Möglichkeit, dass durch einen Gesamtarbeitsvertrag, Normalarbeitsvertrag oder durch Abrede (Abmachung) bezüglich gewisser Modalitäten bei der Zahlung von Krankheitsgeld über die Bestimmungen des Obligationenrechts hinausgegangen werden kann.
OR Art. 324 a Abs. 2 regelt die Lohnfortzahlung. Diese bestimmt, dass bei Krankheit im ersten Dienstjahr der Lohn für drei Wochen und nachher für eine angemessene längere Zeit zu entrichten ist, je nach Dauer des Arbeitsverhältnisses und den besonderen Umständen. Als Grundlage für die Entschädigung bei Krankheit gibt es verschiedene kantonale Skalen.

Bei Unklarheiten gilt der Arbeitsvertrag. Verweist der Arbeitsvertrag auf das Obligationenrecht, gelten die vorher genannten Bestimmungen.

Ordentliche Kündigung

Die Auflösung des Arbeitsverhältnisses (OR 334-338a)
Eine Kündigung ist eine einseitige, empfangsbedürftige, bedingungsfeindliche Willenserklärung.
- *Einseitig:* Eine Kündigung wirkt, auch wenn sie nicht akzeptiert wird.
- *Empfangsbedürftig:* Die Kündigungsfrist läuft erst vom Empfang oder von der Kenntnisnahme an.
- *Bedingungsfeindlich:* Man kann nicht kündigen für den Fall, dass auf ein bestimmtes Datum eventuell eine neue Stelle gefunden wird.
- *Begründungspflicht:* Eine Kündigung muss auf Wunsch begründet werden.

- Befristete Arbeitsverträge enden ohne Kündigung mit Ablauf der eingegangenen Zeit.
- Eine Kündigung vor der Probezeit (vor Stellenantritt) ist möglich, sofern diese nicht missbräuchlich ist. Die Kündigungsfrist ist gleich wie in der Probezeit und beginnt erst ab dem ersten Arbeitstag zu laufen.
- Der erste Monat gilt als Probezeit; eine Verlängerung bis max. drei Monate ist möglich.
- Eine Kündigung innerhalb der Probezeit ist jederzeit von jeder Partei mit einer Kündigungsfrist von sieben Tagen möglich.
- Nach der Probezeit kann eine Kündigung nur auf das Ende eines Monats erfolgen. Die Kündigungsfristen müssen für beide Parteien gleich lang sein.

Lohnzahlung bei Verhinderung der Arbeitnehmenden, OR 324 a

Basler-Skala		Berner-Skala		Zürcher-Skala	
Dienstdauer	Lohnzahlung	Dienstdauer	Lohnzahlung	Dienstdauer während	Lohnzahlung
im 1. Jahr	3 Wochen	im 1. Jahr	3 Wochen	des 1. Jahres	3 Wochen
über 1 bis 3 Jahre	2 Monate	im 2. Jahr	1 Monat	des 2. Jahres	4 Wochen
über 3 bis 10 Jahre	3 Monate	im 3. und 4. Jahr	2 Monate	des 3. Jahres	5 Wochen
über 10 bis 15 Jahre	4 Monate	im 5. bis 9. Jahr	3 Monate	des 4. Jahres	6 Wochen
über 15 bis 20 Jahre	5 Monate	im 10. bis 14. Jahr	4 Monate	des 5. Jahres	7 Wochen
über 20 Jahre	6 Monate	im 15. bis 19. Jahr	5 Monate	des 6. Jahres	8 Wochen
		im 20. bis 24. Jahr	6 Monate	des 7. Jahres	9 Wochen
		im 25. bis 29. Jahr	7 Monate	des 8. Jahres	10 Wochen
		im 30. bis 34. Jahr	8 Monate	des 9. Jahres	11 Wochen
		im 35. bis 39. Jahr	9 Monate	des 10. Jahres	12 Wochen
				des 11. Jahres	13 Wochen
				des 12. Jahres	14 Wochen
				des 13. Jahres	15 Wochen
				des 14. Jahres	16 Wochen
				des 15. Jahres	17 Wochen

> **Spezielle Vorschriften für Temporärarbeitsverhältnisse (Leiharbeit)**
> bis 3 Monate: 2 Tage Kündigungsfrist
> 4. bis 6. Monat: 7 Tage Kündigungsfrist
> ab 7. Monat: 1 Monat (gemäss OR)

Kündigungsfristen (OR 335c)
Arbeitsverhältnis bis 1 Jahr: Kündigung Ende des folgenden Monats; 2. bis 9. Dienstjahr: Kündigungsfrist = 2 Monate auf Ende Monat; ab dem 10. Dienstjahr: Kündigungsfrist = 3 Monate auf Ende Monat.

Nach Ablauf der Probezeit ist eine Kündigung zu gewissen Zeiten generell unzulässig (*OR 336c*):
a) Militärdienst oder ähnliche Tätigkeit (MFD, Zivilschutz, Rotkreuzdienst) von mindestens 12 Tagen: vier Wochen vorher, vier Wochen nachher
b) unverschuldete Krankheit/Unfall der Arbeitnehmenden:
   im 1. Dienstjahr: in den ersten 30 Tagen
   im 2. bis 5. Dienstjahr: in den ersten 90 Tagen
   ab 6. Dienstjahr: in den ersten 180 Tagen
c) während der ganzen Schwangerschaft und 16 Wochen nach der Geburt
d) während der ganzen Teilnahmedauer an einer Hilfsaktion des Bundes mit Zustimmung des Arbeitgebers

Für den Arbeitnehmer besteht ein Kündigungsverbot, wenn einer seiner Vorgesetzten Militärdienst leistet und er dessen Aufgabe übernehmen muss.

Sperrfrist (OR 336c, Abs. 2)
Die Zeitspanne, in der nicht gekündigt werden darf, heisst Sperrfirst. Eine Kündigung in der Sperrfrist ist nichtig, sie gilt also nicht.
Kündigung vor der Sperrfrist: Die Sperrfrist unterbricht die Kündigung, sie läuft nach der Sperrfrist weiter.

Missbräuchliche Kündigung (OR 336)
Nachfolgend eine Auswahl missbräuchlicher Kündigungsgründe:
- Kündigung wegen Militärdienst,
- Kündigung wegen Ausübung verfassungsmässiger Rechte,
- Kündigung wegen Geltendmachung von Ansprüchen gegenüber dem Vertragspartner/der Vertragspartnerin,
- Kündigung wegen gewerkschaftlicher Tätigkeit und Kündigung wegen einer persönlichen Eigenschaft der Arbeitnehmenden (z. B. Hautfarbe, Geschlecht usw.).

Bei einer missbräuchlichen Kündigung wird der/die Kündigende zu einer Entschädigung verpflichtet, die vom Richter festgesetzt wird und maximal sechs Monatslöhne beträgt.

Fristlose Kündigung (OR 337)
Aus wichtigen Gründen können Arbeitgebende wie Arbeitnehmende jederzeit das Arbeitsverhältnis fristlos auflösen. Als *wichtiger Grund* gilt: jeder Umstand, bei dessen Vorhandensein dem Kündigenden nach Treu und Glauben die Fortsetzung des Arbeitsverhältnisses nicht mehr zugemutet werden kann.

Grundsatz einer fristlosen Kündigung
Eine fristlose Auflösung ist nur in krassen Fällen möglich, es handelt sich bei ihr um eine «Notbremse», zu der nur in äussersten Ausnahmesituationen gegriffen werden kann.
In der Regel hat der Entlassung eine Verwarnung mit ausdrücklichem Androhen der Entlassung für den Wiederholungsfall vorauszugehen. Diese Androhung kann nur bei den schwerwiegendsten Gründen unterbleiben.

Wichtige Gründe für eine fristlose Kündigung sind beispielsweise:
- eindeutige Unredlichkeit (Betrug, Diebstahl, Veruntreuung am Arbeitsplatz),
- beharrliche Verweigerung der Arbeit, das unbegründete Verlassen des Arbeitsplatzes oder der eigenmächtige Bezug von Ferien – alles jeweils erst nach ausdrücklicher Abmahnung,
- Konkurrenzierung des Arbeitgebers (Schwarzarbeit, Geschäfte auf eigene Rechnung),
- unredliches Verhalten gegenüber der Kundschaft,
- Tätlichkeiten, Beschimpfungen und Beleidigungen gegen Arbeitskollegen.

Fristlose Kündigung ohne wichtigen Grund führt zu:
- voller Schadensersatzpflicht, oder
- für die Arbeitnehmende, Zahlung einer Pauschale, und
- für den Arbeitgeber, Zahlung einer zusätzlichen Entschädigung von maximal sechs Monatslöhnen.

Arbeitszeugnis (OR 330a)
Arbeitnehmerinnen und Arbeitnehmer können vom Arbeitgeber jederzeit ein Zeugnis verlangen, das sich über die Art und Dauer des Arbeitsverhältnisses sowie über die Leistungen und das Verhalten ausspricht. Aus diesem Grund kann auch ein Zwischenzeugnis verlangt werden. Das Arbeitszeugnis muss klar abgefasst sein. Es hat nicht nur der Wahrheit zu entsprechen, sondern muss auch inhaltlich klar und eindeutig formuliert werden. Unter Umständen kann auch eine Arbeitsbestätigung verlangt werden. Sie enthält keine Qualifikationen und nennt nur die Anstellungsdauer und die ausgeübte Tätigkeit. In der Praxis wird sie in der Regel so verstanden, dass der ausstellende Arbeitgeber hinsichtlich der Leistung und/oder des Verhaltens mit dem Arbeitnehmer/der Arbeitnehmerin nicht zufrieden ist.

> **Arbeitszeugnis als Entscheidungshilfe**
>
> Nach allgemeinen Erhebungen dient das Arbeitszeugnis eines Stellenbewerbers oder einer Stellenbewerberin als Entscheidungshilfe. Folgende Aspekte werden entsprechend beachtet und gewichtet:
> - Tätigkeiten in den vorangegangenen Anstellungsverhältnissen
> - Lückenlosigkeit der Laufbahn
> - Kontinuität des beruflichen Werdeganges
> - Gründe von Arbeitsplatzwechseln
> - Häufigkeit des Arbeitsplatzwechsels
> - Eigenschaften und Fähigkeiten mit Blick auf die zu besetzende Funktion
> - berufliche Entwicklung und Ausbildung
> - Spezialausbildungen und besondere Erfahrungen
> - Teamfähigkeit und Führungsqualitäten
> - Fähigkeit zur Konfliktlösung und Verarbeitung
> - Übereinstimmung von Zeugnis und Berufsweg
> - fehlende Aussagen über Leistungen oder Verhalten

Das Arbeitszeugnis darf keine falschen Angaben enthalten. Objektiv feststellbare Angaben müssen den Tatsachen entsprechen. Bei Werturteilen, die einen grossen Teil des Zeugnisses ausmachen, besteht für die Arbeitgebenden allerdings ein Ermessensspielraum. Verboten ist eine Ermessensüberschreitung. Das ist z. B. dann der Fall, wenn der Arbeitgeber seinen Formulierungen falsche Tatsachen zugrunde legt oder nicht die branchenüblichen Massstäbe heranzieht. In diesem Falle ist der Inhalt des Arbeitszeugnisses vom Gericht überprüfbar. Es muss wohlwollend formuliert und charakteristisch sein. Dieser Grundsatz beinhaltet, dass vereinzelte Vorfälle oder geringfügige Verfehlungen bei einer Gesamtwürdigung der Arbeitnehmerin ausser Betracht fallen müssen.

Würdigung
Beispiele unwesentlicher Vorkommnisse:
- Seltenes Zuspätkommen,
- einmalige lautstarke Auseinandersetzung mit dem Vorgesetzten,
- einmalige oder nur selten vorkommende Streitigkeiten mit Mitarbeitenden,
- einmalige oder selten vorkommende schlechte Arbeitsleistung,
- Hinweise auf familiäre und persönliche Probleme oder medizinische Diagnosen.

Beispiele wesentlicher Vorkommnisse, die in ein Arbeitszeugnis aufgenommen werden müssen:
- Strafrechtliche Verfehlungen gegenüber dem Arbeitgeber,
- Teamunfähigkeit und Streitsucht,
- Alkoholismus, Drogensucht,
- häufiges Missachten von Weisungen der Vorgesetzten,
- unzuverlässiges Arbeiten,
- Belästigung von Mitarbeiterinnen und Mitarbeitern.

Allerdings werden vielfach Arbeitszeugnisse mit teilweise codierten Aussagen formuliert, d. h. in bestimmten Aussagen werden Botschaften versteckt.
Immer mehr Firmen und öffentliche Institutionen verzichten auf codierte Bemerkungen und schreiben am Schluss des Zeugnisses eine Bemerkung, z. B. «Unsere Firma benützt keine verschlüsselten Formulierungen».

> **Codierung des Arbeitszeugnisses**
>
> - «Er/sie bemühte sich, die übertragenen Arbeiten bestens zu erledigen»
>   = die Leistungen waren mangelhaft.
> - «Er/sie verlässt uns auf eigenen Wunsch»
>   = wir haben nichts dagegen/sind froh über den Weggang.
> - «Er/sie hat eine gesellige und freundliche Art»
>   = er/sie war ausgesprochen geschwätzig, zudem Neigung zum Alkohol.

16.3 | Gesamt- und Normalarbeitsvertrag

Der Gesamtarbeitsvertrag (GAV) ist eine Einrichtung des Privatrechts. Durch den Vertrag werden Bestimmungen in Kraft gesetzt, die dem Einzelarbeitsvertrag und eventuell dem Gesetz vorgehen. Während der Einzelarbeitsvertrag eine (schriftliche oder mündliche) Vereinbarung zwischen einzelnen Arbeitgebern und Arbeitnehmern ist, wird mit dem GAV ein Vertrag zwischen Verbänden (Arbeitnehmerverbänden/Gewerkschaften) einerseits und Arbeitgeberverbänden oder einzelnen Arbeitgeberinnen andererseits ausgehandelt. Das Hauptziel der Gesamtarbeitsverträge besteht vor allem darin, für eine grosse Zahl von Arbeitnehmerinnen und Arbeitnehmern gleiche und gesicherte Arbeitsbedingungen zu schaffen, sodass in den Einzelarbeitsverträgen nur noch Details geregelt werden müssen. Diese dürfen von den Bestimmungen des GAVs abweichen, aber nicht in allen Teilen und nicht zum Nachteil der Arbeitnehmerin oder des Arbeitnehmers.

Geregelt werden im GAV verbindliche Vorschriften bezüglich:
- Mindestlöhne
- Teuerungszulagen
- Sozialleistungen
- Arbeitszeiten
- Überstunden
- Ferien
- Kündigungsfristen

Gesamtarbeitsverträge haben wesentlich zum Wohlstand und zur Wohlfahrt in der Schweiz beigetragen. Durch deren Abschluss sind Streiks, Aussperrungen usw. praktisch ausgeschlossen und zwischen den Sozialpartnern herrscht Arbeitsfrieden (OR 357 a/2).
Gesamtarbeitsverträge können von den Behörden allgemeinverbindlich erklärt werden. Sie gelten dann für alle in einem Berufszweig Tätigen, sowohl auf Seite der Arbeitgebenden wie auch auf Seite der Arbeitnehmenden.

Streikende einer Gewerkschaft.

Normalarbeitsvertrag, OR 359 ff.
Der NAV hat heute wenig Bedeutung. Für Angestellte in der Landwirtschaft, im Hausdienst und für Teile des Pflegepersonals müssen die Behörden (Bund, Kantone) Normalarbeitsverträge erlassen, in denen namentlich Abschluss und Beendigung des Arbeitsverhältnisses sowie Arbeits- und Ruhezeit geregelt werden. Diese Bestimmungen gelten aber nur, wenn nichts anderes vereinbart wurde. Dies ist nur selten der Fall.

Vertragsparteien auf schweizerischer oder regionaler Ebene

16. | Kaufvertrag (OR/KKG)

16.1 | Kaufvertrag und Leasing

Entsprechende Artikel finden sich im Schweizerischen Obligationenrecht (OR 1–40 f, OR 184–236) und im neuen Konsumkreditgesetz (KKG 1–40).

Grundsätzliches zum Vertragswesen *(siehe auch S. 194 f.)* wird in den OR-Artikeln 1–40 f geregelt. Nach OR 1 gilt ein Vertrag als abgeschlossen, wenn die gegenseitige Willensübereinstimmung zu den wesentlichen Elementen des Geschäfts vorhanden ist, das heisst, wenn sich die Parteien diesbezüglich einig sind *(siehe auch S. 194 f.)*.

Der Kauf von Gütern und Dienstleistungen ist eine wesentliche Voraussetzung zur Befriedigung unserer Bedürfnisse. Daher ist der Kaufvertrag einer der wichtigsten Verträge im Bereich des Konsums. Durch den Kaufvertrag verpflichtet sich der Verkäufer, dem Käufer den Kaufgegenstand zu übergeben und ihm das Eigentum daran zu verschaffen, und der Käufer, dem Verkäufer den Kaufpreis zu bezahlen (OR 184).

Man unterscheidet den Fahrniskauf (Kauf von beweglichen Sachen) und den Grundstückkauf (OR 187–215, OR 216–221).

Ein Kaufvertrag wird dann abgeschlossen, wenn jemand eine Offerte annimmt (Bestellung). Offerten können verbindlich (schriftliche Offerten, mündliche Offerten, Preisangaben in Schaufenstern) oder unverbindlich sein (Kataloge, Prospekte, Inserate) (OR 3–9).

Ist eine Ware (z. B. Schaufensterauslage) eindeutig zu tief angeschrieben und liegt somit ein wesentlicher Irrtum vor, kann die Verkäuferin die Herausgabe verweigern (OR 23–27).

Unbestellte Warensendungen stellen keine Offerten dar. Solche Sendungen müssen daher weder aufbewahrt noch zurückgesandt werden. Bei irrtümlich erhaltener Ware muss jedoch der Absender informiert werden (OR 6a).

Wer keine Briefkastenwerbung wünscht, kann seine Adresse für diese Art von Werbung sperren lassen:
- Beim Wohnungsumzug auf der Gemeindekanzlei,
- bei der Anmeldung des Telefonanschlusses bei der Swisscom,
- durch einem Eintrag auf der sogenannten Robinsonliste (man erhält von den Firmen, die dem Schweizer Direktmarketing Verband angeschlossen sind, keine Werbesendungen mehr).

Das Anbringen eines Stoppklebers bewirkt nur, dass kein unadressiertes Werbematerial verteilt wird.

Die meisten Kaufverträge sind formlos (mündlich oder stillschweigend) gültig. Einige Verträge müssen von Gesetzes wegen jedoch schriftlich sein (Finanzierung des Kaufs von Waren oder Dienstleistungen, Leasing, Vorauszahlungsvertrag, Grundstückkauf) (KKG 10/11).

Ein Grundstückkauf muss zu seiner Gültigkeit zusätzlich öffentlich beurkundet und im Grundbuch eingetragen werden (OR 216/227a).

Wer einen Kaufvertrag eingeht, bleibt grundsätzlich daran gebunden. Rücktrittsmöglichkeiten der Käuferin (schriftlich innert sieben Tage seit Vertragsabschluss) bestehen von Gesetzes wegen bei Haustürgeschäften oder ähnlichen Verträgen (Werbe-Carfahrt, Verkauf auf öffentlichen Plätzen usw.), falls der Betrag Fr. 100.– übersteigt (OR 40a–f).

Bei den Verträgen, die unter das neue Konsumkreditgesetz vom 1. Januar 2003 fallen (Leasingvertrag, Vorauszahlungsvertrag, Kauf von Waren mit Kreditvertrag), besteht ebenfalls ein Widerrufsrecht von sieben Tagen nach Erhalt des Vertragdoppels (Poststempel gilt) (KKG 1).

Andere Rücktrittsmöglichkeiten sind nur ausnahmsweise und mit dem Einverständnis der Vertragsparteien möglich (KKG 16).

Folgende fünf Kaufvertragsarten werden unterschieden:
- *Barkauf:* Käuferin und Verkäuferin leisten gleichzeitig (Zug um Zug), d. h. die Zahlung erfolgt sofort bei Übergabe. Dies ist die häufigste und meistens auch günstigste Kaufart (OR 184).
- *Kreditkauf:* Der Verkäufer liefert, bevor ihn der Käufer bezahlt. Der Kaufpreis wird nach Übergabe innerhalb der vereinbarten Frist bezahlt. Der Käufer wird bei der Übergabe des Kaufgegenstandes Eigentümer.
- *Kauf von Waren mit Kreditvertrag (ehemals Abzahlungsvertrag):* Bei dieser Vertragsart verpflichtet sich die Verkäuferin, der Käuferin eine bewegliche Sache gegen eine Anzahlung zu übergeben, und die Käuferin, den Rest des Kaufpreises in mehreren Teilzahlungen zu begleichen. Dieser Kreditvertrag unterliegt strengen Formvorschriften. Die Verkäuferin behält sich oft das Eigentum am Kaufgegenstand vor, bis die Käuferin die letzte Rate bezahlt hat. Dieser Eigentumsvorbehalt der Verkäuferin muss für seine rechtliche Gültigkeit beim Betreibungsamt am Wohnort der Käuferin im entsprechenden Register eingetragen werden (KKG 9, 10, 16).
- *Kauf auf Vorauszahlung:* Der Kaufpreis für eine bewegliche Sache wird vom Käufer im Voraus in Teilzahlungen

geleistet. Nach der Zahlung können die entsprechenden Gegenstände bei der Vertragsfirma bezogen werden. Diese Kaufvertragsart hat stark an Bedeutung verloren und ist gelegentlich noch in der Möbelbranche anzutreffen (OR 227a–i).

Einzelne Bestimmungen über den Konsumkreditvertrag gelten auch für den Vorauszahlungsvertrag (Widerrufsrecht von sieben Tagen, Zustimmung des gesetzlichen Vertreters etc.) (OR 228).

- *Miet-Kauf-Vertrag:* Die Ware wird von der Verkäuferin im Voraus übergeben, und die Käuferin bezahlt Mietraten. Beim Kauf werden die bezahlten Raten angerechnet. Diese Vertragsart ist im neuen Konsumkreditgesetz nicht wörtlich aufgeführt und wird auch als unechtes Leasing bezeichnet. Die Rechtssprechung der Gerichte wird diesbezüglich Klarheit schaffen müssen. Vor allem Privatpersonen nutzen diese Vertragsart zum Kauf von Haushaltsgeräten, Elektronikgeräten, Musikinstrumenten usw. (KKG 9, 10, 11).

Leasing

Leasing ist die Überlassung eines Gegenstandes zum Gebrauch, also eine Art Miete. Der Gegenstand bleibt Eigentum der Leasingfirma und wird nach Vertragsablauf zurückgegeben oder zu einem im Voraus festgelegten Restwert gekauft. Berechnet werden die Leasingraten als Differenz zwischen Neuwert und festgelegtem Restwert. Diese Differenz wird in monatliche Raten, innerhalb der vereinbarten Laufzeit, aufgeteilt.

Heute boomt das Leasing vor allem in der Autobranche, obwohl leasen in den meisten Fällen teurer ist als kaufen. So wurde im letzten Jahr ein Umsatz von 5.1 Mia. Franken erzielt (2.7 Mia. privates Auto-Leasing, 2.4 Mia. gewerbliches Auto-Leasing). Mehr als die Hälfte aller Neuwagen wurde geleast (KKG 11).

Das Auto-Leasing für den Privatgebrauch fällt unter das neue Konsumkreditgesetz. Die Leasingnehmer werden daher bezüglich ihrer Kreditfähigkeit genau überprüft. Der Leasingvertrag muss schriftlich sein und folgende Inhalte aufweisen:

- Beschreibung der Leasingsache und des Barkaufpreises zum Zeitpunkt des Vertragsabschlusses,
- Anzahl, Höhe und Fälligkeit der Leasingraten,
- Höhe einer allfälligen Kaution,
- verlangte Versicherungen,
- effektiven Jahreszins,
- Hinweis auf das Widerrufsrecht und sieben Tage Widerrufsfrist,
- eine Tabelle, die angibt, was der Leasingnehmer bei vorzeitiger Beendigung zusätzlich zu leisten hat und welchen Restwert die Leasingsache zu diesem Zeitpunkt hat, sowie
- die Elemente der Kreditfähigkeitsprüfung.

Leasing ist vor allem bei vier Gruppen von Leuten beliebt:
- Wer nicht genügend Bargeld hat, um sich einen Neuwagen zu leisten oder die Risiken eines Occasionkaufs nicht eingehen will.
- Wer sein Geld nicht mit einem Autokauf ausgeben will.
- Wer sehr viele Kilometer fährt und alle zwei Jahre ein neues Fahrzeug braucht.
- Wer sein Geld attraktiver anlegt als das Leasing an Zinsen kostet.

Beim Leasing lohnt es sich, zusätzliche Punkte zu beachten:
- Ein genaues Budget erstellen: Höhe der Leasingraten, Höhe der Versicherungen, Benzinkosten und Kosten für Mehrkilometer.
- Verfügung über das Auto: festgelegte Einschränkungen im Gebrauch. Was passiert bei einem Unfall? Was geschieht am Ende der Vertragsdauer?
- Vorzeitige Kündigung: Wann kann ein Auto frühzeitig zurückgegeben werden, welche Kosten entstehen? Was passiert, wenn ich mit den Ratenzahlungen in Verzug komme?

Beim Leasing ist genaues Hinschauen und Prüfen des Angebotes unerlässlich. Wo aber beispielsweise im Rahmen einer Aktion die Zinsen tief sind sowie Restwerte und Kilometerleistung in Ordnung scheinen, kann es interessant sein, auf ein Angebot einzusteigen.

Viele können sich nur dank Leasing ein teures Auto leisten.

16.2 | Probleme des Kaufvertrages und Fristen

Bei der Abwicklung von Kaufverträgen können Störungen auftreten. Nachstehende Vertragsverletzungen erfordern eine schriftliche Reaktion.

- *Lieferungsverzug:* Ein Gegenstand wird bis zum Ende der vereinbarten Frist nicht geliefert. Der Käufer muss in diesem Falle die Verkäuferin mit einer Liefermahnung in Verzug setzen und ihr eine Nachfrist setzen. Verstreicht diese Frist erneut, kann der Käufer auf nachträgliche Lieferung beharren und Ersatzforderungen für einen allfälligen Schaden wegen Verspätung geltend machen, auf nachträgliche Lieferung verzichten, Schadenersatz wegen Vertragsverletzung verlangen oder ganz vom Vertrag zurücktreten (OR 107, 108).
- *Zahlungsverzug:* Der Käufer ist im Zahlungsverzug, wenn er den Kaufpreis bis zum vereinbarten Termin nicht bezahlt hat und anschliessend von der Verkäuferin gemahnt und somit in Verzug gesetzt wurde (OR 102, 104).
- Nach erfolgter Mahnung kann die Verkäuferin einen Verzugszins von fünf Prozent verlangen. Kommt der Käufer seiner Zahlungspflicht erneut nicht nach, droht ihm die Betreibung (SchKG 38 ff).
- *Mangelhafte Lieferung:* Wird eine Ware mangelhaft geliefert und will die Käuferin den Verkäufer dafür haftbar machen, muss sie die Mängel dem Verkäufer sofort mitteilen (Mängelrüge). Grundsätzlich kann die Mängelrüge in beliebiger Form erhoben werden, doch empfiehlt sich aus Beweisgründen die Schriftlichkeit (OR 201).
- Dabei kann die Käuferin in der Regel auf einwandfreien Ersatz (Ersatzlieferung), auf angemessene Preisermässigung (Minderung) oder auf Vertragsauflösung (Wandelung) beharren. Die Ware muss in jedem Fall sofort nach Erhalt geprüft und bei einer Beanstandung aufbewahrt werden (OR 204–206).
- Die Gewährleistung (Garantie) dauert ohne gegenteilige Abmachung ein Jahr. Darunter fallen auch versteckte Mängel (OR 210).

Verjährungsfristen (OR 127, OR 128)
Es kann geschehen, dass eine Forderung nicht geltend gemacht wurde. Nach einer bestimmten Zeit ist diese Schuld verjährt. Die grundsätzliche *Verjährungsfrist* beträgt zehn Jahre. *Achtung: Die Quittungen aufbewahren!*
Kürzere Verjährungsfristen gelten insbesondere für:
Bussen im Strassenverkehr: 1 Jahr
Forderung an eine Versicherung: 2 Jahre
Mietzinse, Arztrechnungen, Handwerkerrechnungen, Lohnforderungen: 5 Jahre

16.3 | Bundesgesetz über den Konsumkredit (Konsumkreditgesetz KKG)

Wer einen Konsumkreditvertrag abschliesst, geniesst seit 1. Januar 2003 einen besseren Schutz. Konsumkreditgeschäfte von Fr. 500.– bis Fr. 80 000.– werden in der ganzen Schweiz auf der gleichen Rechtsgrundlage abgewickelt.

Folgende Verträge fallen unter das neue Gesetz (KKG 1):
- Die Gewährung eines Zahlungsaufschubes,
- die Gewährung eines Darlehens oder einer ähnlichen Finanzierungshilfe,
- der Leasingvertrag (nur von natürlichen Personen für privaten Gebrauch),
- die Überziehungskredite sowie Verträge für Kredit- und Kundenkarten mit ratenweiser Rückzahlungsmöglichkeit.

Wichtige Neuerungen
- *Kreditfähigkeit:* Die Kredidgeber sind verpflichtet, die Kreditfähigkeit der Kunden und Kundinnen zu überprüfen. Zu diesem Zweck haben sie sich im Verein zur Führung einer Informationsstelle für Konsumkredit (IKO) zusammengeschlossen. Der Datenschutz verpflichtet die Banken, nur jene Daten über einen Kreditsuchenden auszutauschen, die unter die IKO-Richtlinien fallen. Als kreditfähig im Sinne des Gesetzes gilt, wer den Konsumkredit zurückzahlen kann, ohne den nicht pfändbaren Einkommensanteil beanspruchen zu müssen. Zusätzlich müssen bei der Kreditfähigkeitsprüfung berücksichtigt werden (KKG 28):
  – Der tatsächlich geschuldete Mietzins,
  – die nach Quellensteuertabelle geschuldeten Steuern,
  – die bei der Informationsstelle für Konsumkredit (IKO) gemeldeten Verpflichtungen.
- *3-Jahre-Regel:* Ein Konsumkredit soll das Haushaltsbudget nicht überstrapazieren. Daher darf ein Kredit nur dann gewährt werden, wenn das Einkommen der Kundschaft es erlaubt, den Kreditbetrag innert drei Jahren zurückzuzahlen. Das gilt auch für Kredite mit Laufzeiten von vier oder fünf Jahren.
- *15 Prozent Höchstzins:* Zum Schutz der Konsumenten und Konsumentinnen ist ein Höchstzinssatz von 15 Prozent festgelegt, der Zinsexzessen einen Riegel schiebt. Dies bedeutet, dass der Kreditgeber von der Konsumentin keinen höheren Zins verlangen darf. Tiefere Zinssätze bleiben immer zulässig. Es kann sich daher lohnen, die Angebote an Konsumkrediten zu vergleichen (KKG 14).
- *Widerruf:* Kunden/Kundinnen haben neu die Möglichkeit, innert sieben Tagen den unterzeichneten Kreditvertrag zu widerrufen. Dies schützt sie einerseits vor übereilter Kreditaufnahme, bedeutet aber auch, dass sie diese Frist abwarten müssen, bis ihnen der beantragte Konsumkredit ausbezahlt wird (KKG 16).
- *Bewilligungspflicht:* Die Kantone sind verpflichtet, die Gewährung und Vermittlung von Konsumkrediten einer Bewilligungspflicht zu unterstellen. Wer gewerbsmässig Konsumkredite gewähren oder vermitteln will, muss einen guten Ruf geniessen und Gewähr für eine einwandfreie Geschäftsführung bieten. Die Bewilligungen sind auf fünf Jahre befristet (KKG 39/40).

17. | Mietvertrag (OR)

17.1 | Gebrauchsüberlassungsverträge
Die Miete gehört zu den sogenannten Gebrauchsüberlassungsverträgen, wo geregelt ist, wie man eine Sache gebrauchen kann, ohne dass man das Eigentum an der Sache hat. In der Folge werden nur die gesetzlichen Bestimmungen zur Miete dargestellt.

17.2 | Miete
Es werden zwei Arten der Miete unterschieden:
- Miete von beweglichen Sachen wie Autos, Reinigungsgeräte, TV-Anlagen, PCs oder auch Schlittschuhe.
- Miete von unbeweglichen Sachen wie Wohnungen, Zimmer, Büros oder Garagen.

Durch den Mietvertrag verpflichtet sich der Vermieter, dem Mieter eine Sache zum Gebrauch zu überlassen. Die Mieterin entrichtet dafür einen Mietzins. Ein Mietvertrag kann formlos abgeschlossen werden. Aus Beweis- und Sicherheitsgründen ist jedoch die Schriftlichkeit empfohlen.
Ein wichtiger gesetzlicher Unterschied zwischen den verschiedenen Mietverhältnissen, vor allem aber zwischen der Miete von beweglichen Sachen und der Miete von unbeweglichen Sachen liegt in den verschiedenen Kündigungsfristen (OR 253).

Nachfolgende Bestimmungen des OR gelten vorwiegend für die Miete von Wohnungen und Geschäftsräumen.

Pflichten des Vermieters/der Vermieterin
- Die Vermieterin muss die Mietsache zum vereinbarten Zeitpunkt und in tauglichem Zustand übergeben und gebrauchsfähig erhalten (OR 256).
- Der Vermieter muss grössere Mängel beseitigen. Erneuerungen und Veränderungen kann er nur vornehmen, wenn sie für den Mieter zumutbar sind (OR 259 a ff., OR 260).
- Die Vermieterin muss auf Verlangen der Mieterin über die Höhe des Mietzinses im vorangegangenen Mietverhältnis Auskunft geben und, falls vorhanden, das Rückgabeprotokoll vorweisen (OR 256 a).
- Der Vermieter trägt die Lasten und öffentlichen Abgaben des Mietgegenstandes (OR 256 b).
- Die Vermieterin muss Mietzinserhöhungen und Kündigungen schriftlich und mit einem speziellen Formular ankündigen. Eine Mietzinserhöhung ist zu begründen und bei der Kündigung ist anzugeben, wie die Mieterin vorgehen kann, wenn sie damit nicht einverstanden ist (OR 266 l, 269 d, 266 n).

Miete	**Pacht**	**Gebrauchsleihe**	**Darlehen**	**Leasing**
OR 253–274g	OR 275–304	OR 305–311	OR 312–318	Konsumkreditgesetz (KKG)
Recht zum Gebrauch einer Sache gegen Entgelt.	Recht zum Gebrauch und zur Nutzung einer Sache.	Recht zum unentgeltlichen Gebrauch einer Sache.	Übertragung des Eigentums an eine Summe oder Geld gegen Rückzahlung.	Gebrauch einer Sache gegen Zins mit der Möglichkeit eines evtl. späteren Kaufs (ist ein freier Vertrag ohne gesetzlichen Schutz).

	Bewegliche Sachen OR 266 f	**Möblierte Zimmer** OR 266 e	**Wohnungen** OR 266 c	**Geschäftsräume** OR 266 d
Kündigungsfristen	drei Tage	zwei Wochen	drei Monate	sechs Monate
Kündigungstermine	beliebiger Zeitpunkt	am Ende einer einmonatigen Mietdauer	ortsüblicher Termin oder am Ende einer dreimonatigen Mietdauer	ortsüblicher Termin oder am Ende einer dreimonatigen Mietdauer

Mietvertrag einer Wohnung.

Die Kündigung einer Familienwohnung muss beiden Ehegatten separat zugestellt werden.

Rechte des Vermieters/der Vermieterin
- Falls der Mieter mit seinen Mietzinszahlungen im Rückstand ist, kann ihm der Vermieter eine Zahlungsfrist setzen (mind. 30 Tage bei Wohnungen/Geschäftsräumen) und androhen, dass der Mietvertrag bei Nichtbezahlung der rückständigen Mietzinse kurzfristig gekündigt wird (OR 257 d 9).
- Die Vermieterin von *Geschäftsräumen* hat zudem das Recht, für einen verfallenen Jahresmietzins und den laufenden Halbjahreszins pfändbare bewegliche Sachen der Mieterin zurückzubehalten, das sogenannte *Retentionsrecht* (OR 268).
- Der Vermieter kann *zur Sicherung seiner Mietzinsansprüche* eine Kaution (Mietzinsdepot) verlangen. Die Höhe der Kaution darf bei der Miete von Wohnräumen höchstens drei Monatsmietzinse ausmachen. Der Betrag ist auf ein Sparkonto oder auf ein Depot (laufend auf den Namen des Mieters) bei einer Bank einzuzahlen (OR 257 e).

Pflichten des Mieters/der Mieterin
- Die Mieterin muss den Mietzins und allfällige Nebenkosten fristgerecht bezahlen, den Mietgegenstand sorgfältig gebrauchen und auf Hausbewohner und Nachbarn Rücksicht nehmen (OR 257, 257 c, 257 f).
- Der Mieter haftet nicht für normale Abnützung, muss jedoch andere Schäden ersetzen. Oft ist es schwierig, zu unterscheiden, was normale Abnützung ist und was darüber hinausgeht. Als Entscheidungshilfe dienen die Richtwerte über die Lebensdauer einzelner Einrichtungsgegenstände. Müssen beispielsweise Tapeten wegen zu starker Abnützung schon nach sieben Jahren ersetzt werden (Lebensdauer zehn Jahre), hat der Mieter höchstens 30 Prozent der Kosten zu tragen ($^3/_{10}$ der Lebensdauer).
- Es ist empfehlenswert, vor Mietantritt den Mietgegenstand genau zu prüfen und ein Übergabeprotokoll zu erstellen (OR 256 a).
- Kleinere Reparaturen bis zu einem bestimmten Betrag (ca. CHF 100.– je nach Ortsgebrauch) muss die Mieterin selbst tragen (OR 259).
- Grössere Mängel, die sie selbst nicht beseitigen kann, hat sie der Vermieterin zu melden, ansonsten ist sie für den Schaden haftbar, der aus mangelnder Information entstanden ist (OR 257 g).
- Der Mieter muss die Sache in ordnungsgemässem Zustand zurückgeben (OR 267).

Rechte des Mieters/der Mieterin
- Wenn grössere Mängel (OR 259 a) an der Mietsache aufgetreten sind und der Vermieter nicht ausreichend reagiert hat, kann der Mieter verlangen, dass der Vermieter
  - den Mangel innerhalb einer bestimmten Frist beseitigt,
  - den Mietzins bis zur Behebung des Mangels verhältnismässig herabsetzt,
  - Ersatz für entstandenen Schaden leistet,
  - den Rechtsstreit mit einem Dritten übernimmt.
- Ist der Mangel innerhalb einer bestimmten Frist nicht beseitigt worden, kann der Mieter entweder
  - fristlos kündigen oder
  - den Mangel auf Kosten der Vermieterin beseitigen lassen.
  - Die Mieterin kann auch schriftlich ankündigen, dass zukünftige Mietzinse bis zur Beseitigung des Mangels nicht mehr der Vermieterin ausbezahlt, sondern bei einer vom Kanton bestimmten Stelle hinterlegt werden (OR 259 b, OR 259 g).
- Der Mieter darf Veränderungen und Neuerungen an der Sache vornehmen, wenn die Vermieterin zugestimmt hat. Ansonsten kann die Vermieterin die Wiederherstellung des früheren Zustandes verlangen. Für einen allfälligen Mehrwert kann der Mieter bei Beendigung des Mietverhältnisses eine Entschädigung verlangen, falls die Vermieterin die Zustimmung für die Veränderung erteilt hat (OR 260 a).
- Die Mieterin darf die gemietete Sache mit Zustimmung des Vermieters ganz oder teilweise untervermieten. Diese Zustimmung kann nur in Ausnahmefällen verweigert werden (OR 262).

70 Prozent der Haushalte in der Schweiz sind Mieter.

- Kündigt eine Mieterin ihre Wohnung nicht auf einen vertraglich vereinbarten Termin, kann sie dem Vermieter mindestens eine Nachfolgerin vorschlagen, die zumutbar ist und gewillt, den Mietvertrag zu gleichen Bedingungen zu übernehmen. Ansonsten haftet sie bis zum Ablauf der ordentlichen Kündigungsfrist für den Mietzins (OR 264).

Beendigung des Mietverhältnisses

- Bei einem befristeten Mietverhältnis (z. B. Ferienwohnung und Mietauto) endet das Mietverhältnis automatisch nach Ablauf der vereinbarten Mietdauer. Falls die Parteien das Mietverhältnis stillschweigend fortsetzen, gilt es als unbefristetes Mietverhältnis und ist an jene Kündigungsfristen gebunden (OR 266).
- Unbefristete Mietverhältnisse können unter Einhaltung der gesetzlichen Fristen und Termine gekündigt werden. Halten die Parteien Fristen oder Termine nicht ein, so ist die Kündigung nicht etwa ungültig (nichtig), sondern gilt für den nächstmöglichen Termin (OR 266a).
- Die Kündigung für Wohnungen und Geschäftsräume muss immer schriftlich (eingeschriebener Brief ist empfehlenswert) erfolgen und spätestens am letzten Werktag vor Ablauf der Frist bei der Gegenpartei eingetroffen sein. Der Vermieter hat zusätzliche Formvorschriften zu beachten (siehe Pflichten des Vermieters) (OR 266l).
- Aus wichtigen Gründen (z. B. Unzumutbarkeit, Konkurs des Mieters) kann ein Mietverhältnis auch kurzfristig oder fristlos gekündigt werden (OR 266g, 266h).
- Die Kündigung ist nicht gültig, wenn ein Formfehler vorliegt (OR 266o).

Kündigungsschutz

- Die Kündigung ist anfechtbar, wenn sie gegen den Grundsatz von Treu und Glauben verstösst. Die Gegenpartei kann verlangen, dass die Kündigung begründet wird (OR 271).
- Will eine Partei die Kündigung anfechten, muss innert 30 Tagen nach Erhalt des Kündigungsschreibens ein entsprechendes Begehren bei der Schlichtungsbehörde eingereicht werden (OR 273).
- Wenn die Beendigung des Mietverhältnisses für den Mieter oder seine Familie einen Härtefall zur Folge hätte, der durch die Interessen des Vermieters nicht zu rechtfertigen wäre, kann die Kündigung aufgeschoben und das Mietverhältnis verlängert (erstreckt) werden. Das Begehren um Erstreckung ist vom Mieter innert 30 Tagen nach Erhalt des Kündigungsschreibens bei der Schlichtungsbehörde einzureichen. Die Höchstdauer der Erstreckung beträgt für Wohnungen vier Jahre und für Geschäftsräume sechs Jahre. Derart lange Erstreckungsfristen werden aber kaum ausgesprochen (OR 272, OR 272b, OR 273).

Schutz vor missbräuchlichen Mietzinsen und vor andern missbräuchlichen Forderungen

- Die Vermieterin kann den Mietzins jederzeit auf den nächstmöglichen Kündigungstermin erhöhen. Die Mietzinserhöhung muss auf einem vom Kanton genehmigten Formular begründet und mindestens zehn Tage vor Beginn der Kündigungsfrist mitgeteilt werden. Dadurch erhält der Mieter die Gelegenheit, die Wohnung auf den nächsten Termin zu kündigen, falls sie ihm zu teuer geworden ist (OR 269d).
- Die Mieterin kann die Herabsetzung des Anfangsmietzinses verlangen, falls dieser von der Schlichtungsstelle als missbräuchlich eingeschätzt wird (OR 270).
- Eine Mietzinserhöhung ist innert 30 Tagen, nachdem sie dem Mieter mitgeteilt worden ist, bei der Schlichtungsbehörde als missbräuchlich anfechtbar. Auch ausgebliebene Mietzinssenkungen können angefochten werden (OR 270a, 270b).

Grundlagen Staat und Politik

1. | Einleitung

Der Begriff «Staat» meint den Zusammenschluss eines Volkes in einem durch geografische Grenzen festgelegten Gebiet unter einer bestimmten politischen Führung. Oft ist diese Gemeinschaft durch gemeinsame Bindungen zusammengewachsen: Sprache, Kultur, geografische oder geschichtliche Tatsachen etc. Entscheidend für die Bildung eines Staates ist der Wille zur Freiheit, Unabhängigkeit und Einheit. Ziel ist das garantierte, dauerhaft rechtlich geordnete Zusammenleben der Menschen in Frieden, Sicherheit und angemessener sozialer Wohlfahrt.

Zu einem Staat gehören: Das Staatsgebiet (Territorium), das Staatsvolk, die hoheitliche Gewalt oder Institutionen sowie die Beziehungen zum Ausland.

1. Einleitung

2. Staatsgebiet
2.1 Grenzen 212
2.2 Kantone 212
2.3 Landschaftliche Gliederung 212

3. Staatsvolk
3.1 Angaben zur Bevölkerung 214
3.2 Altersstruktur 214
3.3 Erwerbsquote 214

4. Staatsgewalt
4.1 Bundesverfassung 216
4.2 Gewaltenteilung 217
4.3 Rechte und Pflichten 221
4.4 Gesetzgebung 224
4.5 Politik und Interessenvertretung 225

5. Beziehungen zum Ausland
5.1 Europäische Integration 232
5.2 Europarat 232
5.3 EU (Europäische Union) 233
5.4 OSZE (Organisation für Sicherheit und Zusammenarbeit in Europa) . 236
5.5 WEU (Westeuropäische Union) 237
5.6 Weltorganisationen 237
5.7 Wichtige nichtstaatliche Organisationen (NGOs) und Konferenzen.... 239

Grundlagen Staat und Politik

2. | Staatsgebiet

Zum Staatsgebiet gehören Land, Wasserflächen und der Luftraum. Diese unterliegen rechtlich der Herrschaft eines Staates.

Die Schweiz ist ein Bundesstaat in Mitteleuropa mit einer Gesamtfläche von 41 285 Quadratkilometern. Die grösste Nord-Süd-Distanz beträgt in der Schweiz 220 Kilometer. Von Westen nach Osten sind es 350 km. Die Hauptstadt heisst Bern.

2.1 | Grenzen

Das Staatsgebiet grenzt im Norden an Deutschland (334 km), im Osten an Österreich (164 km) und an das Fürstentum Liechtenstein (41 km), im Süden an Italien (740 km) und im Westen an Frankreich (573 km).

2.2 | Kantone

Die Schweiz besteht aus 23 Kantonen, resp. aus 20 ganzen und sechs halben Kantonen. Die Halbkantone heissen: Appenzell-Ausserrhoden und Appenzell-Innerrhoden, Basel-Landschaft und Basel-Stadt, Nidwalden und Obwalden.

2.3 | Landschaftliche Gliederung

Die Schweiz wird eingeteilt in Jura, Mittelland und Alpen. Der Jura macht 10 Prozent der Landesfläche aus und liegt auf einer durchschnittlichen Höhe von 700 Metern über Meer. Er besteht aus Hochflächen mit Weidegebieten und Streusiedlungen.

Das Mittelland befindet sich auf einer durchschnittlichen Höhe von 580 m ü. M. Der grösste Teil der Bevölkerung, der Industrie, des Verkehrs, des Ackerbaus und der Viehwirtschaft befindet sich im Mittelland.

Zwei Drittel der Bevölkerung leben im Mittelland zwischen Genfersee und Bodensee auf 30 Prozent der Landesfläche. Auf einem km² leben durchschnittlich 450 Personen. Nur wenige Regionen in Europa sind dichter besiedelt.

Die Alpen – Durchschnittshöhe 1700 Meter über Meer – bestimmen Klima und Vegetation der Schweiz. Sie stellen die kontinentale Wasserscheide dar. Die Alpen tragen viel zur Identität der Schweiz bei. Zwei Drittel des Landes bestehen aus Bergen, Eis, Fels, Wald und Alpweiden. In den Bergregionen leben 11 Prozent der Bevölkerung.

Das schweizerische Staatsgebiet.

Die landschaftliche Gliederung der Schweiz in Jura, Mittelland und Alpen.

Kantone

Kanton (Amtliches Kürzel)	Kantons-hauptort	Fläche in km²	Einwohner-zahl
Aargau (AG)	Aarau	1 404	565 400
Appenzell-Ausserrhoden (AR)	Herisau	243	52 800
Appenzell-Innerrhoden (AI)	Appenzell	173	15 100
Basel-Stadt (BS)	Basel	37	186 700
Basel-Landschaft (BL)	Liestal	517	265 800
Bern (BE)	Bern	5 961	956 000
Fribourg (Freiburg) (FR)	Fribourg	1 671	249 700
Genève (Genf) (GE)	Genève	282	428 600
Glarus (GL)	Glarus	685	38 500
Graubünden (GR)	Chur	7 105	187 900
Jura (JU)	Délémont	837	69 100
Luzern (LU)	Luzern	1 493	354 800
Neuchâtel (Neuenburg) (NE)	Neuchâtel	803	167 500
Nidwalden (NW)	Stans	276	39 500
Obwalden (OW)	Sarnen	491	33 300
Schaffhausen (SH)	Schaffhausen	299	73 900
Schwyz (SZ)	Schwyz	909	136 500
Solothurn (SO)	Solothurn	791	247 400
St. Gallen (SG)	St. Gallen	2 026	459 000
Thurgau (TG)	Frauenfeld	991	233 200
Ticino (Tessin) (TI)	Bellinzona	2 812	319 800
Uri (UR)	Altdorf	1 077	35 100
Vaud (Waadt) (VD)	Lausanne	3 212	647 700
Valais (Wallis) (VS)	Sion (Sitten)	5 225	288 800
Zug (ZG)	Zug	239	105 200
Zürich (ZH)	Zürich	1 729	1 261 100
Schweiz		**41 285**	**7 459 128**

Quelle: BfS

Jura, Mittelland und Alpen: die drei Landschaftszonen der Schweiz.

3. | Staatsvolk

Darunter versteht man die Gesamtheit der durch die Herrschaftsordnung vereinigten Menschen. Die Schweiz zählt gut 7,5 Mio. Einwohner.

3.1 | Angaben zur Bevölkerung

Sprachen

In der Schweiz werden vier Landessprachen gesprochen: Deutsch (63,9 Prozent), Französisch (19,5 Prozent), Italienisch (6,6 Prozent) und Rätoromanisch (0,5 Prozent). Rund 10 Prozent der Bevölkerung unterhält sich in einer Nicht-Landessprache (z. B. Türkisch).

Konfessionen

Während die Landeskirchen weiter an Bedeutung verlieren, haben vor allem der Anteil der Musliminnen und der Muslime sowie der Angehörigen christlich-orthodoxer Kirchen stark zugenommen. Auch der Anteil der Personen, die keiner Kirche oder Religionsgemeinschaft angehören, steigt weiter an.

Nationalitäten

Zur Zeit beträgt der Anteil der ausländischen Wohnbevölkerung in der Schweiz 20,7 Prozent. In der Tabelle auf S. 215 ist ersichtlich, welche Nationalitäten in der Schweiz leben. Dabei sind die Kurzaufenthalter (69 312 Personen) sowie die Asylbewerberinnen und Asylbewerber (48 193 Personen) nicht inbegriffen.

3.2 | Alterstruktur

Heute leben in der Schweiz bedeutend mehr ältere Menschen als vor 50 Jahren. Die Zahl der über 65-Jährigen hat sich seit 1950 mehr als verdoppelt, jene der 80-Jährigen und älteren sogar gut vervierfacht. Demgegenüber hat die Zahl der unter 20-Jährigen viel weniger stark zugenommen und ist seit Anfang der 70er-Jahre gar rückläufig. Dieser Alterungsprozess ist eine Folge steigender Lebenserwartung und einer niedrigen Geburtsquote. Das Bundesamt für Statistik erwartet, dass im Jahr 2040 rund 25 Prozent der Bevölkerung über 65-jährig sein wird.

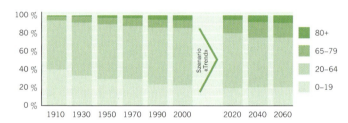

3.3 | Die Erwerbsquote

Bei der standardisierten Erwerbsquote wird der Anteil vom fünfzehnten Altersjahr an aufwärts ermittelt. Es wird erfasst, wer mindestens eine Stunde pro Woche arbeitet.

Die Aufteilung der Schweiz in die vier Sprachgebiete/-regionen

Sprachgruppen	%
Deutsch	63,7
Französisch	20,4
Italienisch	6,4
Rätoromanisch	0,5
Andere	9

Konfession	%
römisch-katholisch	41,8
protestantisch (inkl. Freikirchen)	35,2
konfessionslos	11,1
muslimisch	4,3
christlich-orthodox	1,8

Quelle: BfS, 2006

Grundlagen Staat und Politik

Lebendgeborene, Total	72 903 Personen
je 1000 Einwohner	9,8
Anzahl Knaben je 100 Mädchen	106,3
Schweizer Staatsangehörigkeit des Kindes	53 722
Ausländer Staatsangehörigkeit des Kindes	19 181
Anteil Lebendgeborene von unverheirateten Frauen (%)	13,7
Mehrlingsgeburten	1198
Zwillingsgeburten	1173
Kinder je 100 Frauen	142

Todesfälle, Total		61 124 Personen
je 1000 Einwohner		8,2
Totgeborene		307
je 1000 Geborene		4,2
Alter der Gestorbenen:	0–19 Jahre	589
	20–39 Jahre	1194
	40–64 Jahre	8354
	65–79 Jahre	15 947
	80 Jahre oder mehr	35 040

Altersgruppen

	absolut	%
0–19	1 634 335	21,9
20–39	2 037 709	27,3
40–64	2 594 619	34,8
65–79	856 037	11,5
80 und mehr	336 428	4,5

Ständige Wohnbevölkerung nach Heimat

	absolut	%
Schweiz	5 917 216	79,3
Ausland	1 541 912	20,7
Total	7 459 128	100

Ständige Wohnbevökerung nach Kantonen

Aargau	569 344	Obwalden	33 269
Appenzell A. Rh.	52 561	Schaffhausen	73 764
Appenzell I. Rh.	15 220	Schwyz	137 522
Basel-Landschaft	266 089	Solothurn	247 937
Basel-Stadt	185 601	St. Gallen	459 999
Bern	957 064	Tessin	322 276
Freiburg	253 954	Thurgau	234 332
Genf	430 638	Uri	35 087
Glarus	38 173	Waadt	654 093
Graubünden	187 803	Wallis	291 575
Jura	69 110	Zug	106 496
Luzern	356 384	Zürich	1 272 590
Neuenburg	168 444		
Nidwalden	39 803	Total	7 459 128

Nationalität der ständigen ausländischen Wohnbevölkerung

	absolut	%
Italien	297 917	19,3
Serbien und Montenegro	196 833	12,8
Portugal	167 857	10,9
Deutschland	158 651	10,3
Spanien	72 167	4,7
Türkei	75 903	4,9
Frankreich	70 901	4,6
Übriges Europa	294 361	19,1
Asien	94 009	6,1
Amerika	61 732	4,0
Afrika	48 081	3,1
Australien, Ozeanien	3 242	0,2
Staatenlose	258	0,02
Total	1 541 912	100

Bevölkerungsstruktur der Schweiz

	2003	%	2004	%	2005	%
Schweiz	7 364 155	100,0	7 415 102	100,0	7 459 128	100,0
Geschlecht						
männlich	3 601 539	48,9	3 628 696	48,9	3 652 502	49,0
weiblich	3 762 609	51,1	3 786 406	51,1	3 806 626	51,0
Zivilstand						
ledig	3 103 091	42,1	3 130 798	42,2	3 155 402	42,3
verheiratet	3 410 048	46,3	3 417 891	46,1	3 416 808	45,8
verwitwet	407 876	5,5	407 368	5,5	406 713	5,5
geschieden	443 133	6,0	459 045	6,2	480 205	6,4

Quelle: BfS, 2006

4. | Staatsgewalt

4.1 | Bundesverfassung

Bedeutung und Zweck einer Verfassung
Eine Verfassung bildet die Grundlage für die Rechtsordnung eines Staates. Sie enthält die Grundsätze, wie der Staat aufgebaut ist und welche Staats- oder Regierungsform gilt. Sie nennt die Rechte und Pflichten der Bürgerinnen und Bürger, enthält die Aufgaben des Staates und regelt die Zuständigkeiten (z. B. zwischen Bund, Kantonen und Gemeinden). Sie gibt auch Auskunft über die Organisation und Zuständigkeiten der Bundesbehörden und erläutert, was es braucht, um die Verfassung ändern zu können.

Eine Verfassung steht über den Gesetzen; kein Gesetz darf ihr widersprechen. Die Bundesverfassung wird deshalb auch als *Grundgesetz* bezeichnet.

Die Schweiz erhielt ihre erste Bundesverfassung anlässlich der Gründung des Bundesstaates im Jahre 1848 (Entstehung der modernen Schweiz). Die Verfassung wurde 1874 und 1999 total revidiert. *(Siehe auch Grundlagen Recht, S. 175 ff.)*

Aufgabenteilung im Bundesstaat Schweiz
Die Schweiz ist ein Bundesstaat. Dieser umfasst 20 Ganz- und sechs Halbkantone, die souverän sind, soweit ihre Eigenständigkeit nicht durch die Bundesverfassung beschränkt wird.

Jeder Kanton hat zudem seine eigene Verfassung, die zur Bundesverfassung nicht im Widerspruch stehen darf.

Die Aufgaben, welche Bund, Kantone und Gemeinden erfüllen, sind in der Bundesverfassung festgehalten.

Was nicht ausdrücklich in der Bundesverfassung als Bundesaufgabe bezeichnet wird, können die Kantone selbst bestimmen. Der Bund soll dann eingreifen, wenn die Kantone auf seine Hilfe angewiesen sind. Dieser Grundsatz wird Subsidiarität genannt.

Föderalismus
Die Eigenständigkeit und Selbstbestimmung der Kantone in vielen Bereichen wird als Föderalismus bezeichnet. Im Bundesstaat überlässt der Gesamtstaat die Regelung vieler Sachfragen den Gliedstaaten (Kantone).

In der Schweiz verfügen die Kantone über weit reichende Entscheidungsbefugnisse und Selbstverwaltungsmöglichkeiten, beispielsweise im Volksschulwesen, bei der Polizei, im Bereich öffentlicher Verkehr und Strassen und im Gesundheitswesen (Spitäler).

Umgekehrt haben die Kantone ein starkes Mitbestimmungsrecht bei der Gestaltung der Bundespolitik durch den Ständerat (Kantonsvertretung in der Bundesversammlung) und das Ständemehr bei der Änderung der Bundesverfassung.

Inhalt der Verfassung nach Kapiteln und Abschnitten		
Staatsziel und -zweck	Präambel	Leitet die Verfassung in würdevollen Worten ein und drückt die geistige Grundhaltung aus.
Staatsstruktur	Präambel, Art. 1–6	Bestimmen den Staatsaufbau und die Staats- und Regierungsform.
Grundrechte, politische Rechte	Art. 7–41, 136–142	Nennen Grundrechte und Pflichten der Bürgerinnen und Bürger sowie die Sozialziele.
Staatsaufgaben und Kompetenzverteilung	Art. 42–135	Nennen wesentliche Staatsaufgaben und regeln die Zuständigkeit zwischen Bund und Kantonen (Aufgabenverteilung).
Bundesbehörden	Art. 143–191	Klären Organisation und Zuständigkeiten der Bundesbehörden (Gewaltenteilung).
Verfassungsrevision	Art. 192–196	Regeln die Revision der Verfassung und nennen Übergangsbestimmungen.

Beispiel:	Der Bund schreibt eine umweltgerechte Abfallentsorgung vor (BV Art. 74); wie, wann und wo diese geschehen soll, muss er den Kantonen und ihren Gemeinden überlassen.

	Der Bund allein ist für die Gesetzgebung und Ausführung zuständig	Der Bund setzt fest – die Kantone führen aus	Geteilte Gesetzgebung und Ausführung	Der Kanton allein ist für die Gesetzgebung und Ausführung zuständig
Bund	▸ Aussenpolitik (54, 55) ▸ Sicherheitspolitik (57) ▸ Geld- und Währungspolitik (99)	▸ Umweltschutz (74) ▸ Zivil- und Strafrecht (122, 123) ▸ Asylwesen (121)	▸ Strassenverkehr (82, 83) ▸ Steuerwesen (128) Bund und Kantone teilen sich die Aufgabenbereiche zu.	—
Kantone	—	Kantonale Bestimmungen zur Umsetzung	▸ Strassenverkehr ▸ Steuerwesen	▸ Polizeiwesen ▸ Grundschulwesen ▸ Kultur

4.2 | Gewaltenteilung

Ziel der Gewaltenteilung
Gesetze erlassen, diese ausführen, über Recht und Unrecht entscheiden, sind Aufgaben der Staatsgewalt. Um zu verhindern, dass sich die Staatsgewalt bei einer Person oder Gruppe konzentriert, wird diese aufgeteilt und drei personell voneinander unabhängigen Behörden übertragen.
Die Teilung der Staatsgewalten ist eines der wichtigsten Merkmale der Demokratie.

Die Bundesbehörde im Überblick
Die Organe des schweizerischen Bundesstaates werden als Bundesbehörden bezeichnet. Dazu gehören das Parlament (National- und Ständerat – die Legislative), der Bundesrat (Exekutive) sowie die Rechtsbehörden (z. B. das Bundesgericht).

Die drei Staatsgewalten in Bund, Kanton und Gemeinde

	▸ Gesetze ausführen ▸ verwalten, regieren	▸ Gesetze erlassen ▸ kontrollieren ▸ die Ausführung überwachen	▸ urteilen und richten ▸ strafen und schützen
Beispiel Schweiz	**Regierung** Exekutive ausführende Behörde	**Parlament** Legislative gesetzgebende Behörde	**Gericht** Judikative richterliche Behörde
im Bund	Bundesrat 7 Mitglieder	Bundesversammlung Nationalrat: 200 Ständerat: 46	Bundesgericht: 39 Mitglieder
im Kanton	Regierungsrat oder Staatsrat	Kantonsrat, Grosser Rat, Landrat	Kantonsgericht oder Obergericht
in der Gemeinde	Gemeinderat/ kleiner Stadtrat	(grosser) Gemeinderat oder Stadtrat, Gemeindeversammlung	Amts- oder Bezirksgericht, Friedensrichter (Vermittler)

Grundlagen Staat und Politik

Nationalrat, 200 Mitglieder

- Die Anzahl Abgeordnete wird im Verhältnis zur Wohnbevölkerung der Kantone bestimmt. Mindestens jedoch ein Nationalratssitz pro Kanton.
- Bevölkerungsreiche Kantone haben somit das grössere Gewicht als die kleinen Kantone.
- Wählbar sind alle wahlberechtigten Bürgerinnen und Bürger.
- Die Abgeordneten werden für eine Amtsdauer von vier Jahren durch Proporzwahl bestimmt, wobei jeder einzelne Kanton einen Wahlkreis bildet. Kantone mit nur einem Sitz wenden das Majorzwahlverfahren an. Eine Wiederwahl ist möglich.
- Den Vorsitz hat der Nationalratspräsident oder die -präsidentin. Das Präsidium gilt als höchstes Amt der Schweiz, beinhaltet aber keine besonderen Machtbefugnisse.

Ständerat, 46 Mitglieder

- Die Mitglieder stellen ein Abbild der Kantone dar: Jeder Kanton stellt zwei Abgeordnete, die Halbkantone je einen Abgeordneten oder eine Abgeordnete.
- Bevölkerungsarme Kantone haben das gleiche Gewicht wie bevölkerungsreiche Kantone.
- Wählbar sind alle wahlberechtigten Bürgerinnen und Bürger.
- Die Abgeordneten werden für eine Amtsdauer von vier Jahren durch Majorzwahl bestimmt, eine Ausnahme bildet der Kanton Jura (Proporzwahl). Eine Wiederwahl ist möglich.
- Den Vorsitz hat der Ständeratspräsident oder die -präsidentin.

Die Bundesversammlung: National- und Ständerat

Zusammensetzung

Die Bundesversammlung ist die oberste gesetzgebende Behörde (Legislative) der Schweiz und beruht auf dem sogenannten Zweikammersystem – dem Nationalrat und dem Ständerat. Beide Räte sind gleichberechtigt. Der Nationalrat stellt die Vertretung des Volkes dar, der Ständerat die der einzelnen Kantone. Die Abgeordneten dieser beiden Räte sind die Parlamentarierinnen und Parlamentarier. Sie üben ihr Mandat (politischer Auftrag) als Milizpolitikerinnen oder -politiker aus, sind also keine Berufspolitiker. Parlamentarier und Parlamentarierinnen geniessen Immunität; d.h. sie können für Äusserungen in den Sessionen und parlamentarischen Sitzungen rechtlich nicht zur Verantwortung gezogen werden, ausser die Räte stimmen einer Strafverfolgung zu. National- und Ständerat kommen in der Regel viermal im Jahr zu den Sessionen in Bern zusammen (Frühjahr, Sommer, Herbst, Winter). Sie tagen jeweils gleichzeitig, aber in verschiedenen Räumen. Die Verhandlungen sind öffentlich.

Aufgaben von National- und Ständerat

Hauptaufgabe des National- und Ständerates ist die Gesetzgebung. Darüber hinaus entscheiden sie über Finanzfragen, üben Kontrollfunktionen aus und führen Wahlen durch.

Gesetzgebung
Die beiden Räte beraten alle Änderungen der Bundesverfassung. Sie erlassen Bundesgesetze, Bundesbeschlüsse, genehmigen Staatsverträge und initiieren neue Gesetze.

Wahlen
Die Vereinigte Bundesversammlung (alle Mitglieder des National- und Ständerates sitzen zusammen im Nationalratssaal) wählt die Mitglieder des Bundesrates (inklusive Bundeskanzlerin), des Bundesgerichts sowie im Kriegsfall den General.

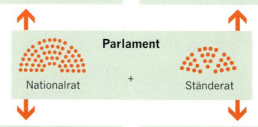

Kontrolle
Die beiden Kammern üben die politische Kontrolle aus über den Bundesrat, die Bundesverwaltung und die eidgenössischen Gerichte. Dabei können sie Kritik üben oder Empfehlungen an die kontrollierten Behörden abgeben.

Finanzen
National- und Ständerat beraten das Budget des Bundes, beschliessen Bundesausgaben und nehmen die vom Bundesrat vorgelegte Staatsrechnung des vergangenen Jahres ab.

Grundlagen Staat und Politik

> **Kommissionen**
>
> Beide Räte verfügen über je 12 ständige Kommissionen.
> Im Nationalrat bestehen sie aus je 25 Mitgliedern, im Ständerat sind es je 13 Mitglieder.
>
> - Finanzkommission (FK)
> - Sicherheitspolitische Kommission (SiK)
> - Geschäftsprüfungskommission (GPK)
> - Kommission für Verkehr und Fernmeldewesen (KVF)
> - Aussenpolitische Kommission (APK)
> - Kommission für Wirtschaft und Abgaben (WAK)
> - Kommission für Wissenschaft, Bildung und Kultur (WBK)
> - Staatspolitische Kommission (SPK)
> - Kommission für soziale Sicherheit und Gesundheit (SGK)
> - Kommission für Rechtsfragen (RK)
> - Kommission für Umwelt, Raumplanung und Energie (UREK)
> - Kommission für öffentliche Bauten (KöB)

Fraktionen

National- und Ständeräte, die der gleichen Partei angehören, schliessen sich zu Fraktionen zusammen, damit sie mehr politisches Gewicht haben und ihren Einfluss auf die Geschäfte wirksamer ausüben können. In den Fraktionen werden die Ratsgeschäfte vorberaten, Wahlempfehlungen abgegeben und Aufgaben verteilt; z. B. wer im Rat die Meinung der Fraktion vertreten soll. Zur Bildung einer Fraktion braucht es mindestens fünf Mitglieder.

Parlamentarische Kommissionen

In parlamentarischen Kommissionen werden einzelne Geschäfte vorberaten und geprüft. Sie erstatten im Rat Bericht, stellen Anträge oder reichen Vorstösse ein. Sie werden gemäss der Fraktionsstärke der einzelnen Parteien zusammengesetzt.

Parlamentarische Mittel

Nationalräte/-rätinnen und Ständeräte/-rätinnen versuchen im Parlament ihre Interessen und jene ihrer Wählerschaft durchzusetzen. Ihnen stehen dazu verschiedene parlamentarische Mittel zur Verfügung.

	Urheberschaft	Zweck	Zustimmung	Wirksamkeit
Die parlamentarische Initiative	1 Ratsmitglied, Kommission	Sie erlaubt den Räten, eigene Vorschläge zu Bundesverfassung, Gesetzen und zu Bundesbeschlüssen einzubringen. Dies geschieht entweder in der Form des ausformulierten Entwurfs oder einer allgemeinen Anregung im Rat.	Mehrheit in National- und Ständerat	hoch
Die Motion	1 oder mehrere Ratsmitglieder, Kommission, Fraktion	Sie verlangt zwingend vom Bundesrat, einen Gesetzesartikel oder Bundesbeschluss auszuarbeiten oder eine bestimmte Massnahme zu treffen.	Mehrheit in National- und Ständerat	hoch
Das Postulat	1 oder mehrere Ratsmitglieder, Kommission, Fraktion	Damit beauftragt das Parlament den Bundesrat, zu prüfen, ob in einem bestimmten Rechtsgebiet ein Gesetz, ein Beschluss oder eine Massnahme nötig ist. Das Postulat ist die abgeschwächte Form einer Motion.	Mehrheit in einem Rat	mittel
Der Auftrag	1 oder mehrere Ratsmitglieder, Kommission, Fraktion	Er weist den Bundesrat an, einen Leistungsauftrag an bestimmte Dienststellen innerhalb der Bundesverwaltung zu erteilen oder zu ändern (z. B. Leistungsauftrag an die SBB). Der Auftrag ist eine verbindliche Richtlinie für das Handeln des Bundesrates, Abweichungen davon sind nur in Ausnahmefällen gestattet.	Mehrheit in National- und Ständerat	mittel
Die Interpellation	1 oder mehrere Ratsmitglieder	Sie verpflichtet den Bundesrat, beiden Räten Auskunft zu geben über wichtige Ereignisse oder Sachprobleme der Politik und der Verwaltung.	Keine Abstimmung in den Räten	mittel
Die einfache Anfrage	1 oder mehrere Ratsmitglieder	Sie verlangt vom Bundesrat Auskunft über Angelegenheiten des Bundes. Der Bundesrat gibt bis zur nächsten Session eine schriftliche Antwort. Die einfache Anfrage ist die abgeschwächte Form der Interpellation.	Keine Behandlung im entsprechenden Rat	tief
Die Fragestunde (nur Nationalrat)	1 Mitglied des Nationalrates	Zweimal pro Session können Mitglieder des Nationalrates vom Bundesrat mündlich Auskunft verlangen, z. B. zu politischen Sachproblemen.	Keine Behandlung im Nationalrat	tief
Die Empfehlung (nur Ständerat)	1 Mitglied des Ständerates	Sie lädt den Bundesrat ein, eine entsprechende Massnahme zu ergreifen, welche in seinen eigenen Zuständigkeitsbereich fällt.	Keine Behandlung im Ständerat	tief

Der Bundesrat 2007: Doris Leuthard (CVP), Christoph Blocher (SVP), Moritz Leuenberger (SP), Micheline Calmy-Rey (SP), Pascal Couchepin (FDP), Samuel Schmid (SVP), Hans-Rudolf Merz (FDP), Annemarie Huber-Hotz, Bundeskanzlerin (Leitung der Bundeskanzlei).

Aufgaben des Bundesrates

▶ Er pflegt die Beziehungen zu den Kantonen (BV Art. 186).

▶ Er beaufsichtigt die Bundesverwaltung (BV Art. 187).

▶ Er bestimmt die Regierungspolitik (BV Art. 180),
indem er Bedürfnisse und Herausforderungen der Zukunft erkennt und beurteilt. Die daraus entstehenden Ziele des staatlichen Handelns listet er in einem Regierungsprogramm auf.

▶ Er setzt Recht und sorgt für den Vollzug der Gesetze (BV Art. 182),
indem er selbst Verordnungen erlässt und die vom Parlament erlassenen Gesetze vollzieht.

▶ Er verwaltet die Bundesfinanzen (BV Art. 183),
indem er die Staatsfinanzen plant und die Staatsrechnung erstellt.

▶ Er sorgt für äussere und innere Sicherheit (BV Art. 185),
indem er dafür vorsorgliche Massnahmen trifft und auch Armeetruppen (max. 4000) aufbieten kann.

▶ Er pflegt die Beziehungen zum Ausland (BV Art. 184),
indem er die Schweiz gegenüber anderen Staaten vertritt oder Staatsverträge unterzeichnet.

▶ Er hat das Initiativrecht (BV Art. 181),
indem er Vorschläge zur Verfassungsänderung der Bundesversammlung unterbreitet.

Wichtige Bundesämter (BA) der verschiedenen Departemente

EDA – Eidgenössisches Departement für auswärtige Angelegenheiten
▶ Politische Direktion
▶ Direktion für Völkerrecht
▶ Direktion für Entwicklung und Zusammenarbeit (DEZA)

EDI – Eidgenössisches Departement des Innern
▶ BA für Sozialversicherungen (BSV)
▶ BA für Gesundheit (BAG)
▶ BA für Statistik (BFS)
▶ BA für Kultur (BAK)
▶ BA für Bildung und Wissenschaft (BBW)

EJPD – Eidgenössisches Justiz- und Polizeidepartement
▶ BA für Justiz (BJ)
▶ BA für Polizei (BAP)
▶ BA für Ausländerfragen (BFA)
▶ BA für Raumplanung (BRP)
▶ BA für Flüchtlinge (BFF)

VBS – Eidgenössisches Departement für Verteidigung, Bevölkerungsschutz und Sport
▶ Nationale Alarmzentrale (NAZ)
▶ Generalstab (GST)
▶ Heer/Luftwaffe (HE/LW)
▶ BA für Zivilschutz (BZS)
▶ BA für Sport (BASPO)

EFD – Eidgenössisches Finanzdepartement
▶ Eidg. Finanzverwaltung (EFV)
▶ Eidg. Steuerverwaltung (EStV)
▶ Eidg. Zollverwaltung (EZV)
▶ BA für Informatik und Telekommunikation (BIT)

EVD – Eidgenössisches Volkswirtschaftsdepartement
▶ Staatssekretariat für Wirtschaft (seco)
▶ BA für Berufsbildung und Technologie (BBT)
▶ BA für Landwirtschaft (BLW)
▶ BA für Wohnungswesen (BWO)
▶ Preisüberwachung

UVEK – Eidgenössisches Departement für Umwelt, Verkehr, Energie und Kommunikation
▶ BA für Verkehr (BAV)
▶ BA für Energie (BFE)
▶ BA für Strassen (ASTRA)
▶ BA für Kommunikation (BAKOM)
▶ BA für Umwelt, Wald und Landschaft (BUWAL)

Der Bundesrat

Der Bundesrat ist die oberste leitende und vollziehende Behörde der Schweiz, die Regierung (Exekutive). Er besteht aus sieben Mitgliedern und wird von der Vereinigten Bundesversammlung für eine Amtsdauer von vier Jahren gewählt. Während dieser Amtszeit (Legislaturperiode) kann er weder abgewählt noch abgesetzt werden, jedoch freiwillig zurücktreten. Die Wiederwahl ist möglich und üblich. In den Bundesrat können alle Stimmberechtigten der Schweiz gewählt werden.

Kollegialitätsprinzip und Zauberformel

Kollegialitätsprinzip

Der Bundesrat hält in der Regel wöchentlich eine ordentliche Sitzung ab. Diese wird von der Bundespräsidentin oder vom Bundespräsidenten geleitet. Sie oder er wird für ein Jahr gewählt und hat nicht mehr Machtbefugnisse als die andern Bundesratsmitglieder. Sie oder er gilt als *primus inter pares* (erste/erster unter Gleichgestellten) und repräsentiert vor allem die Schweiz im In- und Ausland.

Der Bundesrat arbeitet nach dem Grundsatz der Kollegialität. Das bedeutet, dass Entscheide des Bundesrates von jedem Mitglied nach aussen als Beschlüsse des Kollegiums vertreten werden, selbst dann, wenn das einzelne Bundesratsmitglied eine ganz andere Meinung hat.

Ausserdem müssen sie bei Sachproblemen trotz unterschiedlicher Meinungen zu einer gemeinsamen Lösung kommen. Dies wird als Konkordanzpolitik bezeichnet.

Zauberformel

Die Zauberformel ist eine freiwillige Aufteilung der Bundesratssitze unter die vier wählerstärksten Parteien in der Bundesversammlung. Sie gilt seit 1959. Bis 2003 setzte sich der Bundesrat aus 2 SP, 2 CVP, 2 FDP sowie einem SVP-Vertreter zusammen. Aufgrund der Wahlergebnisse im Herbst 2003 entschied sich die Mehrheit der Vereinigten Bundesversammlung im Dezember 2003 für eine andere parteipolitische Zusammensetzung des Bundesrates: 2 SP, 2 FDP, 2 SVP und nur noch eine CVP-Vertretung.

Departemente und Verwaltung

Die Aufgaben des Bundes werden durch die Bundesverwaltung erfüllt. Diese ist in sieben Departemente gegliedert. Jedes der Departemente wird von einem Bundesratsmitglied geleitet.

Unterstützt wird der Bundesrat durch die Bundeskanzlei. Als so genannte Stabsstelle bereitet sie die Bundesratsgeschäfte vor, koordiniert deren Ablauf und informiert über die Tätigkeit des Bundesrates.

Die Bundesgerichte

Die dritte Gewalt (Judikative) im Staat ist die richterliche Behörde, die die Aufgabe hat, alle Streitigkeiten zu schlichten, die in einer Gesellschaft zwischen dem Staat und den Bürgerinnen und Bürgern sowie zwischen Bürgerinnen und Bürgern entstehen können.

Oberste richterliche Instanz der Schweiz ist das Bundesgericht in Lausanne, das sich mit Rechtsfällen aus dem Bereich der Bundesgesetzgebung (BV, ZGB, OR, StGB) befasst. Das Bundesgericht urteilt letztinstanzlich, das heisst, sein Urteil kann an keine andere Instanz weitergezogen werden.

Richterlicher Instanzenweg

4.3 | Rechte und Pflichten

Menschenrechte

Menschenrechte sind allgemeine, überstaatliche Grundrechte und Freiheitsrechte. Sie stehen allen Menschen zu, unabhängig ihrer Hautfarbe, Herkunft, Sprache, Religion, Nationalität oder ihres Geschlechts. In der «Petition of Rights» wurden bereits 1628 in England grundsätzliche Freiheitsrechte schriftlich festgehalten.

Die Grundrechte bilden die Basis von Staatswesen und Rechtsetzung. Sie sind Teil des universellen Völkerrechts und stehen jedem Menschen zu.

UNO-Deklaration der Menschenrechte

Die UNO hat die Grundrechte 1948 in der «Allgemeinen Erklärung der Menschrechte» und in zahlreichen Abkommen festgehalten. Diese Grundrechte sind allerdings völkerrechtlich nicht bindend, da die Instrumente zur Durchsetzung fehlen. Einzig die Europäische Menschenrechtskonvention (EMRK) ist bindend, da sie über die entsprechenden Durchsetzungsinstrumente verfügt.

Europäische Menschenrechtskonvention (EMRK)

Der Europarat hat seit 1950 mehrere Abkommen (Konventionen) zum Schutz der Menschenrechte völkerrechtlich festgehalten. Im Gegensatz zur UNO verpflichten sich die Unterzeichnerstaaten, zu denen auch die Schweiz zählt, diese Abkommen allen Menschen auf ihrem Staatsgebiet zu garantieren.

Zum Schutz der Menschenrechte wurde in Strassburg der *Europäische Gerichtshof für Menschenrechte* geschaffen. Menschen, die sich in ihren Rechten verletzt fühlen, können in Strassburg gegen Verletzungen der Konventionsartikel klagen. Personen in der Schweiz können Entscheidungen des schweizerischen Bundesgerichtes am Europäischen Gerichtshof für Menschenrechte anfechten. Die Schweiz wurde beispielsweise wegen der Kriminalisierung der Militärdienstverweigerer verurteilt. Zudem gibt es in

Grundlagen Staat und Politik

universell

Grundrechte/Freiheitsrechte (Beispiele)
- Recht auf Leben (Art. 10 BV, Art. 2 EMRK)
- Recht auf Menschenwürde (Art. 7 BV)
- Rechtsgleichheit (Art. 8 BV, Art. 14 EMRK)
- Diskriminierungsverbot (Art. 8.2 BV)
- Recht auf ein faires Gerichtsverfahren (Art. 30 BV)
- Meinungsäusserungs-, Versammlungsfreiheit (Art. 16, 22, 23 BV, Art. 10 EMRK)
- Vereinigungsfreiheit (Art. 23 BV, Art. 11 EMRK)
- Ehefreiheit (Art. 14 BV, Art. 8 EMRK)
- Glaubens-, Gewissens- und Religionsfreiheit (Art. 15 BV, Art. 9 EMRK)
- Recht auf Leben und persönliche Freiheit (Art. 10 BV, Art. 2–5 und 8 EMRK)
- Recht auf Bildung (Art. 19 BV, Art. 19 Sozialcharta)
- Recht auf soziale Sicherheit (Art. 41 BV, Art. 12 Sozialcharta)
- Petitionsrecht (Art. 33 BV)
- Wirtschaftsfreiheit (Art. 27 BV)
- Eigentumsgarantie (Art. 26 BV)

alle Staatsbürgerinnen und -bürger

Staatsbürgerliche Rechte
- Niederlassungsfreiheit (Art. 24 BV)
- Bürgerrechte/Recht auf Staatszugehörigkeit (Art. 37, 38 BV)
- Schutz vor Ausweisung, Auslieferung und Ausschaffung (Art. 25 BV)

alle handlungsfähigen Schweizerinnen und Schweizer

Politische Rechte/Volksrechte
- Stimm- und Wahlrecht (Art. 34, 39, 136 BV)
- Referendumsrecht (Art. 141 BV) S. 52
- Initiativrecht (Art. 138, 139 BV) S. 53

BV = Bundesverfassung Schweiz
EMRK = Europäische Menschenrechtskonvention

Den Haag seit 2001 den *internationalen Strafgerichtshof*. Er ist ein Rechtssprechungsorgan der UNO und zuständig für die weltweite Verfolgung von Völkermord, Verbrechen gegen die Menschlichkeit und Kriegsverbrechen.

Staatsbürgerliche Rechte in der Schweiz
Die staatsbürgerlichen Rechte umfassen die Niederlassungsfreiheit, die Bürgerrechte und den Schutz vor Ausweisung, Auslieferung und Ausschaffung.

Niederlassungsfreiheit
Schweizerinnen und Schweizer haben das Recht, sich an jedem Ort der Schweiz niederzulassen. Ausländerinnen und Ausländer steht dieses Recht nur zu, wenn sie für die Niederlassungsbewilligung den Ausweis C besitzen. Personen, die um Asyl ersuchen, steht dieses Recht nicht zu.

Bürgerrecht
Für die Erteilung des Schweizer Bürgerrechts sind die Kantone und die Gemeinden zuständig. Der Bund erlässt nur

Die drei Träger des europäischen Menschenrechtsschutzes

Im Laufe der Jahre wurde der Katalog durch spezielle Zusatzverträge (sog. Protokolle) ausgeweitet. Sie umfassen:
- Recht auf Eigentum und Bildung
- verschiedene Freiheitsrechte
- Abschaffung der Todesstrafe
- Schutz von Ausländerinnen und Ausländern vor Ausweisung

§ Europäische Menschenrechtskonvention (EMRK)
Die EMRK ist ein völkerrechtlicher Vertrag, mit dem die Staaten bestimmte rechtliche Verpflichtungen übernehmen und ihre Vorschriften einer internationalen Kontrolle unterwerfen. Dazu gehören z.B.:
- Das Recht auf Leben, Freiheit, Bildung und körperliche Unversehrtheit,
- das Recht auf ein faires Gerichtsverfahren,
- das Recht auf Achtung des Privat- und Familienlebens,
- das Recht auf Gedanken- und Gewissensfreiheit,
- das Recht auf Meinungsäusserungs- und Versammlungsfreiheit.
- Die EMRK verbietet ausdrücklich Folter, Sklaverei, die Todesstrafe, Zwangsarbeit, die Ausweisung oder Abschiebung eigener Staatsangehöriger.

§ Anti-Folter-Konvention
Konvention zur Verhütung von Folter und unmenschlicher oder erniedrigender Behandlung. Ernannte Vertreter dieses Abkommens haben das Recht, in den Mitgliedstaaten alle Orte zu besuchen, an welchen Menschen gefangen gehalten werden.

§ Europäische Sozialcharta
Sie schützt die sozialen Rechte, z.B.:
- Das Recht auf Arbeit und gleiche Arbeitsbedingungen,
- das Recht auf Berufsausbildung,
- das Recht auf gleichen Lohn für gleiche Arbeit und
- das Streikrecht.
Die Schweiz hat diese Charta bisher nicht unterschrieben.

Grundlagen Staat und Politik

Mindestvorschriften und erteilt die endgültige Einbürgerungsbewilligung.

Die Gemeinden und Kantone stellen weitergehende Bedingungen auf, die sehr unterschiedlich und zeitaufwändig sein können.

Schutz vor Ausweisung, Auslieferung und Ausschaffung

Schweizerinnen und Schweizer dürfen nicht aus der Schweiz ausgewiesen werden, ausser wenn sie damit einverstanden sind. Flüchtlinge dürfen nicht in einen Staat ausgewiesen werden, in welchem sie verfolgt werden. Niemand darf in einen Staat ausgeschafft werden, in dem Folter, unmenschliche Behandlung oder Bestrafung drohen.

Politische Rechte

Ab 18 Jahren dürfen Schweizerinnen und Schweizer ihre politischen Rechte ausüben. Diese sind in der Bundesverfassung festgehalten: Stimm- und Wahlrecht sowie Initiativ- und Referendumsrecht.

Begriffe

Wählen
- aktives Wahlrecht = das Recht, Personen für eine Behörde oder ein Amt zu wählen.
- passives Wahlrecht = das Recht, selbst für ein Amt gewählt zu werden.

Stimmen
- zu einer Sachvorlage «Ja» oder «Nein» sagen.

Majorzwahl

Majorzwahl bedeutet Mehrheitswahl. Der Begriff Majorität stammt aus dem Lateinischen und heisst Mehrheit. Majorität ist das Gegenteil von Minorität.

In der Majorzwahl gewinnt die Person, welche im ersten Wahlgang das absolute Mehr der Stimmen auf sich vereinigt; die Stimmen der Minderheit bleiben hingegen unberücksichtigt.

Majorzwahlen sind Personenwahlen, in denen nur bekannte Persönlichkeiten eine Chance haben, gewählt zu werden. In der Regel kommen kleine Parteien bei dieser Wahlform nicht zum Zug.

Erreicht im ersten Wahlgang niemand das absolute Mehr, genügt im zweiten Wahlgang das relative Mehr. Eine Ausnahme bildet dabei die Wahl in den Bundesrat. Die Vereinigte Bundesversammlung wiederholt die Wahl so oft, bis jemand das absolute Mehr erreicht. In ihrer Einfachheit liegt auch der Vorteil der Majorzwahl. Es ist für alle Wählenden klar nachvollziehbar, wer gewonnen hat, da sich das Majorzverfahren am Grundsatz der Demokratie orientiert: Die Mehrheit hat Recht.

Neben dem Bundesrat werden die meisten Exekutivämter (Gemeinderäte, Kantonsregierungen und alle Ständeräte, mit Ausnahme des Kantons Jura) in Majorzwahlen vergeben.

Stimm- und Wahlmehrheiten

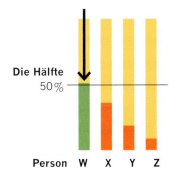

Absolutes Mehr
Gewählt ist, wer die Hälfte aller gültigen Stimmen plus 1 erreicht hat. Ungültige oder leere Wahlzettel werden nicht gezählt.

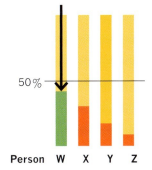

Relatives Mehr
Gewählt ist, wer die höchste Stimmenzahl erreicht hat. Es muss nicht die Hälfte aller Stimmen erreicht werden.

Volksmehr
Bedeutet die Mehrheit der stimmenden Bevölkerung. Der Anteil der Ja-Stimmenden muss über 50 Prozent sein.

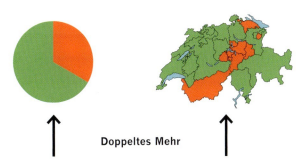

Doppeltes Mehr

Ständemehr
Bedeutet die Mehrheit der Kantone. Mindestens 12 der 23 Kantone müssen der Vorlage zustimmen (Halbkantone haben nur eine Stimme). Ob ein Kanton zustimmt oder ablehnt, hängt vom Volksmehr des Kantons ab.

Bestimmte Vorlagen benötigen zur Annahme zusätzlich zum Volksmehr auch das Ständemehr (alle Volksinitiativen und obligatorischen Referenden).

223

Majorzwahl

1. Wahlgang
Im ersten Wahlgang gilt in der Regel das absolute Mehr. Gewählt ist, wer das absolute Mehr erreicht hat.

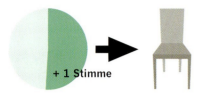

2. Wahlgang
Er findet dann statt, wenn zuvor niemand das absolute Mehr erreicht hat. Oft entscheidet dann nur noch das relative Mehr.

Proporzwahl
Proporzwahl bedeutet Verhältniswahl (Der Begriff proportional stammt aus dem Lateinischen und heisst verhältnisgleich). Im Unterschied zur Majorzwahl werden bei der Proporzwahl die Sitze entsprechend der Stimmenanteile vergeben. Während die Majorzwahl eine Personenwahl ist, stehen bei der Proporzwahl vor allem die Parteien im Vordergrund. Bei der Zuteilung der Sitze sind vor allem die erhaltenen Parteienstimmen wichtig. Innerhalb der Partei sind die Personen mit den höchsten Kandidatenstimmen gewählt.

Die Proporzwahl ist zwar komplizierter als die Majorzwahl, sie gibt aber den Wahlwillen des Souveräns besser wider. Kleine Parteien, sprachliche oder religiöse Minderheiten haben mit dieser Wahlform erheblich grössere Chancen, gewählt zu werden. Nach dem Proporz werden der Nationalrat und die meisten kommunalen und kantonalen Parlamente gewählt.

Stille Wahl
Still gewählt wird, wenn für eine Wahl gerade so viele Personen kandidieren wie Sitze zu vergeben sind. Es kommt zu keinem Wahlgang und die kandidierenden Personen gelten als gewählt. Diese dritte Form der Wahl kann auf Kantons- oder Gemeindeebene vorkommen.

Staatsbürgerliche Pflichten
Im Gegensatz zu den Menschenrechten sind die Pflichten der Bürgerinnen und Bürger von Staat zu Staat verschieden. Die wichtigsten Pflichten der Bürgerinnen und Bürger in der Schweiz sind in der Bundesverfassung festgehalten.

4.4 | Gesetzgebung

Abstufung der Rechtserlasse
Die staatliche Rechtsordnung ist in verschiedene Rangstufen eingeteilt. Die Erlasse der ersten Stufe bilden die Grundlage für jene der zweiten Stufe usw.

Bundesverfassung
Die oberste Stufe bildet das sogenannte «Grundgesetz». In der Schweiz ist das die Bundesverfassung (BV). Sie bildet die Grundlage für die Gesetze und von ihr werden alle anderen Rechtsvorschriften abgeleitet.

Nebst dem Bund haben auch die Kantone ihre Verfassungen und selbst die Gemeinden haben eine Art Gemeindeverfassung, häufig als Gemeindegesetz oder Gemeindeordnung bezeichnet. Die Kantonsverfassungen dürfen der BV nicht widersprechen, und die Gemeindeverfassungen nicht jenen der Kantone.

Gesetze
Gesetze haben stets einen Bundesverfassungsartikel als Grundlage. Sie richten sich an alle. Sie regeln nicht den Einzelfall. Bundesgesetze werden vom National- und Ständerat erlassen. Kantonsgesetze vom Kantonsparlament (nur eine Kammer) in einer ersten und zweiten Lesung. Gesetze unterliegen dem fakultativen Referendum.

Proporzwahl
Beispiel: In einem Gemeindeparlament sind 12 Sitze (= 100%) neu zu vergeben. Beim Wahlgang sind insgesamt 4000 Stimmen eingegangen. Partei A hat dabei 1000 Stimmen erzielt = ein Viertel (= 25%) der eingegangenen Wählerstimmen. Partei A erhält nun auch einen Viertel der zu vergebenden Sitze, in diesem Fall also drei. Partei B (2000 Stimmen = 50% Stimmenanteil) werden 6 Sitze zuerkannt usw.

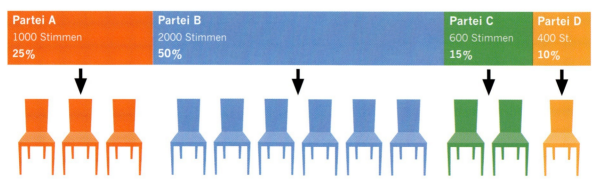

Grundlagen Staat und Politik

Es werden zwei Arten von Referenden unterschieden:

Obligatorisches Referendum BV Art. 140
(Verfassungsreferendum)

Wichtige Beschlüsse der Bundesversammlung müssen in jedem Fall den Stimmbürgerinnen und Stimmbürgern zur Abstimmung unterbreitet werden, und zwar **automatisch** bei:
▸ Allen Verfassungsänderungen,
▸ allen Bundesbeschlüssen (BB) ohne Verfassungsgrundlage,
▸ einem Beitritt der Schweiz zu Organisationen für kollektive Sicherheit (z. B. Nato) oder zu supranationalen Organisationen (z. B. EU).

Zur Annahme des obligatorischen Referendums braucht es die Mehrheit des Stimmvolks (Volksmehr) und der Kantone (Ständemehr) = doppeltes Mehr.

Fakultatives Referendum BV Art. 141
(Gesetzesreferendum)

Beschlüsse der Bundesversammlung müssen den Stimmbürgerinnen und Stimmbürgern zur Abstimmung unterbreitet werden, wenn:
▸ 50 000 Stimmbürgerinnen und Stimmbürger oder 8 Kantone dies
▸ innert 100 Tagen nach der Verabschiedung durch das Parlament mit ihrer Unterschrift verlangen.

Das Referendum kann vom Volk ergriffen werden:
▸ Gegen neue Bundesgesetze,
▸ gegen Bundesbeschlüsse und
▸ gegen völkerrechtliche Verträge (z. B. Beitritt zu internationalen Organisationen).

Kommt das (fakultative) Referendum zustande, entscheidet das Stimmvolk definitiv an der Urne, wobei das Volksmehr genügt.

Bundesbeschlüsse
Diese sind im Gegensatz zu den Gesetzen nur befristet gültig und können, falls nötig, als dringlich erklärt werden. Allgemein verbindliche Bundesbeschlüsse unterliegen auch dem fakultativen Referendum.

Verordnungen
Die Verordnung enthält nähere Ausführungen und Bestimmungen zum entsprechenden Gesetz. Verordnungen werden vom Bundesrat erlassen und haben das gleiche rechtliche Gewicht wie die Gesetze. Sie unterstehen nicht dem fakultativen Referendum.

Reglemente
Die Reglemente beschreiben die ihnen zu Grunde liegenden Gesetze und Verordnungen genauer. Gesetzes- und Verordnungsartikel werden präzisiert und deren Inhalte im Detail festgelegt. Sie werden von der jeweiligen Exekutive erlassen.

Referendum (lateinisch: Volksentscheid)
Das Volk hat das Recht, über Gesetze und Beschlüsse von National- und Ständerat nachträglich endgültig abzustimmen.

Bedeutung und Wirkung des Referendums
Das Referendum gibt dem Volk die Möglichkeit, bei Sachfragen mitzuentscheiden. Dies bewirkt, dass bei der Ausarbeitung von Gesetzen und Beschlüssen Bundesrat sowie National- und Ständerat immer ein mögliches Nein des Volkes in Betracht ziehen müssen. Nur schon die Drohung durch Parteien, Verbände oder andere Gruppierungen beeinflussen die Entscheide von Bundesrat und Parlament.

Auf Kantonsebene ist das Referendumsrecht noch stärker ausgebaut. Nebst dem Verfassungs- und Gesetzesreferendum kennen die Kantone auch ein Finanz-, Verwaltungs- und Konkordatsreferendum.

Initiative
Die Initiative (auch Volksinitiative oder Volksbegehren genannt) stellt das Recht des Volkes dar, durch Unterschriftensammlung eine Änderung der Bundesverfassung zu verlangen. Damit eine Initiative auf Bundesebene zu Stande kommt, müssen innerhalb von 18 Monaten 100 000 Unterschriften von Stimmberechtigten gesammelt werden. Die Initiative kann als allgemeine Anregung oder als ausformulierter Entwurf vorgelegt werden:
Die Kantone kennen nebst der Verfassungsinitiative auch die Gesetzesinitiative, das heisst nicht nur die Kantonsverfassung, sondern auch einzelne Gesetze können geändert, gestrichen oder neu verfasst werden.

4.5 | Politik und Interessenvertretung

Politisches Handeln
Politik im umfassenden Sinn befasst sich mit der Gestaltung des menschlichen Zusammenlebens. Einzelne Menschen, Gruppierungen oder Organisationen versuchen das öffentliche Leben nach ihren Interessen, Ideen, Werten oder Vorstellungen zu gestalten und zu beeinflussen.
Sollen z. B. Steuern gesenkt und staatliche Aufgaben eingeschränkt, der Konsum von Cannabis erlaubt oder das Rentenalter hinaufgesetzt werden? Die Durchsetzung dieser Anliegen ist Aufgabe der Politik.
Auch einzelne Staaten oder Staatengemeinschaften, wie z. B. die EU, betreiben Politik, versuchen also ihre Interessen

Grundlagen Staat und Politik

Der Weg zu einem neuen Gesetz

Anstoss geben	Vorparlamentarische Phase	Parlamentarische Phase	Nachparlamentarische Phase
Anstoss indirekt ▸ Interessengruppen ▸ Kantone ▸ Medien	**Vorentwurf** Verwaltung arbeitet ihn zusammen mit Fachleuten aus.	**Behandlung im Erstrat* z.B. Nationalrat** ▸ vorberatende Kommission Erstrat ▸ Beratung im Erstrat ▸ Entscheid im Erstrat	**a) Obligatorische Abstimmung** betrifft die Verfassung
Anstoss direkt/Auslösung ▸ Parlamentsmitglieder mittels Motion ▸ Bundesrat	**Vernehmlassung** Vorentwurf zur Stellungnahme geschickt an: ▸ Kantone ▸ Parteien ▸ Verbände	**Behandlung im Zweitrat z.B. Ständerat** ▸ vorberatende Kommission Zweitrat ▸ Beratung im Zweitrat ▸ Entscheid im Zweitrat	**Annahme** Volk und Stände stimmen zu
	Behandlung im Bundesrat Definitiver Entwurf wird erstellt. Bundesrat erlässt «Botschaft ans Parlament» Gesetze können auch ohne das Mitwirken der Verwaltung und des Bundesrates entstehen, und zwar wenn es sich um eine Parlamentarische Initiative handelt (siehe Seite 57). Solche ausgearbeiteten Entwürfe werden direkt den Räten zur Behandlung vorgelegt.	**evtl. Differenzbereinigung** Bei Differenzen zwischen beiden Räten: Wiederholung des Verfahrens bis zur Einigung (Einigungskonferenz)	**b) Fakultative Abstimmung** betrifft Gesetze
		Schlussabstimmung Erfolgt im National- und Ständerat gleichzeitig	**Annahme** Referendum wird von mindestens 50 000 Stimmberechtigten innerhalb von 100 Tagen ergriffen und es kommt zustande. Das Volk stimmt dem neuen Gesetz zu.
			Inkrafttreten

*Die Präsidenten der beiden Kammern legen in eigener Kompetenz fest, welcher Rat welche Geschäfte als Erstrat behandeln darf.

Parlamentarier und Parlamentarierinnen bei der Arbeit im Nationalratssaal in Bern.

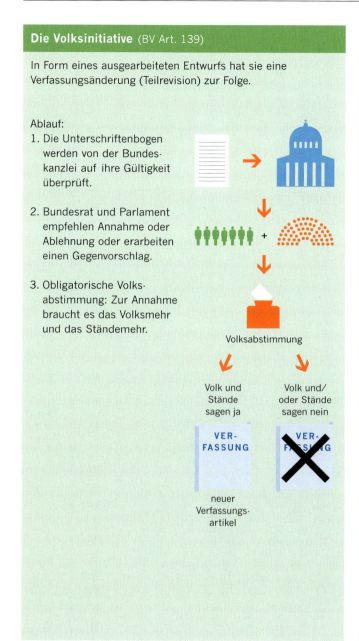

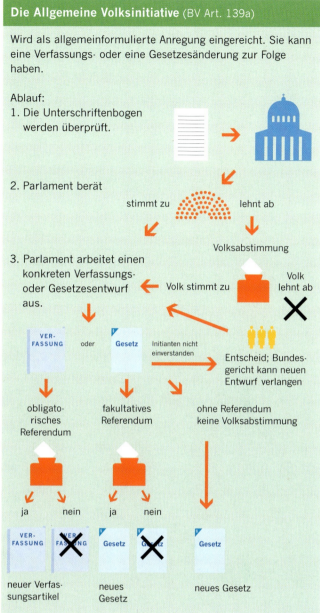

und ihre Ziele innerhalb der Weltgemeinschaft durchzusetzen. Politik ist eine ständige Auseinandersetzung von verschiedenen Meinungen und Interessen, ein Machtkampf verschiedenster Gruppierungen und Organisationen.

Die wichtigsten Beteiligten in diesem Machtkampf sind offiziell der Staat sowie innerhalb des Staates die Parteien und Verbände. Aber auch Volksgruppen und vermehrt NGOs (Nichtregierungsorganisationen), wie WWF, Amnesty International, Greenpeace usw. versuchen ihre Ziele national oder international durchzusetzen.

In der Politik werden zur Durchsetzung der Interessen in der Regel Lösungen durch Überzeugung und Kompromissbereitschaft angestrebt und gefunden. Politik ist bestrebt, die Interessen auszugleichen und einen Konsens zu finden. Versagt die Politik, bleibt als letztes Mittel oft nur Gewalt (Geiselnahmen, Terrorismus oder gar Krieg). In einem Rechtsstaat ist es nicht zulässig, Interessenkonflikte mittels Gewalt zu lösen.

Der Staat hat das Gewaltmonopol. Von diesem macht er Gebrauch, wenn er sich gezwungen sieht, das Interesse des Gemeinwohls zu schützen (z. B. durch Polizeieinsätze bei gewalttätigen Demonstrationen oder zur Terrorismusbekämpfung).

Um ihre Interessen durchsetzen zu können, schliessen sich Leute mit ähnlichen Anliegen zu einer Interessensgruppe zusammen und versuchen so Einfluss auf den politischen Entscheidungsprozess zu gewinnen.

Parteien

Bedeutende Träger der politischen Interessen sind Parteien. In den Parteien schliessen sich gleich oder ähnlich gesinnte Bürgerinnen und Bürger zusammen, um wichtige Bereiche des öffentlichen Lebens nach ihren Vorstellungen und Interessen zu gestalten.

In demokratischen Staaten geschieht dies vor allem durch die Teilnahme an Wahlen und durch öffentliche Stellungnahmen. Parteien nehmen entsprechend ihrer Grösse und Durchsetzungskraft massgeblich Einfluss auf die politischen Entscheidungen. Sie versuchen, die politische Meinungsbildung anzuregen und fördern die aktive Teilnahme der Bür-

Grundlagen Staat und Politik

Links

▸ **Sozial:** Man setzt sich für Benachteiligte und Schwächere unserer Gesellschaft ein.
▸ **Progressiv** (fortschrittlich): Man fördert Neuerungen und die Entwicklung neuer Ideen.
▸ Man vertritt eine sozial-marktwirtschaftliche Ordnung.
▸ Man befürwortet vermehrt gezielte staatliche Hilfe und Eingriffe.
▸ Man vertritt die Interessen der Arbeitnehmerinnen und der Arbeitnehmer.
▸ Man fordert massive Kürzungen der militärischen Ausgaben zu Gunsten eines besseren Umweltschutzes und vermehrter Sozialausgaben.
▸ Man fördert internationale Gemeinschaften (Internationalität).
▸ Man fordert eine gezielte Verkleinerung der Armee und will die Friedenspolitik fördern.

Rechts (bürgerlich)

▸ **Liberal:** Man beruft sich auf die Freiheit und Selbstverantwortung jedes Einzelnen.
▸ **Konservativ** (traditionell): Bestehendes (auch Normen und Werte) soll erhalten bleiben.
▸ Man will minimale staatliche Eingriffe, d. h. wenig Einschränkungen des Staates für die Einzelnen.
▸ Man vertritt die Interessen der Arbeitgeberinnen und der Arbeitgeber.
▸ Man befürwortet eine glaubwürdige Landesverteidigung mit einer gut ausgerüsteten Armee.
▸ Man pflegt das nationale Gedankengut.

Das Parteienspektrum der Schweiz

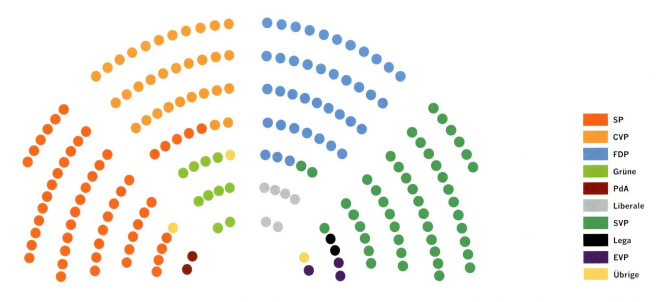

Parteienstärke 1999 und 2003	1999			2003			2007		
im National- bzw. Ständerat	Wähleranteil im NR in %	Sitze im Nationalrat	Sitze im Ständerat	Wähleranteil im NR in %	Sitze im Nationalrat	Sitze im Ständerat	Wähleranteil im NR in %	Sitze im Nationalrat	Sitze im Ständerat
Schweizerische Volkspartei (SVP)	22.5	45	7	26.6	55	8	....	....	....
Sozialdemokratische Partei (SP)	22.5	51	6	23.3	52	9	....	....	....
Freisinnig-Demokratische Partei (FDP)	19.9	42	18	17.3	36	14	....	....	....
Christlichdemokratische Volkspartei (CVP)	15.9	35	15	14.5	28	15	....	....	....
Grüne Partei (GP)	5.1	9		7.4	13		....	....	....
Liberale Partei der Schweiz (LPS)	2.3	6			4		....	....	....
Evangelische Volkspartei (EVP)	1.8	3			3		....	....	....
Partei der Arbeit (PdA)	1.0	3			2		....	....	....
Eidgenössische Demokratische Union (EDU)	1.3	1			2		....	....	....
Lega dei Ticinesi	0.9	2			1		....	....	....
Schweizer Demokraten (SD)	1.8	1			1		....	....	....
Christlich-Soziale Partei (CSP)	0.4	1			1		....	....	....
Übrige	4.6	1			2		....	....	....
Total	**100.0**	**200**	**46**	**100**	**200**	**46**	....	....	....

gerinnen und Bürger am politischen Leben. Sie beteiligen sich aktiv an Wahlen und Abstimmungen und übernehmen die politische Verantwortung in Parlament und Regierung. Je nach Grösse sind sie kommunal, regional, kantonal oder national organisiert.

Grundhaltungen

Parteien stützen sich häufig auf eine bestimmte Weltanschauung oder Ideologie und leiten daraus ein Programm ab. Sie setzen ihre Ziele fest und formulieren daraus politische Forderungen. Es versteht sich von selbst, dass es in einer pluralistischen, multikulturellen Gesellschaft eine Vielzahl von Parteien gibt.

Trotzdem lassen sich in den westlichen Industriestaaten im Allgemeinen zwei Grundhaltungen ausmachen, die Linke und die Rechte.

Das Links-Rechts-Schema ist als Orientierungshilfe brauchbar. In einzelnen, konkreten Sachfragen jedoch gilt es zu differenzieren. Es kann durchaus sein, dass ein so genannt linker Politiker Ansichten rechter Parteien vertritt oder umgekehrt. Vor allem die Trennung in konservativ und fortschrittlich entspricht nicht immer dem Links-Rechts-Schema. Viele Linke wehren sich gegen riskante Technologien wie z. B. die Atomenergie oder die Gentechnologie. Ausserdem verlaufen einige Themen wie die Europapolitik, die Gleichstellung von Frau und Mann, die Drogenpolitik nicht nur von links nach rechts.

	SP Sozialdemokratische Partei (1888) www.sp-ps.ch	**FDP** Freisinnig-Demokratische Partei (1894) www.fdp.ch	**CVP** Christlichdemokratische Volkspartei (1912) www.cvp.ch	**SVP** Schweizerische Volkspartei (1936) www.svp.ch
Partei vertritt hauptsächlich	▸ Arbeiterschaft, Angestellte, Staatsangestellte ▸ Leute aus allen Einkommensschichten ▸ Leute mit nicht bürgerlichen, sozialistischen, progressiven Interessen	▸ Arbeitgeber, Kaderleute, Angestellte, Staatsangestellte ▸ eher besser verdienende Einkommensschichten ▸ Leute mit bürgerlichen Interessen (z. B. Privateigentum, Sicherheit, Freiheit)	▸ breit abgestützte Wählerschaft, z.B. Arbeitnehmerinnen, Bauern ▸ vorwiegend Katholiken ▸ Leute mit bürgerlichen Interessen	▸ breit abgestützte Wählerschaft, z.B. Bauern, KMU ▸ Landbevölkerung ▸ Gewerbetreibende ▸ besser verdienende Einkommensschichten ▸ Leute mit bürgerlichen Interessen
Hauptziele und Anliegen	**Mehr soziale Gerechtigkeit in der Gesellschaft**	**Freiheit und Selbstverantwortung für alle**	**Mensch und Familie stehen im Zentrum der politischen Diskussion**	**Erhaltung einer neutralen und unabhängigen Schweiz**
Sozialwerke	▸ Stärkung und Ausbau der Sozialwerke wie AHV, IV, ALV	▸ Massvoller finanzieller Einsatz der Sozialwerke	▸ Erhaltung der Sozialwerke in ihrem heutigen Zustand	▸ Erhaltung der Sozialwerke, z.T. Abbau (Gesundheitswesen)
Wirtschaftsordnung	▸ Soziale Marktwirtschaft mit ausgleichenden Staatseingriffen	▸ Möglichst viele Freiheiten, insbesondere Wettbewerb auf dem Markt	▸ Soziale und menschliche Marktwirtschaft	▸ Soziale, umweltverträgliche Marktwirtschaft
Steuern	▸ Gerechtere Verteilung der Einkommen und Besteuerung	▸ Möglichst tiefe Steuerbelastung, keine neuen Steuern	▸ Entlastung von Familien und Mittelstand, keine neuen Steuern	▸ Sanierung des Bundeshaushaltes und markante Steuerreduktionen
EU-Integration	▸ Für sofortigen EU-Beitritt der Schweiz	▸ Für späteren EU-Beitritt der Schweiz	▸ Für einen mittelfristigen EU-Beitritt	▸ Kein EU-Beitritt, bilaterale Abkommen genügen
Umwelt	▸ Schonender Umgang mit natürlichen Ressourcen	▸ Massvoller Umweltschutz innerhalb der Marktwirtschaft	▸ Rücksichtnahme auf die Natur; die Wirtschaft soll den Menschen dienen	▸ vernünftiger, nachhaltiger Naturschutz
Verteidigung	▸ Für eine kleinere Armee	▸ Für eine starke Armee	▸ Für eine starke Armee	▸ Starke Armee ohne Auslandeinsätze
Drogenpolitik	▸ Legalisierung des Konsums und Handels von weichen Drogen wie Hanf	▸ Konsum weicher Drogen im privaten Umfeld legalisieren	▸ Vorsichtige Legalisierung des Konsums von weichen Drogen	▸ Keine Legalisierung von weichen Drogen, restriktive Drogenpolitik

Grundlagen Staat und Politik

Regierungsparteien
Die folgenden vier Parteien haben im National- und Ständerat die meisten Mitglieder und stellen nach der «Zauberformel» von 2003 die Bundesratsmitglieder:
2 SVP/2 SP/2 FdP/1 CVP.

Nichtregierungsparteien
Die folgenden Parteien sind im Parlament vertreten, stellen aber keine Vertreterin oder keinen Vertreter im Bundesrat: Grüne, LPS, EVP, PdA.

Verbände
Ein Verband ist ein Zusammenschluss von Personen oder Unternehmen, der die Interessen seiner Mitglieder wahrnimmt. Solche Interessenvertretungen gibt es in der Wirtschaft (z.B. Bauern-, Arbeitnehmer- und Arbeitgeberverband) und im öffentlichen Leben (z.B. Konsumenten-, Mieterinnenverband). Mehrere Verbände eines Interessenverbandes schliessen sich zu Dachverbänden zusammen (z.B. verschiedene Gewerkschaften im Schweizerischen Gewerkschaftsbund). Die Verbände haben auf politische Entscheide einen grossen Einfluss, nicht zuletzt wegen ihrer hohen Mitgliederzahl, ihrer grossen Finanzkraft und ihrer guten Organisationsstruktur. Verbände und Parteien sind wie Vereine organisiert.

Die meisten Verbände arbeiten sehr eng mit einer oder mehreren Parteien zusammen und beeinflussen diese zum Teil stark. Die Spitzenvertreter der Verbände kandidieren

	Grüne Grüne Partei der Schweiz (1983) www.gruene.ch	**LPS** Liberale Partei der Schweiz (1913) www.liberal.ch	**EVP** Evangelische Volkspartei (1919) www.evp-pev.ch	**PdA** Partei der Arbeit (1920) www.pda.ch
Partei vertritt hauptsächlich	▸ Eher junge, gebildete und mobile Leute mit Umweltbewusstsein ▸ Vor allem in Städten aktiv ▸ Hoher Frauenanteil	▸ Unternehmer, höhere Kaderangestellte ▸ Vor allem aktiv in Basel und in der Westschweiz	▸ Protestantische Wählerschaft ▸ Leute mit religiösem Gedankengut der evangelischen Kirche ▸ Aktiv in protestantischen Regionen der Deutschschweiz, z.B. ZH, SO, TG	▸ Arbeiterschaft ▸ Leute mit marxistisch-leninistischem Gedankengut ▸ Vor allem in der Westschweiz aktiv
Hauptziele und Anliegen	▸ **Schutz der Umwelt und der natürlichen Ressourcen** durch gezieltes ökologisches Handeln (z.B. umweltgerechte Verkehrspolitik durch Umlagerung des Schwerverkehrs auf die Schiene, Verteuerung der Energiepreise, Bio-Landbau, Stilllegung der Atomkraftwerke) ▸ Ausbau der Sozialwerke ▸ Für sofortigen EU-Beitritt ▸ Für Legalisierung aller Drogen, z.T. kontrolliert	▸ **Ähnliche Ziele wie die FDP,** jedoch grössere Betonung der individuellen Freiheit und Verantwortung ▸ Möglichst wenig staatliche Eingriffe ▸ Für sofortigen EU-Beitritt	▸ **Die Bibel bestimmt das politische Handeln** ▸ Schutz des menschlichen Lebens in allen Bereichen ▸ Der Staat muss sich vor allem um das Wohl des Menschen kümmern, z.B. Arbeit geben ▸ Für späteren EU-Beitritt, aber vorerst Wirkungen der bilateralen Abkommen beobachten	▸ **Ähnliche Ziele wie die SP,** jedoch radikalere Forderungen, vor allem im sozialen Bereich ▸ Bedürfnisse der Menschen sollen vor wirtschaftlichen Interessen stehen ▸ Die Natur soll nachhaltig geschützt werden ▸ Ausbau der Sozialwerke ▸ Für sofortigen EU-Beitritt

bei Wahlen oft auf den Listen der politischen Parteien, denn die Verbände nehmen formell nicht an politischen Wahlen teil.

Somit vertreten viele Parlamentarierinnen und Parlamentarier nicht nur ihre Partei, sondern auch die Interessen ihrer Verbände. Diese Interessengruppierungen werden als Lobby bezeichnet (z. B. Bauern-Lobby, Auto-Lobby, Banken-Lobby, Umwelt-Lobby usw.).

Verbände sind in der Politik wichtig. Sie übernehmen drei Funktionen:
▸ Verbände informieren und orientieren ihre Mitglieder über politische Angelegenheiten.
▸ Verbände wirken auf die Regierungspolitik.
▸ Verschiedene staatliche Aktivitäten werden von Verbänden vollzogen (z. B. die Ausbildungsbestimmungen in der Berufsbildung).

Zudem nehmen die Verbände bereits bei der Vorbereitung auf den Gesetzgebungsprozess Einfluss. Bei Vernehmlassungen geben sie Stellungnahmen zuhanden des Bundesrates ab, und in den Kommissionssitzungen arbeiten Vertreter der Verbände als Experten mit. Das Mitspracherecht der Verbände ist sogar in der Verfassung garantiert (BV 147).

Wichtige Vereine in der Schweiz

Arbeitgeber, Unternehmer
▸ Schweizerischer Handels- und Industrieverein (Economiesuisse)
▸ Schweizerischer Arbeitgeberverband
▸ Schweizerischer Gewerbeverband (SGV)
▸ Schweizerischer Bauernverband (SBV)

Arbeitnehmer
▸ Schweizerischer Gewerkschaftsbund (SGB)
▸ UNIA – Die Gewerkschaft
▸ Travail Suisse
▸ Christlicher Holz- und Bauarbeiterverband
▸ Vereinigung schweizerischer Angestelltenverbände (VSA)
▸ KV Schweiz
▸ Landesverband freier Schweizer Arbeitnehmer (LFSA)

Verkehr
▸ Touring Club Schweiz (TCS)
▸ Automobil Club der Schweiz (ACS)
▸ Verkehrs-Club der Schweiz (VCS)
▸ Schweizerischer Strassenverkehrsverband (FRS)
▸ Schweizer Nutzfahrzeugverband (ASTAG)

Umwelt
▸ Pro Natura – Schweizerischer Bund für Naturschutz
▸ World Wildlife Fund (WWF)
▸ Greenpeace
▸ Schweizer Tierschutz (STS)

Wohnen
▸ Schweizerischer Mieterinnen- und Mieterverband
▸ Schweizerischer Hauseigentümerverband

Konsum
▸ Schweizerischer Konsumentenbund (SKB)
▸ Stiftung für Konsumentenschutz (SKS)
▸ Konsumentinnenforum der Schweiz (KF)

Frauen
▸ Bund schweizerischer Frauenorganisationen
▸ Schweizerischer Verband für Frauenrechte (svf)

Jugend
▸ Schweizerische Arbeitsgemeinschaft der Jugendverbände (SAJV)

Senioren
▸ Schweizerischer Senioren- und Rentnerverband (SSRV)

Aussenpolitik, Flüchtlinge
▸ Amnesty International
▸ Arbeitsgemeinschaft Swissaid/ Fastenopfer/ Brot für alle/Helvetas/ Caritas
▸ Erklärung von Bern
▸ Schweizerische Flüchtlingshilfe
▸ Aktion für eine neutrale und unabhängige Schweiz (AUNS)

5. | Beziehungen zum Ausland

5.1 | Europäische Integration
Nach dem Ende des Zweiten Weltkriegs war ein wirtschaftlicher und politischer Zusammenschluss der europäischen Staaten dringend notwendig: Es begann die überstaatliche (supranationale) Zusammenarbeit in Form wirtschaftlicher und politischer Verträge. Die Staaten schlossen sich auf europäischer Ebene zusammen, da sie nun bereit waren, nationale Selbstbestimmungsrechte (Souveränitätsrechte) an übergeordnete Organisationen abzutreten.

5.2 | Europarat
Der 1949 gegründete Europarat war die erste und umfassendste gesamteuropäische Organisation. Ihm gehören heute 48 west- und osteuropäische Länder an. Weissrussland ist seit 1993 Beitrittskandidat. Die Schweiz gehört ihm seit 1963 an. Beobachterstatus im Ministerkomitee oder in der parlamentarischen Versammlung haben folgende aussereuropäische Länder: Israel, Kanada, Mexiko, Japan, USA und der Vatikan.

Ziele
Wichtige Zielsetzungen des Europarats sind Schutz und Stärkung der demokratischen Prinzipen, der Menschenrechte und der Rechtsstaatlichkeit. Dabei setzt sich der Europarat mit Herausforderungen der Gegenwart auseinander und strebt gemeinsame europäische Lösungsansätze zu verschiedenen Problemkreisen an: u. a. zu Rassismus, Drogenmissbrauch, sozialer Ausgrenzung, Bioethik, Umweltschutz, organisierte Kriminalität etc. Die europäische Identität wird bejaht, gegenseitiges Verständnis zwischen den Völkern unterschiedlicher Kulturen gefördert.

Wirkung der Beschlüsse
Mit Ausnahme der Menschenrechtskonvention (EMRK) sind die Beschlüsse des Europarats für die einzelnen Mitgliedstaaten unverbindlich; als Grundregel gilt Freiwilligkeit. Die Konventionen werden zwar vom Ministerkomitee verabschiedet, sind aber in den Mitgliedstaaten erst dann rechtskräftig, wenn sie von den betreffenden nationalen Parlamenten ratifiziert (= angenommen) worden sind.

Organe und Institutionen des Europarates

- Einführung einer Unionsbürgerschaft,
- Gewährleistung von Freiheit, Sicherheit und Recht, sowie
- Einheitliches Auftreten Europas in der Welt.

Europäischer Binnenmarkt – Europäischer Wirtschaftsraum (EWR)

Mit dem Europäischen Binnenmarkt strebt die EU einen Wirtschaftsraum an, in dem der freie Verkehr von Waren, Dienstleistungen, Personen und Kapital («die vier Freiheiten») vollumfänglich gewährleistet sein soll.

Der Binnenmarkt mit der Liberalisierung des grenzüberschreitenden Wirtschaftsverkehrs in Europa bringt Wachstumsimpulse für die Wirtschaft. Mehr Wettbewerb und Konkurrenz sollen mehr Wohlstand und mehr Arbeitsplätze erzeugen. Andererseits bringen zunehmender Verkehr, wachsender Tourismus und ein rascherer Strukturwandel in der Wirtschaft Gefahren für Umwelt und Arbeitsplätze mit sich. Beim Binnenmarktprogramm machen auch die EFTA-Staaten Island, Norwegen und das Fürstentum Liechtenstein mit. Damit entsteht in Europa ein Markt mit rund 500 Mio. Teilnehmer und Teilnehmerinnen.

EWU (Europäische Währungsunion)

Die europäische Währungsunion verfolgt das Ziel, einen einheitlichen, Länder übergreifenden Währungsraum zu schaffen. Dies soll den europäischen Integrationsprozess weiter voranbringen.

Seit 2002 ist der Euro alleiniges Zahlungsmittel im EU-Raum (mit Ausnahme von Grossbritannien, Schweden und Dänemark). Der Euro wurde neben dem US-Dollar und dem japanischen Yen zum weltweit wichtigsten Zahlungsmittel. Die Europäische Zentralbank (EZB) mit Sitz in Frankfurt ersetzt die Nationalbanken der einzelnen Länder. Ihre wichtigste Aufgabe besteht in der Steuerung der Euro-Geldmenge, d.h. darin, die Preise stabil zu halten und eine gemeinsame Wechselkurspolitik zu betreiben. Die EZB funktioniert unabhängig von nationalen und politischen Behörden.

Für die Konsumentinnen und Konsumenten bietet eine einheitliche Währung den Vorteil, dass Kosten für den Umtausch in Fremdwährungen wegfallen und ein gesamteuropäischer Preisvergleich für Güter und Dienstleistungen leichter möglich ist.

Die drei Säulen der Europäischen Union

5.3 | EU (Europäische Union)

Sie wurde 1957 in Rom als Europäische Wirtschaftsgemeinschaft (EWG) gegründet. Zusammen mit der Europäischen Atomgemeinschaft (Euratom) und der Gemeinschaft für Kohle und Stahl (Montanunion) schloss sie sich 1967 zur Europäischen Gemeinschaft (EG) zusammen. In den Verträgen von Maastricht (1993) wurde neben anderen wichtigen Beschlüssen die EG zur Europäischen Union (EU) umbenannt. Bis anfangs 2004 zählte die EU 15 Mitgliedstaaten: Belgien, Dänemark, Deutschland, Finnland, Frankreich, Griechenland, Grossbritannien, Holland, Irland, Italien, Luxemburg, Österreich, Portugal, Schweden und Spanien.

Mit der Osterweiterung sind am 1. Mai 2004 zehn weitere Staaten in die EU aufgenommen worden: Estland, Lettland, Litauen, Malta, Polen, Slowakei, Slowenien, Tschechien, Ungarn und Zypern. Wann die neuen Mitgliedsländer dem Euro-Raum beitreten können, ist noch ungewiss.

2007 sind Bulgarien und Rumänien dazugekommen. Mit der Türkei werden Verhandlungen geführt.

Ziel und Zweck

Die Europäische Union hat die Integration Europas durch Zusammenarbeit der Regierungen nach den Grundsätzen der Rechtsstaatlichkeit und der Demokratie zum Ziel. Der wirtschaftliche Bereich steht dabei im Vordergrund. Als Zukunftsvision strebt die EU einen politisch (und militärisch) einheitlichen europäischen Staat an.

Daraus ergeben sich folgende konkrete Zielsetzungen:
▶ Förderung des sozialen und wirtschaftlichen Fortschritts,

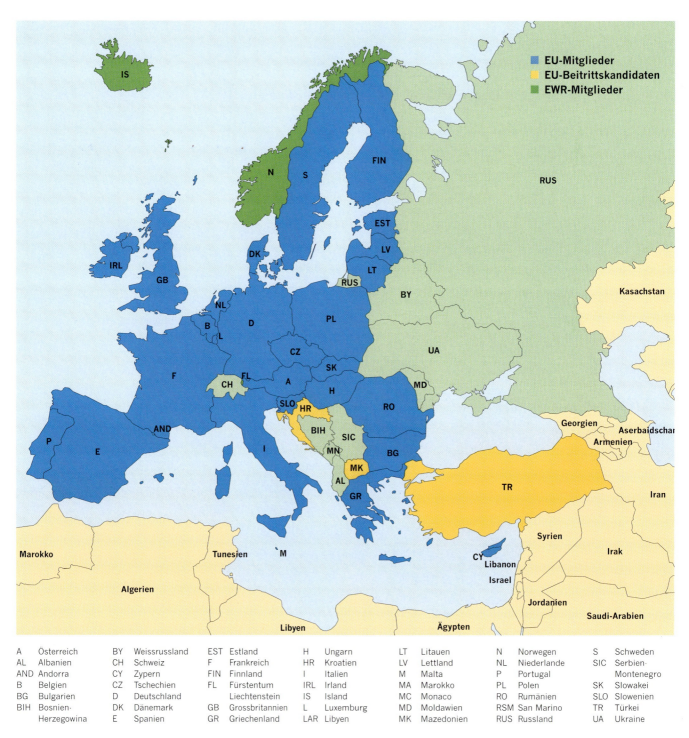

A	Österreich	BY	Weissrussland	EST	Estland	H	Ungarn	LT	Litauen	N	Norwegen	S	Schweden
AL	Albanien	CH	Schweiz	F	Frankreich	HR	Kroatien	LV	Lettland	NL	Niederlande	SIC	Serbien-Montenegro
AND	Andorra	CY	Zypern	FIN	Finnland	I	Italien	M	Malta	P	Portugal		
B	Belgien	CZ	Tschechien	FL	Fürstentum Liechtenstein	IRL	Irland	MA	Marokko	PL	Polen	SK	Slowakei
BG	Bulgarien	D	Deutschland			IS	Island	MC	Monaco	RO	Rumänien	SLO	Slowenien
BIH	Bosnien-Herzegowina	DK	Dänemark	GB	Grossbritannien	L	Luxemburg	MD	Moldawien	RSM	San Marino	TR	Türkei
		E	Spanien	GR	Griechenland	LAR	Libyen	MK	Mazedonien	RUS	Russland	UA	Ukraine

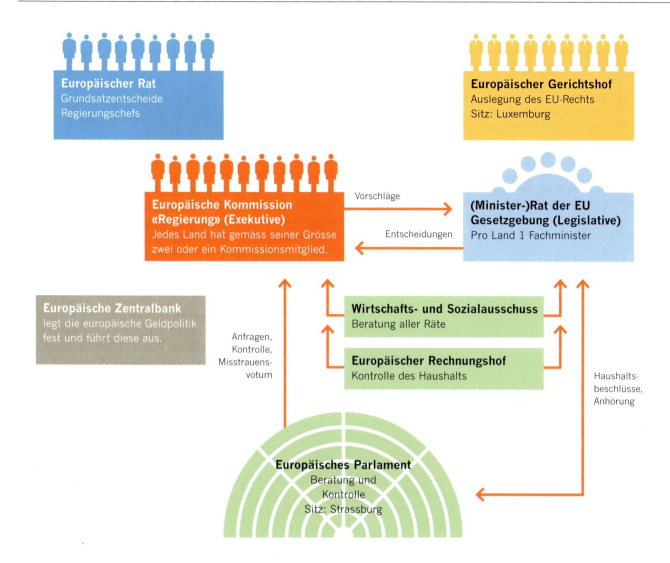

Vertrag von Nizza

Der Vertrag von Nizza soll sicherstellen, dass die EU auch nach Aufnahme der Neumitglieder funktionsfähig bleibt. Der Vertrag beinhaltet einschneidende Veränderungen für verschiedene Organe der EU. Diese treten seit 2005 schrittweise in Kraft.

Seit dem Beitritt von Bulgarien und Rumänien anfangs 2007 zählt das Europäische Parlament 785 Abgeordnete. Gemäss EU-Vertrag soll diese Anzahl ab 2009 aber wieder auf 732 reduziert werden. Dies wird eine Neuverteilung der Sitze bedingen.

Im Minister-Rat hat jeder Staat, nach Grösse seiner Bevölkerung, eine bestimmte Anzahl Stimmen (bis 2004 zwischen zwei und zehn). 2005, nach der Aufnahme von zehn neuen Mitgliedern, wurde die Stimmenanzahl angepasst (zwischen drei und 29). Bei den meisten Abstimmungen gilt das qualifizierte Mehr. Dieses liegt heute bei 255 Stimmen von insgesamt 345.

In der Kommission stellt seit 2005 jedes Mitgliedsland noch einen einzigen Vertreter. Die Kommission hat also heute 27 Mitglieder. Diese Anzahl ist jedoch für eine effiziente Beschlussfassung zu gross. Daher soll in Zukunft eine Höchstzahl festgelegt und eine Neuverteilung vorgenommen werden.

Bilaterale Verträge zwischen der Schweiz und der EU

Die Schweiz ist stark vom Handel mit der EU abhängig und auf reibungslose Abläufe angewiesen. Da aber die Schweiz weder Mitglied der EU noch des EWR ist, muss sie die Nachteile aus ihrem europäischen Alleingang möglichst gering halten: Bilaterale Abkommen mit der EU (reine Wirtschaftsverträge) sollen der Schweiz den Zugang zum europäischen Markt öffnen, den Wirtschaftsstandort Schweiz stärken und die Rahmenbedingungen verbessern. Dabei muss die Schweiz auch Konzessionen gegenüber der EU eingehen. Schwierig gestalten sich die Verhandlungen mit den neuen EU-Mitgliedstaaten, insbesondere im Bereich des freien Personenverkehrs.

Mittlerweile wurden im Rahmen der Bilateralen II in neun weiteren Dossiers Verhandlungen geführt und abgeschlossen. Es handelt sich dabei um Abkommen in den folgenden Bereichen: Gerichtliche Zusammenarbeit, Asyl und Migration («Schengen/Dublin»), Betrugsbekämpfung, Zinsbesteuerung, Landwirtschaft, Umwelt, Statistik, Medien sowie Bildung und Jugend.

Bilaterale Verträge der Schweiz mit der EU

Personenverkehr
Schweizerinnen und Schweizer erhalten durch das Abkommen die Möglichkeit, in allen EU-Staaten zu wohnen, zu studieren und zu arbeiten. Sie können ihren Beruf in der EU frei ausüben. Schweizer Diplome werden anerkannt. Schweizer Firmen, die im EU-Raum tätig sind, können vermehrt auch Schweizerinnen und Schweizer anstellen. Für EU-Bürger und EU-Unternehmen gilt umgekehrt das Gleiche.

Luftverkehr
Die schweizerischen Fluggesellschaften erhalten freie Flugrechte für alle EU-Staaten, d.h. sie dürfen jeden EU-Flughafen anfliegen und alle Destinationen miteinander kombinieren (z.B. Zürich–Paris–Madrid oder London–Paris–Frankfurt).

Landverkehr
Der Strassen- und Eisenbahnverkehr zwischen der Schweiz und der EU wird schrittweise geöffnet. Der alpenüberquerende Transitgüterverkehr durch die Schweiz muss von der Strasse auf die Schiene verlagert werden; das bedingt den Bau der NEAT (neue Alpentransversale). Die Strassentransporte werden ab 2008 mit einer Abgabe belegt. Die Schweiz akzeptiert eine schrittweise Einführung der 40-Tonnen-Lastwagen (volle Zulassung ab 2005). Schweizer Camionneure erhalten freien Zugang zum EU-Transportmarkt.

Landwirtschaft
Der Markt für Landwirtschaftsprodukte zwischen der Schweiz und der EU wird geöffnet. Für Käse wird der Freihandel eingeführt, d.h. beispielsweise keine EU-Zölle für Emmentaler Käse. Andere Milchprodukte, Früchte, Gemüse und Fleischspezialitäten können günstiger exportiert werden. Viele Produkte aus dem EU-Raum werden für uns billiger.

Öffentliches Beschaffungswesen
Bei öffentlichen Aufträgen (Bauaufträge ab 10 Mio. Fr., Dienstleistungen ab 250 000 Fr.) müssen inländische und europäische Anbieter gleich behandelt werden. Aufträge ab dieser Summe müssen international ausgeschrieben werden. Im Gegenzug erhalten Schweizer Unternehmen Zugang zu Aufträgen im EU-Raum.

Technische Handelshemmnisse
Mit diesem Abkommen anerkennt man gegenseitig zahlreiche Produktevorschriften bei Industriegütern (z.B. Prüfungen, Inspektionen, Zertifizierungen). Der Wegfall von Doppelprüfungen bringt Schweizer Unternehmen erhebliche Kostenersparnisse.

Forschung
Dank dem Forschungsabkommen können schweizerische Universitäten, Forschungsinstitute und spezialisierte Unternehmen ohne Einschränkung an EU-Forschungsprogrammen teilnehmen. Schweizer Forschende haben Zugang zu Ergebnissen aus Forschungsprojekten, an denen sie nicht beteiligt waren.

Quelle: Integrationsbüro

5.4 | OSZE (Organisation für Sicherheit und Zusammenarbeit in Europa)

In der OSZE (1975 gegründet als KSZE: Konferenz für Sicherheit und Zusammenarbeit in Europa) sind 56 gleichberechtigte Staaten vertreten. Die Schweiz ist Mitglied seit der Gründung. Ungeachtet des Namens sind nebst allen Staaten Europas auch aussereuropäische Staaten angeschlossen, namentlich die USA, Kanada und die Nachfolgestaaten der ehemaligen Sowjetunion. In der so genannten Schlussakte von Helsinki (Gründung der KSZE) haben die Staaten keinen völkerrechtlich bindenden Vertrag unterschrieben, sondern lediglich eine Absichtserklärung für aussenpolitisches Verhalten und die Respektierung völkerrechtlicher Normen unterzeichnet. Die OSZE will damit die kollektive Sicherheit und die Stabilität in ganz Europa mit rein politischen Mitteln fördern. Beschlüsse werden einstimmig gefasst.

Ziele
Die OSZE will:
- Konflikte verhindern,
- militärische Bedrohung vermindern,
- beim Wiederaufbau früherer Konfliktgebiete mithelfen und
- einen Beitrag zur Förderung der Grundrechte leisten.

Darüber hinaus fördert sie die engere Zusammenarbeit auf den Gebieten Wirtschaft, Wissenschaft und Kultur.

Grundsätze

Die OSZE handelt nach folgenden Grundsätzen:
- Förderung der Sicherheit in Europa durch Gewaltverzicht,
- Gewährleistung der Grenzen,
- friedliche Regelung von Streitfällen,
- Selbstbestimmungsrecht und Nichteinmischung in fremde Angelegenheiten,
- Achtung der Menschenrechte und Grundfreiheiten,
- vertrauensbildende Massnahmen im militärischen Bereich, vor allem im Bereich Abrüstung (z. B. Verbot von Landminen).

Die Stärke der OSZE liegt im frühzeitigen Erkennen von Konfliktherden, um so mögliche Krisen zu verhüten. Sie kann aber nicht militärisch eingreifen. «Überzeugen statt überstimmen» ist die Losung der OSZE.

5.5 | WEU (Westeuropäische Union)

Die WEU (gegründet 1948) besteht heute aus 10 Mitgliedern: Deutschland, Frankreich, Italien, Grossbritannien, Spanien, Portugal, Griechenland, Belgien, Niederlande und Luxemburg. Zudem umfasst sie 18 assoziierte Mitglieder, vor allem aus Ost- und Zentraleuropa sowie dem Baltikum. Sie ist ein militärischer Staatenbund und versucht, eine gemeinsame europäische Sicherheits- und Verteidigungspolitik zu gestalten.

Ziel

Die WEU-Mitgliedstaaten wollen sich bei Angriffen gegenseitig Hilfe und Unterstützung gewähren. Zwar ist die Bedeutung der WEU bisher bescheiden geblieben, da für den effektiven militärischen Schutz Europas die Nato zuständig ist. Langfristig jedoch beabsichtigt die Europäische Union, die WEU zum militärischen Arm der EU auszubauen.

5.6 | Weltorganisationen

Die Weltgemeinschaft weiss, dass die globalen Probleme wie Umweltschutz, Krieg, Armut, organisiertes Verbrechen, Drogenhandel oder wirtschaftliche Instabilität nur durch gemeinsame Anstrengungen der internationalen Staatengemeinschaften gelöst werden können. In einer Welt voller dramatischer Veränderungen hängen Menschen und Völker stark voneinander ab. Seit dem Ende des Zweiten Weltkriegs sind viele internationale staatliche und nichtstaatliche Organisationen entstanden.

UNO (Vereinte Nationen)

Die UNO (United Nations Organization) ist die einzige umfassende universelle Organisation, die ein weltweites überstaatliches Ordnungssystem geschaffen hat. Sie verbindet fast alle Staaten der Welt (192) und vertritt heute über 99 Prozent der Weltbevölkerung. Abseits stehen nur der Vatikan, die Cookinseln und nicht von allen Ländern anerkannte Staaten wie Westsahara oder die Türkische Republik Nordzypern. Die Schweiz ist seit 2002 Mitglied. Die UNO ist als Nachfolgeorganisation des Völkerbundes von den Siegermächten des Zweiten Weltkriegs 1945 in San Francisco gegründet worden. Der Hauptsitz ist in New York, der europäische Sitz in Genf (Palais des Nations). Wichtige UNO-Einrichtungen befinden sich auch in Wien, Rom und Paris. Die grössten Beitragszahler sind die USA, Japan und Deutschland.

Ziel und Zweck

Hauptziel der UNO ist es, den Weltfrieden zu sichern und die internationale Sicherheit zu gewährleisten. In ihrer Charta (Urkunde, Grundgesetz) erklärt die UNO zudem, die Menschenrechte, Gerechtigkeit und Freiheit zu wahren, die weltweite Zusammenarbeit zu fördern und Hilfe zur Lösung von internationalen Problemen im wirtschaftlichen und humanitären Bereich zu leisten. Die UNO will Kriege beenden («negativer» Friede), ist sich dabei aber bewusst, dass dazu eine «positive» Friedenssicherung nötig ist. Sie tritt für internationale Zusammenarbeit in möglichst vielen Bereichen ein: Wirtschafts-, Sozial-, Umwelt-, Entwicklungs-, Kulturpolitik usw.

Grundsätze

Die Prinzipien und Ziele der UNO sind in der so genannten Charta der Vereinten Nationen festgehalten. Sie verpflichtet die Mitglieder, sich an folgende Grundsätze zu halten:
- Alle Staaten sind souverän (selbstbestimmend, unumschränkt herrschend) und einander gleichgestellt,
- internationale Streitigkeiten sind durch friedliche Mittel beizulegen,
- jede Androhung oder Anwendung von Gewalt gegenüber anderen Territorien (Land, Gebiet) ist zu unterlassen und
- jeder Staat hat das Recht, sich gegen einen bewaffneten Angriff zu verteidigen.

Einsätze

In den letzten Jahren führte die UNO rund um den Erdball eine Reihe von verschiedenen Friedensoperationen durch. Die Vereinten Nationen kennen hauptsächlich drei verschiedene Arten von Friedensoperationen. Jeder Einsatz der UN-Friedenstruppen muss vom Sicherheitsrat einstimmig gebilligt werden.

Organe und Institutionen

Die UNO besteht aus einer Vielzahl von Organen, Unterorganisationen, Konferenzen, Fachkommissionen und Ausschüssen. Kernstück bilden die fünf Hauptorgane: die Generalversammlung, der Sicherheitsrat, der Wirtschafts- und Sozialrat, der Internationale Gerichtshof und das Sekretariat. Zum Umfeld der UNO gehören Sonderorganisationen. Diese nichtstaatlichen Organisationen sind zwar mit der UNO vertraglich verbunden, trotzdem aber selbstständig, das heisst, sie verpflichten sich, der UNO über ihre Arbeit zu berichten, aber die Empfehlungen der UNO sind für sie nicht bindend.

Grundlagen Staat und Politik

Die wichtigsten Organe und Institutionen der UNO

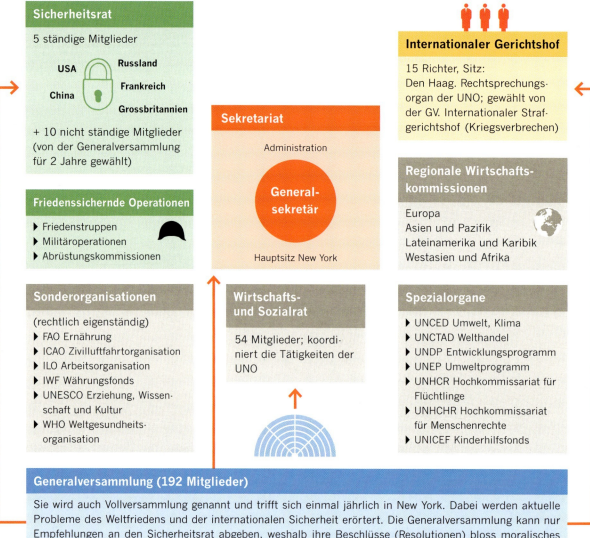

Der Sicherheitsrat, das bedeutendste Organ der UNO, trägt die Hauptverantwortung bei der Umsetzung der Ziele der UNO: Wahrung des Weltfriedens und der internationalen Sicherheit. Der Sicherheitsrat beschliesst verschiedene Massnahmen wie z. B. Wirtschaftssanktionen (z. B. Handelsembargo), Blauhelmeinsätze (Friedenstruppen) oder den militärischen Einsatz (Golfkrieg 1991). Für eine gültige Resolution wird die Zustimmung von mindestens 9 der 15 Mitglieder benötigt. Bei einem Veto von einem der fünf ständigen Mitglieder kommt kein Beschluss zustande.

Das Sekretariat stellt das oberste Verwaltungsorgan der UNO dar. Das Sekretariat ist die eigentliche Exekutive der UNO mit einer starken Position innerhalb der Organisation. Seine Hauptaufgabe besteht darin, die laufenden Geschäfte der Vereinten Nationen zu koordinieren und durchzuführen. Die oberste Leitung liegt beim Generalsekretär. Er ist der höchste Repräsentant (Vertreter) der UNO und wird von der Vollversammlung für 5 Jahre gewählt. Die Generalsekretärin bietet bei internationalen Krisensituationen (z. B. Bosnienkrieg) ihre Tätigkeit als Vermittlerin und Krisenmanagerin an.

NATO (North Atlantic Treaty Organization)

Die NATO (Nordatlantikpakt) ist ein rein militärisches Bündnis und garantiert die Sicherheit der Mitgliedstaaten. Die Bündnispartner sind bei einem bewaffneten Angriff auf einen der Mitgliedstaaten zu militärischem Beistand verpflichtet.
Die NATO umfasste bis 2004 19 Staaten (USA, Kanada, Grossbritannien, Frankreich, Belgien, Luxemburg, Niederlande, Dänemark, Island, Italien, Norwegen, Portugal, Griechenland, Türkei, Deutschland, Spanien, Ungarn, Tschechien und Polen). 2004 sind folgende sieben Mitglieder dazugekommen: Estland, Lettland, Litauen, Slowakei, Slowenien, Rumänien, Bulgarien.

Ziel und Zweck

Ursprünglich wurde dieser militärische Pakt 1949 zum Schutz der westlichen Demokratien vor dem internationalen Kommunismus (Sowjetkommunismus) gegründet. Seit dem Ende des Kalten Krieges trägt die Organisation entscheidend zur Entwicklung gemeinsamer europäischer

Sicherheitsstrukturen bei. Die NATO wird im Kern allerdings immer mehr zu einen politischem Bündnis und kooperiert eng mit der UNO. Obwohl die Bestimmungen in der Regel keinen Einsatz ausserhalb des NATO-Hoheitsgebiets erlauben, unterstützt sie die UNO (und die OSZE) mit einer multinationalen Eingreiftruppe.

Als äusserstes Mittel setzt die NATO auch militärische Macht ein, um Ziele der beteiligten Nationen zu erreichen (z.B. Luftkrieg gegen Jugoslawien, 1999).

Partnerschaft für den Frieden (PFP)
Seit dem Ende des Kalten Krieges (1989: Fall der Berliner Mauer) stellt der Kommunismus, beziehungsweise die ehemalige Sowjetunion, für den Westen keine Bedrohung mehr dar und mittel- und osteuropäische Staaten suchen den Beitritt zur NATO. Aus diesem Grund hat die NATO unter der Bezeichnung «Partnerschaft für den Frieden» interessierten Staaten eine enge militärische und sicherheitspolitische Zusammenarbeit angeboten. Unterzeichnet haben diese Partnerschaft mittlerweile 23 Staaten Ost- und Mitteleuropas, inkl. der Schweiz.

Die PFP (partnership for peace) sieht unter anderem gemeinsame Verteidigungsplanung und Ausbildung, gegenseitige Truppenbesuche und gemeinsame Manöver für humanitäre Einsätze und internationale Friedensmissionen vor.

IKRK (Internationales Komitee vom Roten Kreuz)
Das IKRK ist eine internationale, nichtstaatliche, unabhängige und humanitäre Organisation mit Sitz in Genf. Sie ist nach schweizerischem Recht ein Verein. Die Eidgenossenschaft leistet namhafte Beiträge (mehrere Millionen Franken pro Jahr) an die Aktivitäten des IKRK. Grundlage für die Arbeit des IKRK bilden die Genfer Konventionen.

Ziel und Zweck
Das IKRK will menschliches Leid verhindern und lindern. Das IKRK ist unparteilich und steht immer auf der Seite der Opfer.

Die Tätigkeiten des IKRK sind:
▸ Neutrale Vermittlung unter den Kriegsparteien in allen humanitären Fragen,
▸ Besuch und Betreuung von Kriegsgefangenen und zivilen Gefangenen,
▸ Organisation der Freilassung von Kriegsgefangenen am Ende der Feindseligkeiten,
▸ Medizinische Hilfe für die Opfer,
▸ Unterstützung der Zivilbevölkerung durch Soforthilfe in Form von Nahrungsmitteln, Unterkunft, Kleidung etc.

Mehr als 8000 IKRK-Delegierte (davon ca. 1000 mit schweizerischer Nationalität) sind in über 50 Krisengebieten der Welt tätig. Sie setzen sich selbst oft grossen Gefahren aus. Sie gehen grundsätzlich unbewaffnet und ohne militärisches Geleit auf ihre Missionen. Ihr einziger Schutz ist ein weltweit bekanntes Zeichen: Die IKRK-Flagge, die Umkehrung der Schweizer Nationalflagge – ein international anerkanntes Symbol. Das Kreuz soll auch die Neutralität der Organisation unterstreichen. Der rote Halbmond entspricht

Aktion von Greenpeace am Bundeshaus.

dem roten Kreuz. Diese Flagge wird in islamischen Staaten für die Arbeit des IKRK verwendet.

5.7 | Wichtige nichtstaatliche Organisationen (NGOs) und Konferenzen

NGOs sind von Staaten unabhängige, international tätige Organisationen. Sie wirken z.B. als Sensoren der Gesellschaft und befassen sich mit Themen, die oft vernachlässigt werden (z.B. Umweltprobleme, Menschenrechtsverletzungen, Tierschutz). Sie konfrontieren die Gesellschaft mit Problemen und Missständen und können so zumindest zum Nachdenken anregen und Denkanstösse geben.

Amnesty International (AI)
Die 1961 gegründete, weltweit tätige Organisation setzt sich für politische Gefangene und gegen Menschenrechtsverletzungen wie Folter, Todesstrafe, Verschleppung oder staatlichen Mord ein. Sie ist eine Mitgliederbewegung, die auf der ganzen Welt unabhängig von Regierungen, politischen Parteien, Ideologien, wirtschaftlichen Interessen und Religionen auf der Grundlage der allgemeinen Erklärung der Menschenrechte der UNO tätig ist. Amnesty International wird durch die Beiträge und Spenden ihrer Mitglieder und Förderer in der ganzen Welt finanziert, also ohne Unterstützung aus Regierungs- und Wirtschaftskreisen oder durch politische Organisationen. AI hat weltweit mehr als 1,79 Millionen Mitglieder und Förderer in über 150 Staaten.

Greenpeace

Diese international tätige Organisation macht oft mit unkonventionellen Aktionen auf Umweltzerstörungen aufmerksam. Sie ist 1972 gegründet worden und zählt weltweit rund 2,75 Millionen Mitglieder.

World Wildlife Fund for Nature (WWF)

Der WWF ist mit seinen Niederlassungen und Partnerorganisationen in über 50 Ländern die führende internationale Naturschutzorganisation. Er zählt weltweit fünf Millionen Mitglieder. Die globalen Schwerpunktthemen sind der Schutz der Wälder, Meere und Küsten, Feuchtgebiete, Flüsse und Seen, des Klimas und bedrohter Tierarten. Der WWF setzt sich auch für einen umweltfreundlichen und nachhaltigen Umgang mit Energie ein.

Internationale Konferenzen

Internationale Konferenzen sind zeitlich begrenzte Tagungen einer Staatengemeinschaft zur Beratung bestimmter Sachfragen. Die UNO hat in den neunziger Jahren sechs Weltkonferenzen durchgeführt: über Umwelt und Entwicklung (1992), Menschenrechte (1993), Bevölkerung (1994), Soziales (1995), Frauenfragen (1995) und Städteentwicklung (1996). Hinzu kommen weitere wichtige internationale Konferenzen, wie zum Beispiel das G-7/G-8-Gipfeltreffen oder das alljährlich in Davos stattfindende Weltwirtschaftsforum (WEF).

Grundlagen Wirtschaft

1. | Einleitung

In der Regel versteht man unter «Wirtschaft» die Volkswirtschaft (Nationalökonomie), also das gesamte wirtschaftliche Geschehen innerhalb eines Landes. Es können aber auch Teile der Volkswirtschaft, beispielsweise die wirtschaftlichen Abläufe eines Unternehmens, gemeint sein.

Die Ökonomie, das heisst die Volkswirtschaftslehre, beschreibt und erklärt Abläufe in der Wirtschaft. Sie untersucht die Prozesse der Produktion, der Verteilung und der Verwendung von Gütern und formuliert Gesetze, nach welchen diese Prozesse funktionieren. Um das komplexe Wirtschaftsgeschehen verständlich zu machen, stellt die Wirtschaftswissenschaft mit Hilfe vereinfachter Modelle ein Abbild der realen Wirtschaft dar.

1. Einleitung

2. Ökonomie als Wissenschaft 243

3. Wirtschaftsteilnehmende
   3.1 Haushalte (Konsumenten und Konsumentinnen) 244
   3.2 Unternehmen (Produzenten und Produzentinnen) 244
   3.3 Erweiterter Wirtschaftskreislauf 245

4. Wirtschaftliche Produktion
   4.1 Produktionsfaktoren 246
   4.2 Messung der Wirtschaftsaktivität 248
   4.3 Wirtschaftsethik 249

5. Wirtschaftsformen
   5.1 Wirtschaftssystem und Wirtschaftsordnung 250
   5.2 Modell der freien Marktwirtschaft 251
   5.3 Marktmechanismus 251
   5.4 Soziale Marktwirtschaft – Wirtschaftsordnung der Schweiz 253

6. Geld- und Finanzsystem
   6.1 Geldfunktionen und Geldmengen 255
   6.2 Geldschöpfung 255
   6.3 Geldwert – Kaufkraft des Geldes im Inland (Binnenwert) 255
   6.4 Störungen im Wirtschaftskreislauf 256
   6.5 Wechselkurssystem 258

7. Konjunktur der Schweiz
7.1 Konjunkturzyklus 259
7.2 Konjunkturpolitik (Stabilitätspolitik) 259
7.3 Wirtschafts- und Konjunkturpolitik 259

8. Weltwirtschaft
8.1 Globalisierung 261
8.2 Welthandel 261
8.3 Wirtschaftliche Integrationsmodelle 262
8.4 Weltwirtschaftsräume 262
8.5 Internationale Wirtschaftsorganisationen 262

Grundlagen Wirtschaft

2. | Ökonomie als Wissenschaft

Die heutige Ökonomie erklärt wirtschaftliche Phänomene und beschäftigt sich mit der Frage, wie wirtschaftliche Abläufe beeinflusst werden können. Antworten, Lösungen und Entscheidungen in diesem Bereich sind letztlich eine Frage der Wirtschaftspolitik einzelner Staaten oder Staatsverbände und der persönlichen Werturteile jeder/jedes Einzelnen.

Als «ökonomisch» bezeichnet man alle Massnahmen, die darauf abzielen,

- mit einem gegebenen Aufwand einen grösstmöglichen Ertrag zu erreichen (Maximalprinzip). Beispiel: Mit 1 Liter Benzin möglichst viele Kilometer fahren.
- einen bestimmten Ertrag bei geringstem Aufwand zu erreichen (Minimalprinzip). Beispiel: Mit möglichst wenig Benzin 100 km fahren.

Die Volkswirtschaftslehre lässt sich unterteilen in:
▸ *Mikroökonomie:* Sie untersucht den einzelnen Wirtschaftsteilnehmer, das heisst, einen exemplarischen Haushalt (Nachfrager), ein exemplarisches Unternehmen (Anbieter) und den Staat, sowie das Geschehen auf verschiedenen Märkten.
▸ *Makroökonomie:* Sie befasst sich vor allem mit den Beziehungen zwischen Märkten und Wirtschaftsgruppierungen (alle Haushalte, alle Unternehmen) sowie der Rolle des Staates im gesamtwirtschaftlichen Geschehen.
▸ *Internationale Ökonomie:* Sie analysiert Wirtschaftsbeziehungen, die verschiedene Länder miteinander verbinden, sowie Mechanismen der wirtschaftlichen Zusammenarbeit zwischen Staaten oder Staatsverbänden.

Die Volkswirtschaftslehre kann man als Lehre der bestmöglichen Verwendung knapper Mittel bezeichnen.
Menschen sind gezwungen, sich zu entscheiden, welche Wünsche erfüllt werden sollen und welche unbefriedigt bleiben müssen. Die Volkswirtschaftslehre versucht folgende Grundfragen zu beantworten.

Volkswirtschaftliche Grundfragen:
▸ *Was soll produziert werden?*
Mehr Konsumgüter (Fernseher/Autos) oder mehr Kapitalgüter (Maschinen/Transportanlagen)?
▸ *Was soll man tun?*
Wie wirkungsvoll sollen Ressourcen verwendet werden? Welches Kapital und welche Arbeitskräfte sollen wo eingesetzt werden?
▸ *Für wen soll produziert werden?*
Wer soll Konsumgüter konsumieren dürfen: Erhalten alle gleich viel? Wie soll verteilt werden: nach Leistung oder nach Bedarf? Welche Arbeitskräfte können und welche Techniken sollen wo eingesetzt werden?

Was soll mit welchen Mitteln für wen produziert werden?

243

3. | Wirtschaftsteilnehmende

Die Wirtschaftswissenschaft teilt die Wirtschaftsteilnehmer in zwei Gruppen ein: Haushalte und Unternehmen. Die Vertreter jeder Gruppe unterscheiden sich in ihrem Wesen und ihren Bedürfnissen, in ihren Zielsetzungen und ihrem Verhalten. Jede Gruppe von Wirtschaftsteilnehmenden erfüllt unterschiedliche Aufgaben.

3.1 | Haushalte (Konsumenten und Konsumentinnen)

Personen, die «unter einem Dach zusammenleben», bilden einen Haushalt. Sie konsumieren Waren, nehmen Dienstleistungen in Anspruch und sparen einen Teil ihres Einkommens. Wie der Name sagt, konsumieren die Haushalte. Ausgangspunkt des Wirtschaftens sind ihre Bedürfnisse. Jeder Mensch will seine persönlichen Bedürfnisse bestmöglich decken. Diese kann man nach verschiedenen Merkmalen ordnen.

Unterscheidung der Bedürfnisse

nach Dringlichkeit:

nach Befriedigung:

- Individualbedürfnisse: Essen, Autofahren usw.
- Kollektivbedürfnisse: Bedürfnisse, die nur durch gemeinsame Anstrengungen befriedigt werden können: Strassenbau, Versicherungen, Spitäler usw.
- Materielle Bedürfnisse: Kleider, Möbel usw.
- Immaterielle Bedürfnisse: Bedürfnisse, die nicht gegenständlich, nicht «greifbar» sind, sondern gespürt werden: Liebe, Freiheit, Zugehörigkeit usw.

3.2 | Unternehmen (Produzenten und Produzentinnen)

Unternehmen sind gewinnorientierte Wirtschaftsteilnehmer und produzieren die von den Haushalten gefragten Güter. Sind die Güter knapp und begehrt, können die Unternehmen einen Preis verlangen und sie verkaufen. Wir nennen solche Güter wirtschaftliche Güter.

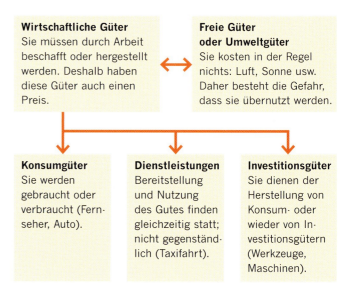

Auf Grund ihrer Produktion ordnet man die Unternehmen drei Wirtschaftssektoren zu:

Die Entwicklung dieser Sektoren können Sie dem Kapitel «Globalisierung» entnehmen *(vgl. S. 141/142)*.

3.3 | Erweiterter Wirtschaftskreislauf

Im Kapitel 2 haben Sie den Wirtschaftskreislauf bereits kennen gelernt *(vgl. S. 35)*. Der erweiterte Wirtschaftskreislauf berücksichtigt im Vergleich zum einfachen Wirtschaftskreislauf zusätzliche Beteiligte.

Banken

Banken sind in einer Volkswirtschaft die wichtigsten Kapitalvermittler. Sie sammeln die vielen kleinen und grossen Ersparnisse und leiten sie gezielt auf eigene Rechnung an die Kreditnehmerinnen weiter (Kredite). Damit können die Unternehmen die erforderlichen Investitionen finanzieren. Banken können nur Kredite für Investitionen geben, wenn Haushalte sparen. Daraus ergibt sich folgender Grundsatz: sparen = investieren.

Staat

Der Staat, auch öffentlicher Sektor genannt (öffentliche Verwaltung, Bahn, Post), spielt in einer Volkswirtschaft eine wesentliche Rolle, sowohl als Wirtschaftsteilnehmer wie auch als Verantwortlicher für die Wirtschafts- und Konjunkturpolitik. Er erfüllt mehrere wirtschaftliche Aufgaben:
- Bereitstellungsfunktion (Gesetzgebung, Beitritt zu internationalen Organisationen usw.),
- Umverteilungsfunktion («gerechte» Steuern, AHV usw.) und
- Stabilisierungsfunktion (Konjunkturpolitik, Sicherheit usw.).

Auf Grundlage seiner Gesetze hat der Staat entscheidenden Einfluss auf das Verhalten der Wirtschaftsteilnehmenden und somit auf den Verlauf der Wirtschaft, zum Beispiel durch:
- die Verfassung (Rechtsstaatlichkeit, Marktform),
- Vorschriften, Beschränkungen usw. (Unternehmensformen, Herstellung von Produkten, Raumplanung usw.),
- Einnahmen (Steuern, Zölle usw.) und Ausgaben (Subventionen, Umverteilung der Einkommen) sowie
- die Geldpolitik der Nationalbank.

Die tragende Rolle des Staates wird ausführlich im Kapitel «Staat und Politik» beschrieben *(vgl. S. 211 ff.)*.

Ausland

Das Ausland beeinflusst die wirtschaftliche Tätigkeit eines Landes stark. Durch die Ausfuhr (Export) von Waren oder Dienstleistungen fliessen Devisen (ausländisches Geld) in das eigene Land. Je mehr also exportiert wird, desto grösser ist der Geldzufluss in die eigene Volkswirtschaft. Im Gegenzug müssen für Importgüter (Rohstoffe, Halbfabrikate, Nahrungsmittel usw.) Zahlungen an das Ausland geleistet werden. Eine weitere wichtige Einnahmequelle für eine Volkswirtschaft ist der Tourismus.

Der erweiterte Wirtschaftskreislauf ist in der anschliessenden Grafik dargestellt. Dabei werden nur noch die Geldströme bezeichnet.

Erweiterter Wirtschaftskreislauf

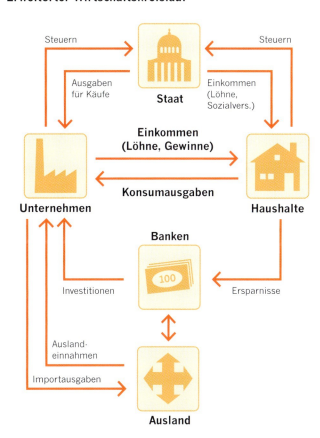

Die zahlenmässige Erfassung dieser Geldströme erfolgt in der Nationalen Buchhaltung, einer Art volkswirtschaftlicher Gesamtrechnung. Auf Grund dieser Erhebungen ist es möglich, den «Puls» einer Volkswirtschaft zu messen und allenfalls mit staatlichen Massnahmen zu beeinflussen.

4. | Wirtschaftliche Produktion

Grundlage des Konsums von Gütern und Dienstleistungen ist die Produktion. Als die Menschen noch Jäger und Sammlerinnen waren, wirtschafteten alle für sich selbst. Man konsumierte das, was man produzierte. Allmählich entwickelte sich die Tauschwirtschaft: Wer besser fischen konnte, fischte; wer im Ackerbau geschickter war, betrieb Ackerbau. Anschliessend wurde Fisch gegen Getreide getauscht. Die Spezialisierung setzt sich bis heute fort, sodass Konsum und Produktion von Gütern und Dienstleistungen kaum mehr zusammen liegen. Vielmehr werden Güter und Produktionsfaktoren zwischen Haushalten und Unternehmen getauscht.

4.1 | Produktionsfaktoren

Bevor Konsumierende Güter konsumieren können, müssen diese produziert werden. Dazu braucht es den Einsatz von Produktionsfaktoren. Viele sind von Natur gegeben – andere haben Menschen selbst geschaffen. Beim Herstellen von fast allen Waren und Dienstleistungen sind folgende Produktionsfaktoren wichtig:
- Boden (natürliche Ressourcen),
- Kapital (Mittel, womit neue Güter erzeugt werden),
- Arbeit (menschliche Arbeitskraft) und
- Humankapital (Fähigkeitskapital/Know-how, Sachwissen der Arbeitskräfte).

Alle vier Faktoren nennt man auch Ressourcen. Sie werden von den Haushalten den Unternehmen auf den Märkten angeboten.

Beispiel:
Damit eine Bäckerei erfolgreich ihre Brote verkaufen kann, benötigt sie
- einen verkaufsgünstigen Standort (Boden) sowie Mehl, Eier etc.
- Geräte und Einrichtungen (Backofen, Backbleche, Verkaufsstand etc.) (Kapital),
- jemand, der die Brote backt (Arbeit) sowie
- die Fähigkeit und das Wissen, Brote fein und knusprig zu backen, allenfalls Spezialitäten herzustellen und diese Produkte gekonnt zu vermarkten (Wissen).

Boden
Der Boden dient der Wirtschaft in zweifacher Weise:

Als Träger von Rohstoffen und Nahrungsmitteln und dem, was daraus gewonnen wird (Strom usw.) oder als Umweltgut (frische Luft, Sonnenschein, schöne Landschaften als Tourismusattraktion usw.)
In zunehmendem Mass sind viele Umweltgüter wie Luft oder Wasser nicht mehr zum Nulltarif erhältlich. Sowohl Aufbereitung wie auch umweltgerechte Rückführung (Recycling) verursachen Kosten, welche berechnet werden.

Als Standort für die wirtschaftliche Tätigkeit.
Je nach Produktion wird der Standort ganz bewusst nach bestimmten Eigenschaften (Standortfaktoren) ausgewählt. Nach
- natürlichen Eigenschaften (Bodenschätze, Klima etc.),
- rechtlichen Eigenschaften (Steuerverhältnisse, politische und soziale Verhältnisse) und
- wirtschaftlichen Eigenschaften (verkehrgünstige Lage, verkaufsgünstige Lage).

Ein Unternehmen wählt den Standort aus, der ihm am meisten Vorteile bringt. Dabei ist zu beachten, dass der Faktor Boden (sowohl als Standort wie auch als Rohstoff) nicht beliebig «vermehrt» werden kann. Überall dort, wo sich Standortvorteile für ein Unternehmen ergeben, steigt die Nachfrage und somit der Bodenpreis.
Das Gleiche gilt für Rohstoffe. Mit gezielter Raumplanung will der Staat ungünstige Entwicklungen beeinflussen und Landschaften schützen oder die Bodennutzung optimieren (z. B. im Wohnungsbau).
Die Natur bildet die Grundlage des Wirtschaftens: In den wirtschaftlichen Prozess gelangen Rohstoffe, Energie, Wasser usw. aus der Natur. Aus dem Wirtschaftssystem hinaus gehen Abfälle, Abwasser, Abgase usw. in die Natur zurück. Es kommt also zu Umweltbelastungen und Umweltzerstörung,
- wenn mehr aus der Natur genommen wird, als wieder nachwächst,
- wenn mehr Schadstoffe in die Natur abgegeben werden, als die Natur abbaut.

Ausführlich geht das Kapitel «Ökologie – eine Überlebensfrage» auf solche Zusammenhänge ein *(siehe S. 113 ff.)*.

Kapital

Kapital wird unterschieden in:

Sachkapital
Einrichtungen und Gegenstände, die der Produktion dienen (beim Fischer: Reusen, Netze, Boot etc.; in der Industrie: Maschinen, Werkzeuge, Montagehallen usw.)

Geldmittel
Geld, das kurz- bis langfristig zur Verfügung steht, um zum Beispiel Sachkapital zu erwerben oder Löhne auszuzahlen.

Kapital entsteht, wenn vorhandenes Geld in Sachkapital investiert wird. Erzielt dadurch ein Unternehmen eine Produktions- bzw. eine Ertragssteigerung, dann fliesst der gewonnene Gewinn entweder in den Konsum oder er kann für weitere Investitionen verwendet werden. Je mehr in einem Unternehmen, oder gesamthaft gesehen, in einem Land investiert wird, desto grösser wird die Konsumgüterherstellung und damit der Wohlstand des Landes sein.
Wird Geld gehortet (liegt es beispielsweise unter dem Kopfkissen), wird der Wirtschaft Geld entzogen: Dieses Geld steht für Investitionen nicht zur Verfügung.

▸ *Unternehmen:* Ein Teil der erzielten Gewinne wird erneut in Sachkapital investiert, um weitere Geräte usw. anzuschaffen (Neuinvestitionen). Ersetzt ein Betrieb bloss seine alten Geräte (Ersatzinvestitionen), entsteht in der Regel keine nennenswerte Ertragssteigerung. Die Ersatzinvestition dient lediglich der Erhaltung des Produktionsapparates.

Investitionen können bei allen vier Produktionsfaktoren getätigt werden:
▸ *Boden:* Indem man auf die natürlichen Ressourcen Rücksicht nimmt und/oder ihren Wert erhält.
▸ *Kapital:* Indem neue Maschinen und Technologien eingesetzt werden.
▸ *Arbeit:* Indem man beispielsweise die Arbeitsbedingungen verbessert.
▸ *Wissen:* Indem man die Aus- und Weiterbildung fördert.

Arbeit

Arbeit im wirtschaftlichen Sinn ist jede körperliche und geistige Tätigkeit, durch die ein Einkommen erzielt wird. Ohne den tätigen Menschen gäbe es keine Produktion von Gütern und Dienstleistungen. Die Arbeit kann deshalb

sparen = investieren

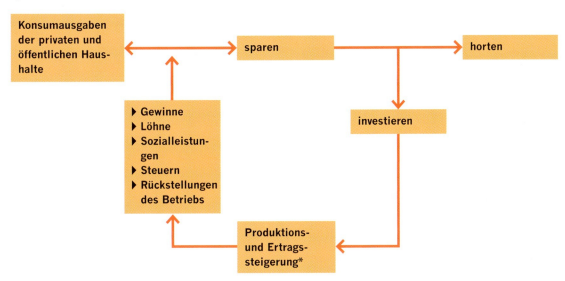

Sparen bzw. investieren können folgende Gruppen:
▸ *private Haushalte:* Konsumierende sparen, indem sie nicht alles für Konsumgüter ausgeben, sondern freiwillig einen Teil ihres Einkommens in Bankspareinlagen, Wertschriften usw. anlegen. Banken können so Produzierenden das notwendige Geld für weitere Investitionen zur Verfügung stellen.
▸ *Bund, Kantone, Gemeinden:* Steuergelder (Konsumverzicht der Konsumentinnen) werden für Verkehrswege, Spitäler, Bildung und dergleichen mehr verwendet.
▸ *Sozialversicherungen (AHV/IV, Pensionskassen):* Übersteigen die Mitgliederbeiträge die ausbezahlten Versicherungsleistungen, werden diese Erträge in Liegenschaften und Wertpapiere angelegt.

zusammen mit dem Produktionsfaktor Wissen als wichtigster und bedeutendster Produktionsfaktor bezeichnet werden. Boden (Natur) und Kapital können nur durch körperliche, geistige und schöpferische Arbeit des Menschen genutzt bzw. geschaffen werden.
Wichtig ist die Arbeitsproduktivität: Produktivität bezeichnet den Produktionsausstoss gemessen an den eingesetzten Mitteln. In den letzten 200 Jahren machte der Produktionsfaktor Arbeit einen enormen Wandel durch. Mit dem Aufkommen, Verwenden und Weiterentwickeln neuer Formen der Energiegewinnung, von Maschinen und Technologien konnte die Arbeitsproduktivität (Produktion pro Arbeitskraft oder pro Arbeitsstunde) massiv gesteigert werden. Die Produktivitätssteigerung ist dort am grössten, wo mensch-

Drei Faktoren beeinflussen die Arbeitsproduktivität:

Arbeitswille und Arbeitseinsatz. Mobilität und Flexibilität der Angestellten.	Höhe des eingesetzten Kapitals.	Technischer Fortschritt, Einsatz von Fähigkeitskapital (Innovationen dank Forschung und Entwicklung).
Je motivierter und einsatzfreudiger die Arbeitskraft ist, desto höher ist der Produktionsausstoss.	Je mehr Kapital ein Unternehmen einsetzt, desto eher kann es – oft teure – Arbeitskraft durch Maschinen ersetzen (automatisieren) und so die Produktion erhöhen (Kapitalisierung der Arbeit).	Einsatz von immer moderneren Verfahren, zum Beispiel durch kürzere Produktionswege, Automation, energiefreundlichere Verfahren, EDV oder organisatorische Massnahmen (schlanke Arbeitsabläufe usw.).

liche Arbeitskraft durch Maschinen ergänzt oder ersetzt werden kann.

Immer bedeutender wird die Arbeitsteilung und die Organisation der Produktionsabläufe. Unter Arbeitsteilung versteht man das Zerlegen des Produktionsvorganges in einzelne Arbeitsgänge sowie die Spezialisierung von Betrieben auf das Herstellen einzelner Produkte oder die Aufteilung der Arbeitskräfte auf bestimmte Arbeitsgänge. Im Bereich des Arbeitsplatzes treten vermehrt neue Formen der Arbeitsorganisation auf.

Arbeitsorganisationen	Arbeitszeitmodelle
▸ Job Rotation	▸ Gleitende Arbeitszeit
▸ Job Enlargement	▸ Bandbreitenmodell
▸ Gruppenautonomie	▸ Zeitsparmodell
▸ Job Enrichment	▸ Jahresarbeitszeit
	▸ Mobilzeit
	▸ Jobsharing
	▸ Solidaritätsmodell
	▸ Stafettenmodell

Humankapital (Wissen)

Darunter versteht man den Wert von Fähigkeiten (skills) und Wissen (Know-how). Sie sind das Resultat der Aufwendungen für Aus- und Weiterbildung. Das Know-how spielt für die Entwicklung einer Wirtschaft eine entscheidende Rolle. Im engeren Sinne umfasst es fachbezogenes Wissen (Forschung, Entwicklung, Produktion) und organisatorische Kompetenzen und die Fähigkeit, neue Lösungen zu finden (Kreativität). Dazu kommt die Sozial-, Selbst- und Methodenkompetenz der Angestellten.

4.2 | Messung der Wirtschaftsaktivität

Damit ein Staat seine volkswirtschaftlichen Aktivitäten erfassen und steuern kann, ist es für ihn wichtig zu wissen, wie hoch die wirtschaftliche Leistung der eigenen Volkswirtschaft ist. Daher wurden in der Ökonomie folgende Messgrössen entwickelt:

Volkseinkommen

Das Volkseinkommen umfasst alle Einkommen, die ein Volk in einem Jahr verdient: Entschädigungen, die während eines Jahres an das ganze Volk für geleistete Arbeit (Lohn), für die Nutzung von Kapital (Zins) und Boden (Grundrenten) bezahlt werden.

Bruttonationalprodukt (BNP)

Das BNP bezeichnet den Wert aller Waren und Dienstleistungen zu Marktpreisen, die während eines Jahres von Inländerinnen und Inländern überall auf der Welt hergestellt, beziehungsweise erbracht werden. Man unterscheidet nominales sowie reales (nach Abzug der Teuerung) BNP.

Bruttoinlandprodukt (BIP)

Das BIP umfasst alle Güter und Dienstleistungen zu Marktpreisen, die von In- und Ausländern innerhalb der Landesgrenzen während eines Jahres produziert werden. Es wird berechnet, indem vom BNP die Kapitalerträge aus dem Ausland abgezogen und die Einkommen der Grenzgänger dazugezählt werden.

Die Ökonomie kann nur das in die volkswirtschaftliche Gesamtrechnung einbeziehen, was tatsächlich einen Marktpreis besitzt. Zum Beispiel gehört Hausfrauen- und Hausmännerarbeit nicht zum BIP, wenn sie durch die Ehefrau/den Ehemann geleistet wird. Hingegen wird bezahlte Arbeit der Haushälterin dazugerechnet, weil sie einen Lohn erhält. Der Verbrauch von natürlichen Ressourcen (Rohstoffen) wie Wasser, Luft, Natur und Boden wird nicht bewertet und erscheint im BIP nur dann, wenn die Reinigung etwas kostet. Und: Das BIP kennt nur positive Komponenten und keine Abzüge. Wer einen Autounfall verursacht, erhöht das BIP (Reparatur- und Spitalkosten). Das BIP ist also kein Mass für Lebensqualität. Dennoch ist das Bruttoinlandprodukt heute ein Gradmesser für die Wirtschaftskraft eines Landes und dient als Kennzahl bei Wohlstandsvergleichen zwischen den Ländern. Damit die volkswirtschaftliche Leistung und somit der Wohlstand der verschiedenen Länder verglichen werden kann, muss das Pro-Kopf-Einkommen berechnet werden.

Wachstumsrate

Vergleicht man das Bruttoinlandprodukt eines Landes über mehrere Jahre, kann das Wachstum der Volkswirtschaft gemessen werden. Würde man allerdings die Zahlen von heute mit den Zahlen von gestern vergleichen, würden Preissteigerungen ebenfalls als Wachstum des BIP ausgewiesen. Um dies zu verhindern, muss man Preissteigerungen (Inflation) von Jahr zu Jahr berechnen und diese vom (nominalen) Bruttoinlandprodukt abziehen *(Grundlagen Wirtschaft, S. 256 f.)*. Die so errechnete Wachstums-

Leben in einer natürlichen Umwelt.

rate zeigt an, um wie viel Prozent das reale Bruttoinlandprodukt jährlich wächst, das heisst, wie viel Waren und Dienstleistungen mehr als im letzten Jahr produziert bzw. erbracht wurden.

Das reale BIP errechnet sich aus dem nominalen BIP abzüglich Teuerung. Als Basisjahr gilt für die Schweiz das Jahr 2000 mit dem Preisindex von 100 Punkten. Um Jahresvergleiche zu ziehen, berechnet man z. B. alle BIP zu den Preisen von 2000.

4.3 | Wirtschaftsethik

Umweltzerstörung als Folge des Wirtschaftswachstums, stetiger Rationalisierungsdruck in der Arbeitswelt oder die Hektik eines konsumorientierten Lebensstils lassen bei manchen Menschen Zweifel daran aufkommen, ob der wirtschaftliche «Fortschritt» unsere Lebensqualität wirklich noch verbessert. Ob wir vor lauter wirtschaftlicher Dynamik, vor lauter Erfolgs- und Profitstreben vielleicht den Sinn für das richtige Mass und für das Wesentliche im (Wirtschafts-)Leben verloren haben? Darauf gibt uns die herkömmliche Wirtschaftswissenschaft keine Antwort, sondern die Ethik versucht, darauf Antworten zu finden.

Gegenstand der Ethik ist die Moral. Sie beruht auf Wertvorstellungen und Verhaltensnormen. Ethik kann definiert werden als Nachdenken über folgende Grundfragen:
- Frage nach dem guten Leben,
- Frage nach dem gerechten Zusammenleben,
- Frage nach dem richtigen bzw. verantwortungsbewussten Handeln.

In der Wirtschaftsethik geht es um grundsätzliches Nachdenken über soziale und ökologische Rahmenbedingungen einer lebensdienlichen Wirtschaft.

Staat, Wirtschaft und Gesellschaft sind keine wertfreien Räume, die wie ein mechanisches System nach vorgegebenen Regeln funktionieren. Sie basieren im Gegenteil auf kulturellen Werten, die sich in einem Prozess heraus gebildet haben, der sich viele hundert Jahre zurückverfolgen lässt. Die Wirtschaftsethik versucht, die rein wirtschaftliche Sichtweise um soziale, ökologische, gesellschaftliche und andere Aspekte zu erweitern. Sie führt ökonomische Überlegungen der modernen Industriegesellschaft und ethische Überlegungen zusammen. Sie will Wertgrundlagen und Wertkonflikte der modernen Wirtschaft bewusst machen. Konkret befasst sich die Wirtschaftsethik mit zentralen zeittypischen Herausforderungen wie:
- Bewahrung einer für die Nachwelt lebenswerten natürlichen Umwelt,
- Gestaltung einer für alle Menschen gerechten sozialen Mitwelt,
- Schaffung einer gerechten und friedlichen internationalen Welt angesichts gewisser negativer Folgen der Globalisierung der Märkte.

Wie und bis zu welchem Grad diese ethischen Werte umgesetzt werden sollen, ist Gegenstand ständiger Auseinandersetzungen.

5. | Wirtschaftsformen

Wie aus dem Wirtschaftskreislauf ersichtlich wird, spielt sich das wirtschaftliche Geschehen zwischen Produzentinnen, Konsumentinnen, Banken und dem Staat ab. Es ist entscheidend, wie der Staat Rahmenbedingungen für die Wirtschaft setzt; wie in einer Gesellschaft Produktion und Konsum von Unternehmen und Haushalten durch staatliche Tätigkeiten koordiniert werden (direkte Staatseingriffe, Verteilung, Auflagen usw.).

5.1 | Wirtschaftssystem und Wirtschaftsordnung

System der Marktwirtschaft – liberale Staatstheorie
Grundlage der Marktwirtschaft ist die Idee des Liberalismus (Adam Smith; Aufklärung des 18. Jahrhunderts). Der Liberalismus fordert uneingeschränkte Freiheit für alle Menschen (Individualismus). Im Zentrum steht der einzelne Mensch und damit das Verwirklichen seiner Eigeninteressen. Der Liberalismus besagt, dass der grösste Wohlstand dann erreicht wird, wenn jeder Mensch ohne Einschränkungen zu seinem eigenen Nutzen wirtschaften kann. Man geht davon aus, dass jede/jeder Einzelne eigenverantwortlich und vernunftgemäss handelt. Der Staat darf nicht ins wirtschaftliche Geschehen eingreifen. Die Wirtschaft wird sich selbst überlassen.
Innerhalb des Liberalismus verteidigen Rechtsliberale vehement die Wirtschaft gegen staatliche Interventionen. Heute wird diese Strömung als Neoliberalismus bezeichnet. Linksliberale beziehungsweise Sozialliberale weisen dem Staat in zentralen gesellschaftspolitischen Bereichen gewisse Steuerungsfunktionen zu, zum Beispiel in der Wirtschafts- und Konjunkturpolitik sowie in der Sozialpolitik.

System der Planwirtschaft – marxistische Staatsauffassung
Kernstück der von Karl Marx und Friedrich Engels begründeten Lehre (Sozialismus) ist die Kritik an der kapitalistischen Produktionsweise: Der Sozialismus strebt eine gerechte Verteilung der materiellen Güter an. Damit die Arbeiterklasse (Lohnempfänger und Lohnempfängerinnen) nicht ausgebeutet wird, sollen das Privateigentum abgeschafft und die Produktionsgüter (Boden und Kapital) verstaatlicht werden. Das heisst, Fabriken und Maschinen gehören dem Staat, ebenso der Gewinn. Den Staatssozialismus bezeichnet man auch als Kommunismus. Im früheren Ostblock (Sowjetunion, Osteuropa) sowie in China, Nordkorea, Kuba und in verschiedenen Ländern Afrikas legte der Staat Produktion und Verteilung in Plänen fest. Es gab keine freie Preisbildung.

Das System der zentralen Planwirtschaft kann heute als gescheitert bezeichnet werden. Planwirtschaften erwiesen sich als ineffizient. Dem System fehlten Anreize wie Eigeninitiative, Risikobereitschaft und Leistungsdenken. Die Folgen waren Fehlplanungen, Ressourcenverschwendung, Bürokratisierung, Korruption und veraltete Produktionstechnologien.

Wirtschaftsordnung
In der Praxis gibt es in reiner Form weder die freie Marktwirtschaft noch die zentrale Planwirtschaft. Ausser Kuba und Nordkorea haben heute praktisch alle Länder in irgendeiner Form eine marktwirtschaftliche Ordnung. Entscheidend ist hingegen die Frage, welche Rolle der Staat in der Wirtschaft übernehmen soll. Es gibt verschiedene Sichtweisen auf das wirtschaftliche Geschehen in einem Land, das von Werthaltungen und (politischen) Interessen bestimmt wird. Die heutigen ökonomischen Sichtweisen lassen sich vereinfacht und schematisch mit dem neoliberalen Weltbild und den sozialliberalen Konzepten veranschaulichen.

Wirtschaftsstruktur/Wirtschaftssektoren
Volkswirtschaften unterscheiden sich auch in ihrem strukturellen Aufbau. Die Volkswirtschaftslehre gliedert die Volkswirtschaft in drei Wirtschaftssektoren sowie in drei Strukturbereiche.

> **Produktionsstruktur**
> Sie zeigt die Bedeutung der einzelnen Wirtschaftszweige auf. Was und wie viel wird produziert? Dabei werden die Branchen zu Sektoren zusammengefasst.
>
> **Arbeitsmarktstruktur**
> Sie widerspiegelt die Zahl und Aufteilung der Erwerbstätigen nach Branchen. Wer und wie viele arbeiten in den einzelnen Branchen? Daten über die Beschäftigungslage basieren auf dem Beschäftigungsindex (Veränderung der Beschäftigten) und den Betriebszählungen. Die Entwicklung wird meist nach Wirtschaftssektoren zusammengefasst.
>
> **Regionalstruktur**
> Sie zeigt den Anteil einzelner Regionen oder Kantone am gesamten Wirtschaftspotenzial des Landes. Zu diesem Zweck wird die Wirtschaftskraft der einzelnen Regionen anhand des Volkseinkommens gemessen und verglichen. Eine ungleichmässige Entwicklung von Bevölkerung und Wirtschaft kann zu einer Konzentration in Agglomerationsgebieten führen. So werden in den Kantonen Zürich, Bern, Aargau und Genf zusammen über 55 Prozent des schweizerischen Volkseinkommens erarbeitet. Gleichzeitig entvölkern sich andere Landesteile.

5.2 | Modell der freien Marktwirtschaft

In einer freien Marktwirtschaft handeln die Beteiligten nach ihren eigenen Zielen. Unternehmen und Haushalte entscheiden über Produktion bzw. Konsum. Wesentliche Merkmale der Marktwirtschaft sind:

Produktionsfreiheit
Jeder/jede kann produzieren, was und wo er/sie will.

Freier Wettbewerb/Wirtschaftsfreiheit
Jeder/jede kann einem Gewerbe freier Wahl nachgehen und Handel treiben, womit und mit wem er/sie will.

Konsumfreiheit
Jeder/jede kann die Güter konsumieren, die er/sie will.

Anbieter
Produzentinnen und Produzenten

Markt
Hier treffen sich Anbietende und Nachfragende. Auf Grund von Angebot und Nachfrage entstehen Preise. Sie steuern das Verhalten von Produzierenden und Konsumierenden.

Nachfrager
Konsumenten und Konsumentinnen

Gewinnstreben und Privateigentum
Anreiz zur wirtschaftlichen Tätigkeit ist das individuelle Gewinnstreben (Nutzen- und Gewinnmaximierung).

Es setzt Privateigentum an den Produktionsmitteln (Boden und Kapital) voraus. Der Staat greift nicht ins wirtschaftliche Geschehen ein. Er garantiert die Freiheitsrechte (Eigentum, Wirtschaftsfreiheit, Niederlassungs- und Berufswahlfreiheit). Ausserdem muss er dafür sorgen, dass Verträge leicht abgeschlossen werden können.

5.3 | Marktmechanismus

Jedes Zusammentreffen von Angebot und Nachfrage wird als Markt bezeichnet. Je nachdem, wo sich Anbietende und Nachfragende treffen, spricht man vom Gütermarkt (Wochenmarkt, Einkaufszentrum usw.), vom Arbeitsmarkt (Stelleninserate), Liegenschaftsmarkt (Wohnungen, Häuser), Versicherungsmarkt oder vom Kapitalmarkt (Aktienbörse) usw.

Preisbildung

Auf allen Märkten bilden sich auf Grund von Angebot und Nachfrage die Preise. Dabei gelten folgende Regeln:

1. Angebot und Nachfrage bestimmen den Preis.
Ist in einem Markt das Angebot grösser als die Nachfrage, sinkt früher oder später der Preis.

Angebot gross:
Grosse Ernte von Sommer-Erdbeeren. Das Kilogramm wird vorerst für Fr. 10.– angeboten.

Überangebot:
Der Absatz sinkt. Damit die Anbieter nicht auf der Ware sitzen bleiben, müssen sie die Preise senken.

Nachfrage klein:
Mitte Sommer ist das Bedürfnis nach Erdbeeren gesättigt. Es sind nur noch wenige bereit, für Fr. 10.– das Kilo zu kaufen.

2. Der Preis beeinflusst Angebot und Nachfrage.
Sinkende Preise wirken sich sowohl auf das Angebot als auch auf die Nachfrage aus.

Tiefere Gewinne und weniger Anbieter:
Tiefere Preise schmälern den Gewinn. Dadurch wird der Anreiz, Erdbeeren zu produzieren, kleiner. Folglich geht das Angebot zurück.

Marktgleichgewicht:
Der Absatz steigt vorerst. Die Preise pendeln sich dann solange ein, bis sich ein Markt- bzw. Gleichgewichtspreis eingestellt hat.

Kaufinteresse steigt:
Bei tieferen Preisen sind mehr Leute bereit, Erdbeeren zu kaufen. Folglich wird die Nachfrage grösser.

Und umgekehrt: Ist auf einem Markt das Angebot kleiner als die Nachfrage, steigt früher oder später der Preis. Herrscht also Mangel an einem bestimmten Gut bzw. verkauft sich die Ware gut, heben die Anbieter die Preise an.
Die Folge sind höhere Gewinne und allenfalls mehr Produzenten und Produzentinnen. Ist letzteres der Fall, wird
▸ die Produktion grösser; wegen der höheren Preise nimmt die Zahl der Käuferinnen und Käufer aber wieder ab, d. h.
▸ die Nachfrage wird geringer: Angebot und Nachfrage nähern sich einander an, bis ein Marktgleichgewicht entsteht.

Voraussetzungen für einen freien Wettbewerb
Damit der freie Markt funktioniert, müssen bestimmte Bedingungen erfüllt sein.

> Es besteht **echte Konkurrenz**, d. h. zahlreiche Anbieter bewerben sich um die Gunst der Konsumentinnen. Allerdings wird der Konkurrenzkampf gemildert, wenn sich die Anbieter untereinander absprechen (Kartelle), nur wenige Anbieter (Oligopol) oder gar nur ein Anbieter (Monopol) auf dem Markt sind. Die Preise können so besser diktiert werden. Auch der Staat kann, z. B. zum Schutz der eigenen Wirtschaft, den freien Wettbewerb durch Importsperren oder strenge Normen einschränken.

> Es besteht **Markttransparenz**, d. h. die Käuferinnen haben völlige Marktübersicht über das Angebot. Allerdings werden die Anbietermärkte immer unübersichtlicher. Vergleiche werden immer schwieriger. Alle Angebote können nicht miteinander verglichen werden, da dies zuviel Zeit beanspruchen würde.

> Anbieter und Nachfrager sind **autonom** und **selbstbestimmt**. Normalerweise geht man davon aus, dass der Mensch ein von Vernunft geleitetes Wesen ist, das seine Bedürfnisse befriedigen will. Konsumentinnen sind aber soziale Wesen, die mit Werbung, Vorbildern usw. beeinflussbar und verfügbar sind. Käuferinnen entscheiden nicht nur rational, sondern auch emotional. Gefühle, Ängste, Gewohnheiten, Prestige, Impulskräfte spielen mit.

Börse
Die Börse ist ein wichtiger Bestandteil des Finanzsystems. Die wichtigsten Börsen befinden sich in New York, Tokio, London, Zürich und Frankfurt. An einer Börse werden regelmässig und in organisierter Weise Wertpapiere (Effektenbörse) und Devisen sowie Rohstoffe (Gold, Kaffee, Baumwolle usw.) gehandelt. Die Börse ist nur für einen beschränkten Personenkreis direkt zugänglich und funktioniert nach dem Gesetz von Angebot und Nachfrage. Börsen sind ein wichtiges Finanzierungsinstrument, sowohl für den Anleger (je nach Kursverlauf Anlagegewinn oder -verlust) als auch für die Unternehmen. Durch die Ausgabe neuer Aktien (Emission) erhält das Unternehmen für seine Investitionen neues Eigenkapital. Der Wert aller Aktien eines Unternehmens wird als Börsenkapitalisierung bezeichnet. Die gesamte Kursentwicklung wird in der Regel durch einen Index ausgedrückt. Steigt ein Index, stellt dies gestiegene Aktienpreise dar. Es gibt viele verschiedene Börsenindizes. Der weltweit wichtigste ist der Dow Jones Industrial Index der New Yorker Börse. In der Schweiz ist es der Swiss Market Index (SMI), in Frankfurt der Deutsche Aktien Index (DAX) und in Japan der Nikkei-Index.
In der Regel steigen Aktienkurse, wenn der Wert eines Unternehmens auf Grund besserer Gewinnerwartungen höher anzusetzen ist. Aktienkurse sind daher ein Hinweis auf die erwartete künftige Wirtschaftsentwicklung. Bei der Einschätzung der künftigen Wirtschaftsentwicklung ist allerdings auch viel Psychologie im Spiel.

Konzentration der Märkte
Anbieterinnen und Arbeiter sind je länger je mehr einem harten Konkurrenzkampf ausgesetzt. Als Folge davon versuchen sie, den Wettbewerb möglichst abzuschwächen oder gar auszuschalten.
In letzter Zeit schliessen sich immer mehr Unternehmen zusammen (Fusion) oder ein Unternehmen wird von einem anderen übernommen. Diese Konzentration hat mehrere Gründe:
▸ Verschärfte internationale Konkurrenz führt zu Preisdruck. Firmenzusammenschlüsse ermöglichen Rationalisierung, Massenproduktion und Produktionssteigerung. Nicht zuletzt werden so neue Absatzmärkte erschlossen. Gleichzeitig sollen damit aber die Preise und die Gewinne gehalten werden.
▸ Wachsender Kapitalbedarf (teure Investitionen für Forschung, Maschinenpark usw.) macht es kleinen Firmen zunehmend schwierig, zusätzliches Kapital zu beschaffen.
▸ Zusammenführen von Know-how: Rascher Wandel zwingt Unternehmen zu vermehrter Forschung und Entwicklung. Statt Know-how selber zu entwickeln, wird dieses eingekauft oder übernommen.
▸ Erwartungen an Gewinn und Rendite (Gewinn pro eingesetztem Kapital) sind gestiegen. Unternehmen, die früher genug Gewinn erwirtschafteten, gelten aus heutiger Sichtweise als schwach rentabel (z. B. bei den Banken).

Kartell
Ein Kartell ist eine vertragliche Vereinbarung unter frei bleibenden Unternehmen einer Branche und regelt Preise und Produktionsmengen, um den Ertrag aller Beteiligten zu erhalten (in der Schweiz zum Beispiel Apotheken, Fahrlehrer, Anwälte und Anwältinnen). In der EU sind Kartelle und Monopole verboten, weil die Einschränkung des Wettbewerbs Konsumentinnen und Konsumenten benachteiligt und die Wirtschaft hemmt.

Oligopol
Sind nur wenige Anbieter auf dem Markt, spricht man von einem Oligopol. In dieser Situation ist die Gefahr gross, dass sich die Konkurrenten auf Kosten der Kunden absprechen. Gut sichtbar ist diese Konzentration bei der Autoproduktion. Immer mehr Autofirmen schliessen sich

zusammen oder werden übernommen und bilden multinationale Konzerne, so genannte «Multis».

Monopol

Ist nur eine Anbieterin oder ein Anbieter auf dem Markt, hat diese/dieser das so genannte Marktmonopol. Da sie/er keine Konkurrenz fürchten muss, kann sie/er die Preise und Mengen weitgehend selbst bestimmen. Konsumierende sind dem Preisdiktat völlig ausgeliefert. In der Ökonomie spricht man von Marktversagen, da Angebot und Nachfrage den Preis nicht bestimmen.

5.4 | Soziale Marktwirtschaft – Wirtschaftsordnung der Schweiz

Die soziale Marktwirtschaft ist die heute am weitesten verbreitete Wirtschaftsordnung. Sie versucht die Fehlentwicklungen einer reinen Markt- und einer reinen Planwirtschaft zu vermeiden. Die Steuerung der Wirtschaft erfolgt primär über den Markt, das individuelle Gewinnstreben ist die treibende Kraft. Wo der Marktmechanismus versagt, greift der Staat in das Wirtschaftsgeschehen ein, um einen geordneten Wettbewerb zu erreichen und soziale Spannungen zu vermeiden. Der freie Markt versagt unter anderem dort, wo zwar eine Nachfrage vorhanden ist, aber für mögliche Anbieter unternehmerisch (noch) kein Gewinn zu erzielen ist. Meist handelt es sich um kollektive Bedürfnisse wie Umweltschutz, soziale Sicherheit (Sozialversicherungen), Gesundheit, Arbeitsrechte («gerechte» Löhne, Arbeitszeit, Kündigungsschutz), Konsumenten- und Konsumentinnenschutz (Preisüberwachung, Mieterschutz) sowie Bildung.

Die Grundlagen der schweizerischen Wirtschaftsordnung finden sich in der Bundesverfassung (Art. 94–104).

Der Staat beeinflusst die Verteilung des Volkseinkommens (sozialer Ausgleich). Die Verteilung des Einkommens erfolgt primär auf folgenden Märkten:
▸ *Arbeitsmarkt*: Arbeitgeber und Arbeitnehmer handeln einen Lohn (Preis für die Arbeit) aus.
▸ *Bodenmarkt*: Preis (Kauf, Miete, Pacht) für eine bestimmte Liegenschaft.
▸ *Kapitalmarkt*: Preis (Zins, Rendite) für geliehenes Geld.

Die Verteilung des Volkseinkommens nach rein marktwirtschaftlichen Prinzipien führt zu Ungerechtigkeiten. Um wirtschaftlich Schwache zu schützen, sind daher staatliche Korrekturen notwendig. Dem Staat stehen folgende Mittel zur Verfügung:
▸ Staatliche Lohnkontrollen,
▸ Steuern (überproportional hohe Steuern auf hohen Einkommen),
▸ Sozialversicherungen, zum Beispiel Alters- und Hinterlassenenversicherung (AHV), Arbeitslosenversicherung (ALV), Invalidenversicherung (IV), Krankenversicherung (KV) usw.,
▸ Mieter- und Mieterinnenschutz,
▸ Fürsorge: Hilfeleistungen zur Sicherung des Existenzminimums (Sozialhilfe),
▸ Finanzausgleich der Kantone: Staatliche Tätigkeit wirkt ausgleichend zwischen finanziell stärkeren und schwächeren Regionen der Schweiz (räumliche Umverteilung).

Schutz vor Missbrauch
Er sorgt dafür, dass der Wettbewerb dort wieder herrscht, wo er eingeschränkt ist oder gar nicht mehr besteht.

Eingriff bei Fehlentwicklungen
Er greift dort ins Spiel von Angebot und Nachfrage ein (d. h. er interveniert dort), wo infolge des freien Wettbewerbs Fehlentwicklungen oder Unvollkommenheit entstehen: Naturschutz, Arbeitsmarkt, Kapitalmarkt und Bodenmarkt.

Bereitstellung der Infrastruktur
Er nimmt Verantwortung wahr, wenn es um die Bereitstellung der Infrastruktur (Spitäler, Strassen usw.), der Ausbildung (Schulen, Bibliotheken usw.) oder der Sicherheit (Schutz der Bevölkerung) geht.

Zollmassnahmen
Über die Ein- und Ausfuhrregelungen (Zölle, Normen) übt er grossen Einfluss auf das wirtschaftliche Geschehen und den Markt in unserem Land aus.

Wirtschaftliche Eigentätigkeit
Der Staat ist auch selbst wirtschaftlich tätig. Er ist Teilhaber der Post und Besitzer der SBB.

Geldleistungen/Direktzahlungen
Wo die Erhaltung eines Wirtschaftszweiges im allgemeinen Interesse liegt, hilft der Staat mit Geldleistungen.

Der Staat greift in das Wirtschaftsgeschehen ein.

In einer sozialen Marktwirtschaft greift der Staat ein.

Nach welchen Grundsätzen der Staat die Verteilung der Einkommen steuert, ist eine (sozial)politische Frage und beruht auf Wertvorstellungen. Man unterscheidet drei Verteilungsformen:
- *Leistungsgerechtigkeit:* Jede/Jeder soll entsprechend ihren/seinen erbrachten Leistungen entschädigt werden (Leistungslohn im Betrieb).
- *Bedarfsgerechtigkeit:* Jede/Jeder soll unabhängig von ihrer/seiner Leistungsfähigkeit ein bestimmtes Einkommen zur Deckung seiner/ihrer Grundbedürfnisse erhalten (Steuern, Sozialversicherungen).
- *Ausgleich der Startchancen:* Jede/Jeder soll unabhängig von ihrer/seiner Herkunft (Status/Vermögen der Eltern, Geschlecht, Land) Möglichkeiten erhalten, eine befriedigende gesellschaftliche und wirtschaftliche Stellung zu erreichen (Stipendien usw.).

6. | Geld- und Finanzsystem

Geld erleichtert den Kauf und Verkauf von Waren und Dienstleistungen. Ohne Geld müsste man Güter gegen andere Güter austauschen, was sehr umständlich wäre. In einer modernen Volkswirtschaft gibt es eine Zentralbank (z. B. die Schweizerische Nationalbank). Ihre Hauptaufgabe ist die Versorgung der Wirtschaft mit Geld. Darüber hinaus spielen (Geschäfts-)Banken bei der Versorgung der Wirtschaft mit Geld eine wichtige Rolle. Geld ist das wichtigste Steuerungsinstrument für die Wirtschaft. Mit der Geldmenge, welche die Zentralbank in die Wirtschaft eines Landes bringt, kann die wirtschaftliche Lage (Konjunktur) nachhaltig beeinflusst werden.

6.1 | Geldfunktionen und Geldmengen
Geld hat verschiedene Funktionen:

Funktion	Beispiele
Zahlungsmittel	Bargeld (Noten, Münzen), Schecks, Überweisungen, Kreditkarten, Cashcards.
Wertaufbewahrung	Wertpapiere wie Obligationen und Aktien, Buchgeld auf dem Sparkonto.
Recheneinheit und Wertmassstab	Preisanschriften, Kataloge, Rechnungen, Bilanzen usw.

6.2 | Geldschöpfung

Steuerung der Geldmenge durch die Notenbank
Eine Zentralbank (Schweizerische Nationalbank SNB) kann die Geldmenge:
▸ vergrössern, indem sie Geld in den Wirtschaftskreislauf gibt, also Franken ausschüttet oder
▸ verringern, indem sie Geld dem Kreislauf entzieht, also Franken zurücknimmt.

Geldschöpfung der Banken
Geschäftsbanken haben sehr grossen Einfluss auf die Geldmenge, indem sie das bei ihnen angelegte Geld in Form von Krediten wieder ausleihen. Dadurch wird Buchgeld «geschaffen».

6.3 | Geldwert – Kaufkraft des Geldes im Inland (Binnenwert)
Auf dem Markt können die Preise fallen (Verbilligung der Güter) oder steigen (Verteuerung der Güter). So nimmt mit steigenden Preisen die Kaufkraft des Geldes ab, was bedeutet, dass mit der gleichen Menge Geld weniger Güter oder Dienstleistungen gekauft werden können. Um sich ein genaues Bild von der Geldentwertung (Teuerung/Inflation/

Beispiel:	Vermögen von Bankkunden	Geld im Umlauf
X zahlt 10 000 Fr. auf sein Bankkonto der Bank Rot ein.	Vermögen: 10 000 Franken	Fr. 10 000.–
Y bezieht bei der Bank Rot einen Kredit. Die Bank kann vom Geld von X maximal 9000 Fr. ausleihen, das heisst, die Bank behält 10 Prozent als Mindestreserve zurück (X möchte ja eventuell etwas von seinem Geld beziehen). Y überweist das Geld auf ihr Konto der Bank Blau.	Vermögen: 9000 Franken	Fr. 19 000.–
Z bezieht bei der Bank Blau einen Kredit. Die Bank kann vom Geld von Y maximal 8100 Fr. ausleihen, das heisst, auch die Bank Blau behält 10 Prozent als Mindestreserve zurück (Y möchte ja eventuell etwas von ihrem Geld beziehen). Z überweist das Geld auf sein Konto der Bank Grün.	Sein Vermögen: 8100 Franken	Fr. 27 100.–
Von den ursprünglichen 10 000 Franken sind nun 27 100 Franken im Umlauf, das heisst im Wirtschaftskreislauf.		

Kaufkraftschwund des Geldes) machen zu können, beobachtet die Bundesverwaltung regelmässig die Preisänderungen. Die Ergebnisse werden laufend in drei Kennziffern veröffentlicht:
- Landesindex der Konsumentenpreise: Er zeigt die Preisentwicklung der Güter an, die hauptsächlich in den Haushalten gebraucht werden.
- Grosshandelspreisindex: Er zeigt die Preisentwicklung wichtiger Rohstoffe, Halb- und Fertigfabrikate an.
- Lohnindex: Er zeichnet die durchschnittlichen Stundenverdienste der Arbeiter und die durchschnittlichen Monatslöhne der Angestellten auf.

Landesindex der Konsumentenpreise

Mit dem Landesindex der Konsumentenpreise wird die Preisentwicklung (Teuerung) gemessen. Er gibt den Gesamtpreis an, der eine bestimmte, gleich bleibende Warenmenge (so genannter Warenkorb) zu einem bestimmten Zeitpunkt kostet *(vgl. Abschnitt 4.2, S. 43 f.)*.
Wird der Konsumentenpreisindex eines Jahres mit jenem des Vorjahres verglichen, erhalten wir die Teuerungsrate (Inflationsrate). Der Konsumentenpreisindex ist zwar kein exakter Massstab für die Entwicklung der allgemeinen Lebenskosten, aber dennoch von grosser Bedeutung. Er ist z. B. die Grundlage für:
- wirtschaftspolitische Massnahmen,
- Lohnverhandlungen (Teuerungsausgleich) zwischen Arbeitnehmerinnen und Arbeitnehmern sowie Arbeitgebern und Arbeitgeberinnen,
- Anpassung der Renten (AHV),
- Mietzins- und Hypothekarzinserhöhungen.

Nominallohn – Reallohn

Vor allem für die Arbeitnehmerlöhne ist der Konsumentenpreisindex wichtig. Der Lohn, der auf deren Konto ausgezahlt wird, ist der so genannte Nominallohn. Angenommen, in einem bestimmten Zeitraum sind die Preise durchschnittlich um 1 Prozent gestiegen, dann können die Lohnempfängerinnen mit dem gleichen Lohn nicht mehr gleich viele Güter kaufen. Um die gleiche Menge Güter kaufen zu können, müssten die Löhne auch um 1 Prozent steigen. In Wirklichkeit sind die Löhne zurückgegangen. Man unterscheidet deshalb zwischen Nominallohn und Reallohn.

> **Nominallohn – Teuerungsrate = Reallohn**

5.4 | Störungen im Wirtschaftskreislauf

Vom Wirtschaftskreislauf ist bekannt, dass Güterstrom und Geldstrom in einer Volkswirtschaft gleich gross sein müssen. Solange dieses Gleichgewicht anhält, behält das Geld seine Kaufkraft und die Preise bleiben stabil.

Inflation (Geldüberhang)

Vergrössert sich der Geldstrom (mehr Geld kommt in Umlauf), ohne dass sich der Güterstrom verändert, steigen die Preise. Für den Kauf der gleich bleibenden Gütermenge steht nun mehr Geld zur Verfügung. Man ist bereit, mehr zu bezahlen, um die Güter zu erhalten. Diesen Zustand bezeichnet man als Inflation.
Inflation ist also das Missverhältnis zwischen Geld- und Gütermenge. In einer inflationären Wirtschaft sind demnach «zu viel» Geld und «zu wenig» Güter vorhanden.

Folgen der Inflation sind:
- Abnahme der Kaufkraft des Geldes: Die Preise steigen.
- Entwertung der Guthaben der Gläubigerinnen und Gläubiger,
- Benachteiligung der Sparerinnen und Sparer: Die Inflation vermindert die Kaufkraft des gesparten Kapitals. Wenn der Zins kleiner ist als die Teuerung, verliert der Sparer jährlich einen Teil der Einlage.
- Bevorteilung der Schuldner: Ihre Schulden verlieren an Wert. Schuldner können Schulden mit Geld, das immer wertloser wird, zurückbezahlen.
- Kapitalflucht: Statt auf immer «wertloserem» Geld sitzen zu bleiben, wird dieses in Sachwerten angelegt (Flucht in Grundstücke, Kunstgegenstände, Gold usw.).
- Benachteiligung der Lohnempfängerinnen und Rentner, sofern ihr Lohn bzw. ihre Rente nicht der Teuerung angepasst wird.
- Die grosse Nachfrage nach Gütern eine Steigerung der Produktion und damit eine Erhöhung der Beschäftigung erlauben.
- Als Folge der steigenden Preise überall die Preislisten angepasst werden müssten. Da dies meist mit Kosten verbunden ist (z. B. Drucken neuer Speisekarten), werden in einigen Branchen für einige Zeit die alten Preise beibehalten. Diese Preise sind aber «falsch», wodurch die Wirtschaft verzerrt wird.

Im inflationären Umfeld kann es zu einer Lohn-Preis-Spirale kommen. Höhere Löhne verursachen höhere Produktionskosten und steigern die Nachfrage auf dem Markt, da Konsumentinnen und Konsumenten mehr Geld haben. Hohe Nachfrage führt zu höheren Preisen.
Unternehmen verlangen höhere Preise für ihre Produkte. Das führt zu erneuten Preissteigerungen. Um Preissteigerungen (Teuerung) auszugleichen, fordern Gewerkschaften höhere Löhne.
Heute herrscht die Meinung vor, dass Inflation letztlich nur über eine Anpassung der Geldmenge (nach unten) an die Produktion erfolgreich bekämpft werden kann.

Deflation

Wenn die Nachfrage nach Waren und Dienstleistungen sinkt, vergrössert sich der Güterstrom gegenüber dem Geldstrom (Angebotsüberschuss). Für den Kauf der stets grösseren Gütermenge steht immer gleich viel Geld zur

Grundlagen Wirtschaft

Ursachen der Inflation

Von der Geldseite her:
- Die SNB setzt übermässig viel Geld in Umlauf. Das ist der Fall, wenn Bund, Kantone und Gemeinden wegen dauernder Haushaltsdefizite um mehr Kredite (Geld) bei der Nationalbank nachsuchen.
- Banken gewähren zu viel Kredite.
- Die Nachfrage ist so hoch, dass die Produktion nicht mithalten kann. Dann müssen die Preise steigen, um die Nachfrage zu zügeln.
- Übermässiger Zufluss von Auslandgeldern in die Schweiz. Das ist dann der Fall, wenn die Schweiz mehr exportiert als importiert (Exportüberschuss) oder wenn viel Kapital (Geld) in die Schweiz fliesst (Kapitalbewegungen).
- Erhöhen der Umlaufgeschwindigkeit des Geldes. Je rascher das Geld in einer Volkswirtschaft umläuft, desto grösser der Geldstrom.
- Preissteigerungen im Ausland (importierte Inflation).

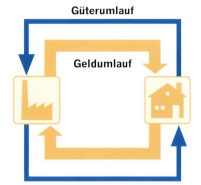

Von der Güterseite her:
Ein Ungleichgewicht kann entstehen, wenn sich der Güterstrom verkleinert, also die Produktion zurückgeht durch:
- Arbeitszeitverkürzung ohne Erhöhung der Produktivität.
- Streiks: Sie vermindern die Güterproduktion und damit den Güterstrom. Deshalb sind lange Streiks volkswirtschaftlich schädigend.
- Rasche Veränderungen eines bestimmten Preises.
- Überschwemmungen, Missernten und Kriege.

Lohn-Preis-Spirale

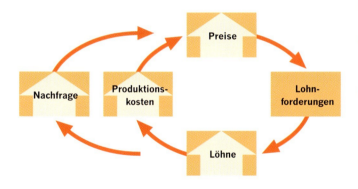

Verfügung. Preise beginnen zu sinken. Diesen Zustand bezeichnet man als Deflation. Die Wirtschaft beginnt zu stagnieren oder gar zu schrumpfen.

Deflation bezeichnet ebenfalls ein Missverhältnis zwischen Geld- und Gütermenge. In einer deflationären Wirtschaft sind «zu viele» Güter und «zu wenig» Geld vorhanden.

Folgen der Deflation
- Kaufkraft des Geldes nimmt zu. Preise sinken, Löhne stagnieren oder schrumpfen.
- Aus Angst vor der wirtschaftlichen Zukunft wird mehr gespart. Dadurch geht die Nachfrage nach Konsum- und Investitionsgütern noch mehr zurück.
- Produktion sinkt und die Arbeitslosigkeit breitet sich aus.

Sowohl Inflation wie auch Deflation wirken sich negativ auf die Wirtschaft aus. Auf Grund der starken Umverteilungswirkungen können beide zu sozialen Spannungen führen.

Stagflation
Die Stagflation ist ein wirtschaftliches Phänomen, das der Wirtschaftswissenschaft erst seit Ende der 1970er-Jahre bekannt ist. Eine Stagflation liegt dann vor, wenn das wirtschaftliche Wachstum zum Stillstand kommt (stagniert), die Arbeitslosigkeit zunimmt, aber gleichzeitig Inflation

Ursachen der Deflation

Von der Geldseite her:
- Übermässige Einkommenssteuern (es bleibt weniger für den Konsum),
- in Erwartung sinkender Preise wird vorerst gespart statt konsumiert,
- Rückgang der privaten Investitionen,
- der Staat hält mit Aufträgen zurück (weniger Kredite zur Finanzierung).

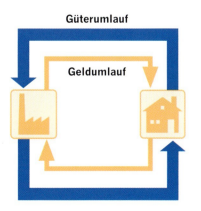

Von der Güterseite her:
- Überproduktion in volkswirtschaftlich wichtigen Branchen,
- übermässige Investitionen auf Grund falscher Marktprognosen,
- Importüberschüsse und
- Rekordernten.

herrscht. Eine Stagflation läuft wie folgt ab: Es herrscht Überproduktion, der Markt ist gesättigt. In einzelnen Branchen sinkt die Beschäftigung. Auf dem Arbeitsmarkt entsteht durch Strukturwandel und durch Rationalisierung ein Ungleichgewicht: Arbeitslosigkeit in gesättigten Märkten, Vollbeschäftigung in einzelnen Branchen. Trotz allgemein zurückgehender Nachfrage (Rezession), geht die Lohn-Preis-Spirale weiter. Einerseits werden auf Druck der Gewerkschaften die Reallöhne nicht gesenkt, und andererseits spielt der Marktpreismechanismus nicht mehr (Kartellabsprachen, Monopole, staatlich fixierte Preise).
Der Umgang mit der Stagflation ist äusserst schwierig: Bekämpft man Preissteigerungen, erhöht sich die Arbeitslosigkeit und umgekehrt.

6.5 | Wechselkurssystem

Handelsbeziehungen zwischen Volkswirtschaften mit verschiedenen Landeswährungen können nur dann funktionieren, wenn es möglich ist, ihre Währungen untereinander auszutauschen. Die Preise, zu denen die Währungen gegeneinander ausgetauscht werden, bezeichnet man als Wechselkurse.

Notenkurs:

Notenkurs	Devisenkurs
Preis der gehandelten Banknoten und Münzen	Preis der Devisen (Devisen = ausländische Zahlungsmittel wie Bankguthaben, Wechsel, Schecks etc.)

Fester Wechselkurs (Fixing)
Beim festen Wechselkurs setzt der Staat Wechselkurse fest. Diese können sich nur innerhalb einer festgesetzten engen Bandbreite bewegen. Beim Verlassen der Bandbreite wird durch die Zentralbank mit Stützungskäufen oder -verkäufen auf dem Devisenmarkt eingegriffen.

Freier Wechselkurs (Floating)
Freie oder flexible Wechselkurse bilden sich ausschliesslich auf Grund von Angebot und Nachfrage auf dem freien Devisenmarkt. Sie können sich je nach Angebot und Nachfrage täglich verändern, das heisst frei schwanken (floaten).
Der Devisenmarkt funktioniert im Prinzip gleich wie andere Märkte. Die Schweiz kennt das System der freien Wechselkurse, wobei die Nationalbank durch Käufe und Verkäufe von Devisen Spitzen ausgleicht.
Im Wechselkurs kommt der Aussenwert des Schweizer Frankens zum Ausdruck. Der Kurs ist der Preis, den wir in der Schweiz für 100 ausländische Geldeinheiten zu zahlen haben (Ausnahmen: $, £, Euro).

Abwertung
Der Aussenwert des Schweizer Frankens sinkt; z. B. schwacher Franken, beziehungsweise starker Dollar: Der Dollarkurs steigt z. B. von 1 $ = 1.20 Fr. auf 1 $ = 1.70 Fr.; für einen Dollar müssen jetzt 50 Rappen mehr bezahlt werden).

Aufwertung
Der Aussenwert des Schweizer Frankens steigt (starker Franken, beziehungsweise schwacher Dollar). Der Dollarkurs sinkt (von 1$ = 1.50 Fr. auf 1$ = 1.30 Fr.; für einen Dollar müssen jetzt 20 Rappen weniger bezahlt werden).

Kursbildung
Entscheidenden Einfluss auf den Wechselkurs haben:

Internationaler Waren- und Dienstleistungsverkehr
Werden deutlich mehr Güter aus den USA in die Schweiz importiert als umgekehrt in die USA exportiert, müssen immer mehr Schweizer Franken in US Dollar gewechselt werden (denn diese Güter müssen mit Dollars bezahlt werden). Dadurch steigt die Nachfrage nach Dollars und somit der Dollarkurs. Die Amerikaner werden ihre überschüssigen Franken auf den Devisenmärkten anbieten und dafür Dollars nachfragen. Als Folge wird der Dollar gegenüber dem Schweizer Franken teurer, der Frankenkurs sinkt.

Internationaler Kapitalverkehr
Legen viele Amerikanerinnen und Amerikaner ihr Geld zinsbringend auf Schweizer Banken an, steigt der Aussenwert des Frankens (grössere Nachfrage), der Franken wird stärker, der Dollarkurs sinkt.

Intervention der Notenbanken
Kauft die Schweizerische Nationalbank Dollars, so nimmt sie Schweizer Franken aus den Tresoren und bringt damit Schweizer Franken in Umlauf. Die Franken-Geldmenge steigt, der Wert des Frankens sinkt, der Kurs stabilisiert sich oder sinkt. Allerdings ist es einer einzelnen Notenbank angesichts des international riesigen Waren- und Kapitalverkehrs praktisch nicht mehr möglich, entscheidend den Wechselkurs zu beeinflussen.

7. | Konjunktur der Schweiz

Der Begriff «Konjunktur» bezeichnet die Wirtschaftslage einer Volkswirtschaft. Wirtschaftliches Geschehen verläuft nicht gleichmässig, sondern schwankend. In einem dynamischen Markt, wo die Kräfte von Angebot und Nachfrage dauernd spielen, herrscht bei Inflation normalerweise Voll- und bei Deflation Unterbeschäftigung. Diese Auf- und Abwärtsbewegungen nennt man Konjunkturschwankungen.

Zahlreiche wirtschaftliche Messgrössen (Konjunkturindikatoren, z. B. das reale BIP, Arbeitslosenzahlen, Preis- und Zinsentwicklung) zeigen die Lage der Wirtschaft an.

7.1 | Konjunkturzyklus

Konjunkturschwankungen haben einen wellenförmigen Charakter. Modellhaft lassen sich diese Schwankungen in Zyklen darstellen, deshalb die Bezeichnung Konjunkturzyklus. Ein Konjunkturzyklus besteht aus vier Phasen: Aufschwung, Hochkonjunktur, Abschwung und Rezession.

Die 4 Phasen des Konjunkturverlaufs

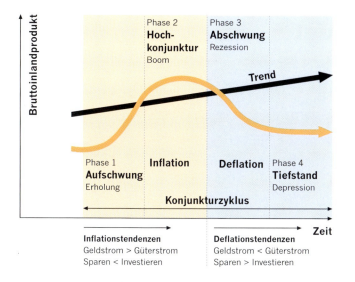

Ursachen

Es ist schwierig, Konjunkturschwankungen vorauszusagen oder ihre Ursachen anzugeben – selbst für Wirtschaftswissenschafter. Erstens: eine stark mit dem Ausland verflochtene arbeitsteilige Wirtschaft (Globalisierung) ist sehr komplex. Zweitens ist das Konsum-, Produktions- und Investitionsverhalten von Unternehmen sowie die Arbeitsplatz- und Berufswahl der Menschen wenig berechenbar.

7.2 | Konjunkturpolitik (Stabilitätspolitik)

Eine stabile Wirtschaftslage ist Voraussetzung für eine gut funktionierende Wirtschaft. Besonders wichtig sind stabile Preise, Vollbeschäftigung, angemessenes Wirtschaftswachstum und ein ausgeglichener Staatshaushalt (Einnahmen und Ausgaben des Staates). Mit der Konjunkturpolitik will der Staat Schwankungen im Wirtschaftsverlauf beseitigen oder wenigstens dämpfen. In der Hochkonjunktur versucht er, die Überhitzung der Wirtschaft zu bremsen. In der Rezession will er die Wirtschaft wieder ankurbeln. Grundlage dazu bilden in der Schweiz die Konjunkturartikel in der Bundesverfassung.

Hauptproblem der Konjunkturpolitik ist die zeitliche Verzögerung, bis ihre Massnahmen zu greifen beginnen. In der Zwischenzeit kann sich die Wirtschaftslage derart verändern, dass Massnahmen nicht mehr sinnvoll sind.

7.3 | Wirtschafts- und Konjunkturpolitik der Schweiz

Die Wirtschaftspolitik befasst sich hauptsächlich damit, welche Ziele in einer Volkswirtschaft erreicht werden sollen und auf welchem Weg diese Ziele am besten erreicht werden. Zentrale wirtschaftspolitische Ziele der Schweiz sind in einem Sechseck dargestellt *(vgl. nächste Seite)*. Dabei will der Staat möglichst alle Ziele so gut wie möglich verwirklichen.

Instrumente der Wirtschaftspolitik

Dem Staat stehen verschiedene Instrumente zur Verfügung. Er kann so in verschiedenen Bereichen aktiv ins Wirtschaftsgeschehen eingreifen.

Ordnungspolitik:
Sie befasst sich mit allen Fragen der Wirtschaftsordnung.

Beispiele:

- Im Eigentums- und Privatrecht kann der Staat die wirtschaftliche Tätigkeit steuern (zum Beispiel im OR: Vertragsrecht, Arbeitsrecht, Unternehmensformen, betriebliche Auflagen usw.).
- Einkommenspolitische Massnahmen: Mit der Steuerpolitik (Steuererhöhungen oder Steuersenkungen) nimmt er Einfluss auf die Standortwahl von Unternehmen (günstiger Steuerfuss bedeutet mehr Gewinn für den Betrieb). Das Festlegen der Steuersätze nach sozialen Kriterien geschieht mit der Verteilungspolitik (soziale Gerechtigkeit): Wirtschaftliche Sicherheit des Einzelnen und gesellschaftspolitische Stabilität werden erhöht, indem

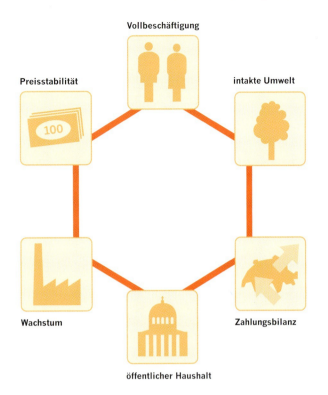

ein gewisser materieller Ausgleich zwischen reichen und armen Bevölkerungsschichten gewährleistet wird.
- Mit sozialpolitischen Massnahmen (Sozialversicherungen) schützt der Staat die sozial Schwächeren, verteilt von oben nach unten um und bietet Schutz in Notlagen.
- In der Aussenwirtschaftspolitik stellt die Schweiz, die auf den Export angewiesen ist, notwendige Weichen: Internationale Handelsabkommen (bilaterale Abkommen), Mitgliedschaften in Weltwirtschaftsorganisationen (WTO, Weltbank usw.) sind wichtig. Es geht dabei auch um die Zollpolitik (Zollerhöhungen oder -senkungen) des Staates.
- Die Konjunkturpolitik hat die Beseitigung von Konjunkturschwankungen und die Beeinflussung des Wachstums zum Ziel.

Staat und Nationalbank können die Wirtschaftslage beeinflussen: Hauptsächlich geht es dabei darum, aus der Rezession herauszukommen und die Arbeitslosigkeit zu vermindern.

Strukturpolitik:
Sie beschäftigt sich mit der Zusammensetzung einer Volkswirtschaft: der Branchenstruktur (Sektoren), der Förderung wirtschaftlich schwacher Regionen und der Erwerbsstruktur (Arbeitskräfte) der Wirtschaft.

Beispiele:
- *Sektoriell:* Welche Sektoren sollen gestützt werden?
  Mit sektoraler Strukturpolitik kann der Staat einzelne Unternehmen oder ganze Branchen mit Steuererleichterungen, Subventionen (z. B. Direktzahlungen an die Landwirtschaft) usw. unterstützen.
- *Regional:* Welche Regionen benötigen staatliche Unterstützung, damit ein Ausgleich zwischen wirtschaftlich schwächeren und stärkeren Regionen stattfindet?
  Mit regionaler Strukturpolitik fördert der Staat die Infrastruktur und das Ansiedeln von Unternehmen in strukturschwachen Regionen. Er tut dies z. B. mittels Bauvorschriften (Raumplanung, Zonenordnung) und durch den Finanzierungsausgleich zwischen den Kantonen.
- *Bildungs- und Forschungspolitik:* Welches Ausbildungsniveau (Erwerbsstruktur) und welche Forschungs- und Entwicklungsprojekte sind anzustreben?
  Gut ausgebildete Arbeitskräfte sind eine wichtige Voraussetzung für eine funktionierende Wirtschaft. Bildung und Forschung sind eine wichtige Investition in die wirtschaftliche Zukunft. Der Staat kann durch die Gesetzgebung Bildung fördern, Entwicklungsprojekte finanzieren oder Forschungsprojekte in Auftrag geben.

Struktur- und Regionalpolitik: Soll Landwirtschaft weiterhin mit hohen Subventionen unterstützt werden?

8. | Weltwirtschaft

Die Weltwirtschaft ist von immer grösserer Bedeutung. Staaten kaufen Güter und Dienstleistungen im Ausland ein und führen Güter und Dienstleistungen ins Ausland aus. Viele Produkte unseres täglichen Konsums werden nicht in der Schweiz produziert.

8.1 | Globalisierung

Durch die Globalisierung werden immer mehr Lebensbereiche (Wirtschaft, Kultur, Forschung, Kommunikation, Politik, Ökologie) von weltweiten Abhängigkeiten geprägt. Besonders augenfällig ist die Globalisierung für folgende Lebensbereiche:

▸ *Wirtschaft:* Zunahme des Welthandels, des Kapitalverkehrs und von multinationalen grossen Unternehmen (Übernahmen und Fusionen).
▸ *Technologie:* weltweite Datennetze (Internet) und Satellitenkommunikation.
▸ *Ökologie:* Die Zerstörung der Umwelt ist nicht mehr lokal begrenzt (Ozon, künstlicher Treibhauseffekt, Ressourcenverschleiss).

Im Widerspruch zur Globalisierung steht, dass sich Staaten immer noch an der Vorstellung von nationaler Unabhängigkeit orientieren. Staaten können nicht über Sachverhalte entscheiden, die jenseits ihrer Staatsgrenze ablaufen.
Die Globalisierung verändert vieles, was bisher sicher war: Einzelne Wirtschaftsbranchen (z. B. Landwirtschaft oder Textilindustrie) geraten plötzlich in eine Krise, Arbeitsplätze gehen verloren oder werden nach Osteuropa oder in den Fernen Osten verlegt, Löhne werden herabgesetzt oder Preise sinken. Dennoch haben Staaten in der Innenpolitik immer noch einen grossen Gestaltungsraum. Für weltumspannende Probleme allerdings sind internationale Vereinbarungen nötig *(vgl. Kapitel «Globalisierung», S. 139 ff.)*.

8.2 | Welthandel

Der internationale Handel hat in den letzten Jahren rasant zugenommen. Der Abbau von Handelsschranken (Abbau von Zollschranken, Fördern des freien Güter-, Personen- und Kapitalverkehrs, schnelle und billige Transportmöglichkeiten, internationaler Markt (Internet) usw.) führte zur Liberalisierung des Welthandels. Dadurch konnte der Wohlstand in den betreffenden Ländern stark gesteigert werden. Der Welthandel mit Gütern wächst deutlich schneller als die weltweite Produktion von Gütern. So ist 1995 die Weltproduktion um 3,5 Prozent gestiegen, der internationale Handel aber um 8 Prozent. Parallel zum «globalen Supermarkt» hat sich ein weltumspannender Finanzmarkt entwickelt: Rund um die Uhr und um die Welt werden Kredite vergeben, Devisen und Aktien gekauft und verkauft. Gefördert wird der Welthandel durch Organisationen wie die WTO, die OECD, die Weltbank und durch Wirtschaftsgemeinschaften.

International gehandelt wird, wenn die Bedingungen für die Produktion in einem Land geeigneter sind und die Kosten dazu tiefer liegen als in anderen Ländern (Export und Import von Gütern). Gründe dafür sind z. B. geografische oder geologische Gegebenheiten, tiefere Produktionskosten (billige Arbeitskräfte), viel Kapital und eine gute Infrastruktur (Banken, Versicherungen, Transporte), gut ausgebildete Arbeitskräfte (Schulen, Know-how) usw.

Welthandel führt zur internationalen Arbeitsteilung: Jedes Land konzentriert sich auf bestimmte Wirtschaftszweige. Die Schweiz hat sich zum Beispiel auf die Bereiche Chemie, Maschinenbau, Präzisionsinstrumente, Banken- und Versicherungswesen spezialisiert. Grosse Bedeutung haben dabei auch multinationale Unternehmen oder Gemeinschaftsunternehmen wie Joint Ventures. An einem Joint Venture sind in- und ausländische Unternehmen beteiligt, die sich für ein besonderes Projekt zusammentun und sich ergänzen (Technologie, Know-how, Arbeitskräfte, Rohstoffe). Ihre Vorteile: grössere Wettbewerbsfähigkeit und Ausweitung von Marktanteilen und Gewinn.

Der weltumspannende Handel hat nicht nur Vorteile. Dort zu produzieren, wo es am billigsten ist, führt zu ökologisch unsinnigen Transporten um die Welt *(vgl. Kapitel «Ökologie», S. 113 ff)*. Auch wenn der Wohlstand durch den Welthandel gesamthaft zunimmt, profitieren nicht alle vom Welthandel. Unterschiede zwischen Arm und Reich werden grösser.

8.3 | Wirtschaftliche Integrationsmodelle

Wirtschaftliche Integration bedeutet enge Zusammenarbeit verschiedener Staaten. Ziel: einen gemeinsamen und einheitlichen Markt schaffen und den internationalen Freihandel verwirklichen, um damit einen Wohlstandsgewinn zu erreichen. Dabei gibt es verschiedene Integrationsformen:

8.4 | Weltwirtschaftsräume

In den letzten Jahren haben sich drei einflussreiche Weltwirtschaftsräume gebildet:

USA/Nordamerika
Zusammengeschlossen in der NAFTA (North American Free Trade Association) sind die USA, Kanada und Mexiko.
▸ 370 Millionen Konsumentinnen und Konsumenten
▸ Binnenhandel von 370 Milliarden US-Dollar

Europa
EU (Europäische Union) inklusive europäischer Wirtschaftsraum (EWR).
▸ 500 Millionen Konsumentinnen und Konsumenten
▸ Binnenhandel ca. 1300 Milliarden US-Dollar

Asien
Japan mit den südostasiatischen Schwellenländern, namentlich den ASEAN-Staaten (Association of Southeast Asian Nations). Viele dieser Länder werden als «Tigerstaaten» bezeichnet.
▸ 500 Millionen Konsumentinnen und Konsumenten
▸ Binnenhandel von 394 Milliarden US-Dollar

Diese drei Blöcke machen zusammen nur 21 Prozent der Weltbevölkerung aus, decken aber 68 Prozent des Welthandels ab. Die dazugehörigen Länder zählen zu den reichen oder aufstrebenden Industrienationen. Sie prägen auch das WTO-System und setzen ihre weltwirtschaftlichen Spielregeln durch. Diese fördern das Wachstum der multinationalen Konzerne.

8.5 | Internationale Wirtschaftsorganisationen

Internationale Wirtschaftsorganisationen fassen mehrere Staaten zusammen. Ihr Ziel ist die Förderung der wirtschaftlichen Zusammenarbeit.

8.5.1 | WTO: Welthandelsorganisation (World Trade Organization)

Die Welthandelsorganisation ist aus dem 1947 gegründeten GATT (General Agreement on Tariffs and Trade) hervorgegangen. Sie besteht aus über 130 Mitgliedstaaten und hat ihren Sitz in Genf. Die Schweiz trat 1966 dem GATT und 1995 der WTO bei. Das Ziel ist der freie, grenzüberschreitende Verkehr von Gütern und Dienstleistungen, das heisst Abbau und Beseitigung von Handelsschranken (Zölle, Einfuhr- und Ausfuhrkontingente sowie Regelungen in den Bereichen Landwirtschaft, Dienstleistungswelthandel und Patentschutz). Seit 1948 gab es acht Zollsenkungen.

Organe der WTO

Ministerkonferenz
Vertreter: Minister der Mitgliedsländer; sie treffen Entscheidungen und fällen wichtige Beschlüsse.

Allgemeiner Rat
Vertreter: Delegierte der einzelnen Staaten; jeder Staat hat eine Stimme. Der Rat ist fürs Überprüfen der Handelspolitik und das Einhalten der neuen Welthandelsordnung durch die Mitgliedstaaten verantwortlich und ist Streitschlichtungsorgan. Vorsitzender ist der Generaldirektor. Er sorgt für die Umsetzung der von der Ministerkonferenz und dem allgemeinen Rat gefällten Beschlüsse. Er wird von der Ministerkonferenz gewählt.

Die Teilnehmenden am G-8-Weltwirtschaftsgipfel im Jahr 2006.

8.5.2 | OECD: Organisation für wirtschaftliche Zusammenarbeit und Entwicklung (Organization for Economic Cooperation and Development)

Die 1949 gegründete und 1960 in die heutige OECD umgewandelte Organisation will die Wirtschaftspolitik der Mitgliedstaaten koordinieren und deren Entwicklungshilfe fördern. Die OECD ist im Wesentlichen eine Organisation der westlichen Industrieländer. Sie umfasst alle westeuropäischen Länder – einschliesslich Schweiz, Türkei und Tschechien sowie USA, Kanada, Mexiko, Japan, Südkorea, Australien und Neuseeland. Ihr Sitz ist in Paris. Sie ist hauptsächlich in den Gebieten Wirtschafts- und Beschäftigungspolitik, Energie, Bildung und Forschung sowie in der internationalen Entwicklungszusammenarbeit tätig.

8.5.3 | BIZ: Bank für Internationalen Zahlungsausgleich

Die BIZ ist die «Bank der Zentralbanken» und umfasst praktisch alle Notenbanken der europäischen Staaten sowie jene der USA, Kanadas, Japans, Australiens und Südafrikas (insgesamt 32 Notenbanken). Ihr Hauptsitz ist in Basel. Die BIZ gewährt Finanzhilfen an die Zentralbanken und überwacht diverse internationale Finanzabkommen.

8.5.4 | Weltbankgruppe

Die Weltbankgruppe ist eine Sonderorganisation der UNO mit Sitz in Washington. Oberstes Ziel ist die Bekämpfung der Armut. Die Weltbank spielt eine zentrale Rolle bei der Finanzierung und Koordination der Entwicklungshilfe.

8.5.5 | IWF: Internationaler Währungsfonds

Der IWF ist eine Sonderorganisation der UNO mit Sitz in Washington. Er fördert die internationale Währungskooperation, indem er Mitgliedern mit vorübergehenden Zahlungsbilanzschwierigkeiten Kredite gewährt. Die Kreditvergabe wird jeweils an die Bedingung geknüpft, dass der Empfängerstaat seinen öffentlichen Haushalt auszugleichen hat.

8.5.6 | G-7/G-8: Weltwirtschaftsgipfel

Das erste Weltwirtschaftsspitzentreffen wurde 1975 abgehalten und findet seither jedes Jahr statt. Mitglieder sind die Regierungschefs der sieben bedeutendsten Industriestaaten (USA, Kanada, Japan, Grossbritannien, Deutschland, Frankreich, Italien) sowie seit 1993 auch Russland (G-8) als gleichwertiger Partner. Auch der Präsident der EU-Kommission ist jeweils zu den Gesprächen eingeladen.

Anhang

Glossar	266
Stichwortverzeichnis	293
Literaturverzeichnis	299
Bildnachweis	300

Glossar

ABC-Waffen
Sammelbegriff für Massenvernichtungswaffen: atomare, biologische, chemische Waffen.

Abschreibung
Berücksichtigt bei der Wertangabe von Kapitalgütern (Gebäude, Werkzeuge, Maschinen, Fahrzeuge usw.) die Wertverminderung durch technische, altersbedingte oder betriebswirtschaftliche Abnützung. Pro Jahr wird ein bestimmter Prozentsatz abgeschrieben = Abschreibungssatz. Er hängt ab von der Lebensdauer des jeweiligen Kapitalgutes.

Absolutismus
Uneingeschränkte Herrschaft. Bezeichnung für die Regierungsform, in der alle drei Staatsgewalten in den Händen eines einzigen Königs oder einer Königin liegen. Weite Verbreitung fand der Absolutismus in Europa im 17. und 18. Jahrhundert. Beispiel: Louis XIV in Frankreich.

Abwertung
Massnahme der ▶ *Nationalbank* innerhalb der ▶ *Währungspolitik,* indem sie den Aussenwert des Frankens gegenüber anderen Währungen herabsetzt. Durch diese Massnahme wird der Wechselkurs zwischen dem Franken (CHF) und ausländischen Währungen verändert.

Abzahlungsvertrag
Verkäufer/in verpflichtet sich, dem/der Käufer/in eine bewegliche Sache vor der Zahlung des Kaufpreises zu übergeben. Käufer/in verpflichtet sich, den Kaufpreis in mehreren Teilleistungen zu erbringen (vgl. Artikel 226a des Obligationenrechts). Der Abzahlungsvertrag stellt eine besondere Form des ▶ *Kreditkaufs* dar. Ein Abzahlungsvertrag muss schriftlich abgeschlossen werden. Die Käuferin hat das Recht, innert fünf Tagen nach Erhalt eines beidseitig unterzeichneten Vertragsdoppels durch Verzichtserklärung vom Vertrag zurückzutreten.

Adoption
Umschreibung: Ein Kind, das nicht bei seinen leiblichen Eltern aufwächst und von einem fremden Ehepaar aufgenommen und grossgezogen wird. Eine Adoption kann nicht rückgängig gemacht werden.

Agglomeration
Anhäufung, Einzugsgebiet rund um ein städtisches Zentrum.

agrar
Die Landwirtschaft betreffend.

Agrarmarkt
Landwirtschaftsmarkt (Milch, Fleisch, Käse, Getreide usw.)

Agrarpolitik
Land- und Forstwirtschaftspolitik

AHV
Die Alters- und Hinterlassenenversicherung ist eine allgemeine, staatliche Volksversicherung gegen die wirtschaftlichen Nachteile des Alters und des Todes. Sie ist seit 1948 in Kraft. Sie bildet gemeinsam mit der Invalidenversicherung (IV) die «Erste Säule» der Vorsorge und soll die ▶ *Grundbedürfnisse* (das ▶ *Existenzminimum*) der Versicherten angemessen decken. Versichert sind alle in der Schweiz wohnenden oder arbeitenden Personen sowie Schweizer Bürger und Bürgerinnen, die im Ausland im Dienst der Eidgenossenschaft oder vom Bundesrat bezeichneter Institutionen tätig sind. Auch Nichterwerbstätige sind ab 1. Januar nach Vollendung des 20. Altersjahr beitragspflichtig. Mit Erreichen des Rentenalters entsteht der Anspruch auf eine Altersrente. Rentenberechtigte Personen erhalten je nach Beitragsdauer entweder eine Voll- oder eine Teilrente. Die AHV ist eine ▶ *Sozialversicherung* und funktioniert nach dem ▶ *Versicherungsprinzip.*

Aktie
Wertpapier. Mit dem Besitz einer Aktie ist der Inhaber oder die Inhaberin anteilsmässig am Grundkapital einer Aktiengesellschaft (AG) beteiligt. Sie lautet auf einen bestimmten Geldbetrag (▶ *Nennwert*). Aktien werden an der Börse gehandelt ▶ *Aktionärin.*

Aktionärin
Person, welche eine ▶ *Aktie* (Wertpapier) einer Aktiengesellschaft (AG) besitzt und somit Teilhabende des betreffenden Unternehmens ist. Durch den Besitz einer Aktie hat der Aktionär/die Aktionärin eine gewisse Mitbestimmung bei der Unternehmensstrategie (Teilnahme an der Generalversammlung mit Stimmrecht).

Allgemeinverbindlichkeitserklärung (AVE)
▶ *Gesamtarbeitsvertrag (GAV)*

Allianz
Bündnis, Vereinigung

alternativ
Wahlweise, Wahl zwischen zwei Möglichkeiten. Das Wort wird auch gebraucht, wenn eine Person z.B. eine andere Lebensweise oder Sportart wählt als üblich. Beispiele: Leben in einem Wohnwagen, Eisklettern usw.

Alternativenergie
Sammelbegriff für nicht herkömmliche Energieformen, z.B. Biogas, Wind, Sonne.

Amortisation
Deckung der Investitionskosten für ein Investitionsgut (Maschinen, Fabrikhallen usw.) durch den aus dem Investitionsgut erwirtschafteten Ertrag. Amortisation bezeichnet auch die Rückzahlung einer langfristigen Schuld.

Ämterkumulation
Ansammlung, Anhäufung von mehreren Ämtern.

Anarchie
Aus dem Griechischen für Herrschaftslosigkeit, Gesetzlosigkeit. Wenn in einem Staat von Anarchie gesprochen wird, herrscht ein Chaos in rechtlicher, politischer, wirtschaftlicher und gesellschaftlicher Hinsicht. Das öffentliche Leben im Staat funktioniert nicht mehr.

Angebot
Bezeichnung für alle Waren und Dienstleistungen, welche im Wirtschaftskreislauf von

den Anbietenden (Produzierenden) auf dem ▶ *Markt* zum Verkauf angeboten werden.

Antibiotika
Medikamente zur Bekämpfung von Bakterien.

Antisemitismus
Feindliche Gesinnung gegenüber Juden; oft durch Mythen, Ideologien (▶ *Nationalsozialismus*), Religionen etc. begründet. Antisemitismus äussert sich in der Diskriminierung von Juden in rechtlichen, politischen und gesellschaftlichen Belangen und führte durch die Nationalsozialisten (▶ *Holocaust*) schliesslich zum ▶ *Genozid*.

antizyklische Massnahmen
Dem ▶ *Zyklus* entgegenwirkende Massnahmen. Gesamtheit aller Massnahmen, welche der Staat im Rahmen seiner ▶ *Konjunkturpolitik* ergreift, um grosse Konjunkturschwankungen im ▶ *Konjunkturzyklus* abzuschwächen. Dabei beeinflusst der Staat die Nachfrage nach Gütern und Dienstleistungen und somit den gesamten Konjunkturverlauf durch Festlegen der öffentlichen Einnahmen und Ausgaben ▶ *Fiskalpolitik*.

Apartheid
Politik der Trennung von Schwarzen und Weissen in Südafrika von 1948–1994.

Arbeit auf Abruf
Arbeitszeitmodell. Je nach Eingangsvolumen der Aufträge hat der Arbeitnehmer/die Arbeitnehmerin ein mehr oder weniger grosses Arbeitspensum zu leisten. Demzufolge sind auch die Lohnzahlungen verschieden hoch.

Arbeitsgesetz (ArG)
Bundesgesetz über die Arbeit in Industrie, Gewerbe und Handel. Das ArG enthält Vorschriften des ▶ *öffentlichen Rechts* über den Schutz der Arbeitnehmerinnen und Arbeitnehmer. Geregelt werden insbesondere Gesundheitsvorsorge und Unfallverhütung, die Arbeits- und Ruhezeit sowie der Schutz der jugendlichen und weiblichen Arbeitnehmenden.

Arbeitskosten
Sie beinhalten den durchschnittlichen Stundenlohn eines Arbeitnehmers/einer Arbeitnehmerin sowie alle Lohnnebenkosten wie Ferienentschädigung, Spesen, Sozialleistungen und Sozialabgaben.

Arbeitslosenversicherung (ALV)
Jeder Arbeitnehmer/jede Arbeitnehmerin ist obligatorisch bei der Arbeitslosenversicherung gegen die wirtschaftlichen Folgen von Arbeitslosigkeit, Kurzarbeit und Schlechtwetter versichert. Die Arbeitslosenversicherung wird durch Prämien finanziert, die je zur Hälfte vom Arbeitgeber und vom Arbeitnehmer zu tragen sind. Sie funktioniert also nach dem ▶ *Versicherungsprinzip*.

Arbeitslosigkeit
Arbeitswillige Personen im arbeitsfähigen Alter finden aus verschiedenen Gründen keine Arbeit, welche ihnen ein Einkommen garantiert.

Arbeitsmarkt
Bezeichnung für den (nur theoretisch vorhandenen) Ort, wo sich Anbietende von Arbeitsstellen und Stellensuchende treffen. ▶ *Markt*

Arbeitsproduktivität
▶ *Produktivität*

Arbeitsvertrag
▶ *Einzelarbeitsverträgen*, ▶ *Lehrverträge*, Handelsreisendenverträge, Heimarbeitsverträge, ▶ *Gesamt-* und ▶ *Normalarbeitsverträge*. Diese Vertragsverhältnisse sind Bestandteil des ▶ *Privatrechts*. Sie sind mit zwingenden Vorschriften versehen. Die Freiheit der Vertragsgestaltung wird auch durch zwingende öffentlich-rechtliche Vorschriften wie ▶ *Arbeitsgesetz* und ▶ *Berufsbildungsgesetz* eingeschränkt. Geregelt ist das Arbeitsvertragsrecht in den Artikeln 319 bis 362 des Obligationenrechts.

Arbeitszeugnis
Der Arbeitnehmer/die Arbeitnehmerin darf jederzeit ein Zeugnis verlangen, das sich über die Art und Dauer des Arbeitsverhältnisses sowie über die Leistungen und das Verhalten ausspricht. Angestellte dürfen auch während des Arbeitsverhältnisses um ein Zeugnis bitten (Zwischenzeugnis) und haben nicht erst bei Beendigung des Arbeitsverhältnisses Anspruch darauf. Auf besonderes Verlangen des Arbeitnehmers/der Arbeitnehmerin darf der Arbeitgeber/die Arbeitgeberin im Arbeitszeugnis nur die Art und Dauer des Arbeitsverhältnisses bestätigen. Dies nennt man Arbeitsbestätigung. Auch die Lernende hat nach Beendigung der Lehre Anspruch auf ein Zeugnis. Dieses heisst Lehrzeugnis und ist in der Regel wie eine Arbeitsbestätigung ausgestaltet.

Aristokrat
Mensch mit vornehmer, zurückhaltender Lebensart, welcher z. B. durch Abstammung oder Besitztum privilegiert ist. ▶ *Aristokratie*

Aristokratie
Staatsform, in welcher die Staatsgewalten in den Händen einer Gruppe bevorzugter Menschen (z. B. durch Geburt, Besitz), den so genannten ▶ *Aristokraten*, liegen.

Armut
Bezeichnet in erster Linie den Mangel an Geld. Der Begriff umfasst weitere Teilbereiche, z. B. ständige oder vorübergehende Situation der Schwäche, Abhängigkeit oder Erniedrigung, persönliche Situation der Ohnmacht und gesellschaftliche Verachtung. Armut beinhaltet aber auch das Fehlen von Einfluss, Macht, körperlicher Kraft, geistigen Fähigkeiten oder persönlicher Freiheit.

Artenvielfalt
Bezeichnet die Vielfalt von Pflanzen und Tierarten auf der Welt. Die Artenvielfalt ist heute weltweit bedroht. Zur Zeit sind ca. 1,3 Mio. Tier- und 0,4 Mio. Pflanzenarten wissenschaftlich beschrieben. Vermutlich sind jedoch noch unzählige Arten nicht entdeckt (v. a. mehrere Millionen Insekten der Tropen). Gegenwärtig werden täglich rund 50 Arten ausgerottet, hauptsächlich weil der Mensch immer mehr ▶ *Lebensräume* zerstört.

assoziiert
Vereinigt, zusammengeschlossen; z. B. im Sinn von Staatsverträgen zur Verwirklichung gemeinsamer Interessen.

Asyl
Unterkunft, Aufnahme und Schutz von Menschen, welche aus ihrer Heimat geflüchtet sind (Gründe: Krieg, politische Verfolgung, Hunger, ▶ *Armut*, ▶ *Arbeitslosigkeit*, Umweltkatastrophen usw.).

Asylbewerber
Ausländische Personen, die in der Schweiz ▶ *Asyl* ersuchen und auf einen Entscheid der Bundesbehörden warten.

Asylgesuch
Bitte einer ausländischen Person um Aufnahme in der Schweiz. Sie kann mündlich oder schriftlich erfolgen.

Atmosphärenwechsel
Bewusster Wechsel von einer Tätigkeit oder Lebenssituation zu einer anderen, z. B. von der Hausarbeit zur Berufsarbeit weiter zur Freizeit.

Attestlehre
2-jährige Grundbildung, die mit eidgenössischem Berufsattest (EBA) abschliesst.

Aufklärung
Philosophische Bewegung des 18. Jahrhunderts vor allem in Frankreich, England und Deutschland. Ziel war es, den Menschen

aus religiöser oder fürstlicher Herrschaft zu lösen. Als wichtigste Grundlage der Aufklärung gilt die Vernunft des einzelnen Menschen.

Aufwand
Mitteleinsatz

Ausländer
Menschen, die in einem Land leben, dessen Staatsbürgerschaft sie nicht besitzen.

Autarkie
(Wirtschaftliche) Unabhängigkeit

Autokratie
Regierungsform, bei welcher alle Staatsgewalten bei einem Einzelnen (z. B. Monarch, Diktator) liegen, welcher den Staat selbstherrlich regiert.

Automatisierung
Bestreben, möglichst viele Arbeitsvorgänge durch Maschinen automatisch verrichten zu lassen, um damit die menschliche Arbeitskraft zu entlasten und die Arbeitseffizienz zu erhöhen.

Autonomie
Selbstständigkeit, Unabhängigkeit. Selbstbestimmung eines Einzelnen oder einer Gemeinschaft, z. B. von Staaten oder Teilstaaten (Kantone, Gemeinden in der Schweiz). Ein Staat ist autonom, wenn er das Recht hat, selbstständig Gesetze aufzustellen, diese durchzusetzen und sich selber zu verwalten.

B to B
Englisch: «business to business», Deutsch: «Geschäft zu Geschäft». Damit wird eine neue Marktform im Internet bezeichnet, wobei Grossfirmen als Anbieter oder Nachfrager mit Waren oder Dienstleistungen handeln. Bei dieser Art von ▶ *Markt* werden durch grosse Warenmengen die Kosten für die Nachfrager gesenkt. Beispiel: Eine Firma bietet Autopneus verschiedenen Autoherstellern an.

B to C
Englisch: «Business to Consumer», Deutsch: «Geschäft zu Konsument». Geschäfte, die – vor allem im Internet – von Firmen direkt mit privaten Einzelkunden betrieben werden (z. B. Verkauf von einzelnen Büchern über das Internet).

Bankgeheimnis
Bestimmung im Schweizerischen Gesetz, wonach Schweizer Banken auf Wunsch ihrer Kunden und Kundinnen zur Geheimhaltung aller relevanten Informationen über sie verpflichtet sind.

Barkauf
Vertragsabschluss und Vertragserfüllung erfolgen gleichzeitig. Die Ware/Sache wird ausgehändigt und der Kaufpreis wird sofort bezahlt («Zug um Zug»).

BBT
Bundesamt für Berufsbildung und Technologie

BBW
Bundesamt für Bildung und Wissenschaft

Bedarfsprinzip (Bedürfnisprinzip)
Prinzip, wonach z. B. Leistungen des Staates sich nach den (existenziellen) Bedürfnissen des Menschen orientieren, unabhängig von erbrachten Leistungen der Bedürftigen.

Bedürfnis
Empfinden eines Mangels, verbunden mit dem Willen, diesen Mangel zu beheben.

Befugnis
Berechtigung

Behörde
Amt, auch im Sinn von Element des Staatsaufbaus (z. B. Gemeinde).

Berufliche Vorsorge
Pensionskasse, Versicherung für die Altersvorsorge und gegen die Risiken von Invalidität und vorzeitigem Tod. Soll zusammen mit der Alters- und Hinterlassenenversicherung (▶ *AHV*) und der Invalidenversicherung (IV) die Fortsetzung der gewohnten Lebenshaltung in angemessener Weise sichern. Bildet neben der «Ersten Säule» (AHV, IV) die «Zweite Säule» der Vorsorge.

Berufsbildner
Lehrmeister werden nach neuem Berufsbildungsgesetz Berufsbildner genannt.

Berufsbildung
Eidgenössisch geregelt. In der ▶ *Bundesverfassung* (BV Art. 63) findet sich der Grundsatzartikel. Das BBG (▶ *Berufsbildungsgesetz*) ist die wichtigste gesetzliche Grundlage der Berufsbildung. Daneben gibt es Bestimmungen im Obligationenrecht (OR 344–346) und in der Arbeitsschutzgesetzgebung (▶ *Arbeitsgesetz ArG*). Gemäss BBG haben die Kantone (Amt für Berufsbildung/Mittelschul- und Berufsbildungsamt) die berufliche Ausbildung zu überwachen, die Lehrverträge zu kontrollieren und zu genehmigen. Darüber hinaus sind sie für viele weitere Vollzugsentscheidungen zuständig.

Berufsbildungsgesetz
BBG; regelt die berufliche Grund- und Weiterbildung in den Berufen der Industrie, des Handwerks, des Handels, des Bank-, Versicherungs-, Transport- und Gastgewerbes sowie der Landwirtschaft, Gesundheit, Kunst und dem Sozialbereich. Grundgedanke ist lebenslanges Lernen. Anstelle der Anlehre wurde neu die 2-jährige Grundbildung mit eidgenössischem Berufsattest (▶ *Attestlehre*) eingeführt.

Berufsmaturität (BM)
Als Schnittstelle zwischen Berufslehre und ▶ *Fachhochschule* geschaffen. Vermittelt wird eine vertiefte Allgemeinbildung. Unterschieden werden eine technische, gewerbliche, kaufmännische, landwirtschaftliche, gesundheitlich-soziale und eine gestalterische Berufsmatura. Der BM-Abschluss ermöglicht den Eintritt in eine ▶ *Fachhochschule*.

Betreibung
Kommt ein Schuldner seinen Verpflichtungen nicht nach, hat der Gläubiger die Möglichkeit, mit Hilfe des Betreibungsamtes sein Recht durchzusetzen. Das heisst, er lässt seine Geldforderung zwangsweise eintreiben. Ein Erfolg wird aber nicht garantiert.

Betreibungsbegehren
Gläubiger/in verlangt vom Betreibungsamt, die ▶ *Betreibung* der Schuldnerin in Gang zu setzen. Wird schriftlich oder mündlich an das Betreibungsamt gerichtet. Die Gläubigerin hat einen Kostenvorschuss zu leisten. Auf jedem Betreibungsamt sind vorgedruckte Formulare für das Betreibungsbegehren erhältlich.

Bilanz
Gibt Aufschluss über die finanzielle Lage eines Unternehmens zu einem festgelegten Datum. Dabei werden die Vermögenswerte (Aktiven) den Schulden (Passiven) gegenübergestellt und das Reinvermögen berechnet.

bilateral
Lateinisch: Zweiseitig. In der Politik versteht man darunter eine Beziehung (Abkommen, Verträge usw.) zwischen zwei Staaten oder zwischen einem Staat und einer internationalen Organisation (Beispiel: Bilaterale Abkommen Schweiz – EU).

bilaterale Aussenpolitik
(Zweiseitige) Beziehungen zwischen zwei Staaten oder einem Staat und einer internationalen Organisation (z. B. Schweiz – EU).

Bildungsverordnung
Neuer Begriff für Ausbildungs- und Prüfungsreglement

Binnenhandel
Handel (Import und Export) von Gütern und Dienstleistungen innerhalb eines Landes bzw. einer Region.

Binnenmarkt
▸ *Markt* innerhalb der Grenzen eines Staates bzw. einer Volkswirtschaft.

biologischer Landbau
Naturschonende und auf Nachhaltigkeit bedachte Produktionsart bei landwirtschaftlichen Erzeugnissen. Es werden z. B. keine künstlichen Düngemittel verwendet. ▸ *Integrierte Produktion (IP).*

Bio/Biologische Produktion/ Biologischer Landbau
Form der Landwirtschaft, die möglichst naturnah erfolgt. Für die Produktion von biologischen Erzeugnissen gelten folgende Grundsätze:
– Natürliche Kreisläufe und Prozesse werden berücksichtigt.
– Chemisch-synthetische Hilfsstoffe werden vermieden.
– Verzicht gentechnisch veränderten Organismen.
– Erzeugnisse werden nicht radioaktiv behandelt.

bipolar
Zweipolig, gegensätzlich

Blockzeiten
Schulen definieren klare Unterrichtszeiten (z. B. 8.00 Uhr bis 12.00 Uhr und 13.30 bis 16.30). Damit wird Eltern, gesetzlichen Vertretern usw. ermöglicht, einer Arbeit nachzugehen. Blockzeiten sind oft in Verbindung mit ▸ *Tagesschulen,* Mittagsverpflegung in der Schule, Aufgabenhilfe u. a.

Bonus-Malus-System
«Bonus» (lat.: «Belohnung»), «Malus» (lat.: «Bestrafung»). System, um die Einhaltung gewisser Bestimmungen zu belohnen, und Verstösse dagegen zu bestrafen. Im wirtschaftlichen Sinn soll mit solchen Systemen beispielsweise der Verbrauch eines bestimmten Rohstoffes gesenkt werden: Wer Solarzellen zum Heizen auf sein Haus montiert, bekommt dafür Geld vom Staat («Bonus»), wer mit Erdöl heizt, muss Steuern bezahlen («Malus»).

Boom
Umschreibt einen starken, schnellen Konjunkturaufschwung; meint auch starkes Wachstum von einzelnen Wirtschaftszweigen (z. B. Boom in der Internetbranche).

Börse
Stammt aus dem Niederländischen und bezeichnet das Haus einer Familie van der Bourse, den Ort der ersten «Börse». Heute ist mit dem Begriff ein Ort gemeint, an dem Wertpapiere auf verschiedene Dienstleistungen oder Waren gehandelt werden können: Aktien von Firmen, Kaufverträge für Rohstoffe (Erdöl, Stahl) oder Bezugsrechte für Finanzwerte (Geld/Devisen, diverse Wertpapiere).

Botschaft
In der Staatsverwaltung wird damit der Vorschlag der Regierung an das Parlament oder von einer Parlamentskammer an die andere für ein neues Gesetz (auch «Vorlage») bezeichnet.

Boykott
Wirtschaftliche, politische oder soziale Ächtung

Bretton Woods
Ort an der US-amerikanischen Ostküste, in dem die erste internationale Konferenz zur Regelung der weltweiten ▸ *Finanzmärkte* stattfand. 1944 wurden hier der ▸ *Internationale Währungsfonds (IWF)* und die ▸ *Weltbank* gegründet.

Bruttoinlandprodukt (BIP)
Entspricht dem Wert aller Güter und Dienstleistungen (berechnet zu Marktpreisen, d. h. Verkaufspreisen), die von In- und Ausländern innerhalb der Landesgrenzen eines Landes während eines Jahres produziert oder erbracht werden.

Bruttonationalprodukt (BNP)
Bezeichnet den Wert aller Waren und Dienstleistungen, die während eines Jahres von allen Mitgliedern einer Volkswirtschaft hergestellt beziehungsweise erbracht werden, bewertet zu Marktpreisen (= Verkaufspreis). Der Unterschied zum BIP liegt darin, dass die Leistungen von Schweizerinnen und Schweizern im Ausland mitgerechnet werden, die Leistungen von ▸ *Ausländern und Ausländerinnen* in der Schweiz dagegen nicht.

Buchgeld (Giralgeld)
Alle Bank-, Giro- und Postcheckguthaben, welche jederzeit in Bargeld umgewandelt werden können.

Buchwert
Wert eines Gutes zum Zeitpunkt der Bilanzerstellung. Wird im Zusammenhang mit ▸ *Abschreibungen* gebraucht (Buchwertabschreibung, auch degressive oder abnehmende Abschreibung genannt).

Budget (Staats-)
Voranschlag der Einnahmen und Ausgaben (des Staates).

Bundesbeschluss (BB)
Erlass oder Weisung des Parlamentes, welcher kein Recht setzt, aber dem Referendum untersteht, z. B. Genehmigung von Staatsverträgen (Beitritt der Schweiz zur EU). Ausnahme: Einfacher BB untersteht nicht dem Referendum, z. B. Staatsbudget erstellen.

Bundesgesetze
Beruft sich in der Regel auf einen Artikel der ▸ *Bundesverfassung* der Schweizerischen Eidgenossenschaft. Sie stellen unbefristete Rechtsnormen dar, die für die ganze Schweiz gelten. Bundesgesetze werden von der ▸ *Bundesversammlung* beschlossen und müssen dem Volk zur Abstimmung unterbreitet werden, wenn dies 50 000 Stimmberechtigte oder 8 Kantone wünschen (fakultatives ▸ *Referendum*). Unter www.admin.ch/ ch/d/sr/sr.html können die meisten Bundesgesetze in ihrer aktuellsten Fassung abgerufen werden. ▸ *Gesetz*

Bundesrat
In der Schweiz die Bezeichnung für die Regierung (Exekutive). Kollegialbehörde von sieben Ministern. Jeder Minister/jede Ministerin steht jeweils einem Teil der Staatsverwaltung vor (Militär, Innenpolitik, Aussenpolitik, Volkswirtschaft usw.) Alle Entscheidungen werden gemeinsam («kollegial») gefällt und getragen. Die Mitglieder des Bundesrates werden alle vier Jahre vom Parlament gewählt.

Bundesverfassung (BV)
Das grundlegendste Gesetz der Schweiz. Die heute geltende Bundesverfassung (BV) wurde am 18. April 1999 von Volk und Ständen angenommen und trat am 1. Januar 2000 in Kraft. Daneben besitzt jeder Kanton seine eigene ▸ *Verfassung,* die so genannte Kantonsverfassung (KV). Kantonsverfassungen dürfen in keiner Weise zur Bundesverfassung im Widerspruch stehen.

Bundesversammlung
Parlament (Legislative) in der Schweiz. Die beiden Parlamentskammern Ständerat (Kantonsvertretung) und Nationalrat (Volksvertretung) bilden zusammen die Bundesversammlung.

Bürgergemeinde
Auch Heimatort oder Ortsgemeinde genannt. Dazu gehören alle Heimatberechtigten (= Bürgerrecht, festgehalten auf dem Heimatschein). Sie stellt den Heimatschein aus.

Bürgschaft

Bürge verspricht der Gläubigerin, für die Erfüllung der Schuld eines Dritten (des Hauptschuldners) einzustehen, falls der Hauptschuldner nicht zahlen kann. Wichtiges Sicherungsmittel für ▸ *Kredite*. Sie wird vor allem dann angewendet, wenn die Schuldnerin einen gewährten Kredit nicht anderweitig, z. B. durch ein ▸ *Faust-* oder ▸ *Grundpfand*, sicherstellen kann. Verheiratete Personen bedürfen für den Abschluss einer Bürgschaft der Zustimmung des Ehegatten/der Ehegattin. Gültig, wenn bestimmte Formvorschriften beachtet werden, z. B. schriftliche Bürgschaftserklärung.

BUWAL

Bundesamt für Umwelt, Wald und Landschaft

C to C

Englisch: «Consumer to Consumer», Deutsch: «Konsument zu Konsument». Geschäfte die, vor allem im Internet, zwischen privaten Einzelkunden betrieben werden (z. B. Tausch oder Verkauf von CDs).

Cash-flow

Englisch: cash = Bargeld, flow = fliessen; Kennzahl zur Beurteilung der finanziellen Struktur eines Unternehmens. Bezeichnet den Kapitalüberschuss eines Unternehmens bei der Gegenüberstellung von Aufwand (z. B. Löhne, Mieten, Material) und Ertrag (Verkaufserlöse von Sachgütern).

Charta

Verfassungsurkunde. Der Begriff wird heute vor allem für ▸ *supranationale* (überstaatlich, mehrere Staaten betreffend) Verträge gebraucht (Beispiel: Charta der Vereinten Nationen, Magna Charta).

Chauvinismus

Politische Haltung, welche sich in übersteigertem ▸ *Nationalismus* und ▸ *Patriotismus* äussert. Ein Chauvinist sieht sein eigenes Land kritiklos stets als das beste von allen an. Bezeichnet auch eine selbstgefällige und überhebliche Art des Auftretens von Männern.

Chromosom

Fadenförmige Träger der Erbinformationen von Lebewesen. Sie befinden sich in jedem Zellkern und setzen sich zusammen aus Tausenden von ▸ *Genen*. Der Mensch hat z. B. 46 Chromosomen, welche insgesamt zirka 40 000 Gene enthalten.

CO_2

Kohlendioxid, chemische Verbindung mit Kohlenstoff und Wasser, tritt als ▸ *Treibhausgas* bei Verbrennungsvorgängen auf (z. B. Automotor).

Darlehen

Darleiher (Darlehensgeber) verpflichtet sich der Borgerin (Darlehensnehmerin), eine bestimmte Geldsumme oder andere vertretbare Sachen als Eigentum zu übertragen. Borgerin, eine gleich grosse Summe zurückzuerstatten. Die Schuld der Borgerin läuft während einer festgelegten Zeit und wird dann durch einmalige oder ratenweise Rückzahlung getilgt (▸ *Amortisation*).

Debatte

Erörterung, Diskussion, Aussprache

Defizit

Fehlbetrag, z. B. plant ein Staat für ein Rechnungsjahr mehr Ausgaben als Einnahmen.

Demagogie

Griechisch für Volksverführung, politische Hetze

Demokratie

Staatsform, deren Grundgedanke die Volkssouveränität und die Gleichberechtigung aller Bürgerinnen und Bürger ist. Die Volkssouveränität drückt sich durch einen Staat aus, der dem Volkswillen entsprechend handelt. Ein weiteres Kennzeichen einer Demokratie ist die Beschränkung politischer Macht. Dafür sorgen zunächst die durch eine Verfassung garantierten Grund- und Menschenrechte. Daneben wird die politische Machtausübung durch die Gewaltentrennung gehemmt.

Depression

Niedergangsphase im ▸ *Konjunkturzyklus*, Krise, ▸ *Rezession*.

Deregulierung, deregulieren

Lockerung oder Abschaffung von staatlichen Vorschriften zur Stärkung der Märkte.

Destination

Bestimmungs-, Ankunftsort

Devisen

Landesfremde Währungen und im Ausland zahlbare Geldforderungen in der entsprechenden Währung.

Devisenmarkt

Ort, an dem fremde Währungen (Devisen) gehandelt werden, z. B. Banken.

Devisenswaps

Möglichkeit der ▸ *Geldmengenerhöhung*. Die ▸ *Nationalbank* kauft bei den Geschäftsbanken Devisen (z. B. $ oder Yen) und bezahlt diese mit Schweizer Franken. Später verkauft sie die Devisen wiederum gegen Schweizer Franken auf einen bestimmten Termin. So stellt die Nationalbank den Geschäftsbanken für diese Zeitspanne zusätzliches Notenbankgeld zur Verfügung.

Dialog

Gespräch zwischen zwei oder mehreren Gruppierungen, um eine Problemlösung zu erreichen.

Dienstleistungen

Im Gegensatz zu den Sachgütern (z. B. Auto) sind Dienstleistungen keine Güter zum Anfassen. Das Angebot und der Konsum von Dienstleistungen finden meist gleichzeitig statt. Beispiele: Beratung in einem Reisebüro, Arztbesuch, Taxifahrt zu einem bestimmten Ort.

Differenzbereinigung

So nennt man das Verfahren, wenn die beiden Parlamentskammern in der Schweiz (National- und Ständerat) bestimmte neue Gesetze beraten und dann, mit den entsprechenden Änderungen versehen, an den jeweils anderen Rat zur Klärung und Beschlussfassung (Bereinigung) dieser Änderungen (Differenzen) weitergeben.

Digitalisierung

Das Prinzip, technische Vorgänge in Ziffern (z. B. «0» und «1») umzusetzen. Grundlage der Computertechnologie.

Diktatur

Herrschaftsform, bei der alle demokratischen Rechte abgeschafft sind und jede Art von Gewaltentrennung fehlt. Die Macht über Volk und Staat wird von einer Einzelperson (einem Führer, einem General, einem Parteichef) oder einer Gruppe uneingeschränkt ausgeübt.

Diplomatie

Verhandlungsgeschick, Regeln des Völkerrechtes für Verhandlungen zwischen den Staaten.

Direktinvestitionen

Kapital, welches langfristig direkt angelegt wird, z. B. in Sachgüter.

Direktzahlungen

Geldleistungen des Staates für die Erhaltung eines Wirtschaftszweiges, der von allgemeinem Interesse ist, z. B. Landwirtschaft.

Dirigismus

Bezeichnung für das zwingende Vorschreiben gewisser geschäftlicher (und politischer) Regeln. Beispiel: Alle Bürgerinnen und Bürger eines Landes dürfen nur Waren aus einheimischer Produktion kaufen.

Diskontsatz
Zinssatz, den die ▶ *Nationalbank* (Zentralbank) beim Ankauf von so genannten Wechseln (Geldforderungen) von den Geschäftsbanken verlangt.

Diskriminierung
Benachteiligung durch unterschiedliche Behandlungsweisen.

Dividende
Gewinnanteil pro ▶ *Aktie,* welcher den ▶ *Aktionären* und Aktionärinnen jährlich ausbezahlt wird.

Doktrin
Grundsätze des Handelns eines Staates oder einer Organisation, z. B. Militärdoktrin.

Droge
Suchtmittel

Dumping
Bezeichnung für den Verkauf einer Ware unter dem Einstandspreis, d. h. zu einem Preis, der einen Verlust einbringt. Dies geschieht mit der Absicht, die Konkurrenz aus dem Markt zu verdrängen oder – etwa in Zeiten einer Rezession – zur Sicherung von Arbeitsplätzen im Inland. Dumping kann auch mit staatlicher Exportunterstützung verbunden sein.

Durchlässigkeit
Schulsysteme, in denen es möglich ist, Klassen zu überspringen, zwischen Stufen zu wechseln (z. B. via Zwischenstationen auch von der Berufslehre zur Universität) oder den Unterricht auf verschiedenen Niveaus zu besuchen.

Dynamik
Schwung, Triebkraft

EBA
Eidgenössisches Berufsattest; Abschlussdokument nach erfolgreichem Bestehen der zweijährigen Grundbildung.

E-Commerce
Elektronischer Handel, d. h. Handel via Internet. Dabei werden zwei Arten unterschieden: der Handel zwischen Produzierenden untereinander und der Handel zwischen Produzenten und Privatkundinnen.

EDA
Eidgenössisches Departement für auswärtige Angelegenheiten

EDI
Eidgenössisches Departement des Innern

EFD
Eidgenössisches Finanzdepartement

Effizienz
Wirtschaftlich: nicht verschwenderischen (sparsamen) Einsatz der eingesetzten Mittel.

EFTA (European Free Trade Association)
Europäische Freihandelszone; wirtschaftlicher Staatenbund (Gründung: 1960, Sitz in Genf) zwischen folgenden Ländern: Schweiz, Liechtenstein, Norwegen, Island. Ziel: Förderung des Handels zwischen den Mitgliedsländern ohne Preisgabe der politischen Unabhängigkeit.

EG
Europäische Gemeinschaft, alte Bezeichnung für die heutige Europäische Union ▶ *EU.*

E-Government
Elektronische Kommunikation der staatlichen Behörden mit den Bürgerinnen und Bürgern über das Internet; angeboten werden staatliche Dienstleistungen, Herunterladen von amtlichen Dokumenten usw.; in der Schweiz im Aufbau begriffen. ▶ *E-Voting*

Ehe
Umfassende, dauernde und von der Gesellschaft anerkannte Lebensgemeinschaft von Frau und Mann. Eine Ehe eingehen können Brautleute, die das 18. Altersjahr zurückgelegt haben und urteilsfähig sind. Die zivile Trauung erfolgt in Anwesenheit von zwei mündigen Zeugen im amtlichen Traulokal (auf einem Zivilstandsamt irgendwo in der Schweiz). Mit dieser Ziviltrauung ist die Ehe von Gesetzes wegen rechtsgültig geschlossen. Die kirchliche Trauung ist freiwillig und darf erst nach der zivilen Trauung gegen Vorweisung des Escheins vorgenommen werden.

Ehescheidung
Das Schweizerische Zivilgesetzbuch kennt verschiedene Scheidungsvoraussetzungen. So wird die Scheidung als ausserordentlicher Eheauflösungsgrund ausgesprochen, auf der Grundlage eines gemeinsamen Scheidungsbegehrens mit vollständiger Einigung über die Nebenfolgen, nach vierjähriger Trennungszeit auf Klage hin oder wegen Unzumutbarkeit der Fortführung der Ehe auch auf Klage hin. Zulässig ist zudem neben der umfassenden Einigung der beiden scheidungswilligen Ehegatten eine Scheidung auf gemeinsames Begehren mit einer Teileinigung. Dabei müssen sich die Parteien lediglich über den Willen zur Scheidung einig sein. Über alle Scheidungsfolgen oder über die, bei denen sich die Eheleute nicht einig sind, befindet das Gericht.

Einzelarbeitsvertrag
Umgangssprachlich Anstellungsvertrag. Arbeitnehmer verpflichtet sich zur Leistung von Arbeit auf eine bestimmte oder unbestimmte Zeit im Dienste des Arbeitgebers oder der Arbeitgeberin. Arbeitgeber verpflichtet sich zur Bezahlung eines Lohnes.

EJPD
Eidgenössisches Justiz- und Polizeidepartement

Embargo
Staatliches Verbot, bestimmte Güter in das gesamte Ausland oder nur in einzelne Länder zu exportieren. Beispiel: Embargo gegen den Irak für Kriegsmaterial ▶ *Handelsembargo.*

Emission
1. Ausströmen von luftverunreinigenden Stoffen (z. B. sämtliche Gase aus Kaminen, Auspuffrohren, Entlüftungsrohren usw.).
2. Bankenwesen: Ausgabe von Wertpapieren (z. B. ▶ *Aktien,* ▶ *Obligationen*).

Empathie
Bereitschaft und Fähigkeit, sich in andere Menschen einzufühlen.

Energiefluss
Energie fliesst von der Sonne über die Erde wieder ins Weltall.

Energieträger
Alle möglichen Kräfte oder Rohstoffe, aus welchen man Energie gewinnen kann. Beispiel: Erdöl, Wasser, Gas, Holz, Sonne, Wind, Uran.

Entwicklungsländer
Länder, oft südlich des Äquators gelegen, mit unterentwickelter Volkswirtschaft. Merkmale von Entwicklungsländern sind z. B. grosser Anteil der Landwirtschaft (1. Sektor) am BIP, kleines Pro-Kopf-Einkommen (Niedriglohnländer), hohe Geburtenrate, hohe Auslandverschuldung, geringer Ausbau von Infrastrukturen.

Entwicklungspsychologie
Teilgebiet der Psychologie, die die Entwicklung des Menschen zum Inhalt hat.

Entwicklungszusammenarbeit (statt Entwicklungshilfe)
So lautet die Losung der DEZA (Direktion für Entwicklung und Zusammenarbeit). Heute geht man davon aus, dass Entwicklungsprojekte dann erfolgreich sind, wenn die Partnerländer mit den vorgeschlagenen Projekten einverstanden sind, sie sich konstruktiv daran beteiligen können, die Möglichkeit haben, sich dadurch weiterzuent-

wickeln, und wenn die Projekte sie zu eigenem Handeln befähigen.

EO/Erwerbsersatzordnung
Erwerbsersatzordnung. Sozialversicherung in der Schweiz, welche z. B. den Verdienstausfall für Männer bezahlt, welche Militärdienst leisten.

Erbrecht
Der 3. Teil des Zivilgesetzbuches (ZGB) regelt die Vermögens- und Schuldverhältnisse im Todesfall. Beim Tod einer Person fallen die verschiedenartigen Bestandteile, die ihr Vermögen bilden (Rechte und Pflichten), nicht auseinander, sondern sie gehen als eine Einheit auf einen neuen Träger über, sei dies eine Einzelperson oder mehrere Einzelpersonen. Sofern ein Erblasser/eine Erblasserin nichts anderes bestimmt hat, geht die Erbschaft an die gesetzlichen Erben (Ehegatte, Nachkommen, Verwandte). Der Erblasser/die Erblasserin kann die gesetzliche Erbfolge jedoch innerhalb der gesetzlichen Schranken durch ein ▶ *Testament* oder einen ▶ *Erbvertrag* abändern.

Erbvertrag
Erblasser trifft mit einem oder mehreren zukünftigen Erben eine erbrechtliche Vereinbarung. Muss vor zwei Zeugen und einer Urkundsperson errichtet werden. Ein Erbvertrag ist für alle Beteiligten bindend und kann nur abgeändert oder aufgehoben werden, wenn alle Vertragspartner einwilligen.

ERG
▶ *Exportrisikogarantie*

Erlebnisgesellschaft
Gesellschaft, in der unzählige Unterhaltungs-, Freizeit- und Ablenkungsmöglichkeiten angeboten werden. Der rasche Lustgewinn steht im Zentrum, unangenehmen Situationen wird ausgewichen.

Errungenschaftsbeteiligung
Ordentlicher Güterstand. Sie ist der Normalfall und gilt automatisch, wenn nicht die Eheleute in einem Ehevertrag die ▶ *Gütermeinschaft* oder die ▶ *Gütertrennung* vereinbaren oder die Gütertrennung von Gesetzes wegen angeordnet wird. Das Vermögen setzt sich aus dem Eigengut und der Errungenschaft des Ehemannes sowie aus dem Eigengut und der Errungenschaft der Ehefrau zusammen. Jeder Ehegatte ist Eigentümer, Verwalter und Nutzniesser seiner/ihrer Errungenschaft und seines/ihres Eigengutes. Das Eigengut umfasst das Vermögen, das in die Ehe eingebracht wird oder einem Ehegatten während der Ehe unentgeltlich zufällt, z. B. durch Schenkung oder Erbgang.

Ersatzdienst, ziviler
Möglichkeit in der Schweiz, die militärische Dienstpflicht bei BV Art. 59 als zivilen Ersatzdienst (450 Tage) zu leisten. Beispiele: Einsatz in Spitälern, in der Landwirtschaft, bei Katastrophen.

Ersatzinvestitionen
▶ *Investition*

Ertrag
Resultierendes Ergebnis nach Einsatz von Mitteln.

Ertragsbilanz
Kennziffer einer Volkswirtschaft. Sie zeigt auf, was eine Volkswirtschaft während eines Jahres in den Bereichen Warenverkehr, Dienstleistungen, Arbeits- und Kapitaleinkommen sowie unentgeltlichen Übertragungen vom Ausland fordern (Einnahmen) und ans Ausland zahlen (Ausgaben) musste. Die Ertragsbilanz ist ein Teil der ▶ *Zahlungsbilanz*.

Erwerbsquote
Sie ist das Verhältnis der Zahl der erwerbstätigen Personen zur Gesamtbevölkerung. In der Schweiz leben rund 7 Mio. Menschen und man zählt ca. 3,8 Mio. ▶ *Erwerbstätige*; die Erwerbsquote liegt bei rund 54 Prozent.

Erwerbstätige
Arbeitnehmer im arbeitsfähigen Alter, welche an einer Arbeitsstelle gegen Lohn arbeiten.

Eskalation
Steigerung und Ausweitung mit politischen und/oder militärischen Mitteln (z. B. in Konfliktsituationen).

Ethik
Wissenschaft der Moral

Ethnie
Menschen- oder Volksgruppen mit einheitlicher ▶ *Kultur* und Sprache, aber eventuell ohne eigenen Staat. Beispiel: Palästinenserinnen in Israel, Jordanien und im Libanon.

ethnisch
Einer Volksgruppe angehören, welche sprachlich und kulturell einheitlich ist.
▶ *Ethnie*

EU
Europäische Union. Überstaatliche Vereinigung von 25 europäischen Staaten zur Erarbeitung einer gemeinsamen Politik in den verschiedensten Bereichen (Wirtschaft, Migration, Sicherheit). Die EU verfügt über eigene Institutionen (Parlament, ▶ *Exekutive*, Gericht), welche teilweise über der Regierungsgewalt der Mitgliedstaaten stehen.

euphorisch
Hochfliegend, high

Euro
Neue europäische Einheitswährung. Die folgenden Länder der Europäischen Union sind bei der Einführung des Euro beteiligt: Deutschland, Belgien, Finnland, Frankreich, Irland, Italien, Luxemburg, Niederlande, Österreich, Portugal und Spanien. Die 2004 neu beitretenden Staaten Estland, Lettland, Litauen, Polen, Tschechien, Slowakei, Ungarn, Slowenien, Malta und Zypern übernehmen den Euro ebenfalls. Am Euro beteiligen sich vorläufig nicht: Dänemark, Grossbritannien, Schweden. Als ▶ *Buchgeld* wird der Euro seit 1.1.1999 gehandelt; als Notengeld ist er seit dem 1.1.2002 im Umlauf.

Europäische Menschenrechtskonvention (EMRK)
Stammt aus dem Jahr 1950. Sie bildet das Kernstück des Schutzes der Menschenrechte und Grundfreiheiten in Europa. Ausdrücklich verboten sind gemäss EMRK u. a. Folter, unmenschliche Behandlung, Sklaverei sowie jegliche Art von ▶ *Diskriminierung*. Fast alle Mitglieder des ▶ *Europarates* haben die EMRK ratifiziert. Die Schweiz hat dies 1974 getan.

Europäischer Gerichtshof
Gericht der ▶ *EU*, Sitz in Luxemburg.

Europäischer Gerichtshof für Menschenrechte
Gericht des Europarates, Sitz in Strassburg.

Europäischer Rat
Regelmässige Zusammenkunft der Staats- und Regierungschefs der ▶ *EU*.

Europäisches Parlament
Parlament der ▶ *EU*, Sitz in Strassburg.

Europarat
Internationale Organisation, Sitz in Strassburg.

EVD
Eidgenössisches Volkswirtschaftsdepartement

Evolution
Allmähliche, fortschreitende Entwicklung

E-Voting
Elektronische Wahl- und Abstimmungsmöglichkeiten der Bürgerinnen und Bürger über das Internet; in der Schweiz im Aufbau begriffen. ▶ *E-Government*

EWG
Europäische Wirtschaftsgemeinschaft, frühere Bezeichnung der heutigen Europäischen Union ▶ *EU*.

EWR
Europäischer Wirtschaftsraum

Exekutive
Jene Institution in einem Staat, welche die Gesetze umsetzen und ausführen muss: die Regierung. In der Schweiz: ▶ *Bundesrat*.

Existenzbedürfnisse
Bedürfnisse, deren Befriedigung überlebensnotwendig sind, z. B. Nahrung, Schlaf etc.

existenziell
Für das Leben unabdingbar.

Existenzminimum
Grenze des minimalen Einkommens einer Person aus Arbeit, Vermögen oder ▶ *Sozialhilfe*, um die eigene Existenz zu sichern. In der Schweiz je nach Kanton unterschiedlich angesetzt. Die ▶ *Gewerkschaften* setzen sich dafür ein, dass ein existenzsichernder Nettolohn von monatlich mindestens Fr. 3000.– an die Arbeitnehmerinnen ausbezahlt wird.

Export
Ausfuhr von Gütern und Dienstleistungen ins Ausland.

Exportquote
Kennzahl: Sie zeigt das Verhältnis der Exporte eines Landes zum ▶ *Bruttoinlandprodukt* an.

Exportrisikogarantie (ERG)
Staat unterstützt risikobehaftete Exporte von Unternehmen in z. B. hochverschuldete Länder. Ziel ist eine Förderung der Exporttätigkeiten.

Exportüberschuss
Ein Land exportiert mehr Waren ins Ausland als es im gleichen Zeitraum importiert.

externe Kosten
Massnahmen und Kosten für Schäden, welche nicht mit dem Kaufpreis bezahlt, sondern auf andere abgewälzt werden (extern = auswärts). Werden nicht von den Produzentinnen oder Verursachern bezahlt, sondern z. B. von betroffenen Personen oder vom Staat. Externe Kosten entstehen vor allem bei Umweltschäden (Luftverschmutzung, Lärmbelästigung, Verkehrstote usw.).

Extremismus
Radikale politische Gesinnung, welche auch Gewalt zur Erreichung ihrer Ziele einsetzt.

Fachhochschule
Der Abschluss einer ▶ *Berufsmatur* ermöglicht den Zugang zu einer Fachhochschule. Es gibt dreijährige Vollzeitausbildungen oder gleichwertige berufsbegleitende Studien.

Fahrniskauf
Kauf von Mobilien (beweglichen Sachen) wie Möbel, Werkzeuge, Maschinen, Fahrzeuge, Tiere usw. In der Regel bezahlt der Verkäufer/die Verkäuferin die Kosten bis zur Übergabe; Transport usw. bezahlt der Käufer/die Käuferin.

Fair Trade
Englisch für «fairer Handel». Bezeichnung für jenen (weltweiten) Handel, bei welchem gewisse Bedingungen eingehalten werden: keine Kinderarbeit, keine Hungerlöhne, keine Umweltverschmutzung u. a.

Familienrecht
Kapitel (2. Teil) des Zivilgesetzbuches (ZGB), umfasst Eherecht, Verwandtschaft, ▶ *Vormundschaft* und ▶ *Erbrecht*.

Faschismus
Herrschaftsform, bei der ein Führer (z. B. Mussolini in Italien 1922–1945) alle Staatsgewalt auf sich vereint. Merkmale: fehlende Demokratie, nationalistisches Ideengut usw. ▶ *Nationalismus*.

Faustpfand
Übergabe an Gläubiger/in zur Sicherung der Schuldverpflichtung, insbesondere bei ▶ *Darlehen* und ▶ *Krediten*. Die Gläubigerin hat bei ausbleibender Tilgung der Schuld ein Recht darauf, das Pfand zu verwerten und ihre Forderung aus dem Erlös zu decken. Zur Sicherung der Schuld dient entweder eine bewegliche Sache (z. B. ein Schmuckstück oder ein Bild), eine Forderung (Wertpapier, vor allem ▶ *Aktien* und ▶ *Obligationen*) oder es können Ansprüche aus Lebensversicherungen abgetreten werden. Entsteht mit Abschluss eines Pfandvertrages und der Übertragung des Pfandes in den Besitz des Gläubigers.

FCKW
Abkürzung für «Fluor-Chlor-Kohlenwasserstoff». Flüchtige chemische Verbindung, welche z. B. in Spraydosen als Treibmittel eingesetzt wird. Zerstört in einer chemischen Reaktion die ▶ *Ozonschicht* über der Erde.

Finanzleitbild (FLB)
Leitplanken für die Gestaltung einer nachhaltigen Finanzpolitik des Bundes. Es ist das Arbeitsinstrument für den Bundesrat und der Wegweiser für das Parlament.

Finanzmarkt
Anderes Wort für ▶ *Devisenmarkt* oder ▶ *Devisenbörse*. ▶ *Markt* für alles, was mit den Finanzen zu tun hat: Geld, Wertpapiere (▶ *Aktien*, ▶ *Obligationen*) und ▶ *Kredite*.

Fiskalpolitik
Politik, die Finanzen betreffend. Sie ist ein Mittel der staatlichen ▶ *Konjunkturpolitik*.

Fiskalquote
Anteil aller Ausgaben des Staates am ▶ *Bruttoinlandprodukt*.

Floating
Wechselkurs bewegt sich frei nach Angebot und Nachfrage (flexibler Wechselkurs).

Fluchtgelder
Bezeichnung für Geld, welches von reichen Personen aus armen Ländern in ein sicheres, reiches Land mit funktionierendem Bankwesen (z. B. der Schweiz) gebracht wird. Häufig wird Fluchtgeld von Diktatoren dem eigenen Land gestohlen.

Flüchtlinge
Menschen, die in ihrem Heimatstaat oder Land wegen ihrer Rasse, Religion, Nationalität, Zugehörigkeit zu einer bestimmten sozialen Gruppe oder wegen ihrer politischen Überzeugung ernsthaften Nachteilen ausgesetzt sind (z. B. Gefährdung von Leib, Leben und Freiheit sowie Massnahmen, die einen unerträglichen psychischen Druck bewirken). Genfer Flüchtlingskonvention legt fest, dass niemand in einen Staat abgeschoben werden darf, in dem er/sie den genannten Verfolgungen ausgesetzt würde (sog. Non-Refoulement-Prinzip). Es gilt als unkündbares Völkergewohnheitsrecht.

Föderalismus
Teilstaaten innerhalb eines Staatswesens geniessen grösstmögliche Selbstständigkeit (z. B. Kantone in der Schweiz). Gegensatz ▶ *Zentralismus*.

Fonds
Geld- oder Vermögensreserve für bestimmte Zwecke, z. B. Anlagefonds von Geschäftsbanken für Kunden und Kundinnen.

Fossile Energie
Aus urzeitlichen, organischen Rohstoffen gewonnen Energie. Beispiele: Erdgas, Erdöl usw.

Freihandel
Handel zwischen verschiedenen Volkswirtschaften ohne Zollbeschränkungen.

Freihandelszone
Gebiet, in dem ohne Zollbeschränkungen Handel betrieben werden darf (z. B. Hong Kong (China), Iquique (Chile)).

Freizeitgesellschaft
Nicht mehr der Beruf (die Erwerbsarbeit) steht im Zentrum, sondern die nebenberuflichen Aktivitäten.

Fruchtfolgeflächen
Einteilung von Feldern, welche zwecks Bodenschonung in einer bestimmten Abfolge mit Nutzpflanzen bebaut werden.

Fusion
Vereinigung, Verschmelzung; wirtschaftliche und rechtliche Verschmelzung zweier oder mehrerer Unternehmen.

Gastarbeiter
Bezeichnung für Ausländer, welche nur in einem Land arbeiten und nicht dauerhaft dort leben.

GATT (General Agreement on Tariffs and Trade)
In Kraft seit 1948, Vorläufer der heutigen ▸ *WTO (World Trade Organization)*. Ziel: Liberalisierung des weltweiten Waren- und Dienstleistungsverkehrs.

Gefängnis
Ist im Erwachsenenstrafrecht bei Vergehen als Strafe vorgesehen. Eine Gefängnisstrafe kann 3 Tage bis 3 Jahre dauern. Kurze Gefängnisstrafen können auch tageweise oder in Halbgefangenschaft (d. h. nur Nachts) verbüsst werden.

Geldmarkt
Markt, auf dem mit Geld gehandelt wird.

Geldmenge
Menge an Geld, die sich im Wirtschaftskreislauf befindet. Dabei wird zwischen verschiedenen Geldmengen unterschieden, z. B. die ▸ *Notenbankgeldmenge* (kleinste Geldmenge) oder die gesamte Geldmenge im Wirtschaftskreislauf. Die ▸ *Nationalbank* steuert die Höhe der Geldmenge.

Geldpolitik
Politik der ▸ *Notenbank*, welche die Veränderung der ▸ *Geldmenge* betrifft. Mit der Geldpolitik wird die ▸ *Konjunktur* verändert, weshalb die Geldpolitik Teil der ▸ *Konjunkturpolitik* ist. Eine expansive Geldpolitik erhöht die ▸ *Geldmenge* und kurbelt die Wirtschaft an (tiefere Zinsen), eine restriktive Geldpolitik senkt die ▸ *Geldmenge* und bremst die Wirtschaft (hohe Zinsen).

Geldschöpfung
Vorgang, wie die ▸ *Nationalbank* oder die Geschäftsbanken die ▸ *Geldmenge* in einer Volkswirtschaft vergrössern können ▸ *Kredit* ▸ *Lombardkredit*.

Gen
Erbfaktoren von Lebewesen, welche in den ▸ *Chromosomen* im Zellkern gespeichert sind. Die Gene enthalten den Bauplan für ein neues Lebewesen und bestimmen z. B. die Grösse, das Aussehen usw.

Genozid
Völkermord

Gentechnologie
Verfahrensweisen der Wissenschaft, um ▸ *Gene* von Nutzpflanzen, Tieren und Menschen zu untersuchen. Dabei wird versucht, für den Menschen nützliche Gene in fremde Lebewesen einzubauen. Beispiel: Gentomaten, welche sich länger frisch halten lassen.

Gericht
Mit der Rechtsprechung betrautes Staatsorgan. Das heisst, es trifft die Entscheidung darüber, was bei einem bestimmten konkreten Sachverhalt rechtens ist. Gerichte stellen neben der Rechtsetzung (▸ *Legislative*) und der Regierung/Verwaltung (▸ *Exekutive*) die dritte Staatsgewalt, genannt ▸ *Judikative*, dar. In einem Rechtsstaat sind die Gerichte von den beiden anderen Staatsgewalten unabhängig. Den verschiedenen Prozessarten entsprechend werden die Gerichte unterteilt in Zivilgerichte, Strafgerichte und Verwaltungsgerichte.

Gesamtarbeitsvertrag (GAV)
Werden zwischen den Arbeitnehmerverbänden (Gewerkschaften) und den Arbeitgeberverbänden einer Branche zur verbindlichen Regelung der Arbeitsverhältnisse ausgehandelt. Sie enthalten Regelungen über Arbeitszeit, ▸ *Mindestlöhne*, Lohnzahlung bei Krankheit, ▸ *Teuerungszulagen*, Ferien, ▸ *Überstunden*, ▸ *Sozialleistungen/Versicherungen*, Kündigungsschutz usw. Behörden können Gesamtarbeitsverträge allgemeinverbindlich erklären, dann gelten die Bestimmungen für alle Arbeitnehmerinnen und Arbeitgeber einer Berufsgruppe (Allgemeinverbindlichkeits-Erklärung AVE).

Gesetze
Rechtsnormen, die die Verfassungsartikel näher ausführen und bestimmen, was in einem Gemeinwesen (Bund, Kanton, Gemeinde) Recht ist. Durch Gesetze werden allgemein und verbindlich die Rechte und Pflichten der Betroffenen begründet, geändert oder aufgehoben und die Befugnisse der Behörden bestimmt. Zusammenfassend gesagt, regeln Gesetze das Zusammenleben der Menschen. ▸ *Bundesgesetz*

Gesetzliche Erbfolge
Eine Erbengemeinschaft besteht aus Personen, die unabhängig vom Erbrecht zum Erblasser/zur Erblasserin in einem bestimmten Verhältnis stehen, etwa aufgrund von Verwandtschaft oder Ehe. Erbberechtigt nach dem Gesetz sind somit einerseits die Blutsverwandten des Erblassers/der Erblasserin und andererseits der/die überlebende Ehegatte/Ehegattin.

Gewaltenteilung
Aufteilung der staatlichen Gewalt in drei voneinander unabhängige Teilbereiche: ▸ *Legislative* (Gesetzgebung), *Exekutive* (Gesetzausführung, Regierung) und *Judikative* (Rechtsprechung).

Gewerkschaft
Anderer Ausdruck für Verband von Arbeitnehmenden.

Gewinnmaximierung
Ausrichtung der Produktion eines Betriebes, damit ein grösstmöglicher Gewinn erzielt werden kann.

Gewohnheitsrecht
Darunter versteht man Regeln, die sich in langjähriger Tradition herausgebildet haben und die als allgemein verpflichtend angesehen werden, ohne dass sie in Gesetzbüchern festgehalten sind. Von besonderer Bedeutung sind z. B. die Orts- und Handelsbräuche.

Giralgeld
▸ *Buchgeld*

Giroguthaben
▸ *Buchgeld*

Gläubiger
Person oder Institution, z. B. eine Bank, welche Geld an andere Personen oder Institutionen ausgeliehen hat.

Gleitende Arbeitszeit
Arbeitszeitmodell. Bei diesem Modell müssen die Mitarbeiterinnen und Mitarbeiter während bestimmten ▸ *Blockzeiten*, z. B. von 8.30 Uhr bis 16.30 Uhr anwesend sein. In den Randstunden vor und nach den Blockzeiten können sie nach eigenen Bedürfnissen arbeiten. Evtl. geleistete ▸ *Überstunden* können sie als Ferien kompensieren.

Globalisierung
Prozess der Vernetzung und des Zusammenwachsens der Weltwirtschaft. Er ist

begleitet von einer Öffnung der Ländermärkte und durch immer stärkeren Güteraustausch unter den Ländern, bedingt durch einen Abbau von Zöllen und Handelshindernissen. Zur Globalisierung gehört auch das Zusammenwachsen der ▶ *Finanzmärkte,* d. h. der internationalen Verbindungen im Zahlungsverkehr, im Bankwesen und bei den Aktienmärkten.

Goldvorräte/Golddeckung der Nationalbank
Früher musste die ▶ *Nationalbank* für alle ausgegebenen Geldnoten Goldvorräte halten (Golddeckung). Heute ist die Golddeckung aufgehoben. Die Nationalbank besitzt rund 2600 Tonnen Gold. Sie wird im Laufe der nächsten Jahre einen Teil der Goldreserven (1300 Tonnen) verkaufen.

Grenzwerte
Zahlenwerte, welche die Höchst- oder Niedrigstgrenze von etwas festlegen. Meist werden Grenzwerte für gewisse Schadstoffe festgelegt z. B. für den Ozongehalt in der Luft.

Grosshandelspreisindex
Er gibt die Preisentwicklung wichtiger Rohstoffe, Halb- und Fertigfabrikate an.

Grundbedürfnisse
▶ *Existenzbedürfnisse*

Grundleistungsprinzip
Prinzip, nach dem das Sozialwesen funktionieren kann. Beim Grundleistungsprinzip wird davon ausgegangen, dass jeder sozial Bedürftige (Rentnerin, Arbeitslose etc.) einen Minimalbetrag vom Staat zugesprochen erhält. Dieser wird mittels Steuern finanziert. In der Schweiz funktioniert die ▶ *Sozialhilfe* nach dem Grundleistungsprinzip, ▶ *Versicherungsprinzip* oder ▶ *Bedarfsprinzip.*

Grundpfand
Bezweckt wie das ▶ *Faustpfand* die Sicherstellung einer Forderung, insbesondere bei ▶ *Darlehen* und ▶ *Krediten.* Dem Gläubiger/der Gläubigerin wird jedoch zur Sicherung der Forderung ein bebautes oder unbebautes Grundstück verpfändet. Zur Errichtung eines Grundpfandes sind ein öffentlich beurkundeter ▶ *Vertrag* und der Eintrag ins Grundbuch notwendig. Wenn der Schuldner/die Schuldnerin seiner/ihrer Zahlungspflicht nicht nachkommt, erhält der Gläubiger/die Gläubigerin das Recht, die Verwertung des Grundpfandes zu verlangen und sich aus dem Erlös des Grundstückes bezahlen zu lassen.

Grundschule
Die ersten Schuljahre, je nach Land oder Kanton vom Kindergarten bis in die dritte Klasse.

Grundstückkauf
Kauf von Immobilien (unbeweglichen Sachen) wie Liegenschaften, Grundstücke usw.

Grundversicherung
Bietet minimale Versicherungsleistung, sind vom Staat obligatorisch (z. B. Krankenversicherung).

Gruppenautonomie
Arbeitsplatzmodell. Innerhalb eines Arbeitsteams, einer Arbeitsgruppe kann die Arbeit selbstständig eingeteilt werden.

Guerilla
Einerseits Kleinkrieg von Freiwilligen gegen eine reguläre Armee im Rahmen eines Bürgerkrieges; andererseits die Mitglieder dieser Einheiten. Beispiel: Albanische Guerilla kämpft im Grenzgebiet von Mazedonien gegen die reguläre Armee.

Gut/Güter
Mittel zur Bedürfnisbefriedigung

Gütergemeinschaft
Vermögen und Einkommen von Mann und Frau bilden ein Gesamtgut, das beiden ungeteilt gehört und von beiden verwaltet und genutzt wird. Bei der Scheidung nimmt jeder Ehegatte die Vermögensgegenstände aus dem Gesamtgut zurück, die ihm bei der Heirat gehört haben oder die er während der Ehe geerbt oder geschenkt erhalten hat. Das restliche Gesamtgut wird hälftig unter den Ehegatten geteilt.

Gütermarkt
Bezeichnung für den (nur theoretisch vorhandenen) Ort, wo sich Anbietende und Nachfragende von ▶ *Gütern* treffen. ▶ *Markt*

Güterrecht
Teil des Eherechts; regelt in erster Linie die vermögensrechtlichen Verhältnisse unter den Ehegatten während der ▶ *Ehe* und die finanzielle Entflechtung des ehelichen Vermögens bei Auflösung der Ehe. Das Ehegüterrecht unterscheidet drei Güterstände: ▶ *Errungenschaftsbeteiligung* (ordentlicher, d. h. «normaler» Güterstand), die ▶ *Gütergemeinschaft* und die ▶ *Gütertrennung.*

Gütertrennung
Jeder Ehegatte behält sein eigenes Vermögen, das er selber verwaltet und nutzt. Auch bei der Scheidung behält jeder Ehegatte sein ganzes Vermögen.

Haft
Mit Haft kann im Erwachsenenstrafrecht jemand, der eine Übertretung begangen hat, bestraft werden. Haftstrafen dauern einen Tag bis 3 Monate. Haft kann auch tageweise oder in Halbgefangenschaft (d. h. nur Nachts) verbüsst werden.

Handelsembargo
Staatliches Verbot, bestimmte Güter ins gesamte Ausland oder nur in einzelne Länder zu exportieren.

Handlungsfähigkeit
Fähigkeit, durch seine Handlungen Rechte und Pflichten zu begründen (vgl. Art. 1 des Schweizerischen Zivilgesetzbuches). Diese Fähigkeit bezieht sich auch auf die Änderung, die Beendigung und die Übertragung von Rechten und Pflichten. Handlungsfähig ist, wer mündig und urteilsfähig ist.

Hausarztmodell
Modell, das bei der Krankenversicherung zum Tragen kommt und vergünstigte Krankenkassenprämien zur Folge hat.

Haustürgeschäft
Bei Abschluss eines Vertrages über bewegliche Sachen und Dienstleistungen zum persönlichen oder familiären Gebrauch im Wert von über 100 Franken an der Haustüre, in Wohnräumen, am Arbeitsplatz, auf öffentlichen Plätzen und Strassen sowie an einer Werbeveranstaltung, hat der Käufer/die Käuferin ein Widerrufs- oder Rücktrittsrecht von sieben Tagen. Dieser Widerruf muss schriftlich erklärt werden. Die Bestimmungen des Obligationenrechts (Artikel 40 a bis 40 g) sollen Konsumentinnen und Konsumenten vor unüberlegten Käufen schützen.

Hegemonie
Vormachtstellung, Überlegenheit eines Staates über andere Staaten.

Hierarchie
Rangordnung in Form einer Pyramide mit klaren Ober- und Unterordnungsverhältnissen. Hierarchien findet man zum Beispiel in der Politik (Bund, Kantone, Gemeinden), in der Wirtschaft bei Unternehmen, aber auch in Religionsgemeinschaften oder Vereinen.

Höhere Berufsbildung
Eidg. Berufsprüfung (BP), eidg. höhere Fachprüfung (HFP; früher Meisterprüfung genannt), höhere Fachschule (z. B. Technikerschule).

Holocaust
Völkermord an den Juden durch die Nationalsozialisten 1939–1945.

humanitär
Wohltätig, menschenfreundlich

Hypothekarzinsen
Zinsen für Bankkredite beim Hauskauf.

Identität
Wesensgleichheit, Selbstbewusstsein. Existenz einer Person oder Sache als etwas Unverwechselbares (z. B. der einzelnen Staaten als Teil des ganzen Europas mit ähnlichen Absichten und Zielen).

Ideologie
Weltanschauung einer sozialen Gruppe, welche dieselben Werte vertritt (z. B. ▶ *Nationalsozialismus* in Deutschland unter Hitler).

illegal
Ungesetzlich, gesetzwidrig

Immaterielle Bedürfnisse
Bedürfnisse, die nicht materieller Art, also «unfassbar» sind, z. B. Freizeit, Liebe etc.

Immission
Das schädigende Einwirken von Schadstoffen, Gasen, Strahlen oder Luftverunreinigungen auf Menschen, Tiere und Pflanzen.

Immunität
Verfassungsmässig garantierter Schutz einer Person oder Personengruppe vor Verfolgung und Bestrafung durch die Behörden wegen einer Straftat oder Äusserung. Beispiele für die Schweiz: Mitglieder der Bundesversammlung, Bundesrat, Personen mit Diplomatenstatus.

Imperialismus
Bezeichnung für eine Epoche im 19./ 20. Jahrhundert. In dieser Zeit betreiben die militärisch starken europäischen Mächte (Deutsches Reich, Grossbritannien, Frankreich, Belgien usw.) eine aggressive Eroberungspolitik, vor allem in Afrika und Asien.

Import
Einfuhr von Gütern und Dienstleistungen aus dem Ausland.

Index
Statistische Messzahl, Anzeiger (z. B. Aktien-, Preisindex).

Indexgebunden
An eine Messzahl gebunden (Landesindex der Konsumentenpreise) ▶ *Index.*

Indexierung
Bezug zu einer Messzahl machen, z. B. bei den Löhnen ▶ *Index.*

Indikator
Anzeiger, Messgrösse, Hinweis, Merkmal. Ein Indikator für Wirtschaftswachstum ist zum Beispiel der steigende Inlandkonsum eines Landes.

Individualbedürfnisse
Bedürfnisse, die von einem Menschen (Individuum) alleine ausgehen können, z. B. gutes Essen, Ausbildung, Sex. Gegensatz ▶ *Kollektivbedürfnisse.*

Inflation
Anhaltender Prozess der Geldentwertung. Er drückt sich aus in einem Anstieg des allgemeinen Preisniveaus. ▶ *Teuerung*

Informatik
Wissenschaft der elektronischen Informationsverarbeitung, Computerwissenschaft.

Informationstechnologie
Zusammenfassender Begriff für alle Technologien, welche Informationen verarbeiten: ▶ *Informatik, Telekommunikation.*

Infrastruktur
Notwendige Einrichtungen, Anlagen und organisatorische Massnahmen des Staates als Voraussetzung und Basis einer modernen Wirtschaft (Beispiele: Strassen- und Eisenbahnnetz, Energieversorgung, öffentliche Beleuchtung, Postzustellung, Kläranlagen, Spitäler, Schulen usw.).

Initiative
Ein Volksrecht in der Schweiz. Möglichkeit des Volkes, in der ▶ *Bundesverfassung* einen neuen Artikel hinzuzufügen oder einen Artikel zu ändern.

Innovation, innovativ
Erfindung, Erneuerung, Verbesserung eines bestehenden Produktes. Anwendung neuer Technologien und Marktstrategien in einer Firma. Beispiel: Swatch-Uhren mit immer neuen Kollektionen und neuen Funktionen.

Insolvenzerklärung
▶ *Konkurs* anmelden, beziehungsweise sich als zahlungsunfähig erklären.

Instanz
Zuständige Stelle, Behörde

Integration
Einbezug, Eingliederung, Zusammenschluss

Integrierte Produktion (IP)
Naturschonende und auf ▶ *Nachhaltigkeit* bedachte Produktionsart bei landwirtschaftlichen Erzeugnissen. Geringst möglicher Einsatz von Chemie kombiniert mit biologischen Methoden.

Internationaler Gerichtshof
Gericht der UNO. Sitz in Den Haag.

Internet-Portal
Internet-Homepage, welche als eigentliches Tor zum Internet dienen soll. Meist ausgestattet mit zahlreichen Dienstleistungen: Nachrichtenbeiträge, Suchmaschinen, Gratis-E-Mail und -SMS, Spiele, Links usw.

Interoperabilität
Zusammenarbeitsfähigkeit, z. B. Militär: Summe aller Fähigkeiten, welche für die Zusammenarbeit mit ausländischen Armeen nötig sind (z. B.: Ausrüstung, Ausbildung, Sprache).

Intervention
Vermittlung, Einmischung, bei einer Sache eingreifen (z. B. ein Staat oder eine Organisation greift auf wirtschaftliche, diplomatische oder militärische Weise in die Verhältnisse eines anderen Staates ein).

Intuition
Eingebung, gefühlsmässiges Erkennen und Erfassen eines Sachverhaltes.

Investition
Überführung von Geldmitteln in Sachkapital (z. B. Montagehalle, Maschinen, Werkzeuge usw.). Investitionen dienen einerseits der Erhaltung (Ersatzinvestitionen) wie andererseits auch der Erneuerung und Erweiterung (Neuinvestitionen) der Produktionsmittel eines Betriebes.

IV
Invalidenversicherung, Sozialversicherung in der Schweiz.

IWF
«Internationaler Währungsfonds». Gegründet 1944 in ▶ *Bretton Woods* (USA). 182 Mitgliedstaaten. Internationale Finanzorganisation, welche die ▶ *Währungspolitik* der Mitgliedstaaten weltweit koordiniert. Zudem kann der IWF Kredite für Staaten, die sich in einer Wirtschaftskrise befinden, vergeben und sie finanzpolitisch beraten.

Jahresarbeitszeit
Arbeitszeitmodell. Die monatliche Arbeitszeit der Beschäftigten wird auf das gesamte Jahr umgerechnet, z. B. 1800 Stunden. Die Jahresarbeitszeit ermöglicht sowohl den Betrieben als auch den Beschäftigten, je nach Bedürfnis die Tages-, Wochen- oder Monatsarbeitszeiten anzupassen.

Job Enlargement
Arbeitsplatzmodell. Der Arbeitsplatz wird ausgeweitet durch Zusammenlegung von kleinen Arbeitsschritten.

Job Enrichment
Arbeitsplatzmodell. Der Arbeitsplatz wird angereichert durch die Zuweisung mehrerer Produktionsschritte wie Arbeitsplanung, Fertigung, Kontrolle.

Job Rotation
Arbeitsplatzmodell. Innerhalb der Firma wechselt der Arbeitnehmer oder die Arbeitnehmerin nach einer gewissen Zeit den Arbeitsplatz.

Jobsharing
Arbeitszeitmodell. Englisch für Arbeitsteilung. Eine Arbeitsstelle wird von zwei oder mehreren Beschäftigten geteilt. Beispiel: Zwei Mitarbeiter teilen sich eine Arbeitsstelle zu je 50 Prozent oder 3 Vollzeitstellen werden auf insgesamt 4 Mitarbeiterinnen aufgeteilt.

Joint Venture
Zwei oder mehrere unabhängige Unternehmen gründen eine neue, grenzüberschreitende Unternehmensverbindung. Sie ergänzen sich in Produktion, Marketing usw., bleiben aber selbstständig.

Judikative
Die richterliche Behörde. Nebst der ▶ *Exekutive* (ausführende Behörde wie Bundesrat, Regierungsrat u. a.), der ▶ *Legislative* (gesetzgebende Behörde wie National- und Ständerat oder Kantonsrat) ist die Judikative die dritte Gewalt in einem Staat.

Jugendstrafrecht
Sonderstrafrecht für einen altersmässig genau abgegrenzten Personenkreis, nämlich für Kinder von 7 bis 15 Jahren und Jugendliche von 15 bis 18 Jahren. Kinder unter 7 Jahren sind nicht strafmündig und fallen somit nicht unter das Strafgesetzbuch. Die Anordnung einer jugendstrafrechtlichen Sanktion hängt davon ab, ob das Kind oder der Jugendliche eine Straftat begangen hat. Im Vordergrund des Jugendstrafrechts stehen nicht Strafen (Verweis, Verpflichtung zu einer Arbeitsleistung, Schularrest, Busse oder Einschliessung), sondern erzieherische und fürsorgerische ▶ *Interventionen* (Erziehungshilfe, Unterbringung in einer geeigneten Familie oder in einem Erziehungsheim, besondere Behandlung medizinischer, psychiatrischer oder psychologischer Art). Die jugendstrafrechtlichen Sanktionen werden auf das Alter und den Erziehungs- bzw. Gesundheitszustand des Täters ausgerichtet.

Juristische Personen
Personenverbindung (Verein, Handelsgesellschaft, Genossenschaft) oder selbstständige Anstalt oder Stiftung, denen der Gesetzgeber das Recht der Persönlichkeit zuerkennt und damit die Stellung eines Rechtssubjekts gibt.

Kalter Krieg
Militärisches und wirtschaftliches Wettrüsten der USA und der Sowjetunion zwischen 1945 und 1991. Dabei kam es nie zu einem direkten Krieg zwischen den beiden Supermächten. Die ideologische Auseinandersetzung war gekennzeichnet durch Rüstungswettlauf, Medienkrieg, Drohungen mittels militärischer Stärke (z. B. Atomwaffen).

Kandidatenstimmen
Alle Stimmen, welche für eine Kandidatin oder einen Kandidaten abgegeben werden.

Kapital
Finanzmittel

Kapitalismus
Wirtschaftssystem, welches das freie Unternehmertum mit Gewinnstreben des Einzelnen beinhaltet. Weitere Elemente des Kapitalismus sind: privates Eigentum, Konkurrenz und uneingeschränkte Benützung der Produktionsfaktoren. Gegensatz ▶ *Sozialismus/Kommunismus*.

Kapitalmarkt
Bezeichnung für den (nur theoretisch vorhandenen) Ort, wo sich Anbietende und Nachfragende von Kapital treffen (Banken, Unternehmen etc.) ▶ *Markt*.

Kapitalverkehr
Kapitalströme einer Volkswirtschaft, insbesondere Import und Export von kurz- und langfristigem Kapital.

Kauf auf Kredit
▶ *Kreditkauf*

Kaufkraft
Bezeichnung des Geldwertes in Bezug zur Gütermenge, die für eine bestimmte Geldsumme gekauft werden kann.

Kaufvertrag
Verkäufer verpflichtet sich dem Käufer/der Käuferin den Kaufgegenstand zu übergeben und ihm/ihr das Eigentum daran zu verschaffen, und der Käufer/die Käuferin zur Bezahlung des Kaufpreises. Kaufgegenstand kann jedoch nicht nur eine Sache, sondern auch ein Recht sein. In der Regel formlos (mündlich) gültig. Wenn es das Gesetz vorschreibt, müssen sie schriftlich abgeschlossen oder öffentlich beurkundet werden. Das Gesetz unterscheidet nach dem Kaufgegenstand den Fahrniskauf vom Grundstückkauf. Beim Fahrniskauf ist der Kaufgegenstand eine bewegliche Sache (z. B. ein Buch oder ein Auto). Grundstückkäufe sind der Kauf einer Liegenschaft sowie der Kauf eines Miteigentumsanteils an einem Grundstück.

Keynesianismus
Wirtschaftswissenschaftliche Theorie, gemäss der der Staat die ▶ *Konjunktur* glätten soll, z. B. mittels Staatsausgaben und Eingriffen der ▶ *Nationalbank*. Gegensatz ▶ *Monetarismus*.

Kindesrecht
Befasst sich mit der Begründung des Kindesverhältnisses, mit den Rechten und Pflichten der die Verantwortung über das Kind innehabenden Eltern, Stiefeltern und Pflegeeltern sowie mit den Rechten und Pflichten des Kindes gegenüber seinen Eltern, Stiefeltern und Pflegeeltern. In den Artikeln 252 bis 327 des Schweizerischen Zivilgesetzbuches geregelt.

Kirchgemeinde
Auch Pfarrgemeinde genannt. Dazu gehören alle Angehörigen der entsprechenden Glaubensrichtung der Einwohnergemeinde. Sie wählt den Pfarrer bzw. die Pfarrerin.

Klon
Beim Klonen wird der Kern, d. h. das Erbgut einer Eizelle durch den Zellkern einer fremden Eizelle ersetzt (Spenderzelle). Da das gesamte Erbmaterial vom Spender stammt, ist das sich nun entwickelnde Lebewesen ein Klon, d. h. eine identische Kopie des Spenderorganismus.

KMU
Abkürzung für kleine und mittlere Unternehmen.

Koalition
Vereinigung oder Bündnis; z. B. von mehreren politischen Parteien zur gemeinsamen Durchsetzung ihrer Interessen.

Kollaps
Zusammenbruch

Kollektivbedürfnisse
Gewisse ▶ *Individualbedürfnisse* können nur oder besser gemeinsam befriedigt werden. So verlangen mehrere Personen oder auch die ganze Gesellschaft z. B. Strassen, ein Kulturangebot (Konzerte, Discos), Schwimmbäder.

Kollokationsplan
Bei der ▶ *Betreibung* melden alle Gläubiger ihre Ansprüche an. Im Kollokationsplan wird die Reihenfolge festgelegt, in der das Geld verteilt wird: Zuerst Löhne, Pensionskasse und Versicherungen (1. Klasse), dann

Forderungen der Eltern und Kinder
(2. Klasse), übrige Forderungen (3. Klasse).

Kolonialismus
Epoche der Geschichte, in welcher die mächtigsten europäischen Staaten Gebiete in anderen Kontinenten besetzten und beherrschten. Vor allem im 18. und 19. Jahrhundert besassen Länder wie Grossbritannien oder Frankreich riesige Gebiete in Afrika und Asien. Diese Gebiete werden Kolonien genannt.

Kommunismus
Wirtschaftliches und politisches System, bei welchem sich alle Produktionsmittel in den Händen der Allgemeinheit befinden. Ziel des Kommunismus ist die Aufhebung von sozialen Unterschieden. Gegensatz ▶ *Kapitalismus*.

Kompetenz
Fähigkeit, Befähigung, Befugnis, Zuständigkeit für eine Angelegenheit oder Aufgabe.

komplex
Vielschichtig, zusammenhängend

Kompromiss
Lösung eines Problems dank gegenseitiger Zugeständnisse.

Konferenz
Tagung (zeitlich begrenzt)

Konjunktur
Volkswirtschaftliche Lage; Wirtschaftsentwicklung eines Landes.

konjunkturell
Wirtschaftslage betreffend. Beispiel ▶ *Rezession*: wenn zu wenig konsumiert und investiert wird, nimmt die Beschäftigung in der Wirtschaft allgemein oder in einzelnen Branchen ab.

Konjunkturpolitik
Summe aller wirtschaftlichen Massnahmen eines Staates, welche die ▶ *Konjunktur* beeinflussen. Hauptziel der Konjunkturpolitik ist die Abschwächung grosser Konjunkturschwankungen sowie die Förderung eines ausgeglichenen Wirtschaftswachstums. ▶ *antizyklische Massnahmen*

Konjunkturzyklus
Periodisch wiederkehrender Verlauf der ▶ *Konjunktur*. Die Wirtschaftsentwicklung eines Landes unterliegt zyklisch wiederkehrenden Schwankungen. Man unterscheidet dabei vier Phasen: Aufschwung (Erholung), Hochkonjunktur (Boom), Abschwung (▶ *Rezession*), Tiefstand (▶ *Depression*). ▶ *Zyklus*

Konkordanz
Übereinstimmung verschiedener Meinungen mit dem Ziel einer gemeinsamen Lösung. ▶ *Konkordanzdemokratie*

Konkordanzdemokratie
Gebräuchlicher Begriff für die Zusammensetzung der Regierung der Schweiz. Die vier wählerstärksten Parteien (SPS, FDP, CVP, SVP) übernehmen im Bundesrat die Verantwortung für die Regierung des Landes.

Konkordat
Verträge zwischen einzelnen Kantonen in der Schweiz zur Lösung von Sachfragen ohne Unterstützung des Bundes.

Konkubinat
Lebensgemeinschaft von Mann und Frau ohne Trauschein. Anders als für verheiratete Paare sieht die schweizerische Zivilgesetzgebung für das Konkubinat keine spezielle Regelung vor. Es empfiehlt sich, für jedes Konkubinat klare Absprachen zu treffen und diese in einem schriftlichen ▶ *Konkubinatsvertrag* festzuhalten.

Konkubinatsvertrag
Hauptpunkte: Aufteilung der Kosten für Miete und Haushaltsführung, Erstellen einer Inventarliste, die Auskunft darüber gibt, wem welche Vermögensgegenstände gehören, gegenseitige Absicherung z. B. durch eine Lebensversicherung, durch die Errichtung eines ▶ *Testaments* oder eines ▶ *Erbvertrages* sowie das Vorgehen bei Trennung.

Konkurrenzfähigkeit
Fähigkeit, im Wettbewerb der Konkurrenz standzuhalten, also im freien Markt überleben zu können. Der Begriff wird für Unternehmen und Branchen, aber auch für Staaten (Standorte) gebraucht. Ein Unternehmen ist z. B. konkurrenzfähig, wenn seine Arbeitnehmerinnen und Arbeitnehmer über viel Know-how verfügen und gute Produkte herstellen.

Konkurs
Gegen Personen oder Gesellschaften, die im Handelsregister eingetragen sind, wird die ▶ *Betreibung* auf Konkurs angehoben. Umfassender Eingriff in das gesamte pfändbare Vermögen des Schuldners/der Schuldnerin mit dem Ziel, alle vorhandenen Vermögenswerte zu verwerten und den Erlös unter allen Gläubigern zu verteilen.

Konsens
Übereinstimmung der Meinungen

Konsum
Verbrauch von Gütern und Dienstleistungen

Konsumgüter
Untergruppe der wirtschaftlichen Güter. Sie werden verbraucht bzw. gebraucht und dienen der Bedürfnisbefriedigung (zum Beispiel Nahrungsmittel, Autos usw.).

Kontingent
Staatliche Massnahme zur Begrenzung der Einfuhr von Produkten, um das Angebot einzuschränken und inländische Produzenten und Produzentinnen zu schützen. Beispiele: Mengenbeschränkung bei der Milchproduktion, Importbeschränkungen für ausländischen Wein.

Kontotransfer
Kontoübertragung von einem Konto zum anderen.

Konvention
Abkommen, Übereinkunft. Beispiel: völkerrechtlicher Vertrag zwischen mehreren Staaten, mit rechtlichen, politischen oder wirtschaftlichen Inhalten. Beispiel: Europäische Sozialcharta.

Konvertibilität
Wechsel einer Währung (z. B. Franken) in eine andere Währung (z. B. Euro).

Konzern
Zusammenschluss von mehreren Unternehmen unter einer einheitlichen wirtschaftlichen Führung. Die einzelnen Unternehmen bleiben dabei rechtlich selbstständig.

Kooperation
Mitarbeit, Zusammenarbeit

Korruption
Bestechung. Moralisch verwerfliches Verhalten von Einzelpersonen oder Personengruppen, wobei versucht wird, sich mit ▶ *illegalen Mitteln* (z. B. Annahme von Schmiergeldern) persönlich zu bereichern oder Macht im Staat zu erwerben.

Kreativität
Fähigkeit, schöpferisch zu sein, zu denken und zu arbeiten. Hohes Mass an Phantasie, um neue Ideen zu entwickeln.

Kredit
Zeitweiliges Überlassen von Kapital (Geld) durch die Kreditgeberin (Gläubigerin) an den Kreditnehmer (Schuldner) gegen Bezahlung eines Zinses.

Kreditkauf
Verkäufer liefert Ware, bevor die Käuferin bezahlt. Bestellung und Lieferung einerseits und Zahlung andererseits fallen zeitlich nicht zusammen. Kaufpreis ist nach Übergabe des erworbenen Gegenstandes inner-

halb der vereinbarten Frist zu zahlen. Kreditkauf bedeutet jedoch nicht, dass das Geld von der Käuferin/vom Käufer irgendwo ausgeliehen werden muss. Bei einem Kreditkauf geht das Eigentum am Kaufgegenstand mit dessen Übergabe an die Käuferin/den Käufer über.

Kreditvertrag
Kreditgeber räumt dem Kreditnehmer einen Kredit bis zu einer vereinbarten Höhe (Kreditlimite) ein. Die Kreditnehmerin darf den Kredit bis zu dieser Höchstgrenze nach ihrem Belieben beanspruchen, d. h. innerhalb dieser Grenze kann die Höhe der Schuld steigen (Bezüge) und fallen (Rückzahlungen). Je nach Art des Kredits bestehen verschiedene Zinssätze. Eine wichtige Art eines Kredits ist der Konsumkredit. Dieser ist im Bundesgesetz über den Konsumkredit geregelt.

Kultur
Alle geistigen und künstlerischen Lebensäusserungen eines Volkes, beinhaltet aber auch eine umfassende Erziehung und Bildung des Menschen.

kulturspezifisch
Eine Kultur betreffend ▶ *Kultur*

Kumulieren
Kumulieren bei Wahlen bedeutet, den Namen eines Kandidaten auf der gleichen Parteienliste zweimal aufzuschreiben und dafür den Namen eines anderen Kandidaten derselben Liste zu streichen. Das Kumulieren von mehreren Kandidatinnen und Kandidaten ist erlaubt. Im Gegensatz zum Panaschieren gehen der Listenpartei durch das Kumulieren keine Parteistimmen verloren.

Kündigung
Willenserklärung einer Vertragspartei. Die Beendigung eines Dauerschuldverhältnisses, wie Arbeits- oder Mietvertrag. Ein unbefristetes Arbeitsverhältnis läuft so lange weiter, bis es von einer Vertragspartei gekündigt wird. Eine Kündigung im Arbeitsrecht ist grundsätzlich formfrei gültig, muss jedoch auf Verlangen begründet werden.

Kurswert
Verkaufs- bzw. Kaufwert einer ▶ *Aktie* beim Handel an der Börse. Kann über oder unter dem ▶ *Nennwert* der Aktie liegen, je nachdem, ob der Käufer/die Käuferin bereit ist, mehr oder weniger für das Wertpapier zu bezahlen.

Kurzaufenthalter
In der Schweiz arbeitende ausländische Arbeitskraft, die nur für einen bestimmten Arbeitsauftrag eine Arbeitsbewilligung in der Schweiz erhalten hat. Nach dieser kurzen Dauer muss sie wieder aus der Schweiz ausreisen. Die Anzahl der Kurzaufenthalter pro Jahr ist limitiert (▶ *Kontingent*).

Landschaft
In der Regel Kulturlandschaft, also ein mehr oder weniger abgeschlossener Bereich gestalteter und genutzter Natur. Dazu gehören auch vorhandene Bauten. Vom Menschen überhaupt nicht beeinflusste Naturlandschaften sind in der Schweiz kaum mehr anzutreffen.

Leasingvertrag
Mischform aus Miete und Kauf; gesetzlich nicht geregelt. Überlassung einer Sache auf eine bestimmte Zeit gegen ein (monatlich) in Teilbeträgen zu zahlendes Entgelt, wobei Gefahr und Instandhaltungslasten den Leasingnehmer treffen. Geleast werden kann heute praktisch alles: Auto, Computer, Investitionsgüter, Immobilien. Es ist üblich, die Rechte und Pflichten der Vertragsparteien in einem schriftlichen Leasingvertrag festzuhalten. Die monatliche Leasinggebühr ist umso teurer, je kürzer die Vertragsdauer ist und je grösser die Leistungen des Leasinggebers sind. Nach Ablauf der Vertragsdauer kann sich die/der Leasingnehmende für die Fortführung des Leasingvertrages zu stark reduzierten Leasingkosten, für den Erwerb des Leasingobjektes zu einem bescheidenen Preis, für die Rückgabe des Leasingobjektes oder für den Abschluss eines neuen Vertrages unter Anrechnung des erzielten Verkaufserlöses für das alte Leasingobjekt entschliessen.

Lebensarbeitszeit
Arbeitszeitmodell. Dabei wird berechnet, wie viele Stunden der Mitarbeiter oder die Mitarbeiterin bis zur Pensionierung (Ruhestand) noch zu arbeiten hat. Geleistete Mehrarbeit wird auf ein persönliches Zeitkonto gutgeschrieben. Bei Erreichen der geforderten Stundenzahl kann sich der Mitarbeiter oder die Mitarbeiterin vorzeitig in den Ruhestand versetzen lassen. Die Lebensarbeitszeit ist ein Beispiel für ein ▶ *Zeitsparmodell*.

Lebensqualität
▶ *Wohlfahrt*

Lebensraum
Ort, an dem eine Pflanzen- oder Tierart oder eine ganze Lebensgemeinschaft vorkommt. Tier oder Pflanze findet alle für das Überleben und Gedeihen notwendigen Bedingungen wie genügend Nahrung, Unterschlupf usw.

legal
Gesetzlich, nach dem Gesetz erlaubt.

Legalität
Gesetzmässigkeit. Die staatlichen Behörden und die Staatsbürgerinnen und Staatsbürger gestalten ihr Leben und Handeln nach der geltenden Rechtsordnung.

Legislative
Jene Institution in einem Staat, welche die Gesetze beschliesst und deren Änderungen vornimmt: das Parlament. In der Schweiz: die ▶ *Bundesversammlung* (Nationalrat und Ständerat).

Legislatur(periode)
Lateinisch: Gesetzgebung und Zeitabschnitt. Der Begriff umschreibt die Amtsdauer von gewählten Behörden. In der Schweiz dauert eine Legislaturperiode des Parlamentes (Gesetzgebende Behörde) vier Jahre.

Legitimation
Beglaubigung, rechtliche Anerkennung

Lehrvertrag
Wer eine Berufslehre machen will, muss mit dem Lehrmeister/der Lehrmeisterin einen Lehrvertrag abschliessen. Dieser hat mindestens die Art und Dauer der beruflichen Ausbildung, den Lohn, die Probezeit (ein bis drei Monate), die Arbeitszeit und die Ferien (bis zum 20. Altersjahr 5 Wochen) zu regeln. Schriftliche Form.

Leistungsabhängige Schwerverkehrsabgabe (LSVA)
Lastwagen müssen seit dem 1.1.2001 Abgaben entrichten für das Befahren von Schweizer Strassen. Die Abgaben richten sich nach Distanz der Fahrten, nach Ladung in Tonnen und nach Sauberkeit der Motoren.

Leitzins(satz)
Zur Steuerung der Geldmenge in einer Volkswirtschaft gewährt die ▶ *Nationalbank* den Geschäftsbanken Kredite. Für diese Kredite verlangt sie einen bestimmten Zins, auch Leitzins genannt. Der Leitzinssatz der Schweizer Nationalbank ist der ▶ *Lombardzinssatz* (Lombardsatz).

Liberalisierung
Heute versteht man darunter vor allem die Vereinfachung oder Abschaffung von Regelungen im Wirtschaftsbereich (z. B. längere Ladenöffnungszeiten, weniger Alkoholsteuern).

Liberalismus
Gesellschaftsform, bei der jeder einzelne Mensch sich in Freiheit entfalten können

soll (▶ *Aufklärung* des 18. Jahrhunderts). Der grösste Wohlstand würde nach den Ideen des Liberalismus dann erreicht, wenn jeder Mensch, von seinem eigenen Nutzen geleitet, wirtschaften könnte. Man geht davon aus, dass jeder/jede Einzelne eigenverantwortlich und vernunftgemäss handelt. Der Staat greift nicht ins Marktgeschehen ein.
▶ *Sozialismus* ▶ *Kapitalismus*

Lieferungsverzug
Bei Kaufverträgen, insbesondere bei Kreditkäufen, wird in der Regel eine Lieferfrist vereinbart. Falls diese nicht eingehalten wird, muss der Käufer/die Käuferin eine Nachfrist setzen.

Linksautonome
Unabhängige Interessengruppierungen mit linker politischer Grundhaltung.

Liquidität
Lateinisch: Flüssigkeit. Möglichkeit, Sachgüter schnell in Bargeld umzuwandeln. Der Begriff wird gebraucht im Zusammenhang mit der Fähigkeit einer Person oder einer Firma, ihre Zahlungsverpflichtungen fristgerecht zu erfüllen.

Lobby
Englisch: Wandelhalle im englischen Parlamentsgebäude. Bezeichnung für eine Interessengruppierung, welche Parlamentarierinnen und Parlamentarier sowie Behörden mit gezielten Informationen für ihre eigenen Interessen zu beeinflussen versucht (Beispiel: Bau-Lobby, Auto-Lobby usw.). Dies geschieht in der Schweiz z. B. während Gesprächen in den Wandelhallen des Bundeshauses.

Lohn
Der Arbeitgeber/die Arbeitgeberin ist verpflichtet, den vereinbarten Lohn zu zahlen, und zwar Ende jedes Monats, sofern nichts anderes verabredet oder üblich ist. Die Lohnhöhe unterliegt der freien Vereinbarung der Parteien, soweit nicht in
▶ *Normal-* oder ▶ *Gesamtarbeitsverträgen*
▶ *Mindestlöhne* vorgeschrieben sind.

Lohndumping
Ungerechtfertigtes Unterbieten von Löhnen. Mit Lohndumping wird manchmal versucht, Waren billiger (dank der tieferen Löhne) als die Konkurrenz anzubieten.

Lohnindex
Er zeichnet die durchschnittlichen Stundenverdienste der Arbeiter und die durchschnittlichen Monatslöhne der Angestellten auf.

Lombardkredit
Bezeichnung für kurzfristige ▶ *Darlehen* der ▶ *Nationalbank* an die Geschäftsbanken gegen Hinterlegung erstklassiger Wertpapiere (z. B. Obligationen). Der Zins, welcher dafür von den Geschäftsbanken bezahlt wird, heisst Lombardsatz und gilt als ▶ *Leitzinssatz*.

Luxusbedürfnisse
▶ *Wahlbedürfnisse*

Makler
Händler, Vermittler von verschiedenen Dienstleistungen. Häufig im Zusammenhang mit der ▶ *Börse* gebraucht (Börsenmakler).

makro
Gross, riesig

Makroökonomie
Bezeichnet die Wissenschaft von der Wirtschaft im Gesamten. Teil der Volkswirtschaftslehre.

Management
Führung oder Leitung eines Unternehmens durch Manager (Leiter eines grossen Unternehmens).

Mandat
Auftrag, Vollmacht, Amt (z. B. politisches Amt als Bundesrat).

Mängelrüge
Information des Verkäufers/der Verkäuferin durch Käufer über Mängel der Kaufsache. Aus der Mängelrüge muss für den Verkäufer verständlich hervorgehen, welche Mängel beanstandet werden. Grundsätzlich kann die Mängelrüge in beliebiger Form erhoben werden, doch empfiehlt sich aus Beweisgründen Schriftlichkeit. Die Mängelrüge ist innerhalb einer bestimmten Frist anzubringen. In der Mängelrüge gibt die Käuferin in der Regel ihre Ansprüche bekannt. Dabei kann sie zwischen drei Möglichkeiten wählen, sofern sie nicht vertraglich eingeschränkt wurden. Sie kann einerseits verlangen, dass der Kauf rückgängig gemacht wird (Wandelung), sie kann eine angemessene Preisermässigung fordern (Minderung) oder einwandfreien Ersatz verlangen (Ersatzlieferung).

Manipulation
Bewusstes und gezieltes Einflussnehmen auf einen Menschen, oft gegen dessen Willen.

Marketing
Ausrichten eines Unternehmens auf die Förderung des Absatzes durch Werbung, Beobachtung und Lenkung des Marktes sowie durch entsprechende Steuerung der eigenen Produktion. Marketing ist eine Unternehmungsphilosophie, die ein marktgerechtes und marktgerichtetes Denken, Planen und Arbeiten beinhaltet.

Markt
Ort, wo sich Anbietende und Nachfragende treffen. Zentrales Element der ▶ *Marktwirtschaft*. Auf dem Markt werden Kauf (▶ *Nachfrage*) und Verkauf (▶ *Angebot*) von Waren und Dienstleistungen abgewickelt.

Marktkonzentration
Zusammenballung der Produktionsfaktoren in einem ständig abnehmenden Kreis von Unternehmen.

Marktpreis
Der in Geld ausgedrückte Wert eines Gutes oder einer Dienstleistung, welcher auf dem Markt durch ▶ *Angebot* und ▶ *Nachfrage* entstanden ist. Der durchschnittliche Handelspreis einer Ware oder Dienstleistung.

Marktversagen
Marktwirtschaftliche (Fehl-)Steuerung, welche zu Benachteiligung gewisser Marktteilnehmenden oder zu Verschwendung knapper Mittel (Umweltgüter) führen kann.

Marktwirtschaft (freie)
Wirtschaftssystem, welches nach den Ideen des ▶ *Liberalismus* funktioniert. Dabei treffen die Haushalte und Unternehmen freie Entscheide über Konsum beziehungsweise Produktion von Gütern und Dienstleistungen. Sie treffen sich auf dem ▶ *Markt*, wo sie nach dem Prinzip von ▶ *Angebot* und ▶ *Nachfrage* die Marktpreise bestimmen.
▶ *soziale Marktwirtschaft*

Marxismus
Von Karl Marx (Schriftsteller und Politikphilosoph, 1818–1883) und seinem Mitstreiter Friedrich Engels (1820–1895) begründete politische Philosophie und Ideologie. Der Marxismus geht davon aus, dass die menschliche Geschichte aus dem Widerstreit jener, die über die Produktion von Gütern bestimmen, und jenen, die sie herstellen und kaufen, besteht. Eine Änderung der Machtverhältnisse ist nach dem Marxismus nur durch eine Revolution möglich.
▶ *Kommunismus* ▶ *Kapitalismus*

Materielle Bedürfnisse
Bedürfnisse materieller Art, also gegenständlich, z. B. das Bedürfnis nach einem neuen Snowboard, einem Videorecorder etc.

Medien
Einrichtung zur Übermittlung von Informationen, Meinungen etc. (z. B. Zeitungen, Radio, TV etc.).

Mehrwertsteuer (MwSt)
Indirekte ▸ *Steuer* auf Bundesebene, eingeführt am 1.1.1995. Dabei wird der Mehrwert eines Produktes besteuert, welcher durch Veredelung zwischen Einkaufs- und Verkaufspreis entsteht. Beispiel: Ein Schreiner kauft ein Stück Kiefernholz und fertigt daraus einen Stuhl, der mehr Wert besitzt als das ursprüngliche Stück Holz. Aktueller Steuersatz: 7.6 Prozent. In der Europäischen Union sind die entsprechenden Steuersätze viel höher und bewegen sich zwischen 15 bis 20 Prozent.

Meistbegünstigung
Grundregel im ▸ *GATT* und in der ▸ *WTO*: Handelsbegünstigungen (z. B. Zollsenkungen), die ein Land einem anderen gewährt, müssen automatisch an sämtliche GATT-Vertragsstaaten weitergegeben werden.

Miet-Kauf-Vertrag
Ein Gegenstand (TV, Stereoanlage u. a.) wird zuerst gemietet, später kann der Gegenstand gekauft werden. Die bezahlten Mieten werden in der Regel angerechnet.

Migration
Wanderbewegungen von Menschen oder ganzen Völkern, z. B. wegen wirtschaftlichen Vorteilen, Krieg, religiöser Verfolgung, Umweltkatastrophen oder Überbevölkerung.

mikro
Klein, winzig

Mikroökonomie
Bezeichnet die Wissenschaft der Wirtschaftsteilnehmenden (Verhalten eines Haushaltes/alle Haushalte, eines Unternehmens etc.) und der verschiedenen ▸ *Märkte* (▸ *Arbeitsmarkt*, ▸ *Kapitalmarkt* etc.). Teil der Volkswirtschaftslehre.

Militärkassationsgericht
Oberstes Militärgericht der Schweiz, welches Fälle aus dem Militärstrafrecht als oberste Instanz behandelt.

Milizsystem
Im Staat wird ein Amt als teilzeitliche Beschäftigung ausgeübt. Die Schweiz kennt das Milizsystem z. B. beim Parlament und bei der Armee.

Mindestlohn
Der in einem ▸ *Gesamtarbeitsvertrag (GAV)* festgelegte, vom Arbeitgeber/der Arbeitgeberin zu bezahlende Minimallohn.

Mobilität
Beweglichkeit (geistig und körperlich) von Personen oder Gruppen innerhalb einer Gesellschaft.

Monarchie
Staatsform, bei der eine einzelne Person, der Monarch oder die Monarchin, an der Spitze des Staates steht und in der Regel lebenslang die Herrschaft ausübt. In Europa verbreitet ist heute nur noch die parlamentarische Monarchie (z. B. in Grossbritannien, Belgien, Schweden, Spanien). Bei dieser Art von Monarchie ist der Monarch, die Monarchin zwar weiterhin eine symbolträchtige und repräsentative Figur, welche für die nationale Identität bedeutsam ist, der Staat ist aber demokratisch aufgebaut.

monetär
Geldmässig, das Geld betreffend

Monetarismus
Wirtschaftswissenschaftliche Theorie, welche in einer Volkswirtschaft der ▸ *Geldmenge M1* (Bar- und Giralgeld) eine sehr grosse Bedeutung beimisst. Die langfristige Steuerung der Wirtschaft erfolgt über die Regulierung der Geldmenge durch die ▸ *Nationalbank*. Eine kurzfristige Steuerung ist gemäss Monetarismus nicht möglich. Gegensatz ▸ *Keynesianismus*.

Monokultur
Anbauweise in der Landwirtschaft, wobei nur eine Nutzpflanze (z. B. Weizen, Mais) angebaut wird.

Monopol
Alleiniger Anbieter eines Gutes auf dem Markt.

Moral
Normen, Sitten und Gebräuche einer bestimmten Kultur bzw. Gesellschaft. Die Moral schreibt ein bestimmtes Verhalten vor, z. B. «Du sollst nicht töten».

Moratorium
Gesetzlich vereinbarter Aufschub.

Multi
Im wirtschaftlichen Sprachgebrauch die Kurzform für «Multinationales Unternehmen». Firma, welche in mehreren Ländern tätig ist.

multikulturell
Verschiedene Kulturen von Menschen betreffend, welche z. B. in einem Staat zusammenleben. Sie unterscheiden sich u. a. in Sprache, Staatszugehörigkeit, Esskultur oder Religion.

multilateral
Lateinisch: mehrere Seiten betreffend. Wird in der Politik verwendet, um die Vielfalt der Beziehungen der Länder oder Organisationen untereinander zu bezeichnen. ▸ *bilateral* ▸ *multilaterale Aussenpolitik*

multilaterale Aussenpolitik
(Mehrseitige) Beziehungen zwischen mehreren Staaten, in der Regel im Rahmen internationaler Organisationen (z. B. Aktivitäten in der UNO, OSZE).

Multioptionsgesellschaft
Menschen haben auf allen Ebenen des Konsums und des Freizeitangebotes unzählige Wahlmöglichkeiten.

multipolar
Mehrpolig, mehrere Gegensätze

Mündigkeit
Mündig ist, wer das 18. Altersjahr zurückgelegt hat (vgl. Art. 14 des Schweizerischen Zivilgesetzbuches). Durch den Entscheid einer Behörde kann eine Person unter bestimmten Voraussetzungen entmündigt werden. Unmündige und Entmündigte werden durch ihre Eltern oder ihren Vormund vertreten, sie selbst können nicht rechtswirksam handeln. Es stehen auch den Unmündigen oder Entmündigten gewisse Rechte zu: Bürgerrecht, sind Träger eines Namens, sie können ein Vermögen haben usw.

Mythos
Sage, Erzählung aus einer frühen Epoche eines Volkes.

Nachfrage
Bezeichnung für die Menge aller Güter und Dienstleistungen, die auf dem ▸ *Markt* von Nachfragern (z. B. Konsumentin) zu einem bestimmten Preis gekauft werden.

Nachtwächterstaat
Theoretische, extreme Staatsform, bei welcher der Staat nur noch polizeiliche («Nachtwächter») Funktionen übernimmt.

Nahrungskette
Nahrungskette bedeutet vereinfacht: Fressen und gefressen werden.

Nanotechnik
«Nano» (griechisch), bezeichnet «das ganz Kleine». Technik, die mit den allerkleinsten Einheiten arbeitet.

Nationalbank
Auch Zentralbank oder Notenbank genannt. Vom Staat unabhängige Bank mit besonderen wirtschaftspolitischen Aufgaben.

Hat gemäss ▶ *Bundesverfassung* (Art. 99) folgende Aufgaben: Regelung des Geldumlaufes (Ausgabe von Münzen und Bargeld), Erleichterung des Zahlungsverkehrs, Führung einer unabhängigen ▶ *Geld-* und ▶ *Währungspolitik,* Bildung von Währungsreserven, Abgabe eines Teils des Reingewinns an die Kantone.

Nationalismus, nationalistisch
Starkes bis übersteigertes Nationalbewusstsein (oft einhergehend mit Intoleranz gegenüber anderen Nationen und eigenen Machtansprüchen) eines Volkes gegenüber der eigenen Nation (Staat). Beispiel: ▶ *Nationalsozialismus* unter Hitler in Deutschland.

Nationalsozialismus
Extreme politische Bewegung in Deutschland nach dem ersten Weltkrieg bis 1945. Sie äusserte sich vor allem unter Hitler im ▶ *Nationalismus,* ▶ *Rassismus,* Grossmachtansprüchen und dem ▶ *Holocaust.*

Natürliche Personen
Lebende Menschen jeden Alters, Geschlechts oder staatlicher Zugehörigkeit. Gemäss Artikel 31 des Schweizerischen Zivilgesetzbuches beginnt die Persönlichkeit mit dem Leben nach der vollendeten Geburt und endet mit dem Tode. Einer natürlichen Person kommt die volle Rechtsfähigkeit zu.

NEAT
Abkürzung für Neue Alpen-Transversale. Die Schweiz baut bis ca. im Jahre 2010 Eisenbahnlinien durch den Gotthard und den Lötschberg (inklusive Anschlüsse) mit dem Ziel, den Schwerverkehr (Lastwagen) von der Strasse weg auf die Schiene zu bringen.

Nennwert
Aufgedruckter Geldbetrag auf einer ▶ *Aktie.* Er stellt den Anteil am Grundkapital einer Aktiengesellschaft dar, den ▶ *Kurswert.*

Neoliberalismus
Begriff aus der Wirtschaftswissenschaft. Er beschreibt eine Neuorientierung eines Staates hin zu den Ideen des ▶ *Liberalismus.*

Neutralität
Nichtbeteiligung eines Staates an einem Krieg oder sonstigem Konflikt.

Neuwert
Anschaffungswert eines Gutes; wird im Zusammenhang mit ▶ *Abschreibung* gebraucht (Neuwertabschreibung, auch lineare oder gleichmässige Abschreibung genannt).

Nominallohn
Rein geldmässiger Lohn, welcher nichts über die ▶ *Kaufkraft* aussagt.

Normalarbeitsvertrag
Rechtsverordnungen und somit gesetzliche Bestimmungen; enthalten Vorschriften über Abschluss, Inhalt und Beendigung einzelner Arten von Arbeitsverhältnissen. Es handelt sich um eine Art Mustervertrag, der für die betroffenen Arbeitsverhältnisse unmittelbar gilt und solange verbindlich ist, als nicht durch Parteiabsprache andere Vereinbarungen beschlossen werden.

Normen
Allgemein anerkannte Regeln oder Vorschriften für das gesellschaftliche Leben, meist in Form sittlicher oder rechtlicher Gebote oder Verbote.

Notenbank
▶ *Nationalbank*

Notenbankgeldmenge
Sie besteht aus dem Bargeld und der Mindestreservegeldmenge aller inländischen Geschäftsbanken bei der Schweizerischen ▶ *Nationalbank.* Dieses Geld zählt zum Wirtschaftskreislauf. 1997 betrug die Notenbankgeldmenge rund 32 Mrd. Franken.

Notenmonopol
Alleiniges Recht des Staates, Geldnoten zu drucken.

Obligation
Verpflichtung, Schuld: z. B. Schuld der Bank gegenüber dem Käufer/der Käuferin einer Obligation.

Obligationenrecht
Teil des ▶ *Privatrechts.* Formell gesehen ist das Obligationenrecht ein eigenes Werk, materiell gesehen bildet es den fünften Teil des Schweizerischen ▶ *Zivilgesetzbuches.* Inhalt: allgemeine Regeln über die Rechtsgeschäfte, spezielle Vertragsverhältnisse (Kauf und Tausch, Miete, Pacht, Leihe, Arbeits- und Werkvertrag usw.), das Recht der Handelsgesellschaften sowie das Wertpapierrecht.

OECD
Engl.: «Organization for Economic Cooperation and Development», Deutsch: «Organisation für wirtschaftliche Zusammenarbeit und Entwicklung». Internationale Organisation zur Sicherung und Koordination der wirtschaftlichen Entwicklung in den westlichen Industrieländern. Gegründet 1961, entstanden aus der 1948 gegründeten Vorgängerorganisation «OEEC» (Organisation für europäische wirtschaftliche Entwicklung), die den Wiederaufbau nach dem Zweiten Weltkrieg koordinierte.

öffentlicher Haushalt
Einnahmen und Ausgaben der Behörden (in der Schweiz: Bund, Kantone und Gemeinden). Gegensatz ▶ *privater Haushalt.*

öffentlicher Verkehr
Verkehrsmittel, welche der Staat unterhält, z. B. Eisenbahn, Postauto.

öffentliches Recht
Regelt die Rechtsbeziehungen zwischen den Gemeinwesen (Bund, Kantone, Gemeinden) untereinander und jene zwischen den Gemeinwesen und den Bürgerinnen und Bürgern. Zudem regelt es die Rechtsbeziehungen zwischen den einzelnen Staaten. Zum Beispiel ▶ *Staatsrecht,* ▶ *Verwaltungsrecht,* ▶ *Völkerrecht,* ▶ *Prozessrecht* und ▶ *Strafrecht.* Gegensatz ▶ *Privatrecht*

Ökodumping
Rücksichtslose Abschwächung von Umweltschutzvorschriften oder Tierschutzbestimmungen für die wirtschaftlich günstigere Produktion von Gütern. Beispiel: Giftige Abwässer einer Fabrik dürfen dank einer Ausnahmebestimmung im Gewässerschutzgesetz in einen Fluss geleitet werden. ▶ *Dumping*

Ökologie, ökologisch
Lehre von den Wechselbeziehungen zwischen den Lebewesen und ihrer Umwelt, vom ungestörten Haushalt der Natur.

Ökonomie
Wirtschaft

ökonomisch
▶ *wirtschaftlich*

Ökosteuer
Finanzielle Abgabe, die auf dem Verbrauch von «Umwelt», nicht erneuerbarer Energieträger (Erdöl, Benzin, Erdgas, Uran), erhoben wird. Ihr Ziel ist es, die Umweltbeeinträchtigung, z. B. den Energieverbrauch, zu reduzieren.

Ökosystem
Lebensgemeinschaft (Pflanzen, Tiere) und unbelebte (abiotische) Umwelt bilden zusammen ein Ökosystem, bestehend aus einzelnen Elementen (Systemkomponenten), die in verschiedenen Wechselbeziehungen zu einander stehen.

Oligopol
Form eines ▶ *Monopols,* bei dem der Markt von einigen wenigen Unternehmen beherrscht wird.

OPEC (Organization of Petroleum Exporting Countries)
Organisation Erdöl exportierender Länder (11 Mitgliedstaaten), gegründet 1960. Sie strebt eine Stabilisierung der Weltmarktpreise für Erdöl auf einem fairen Niveau an. Dazu reguliert sie in gemeinsamen Absprachen die Förderung der Erdölmengen.

Opportunitätskosten
Lateinisch: Zweckmässigkeit in einer Situation. Weil der Mensch mit den knappen Gütern haushälterisch umgehen muss, ist er gezwungen, sich stets zwischen mehreren Möglichkeiten zu entscheiden. Bezeichnen jeweils den entgangenen Nutzen jener Möglichkeiten, welche nicht genutzt wurden.

Opposition
Widerspruch, Widerstand. In der Politik werden damit alle Parteien bezeichnet, die nicht an der Regierung beteiligt sind.

optimistisch
Zuversichtlich bezüglich der Zukunft

Ordnungspolitik
Gestaltung der wirtschaftlichen (und gesellschaftlichen) Ordnung eines Staates. Der Staat schafft somit die Rahmenbedingungen für wirtschaftliches und menschliches Handeln (z. B. ▶ Sozialpolitik, Wettbewerbspolitik).

Organisationen der Arbeitswelt (OdA)
Zuständige Arbeitnehmer- resp. Arbeitgeberorganisationen, früher Berufsverbände oder Sozialpartner genannt.

OSZE
Organisation für Sicherheit und Zusammenarbeit in Europa.

Outsourcing
Auslagern von Teilen eines Betriebes oder von Betriebsabläufen (z. B. Putzen der Eisenbahnwaggons der SBB durch eine andere Firma).

Ozon
Besondere Form von Sauerstoff (O_3), der unter anderem in der Atmosphäre der Erde als Schutz gegen schädigende Sonnenstrahlen vorhanden ist (▶ Ozonschicht). Vor allem durch Fluorkohlenwasserstoffe (▶ FCKW) wird die Ozonschicht zerstört. Für die Menschen nimmt das Hautkrebsrisiko zu. Davon zu unterscheiden ist das bodennahe Ozon, welches durch den Strassenverkehr entsteht und zu Atemwegerkrankungen führen kann.

Pakt
Vertrag, Übereinkommen

Panaschieren
Panaschieren bei Wahlen bedeutet, auf einer Parteienliste einen Namen zu streichen und durch den Namen einer Kandidatin oder eines Kandidaten einer anderen Parteienliste zu ersetzen. Dabei nehmen die panaschierten Kandidatinnen und Kandidaten ihre Parteistimmen mit und schwächen so die Partei, auf deren Liste sie neu stehen. Mehrmaliges Panaschieren ist erlaubt.

Parität
Lateinisch: Gleichheit; bedeutet Gleichsetzung und wird in verschiedenen Bereichen gebraucht:
1. politisch: Bei der Zusammensetzung einer Kommission werden verschiedene Gruppierungen gleichberechtigt (Beispiel: Parteien, Frauen) berücksichtigt.
2. wirtschaftlich: Bezeichnung für das Tauschverhältnis zwischen verschiedenen Währungen, welches im aktuellen Wechselkurs sichtbar wird.

Parlament
Legislative, gesetzgebende Gewalt in einer Demokratie. Beispiel Schweiz: National- und Ständerat auf Bundesebene.

Parlamentarische Versammlung
Das Parlament des Europarates. Sitz in Strassburg.

Parole
Wahlspruch, wird u.a. von den Parteien bei Abstimmungen und Wahlen herausgegeben zur Meinungsbildung der Bevölkerung.

Parteilosigkeit
Verhalten z. B. eines Staates, bei welchem weder Interessen der einen noch der anderen Partei (Staat) vertreten werden.

Parteistimmen
Alle Stimmen einer Partei, welche die Kandidatinnen und Kandidaten der betreffenden Partei erhalten, zuzüglich der Zusatzstimmen (= Parteistimmen ohne Namensbezeichnung einer Kandidatin oder eines Kandidaten).

Partial(revision)
Teilrevision. Durch eine ▶ Initiative kann z. B. eine Teilrevision (Änderung einzelner Artikel) der ▶ Bundesverfassung verlangt werden.

Patchworkfamilie
Familienähnliche Lebensgemeinschaft, deren Mitglieder (Erwachsene und Kinder) geschieden sind oder aus früheren Beziehungen stammen.

Patriotismus
Ausdruck für eine enge gefühlsmässige Bindung an die eigene Nation, bestimmt durch Werte, Traditionen und Bräuche.

Pazifismus
Weltanschauung, welche Anwendung von Gewalt und somit jeden Krieg als Mittel der Interessendurchsetzung ablehnt.

Peacekeeping
Englisch: Frieden erhaltend, z. B. mit Interventionstruppen, welche in einem Land bleiben, um eine rechtsstaatliche Ordnung aufrechtzuerhalten (Bosnien-Einsätze der Schweizer Gelbmützen).

Pensionskasse
▶ berufliche Vorsorge

permanent
Ständig, dauernd

Personenkilometer
Anzahl Kilometer, die von allen transportierten Personen insgesamt pro Jahr zurückgelegt wurden.

Personenrecht
1. Teil des Zivilgesetzbuches (ZGB). Umfasst natürliche und juristische Personen (Personenvereinigungen wie Vereine, Aktiengesellschaften, Genossenschaften).

pessimistisch
Gegenüber der Zukunft negativ eingestellt.

Petition
Bezeichnung für eine Eingabe, Bittschrift oder einen Antrag in irgendeiner Sache an eine dafür zuständige Behörde. Das Recht, eine Petition einzureichen, hat in der Schweiz jede Person (BV Art. 33), auch Minderjährige. Petitionen sind nur Anregungen. Sie müssen nicht beantwortet werden.

Pfändung
Die ▶ Betreibung auf Pfändung ist die gewöhnliche Betreibungsart und wird immer dann angewendet, wenn weder die Betreibung auf ▶ Konkurs noch die Betreibung auf Pfandverwertung zur Anwendung kommt. Sie richtet sich in der Regel gegen Privatpersonen. Dabei werden so viele Vermögenswerte des Schuldners/der Schuldnerin herangezogen, als für die Begleichung der geltend gemachten Forderung notwendig sind. In erster Linie wird das bewegliche Vermögen gepfändet. Unpfändbar sind so genannte Kompetenzstücke. Darunter versteht man die dem Schuldner/ der Schuldnerin und seiner/ihrer Familie zum persönlichen Gebrauch dienenden Gegenstände

wie Kleider, Möbel und andere bewegliche Sachen, soweit sie unentbehrlich sind (Werkzeuge, Instrumente und Bücher für die Berufsausübung, Fürsorgeleistungen u. ä.).

Pfandverwertung
Die ▸ *Betreibung* auf Pfandverwertung wird dann angehoben, wenn der Gläubiger/die Gläubigerin zur Sicherung seiner/ihrer Geldforderung vom Schuldner bereits ein Pfand (▸ *Faustpfand* oder ▸ *Grundpfand*) besitzt. Sie bezweckt, die dem Gläubiger/der Gläubigerin bestellten Grund- oder Faustpfänder zu verwerten und ihn/sie aus dem Erlös zu befriedigen.

Pflichtteil
Der Erblasser/die Erblasserin kann nicht beliebig über seinen/ihren Nachlass verfügen, da von Gesetzes wegen Pflichtteile bestehen, die nicht verletzt werden dürfen. Der Anspruch der gesetzlichen Erben darf somit nur bis zum Pflichtteil geschmälert werden. Für Nachkommen beträgt der Pflichtteil 75 Prozent des gesetzlichen Erbanspruches, für jeden Elternteil und den überlebenden Ehegatten 50 Prozent. Geschwister haben keinen Pflichtteilsanspruch.

Plebiszit
Volksentscheid

Pluralismus, pluralistisch
Vielgestaltig, vielfältig. Beispiel Schweiz: verschiedene geografische Gegebenheiten (Jura, Mittelland, Alpen), 26 verschiedene Kantone, 4 Sprachregionen, viele Parteien, verschiedene Bevölkerungsschichten usw.

politische Gemeinde
Die politische Gemeinde oder Einwohnergemeinde umfasst alle im Gemeindegebiet wohnhaften Personen.

Polizeistaat
Ein Staat, in dem ein mächtiger Polizeiapparat, oft unterstützt durch eine Geheimpolizei, nicht genehme Personen oder Personengruppen überwacht und verfolgt. Diese sind schutzlos der Macht und der Willkür der Staatsgewalt ausgeliefert. ▸ *Diktaturen* bezeichnet man als Polizeistaaten.

Portfolio
Bestand an Wertpapieren (▸ *Aktie*, ▸ *Obligation*), den eine Person oder ein Unternehmen besitzt. Das Portfolio (auch Portefeuille) ist meist vielfältig zusammengestellt, enthält also Wertpapiere von verschiedenen Unternehmen.

Präambel
Einleitung, feierliche Absichtserklärung als Verfassungseinleitung.

Prävention, präventiv
Vorbeugung, Verhütung

Primärenergie
Energie aus natürlich vorkommenden Energieträgern, z. B. Wasserkraft, Rohöl.

Primärsektor
Der (geschichtlich gesehen) erste Bereich der menschlichen Wirtschaft: die Landwirtschaft.

Private Vorsorge
Neben der Alters- und Hinterlassenenversicherung (▸ *AHV*) sowie der Invalidenversicherung («Erste Säule») und der ▸ *beruflichen Vorsorge* («Zweite Säule») die «Dritte Säule» der Vorsorge. Zweck: die staatliche und berufliche Altersvorsorge ergänzen und den persönlichen Wahlbedarf decken. Dies kann in Form von Sparkonti, dem Kauf von Wertschriften, dem Kauf von Grundeigentum oder mit dem Abschluss von Lebensversicherungen geschehen. Die private Vorsorge wird steuerlich begünstigt.

privater Haushalt
Bezeichnung für die Einnahmen und Ausgaben von Unternehmen und normalen privaten Haushalten. Gegensatz ▸ *öffentlicher Haushalt*.

Privatisierung
Prozess, wenn aus einem staatlichen, öffentlichen Unternehmen oder einer Institution eine private Firma gemacht wird. Beispiele: Spitäler, Telecom, Eisenbahnen usw.

Privatrecht
Ordnet die Rechtsbeziehungen von gleichgestellten ▸ *natürlichen* oder ▸ *juristischen Personen* und ihren Gütern. Gelegentlich kann auch der Staat als Subjekt des Privatrechts (als gleichberechtigte Partei) in Erscheinung treten (z. B. als Mieter, Käuferin, Arbeitgeber). Zum Privatrecht gehören im Wesentlichen das ▸ *Zivilgesetzbuch* (ZGB) und das ▸ *Obligationenrecht* (OR). Die privatrechtlichen Rechtsverhältnisse beruhen grundsätzlich auf der Gleichheit und Freiwilligkeit der Beteiligten, darum ist das häufigste Rechtsinstrument des Privatrechts der ▸ *Vertrag*. Gegensatz ▸ *öffentliches Recht*

Produktionsfaktoren
Zur Herstellung von Gütern und Dienstleistungen benötigte Faktoren: Boden/Umwelt, Arbeit, Kapital, Wissen/Humankapital.

Produktivität
Leistungsfähigkeit, Schaffenskraft. Sie bezeichnet den Produktionsausstoss gemessen an den eingesetzten Produktionsmitteln (z. B. Arbeit). Sie kann ermittelt werden für einzelne Produktionsvorgänge, für einen Betrieb, einen Wirtschaftszweig oder eine Volkswirtschaft.

profilieren
Seine Fähigkeiten für einen bestimmten Aufgabenbereich entwickeln und zeigen, sich einen Namen machen.

Profit
Nutzen oder Gewinn, den man aus einer Sache oder Tätigkeit erzielt.

Prognose
Vorhersage einer zukünftigen Entwicklung, z. B. mittels Auswertung von Statistiken.

progressiv
Fortschrittlich; Gegensatz: konservativ.

Proletariat
(Ehemalige) Bezeichnung für die wirtschaftlich abhängigen Arbeitnehmer eines Landes.

Protektionismus
Aussenhandelspolitik eines Landes, welche bestimmte inländische Wirtschaftsbereiche gegen ausländische Konkurrenz schützt (Schweiz: Schutz des Weinanbaus und -verkaufs). Dies geschieht durch hohe Schutzzölle und Importbegrenzungen für ausländische Güter.

Prozesspolitik
Politik des Staates, die Prozesse in Wirtschaft und Gesellschaft zu beeinflussen (behindern, antreiben oder in eine Richtung lenken). Z. B. ▸ *Konjunkturpolitik* ist Prozesspolitik, da der Wirtschaftsprozess beeinflusst wird.

Prozessrecht
Regelt das Verfahren der mit der Rechtsprechung betrauten Behörden. Die Durchführung eines Rechtsstreites vor einem Gericht nennt man Prozess. Man unterscheidet je nach Streitgegenstand drei Hauptarten von Prozessen: den Strafprozess, den Zivilprozess und das verwaltungsrechtliche Verfahren. Die mit der Rechtsprechung betrauten Behörden sind im Zivil- und Strafprozess die Gerichte, während bei verwaltungsrechtlichen Streitigkeiten in erster Linie Verwaltungsbehörden, Rekurskommissionen und Verwaltungsgerichte für die Entscheidung zuständig sind.

Rassismus
Fremdenfeindlichkeit; beinhaltet ein übersteigertes Rassenbewusstsein und wird oft mit einer ▸ *Ideologie* gerechtfertigt (z. B. Nationalsozialisten gegen die Juden) und kann im Extremfall zum ▸ *Genozid* führen.

Rassismus wendet sich z. B. gegen Menschen mit anderer Hautfarbe, anderer Religion oder anderen kulturellen Werten. In der Praxis kann sich rassistisches Verhalten z. B. in Einstellungen, Worten oder Handlungen äussern. Im Strafgesetzbuch (StGB, Art. 261 Absatz 2) der Schweiz werden Rassismusverstösse geahndet.

Rate
Teilbetrag, Teilzahlung. Beispiel: Teuerungsrate. Bezeichnet auch den Teilbetrag einer Kaufsumme, welche beim Abzahlungsvertrag geleistet werden muss.

Ratifizierung, Ratifikation
Bestätigung, Genehmigung. Völkerrechtliche Vereinbarung (Gesetz, Vertrag, Abkommen usw.) wird durch die Legislative eines Staates genehmigt und danach von der Regierung in Kraft gesetzt (z. B.: Bilaterale Abkommen Schweiz – EU).

Rationalisierung
Straffung oder Vereinheitlichung von wirtschaftlichen Prozessen, wobei alte Verfahren durch neue, verbesserte Methoden ersetzt werden. Damit wird eine Produktivitätssteigerung angestrebt, oft verbunden mit der Streichung von Arbeitsplätzen.

Raumplanung
Bezeichnung für die strukturierte Planung von Landflächen durch Behörden zum Schutz des vorhandenen Bodens. Beispiel: Der Gemeinderat erlässt ein Reglement zur Raumplanung in der Gemeinde. Dabei wird unterschieden zwischen Landwirtschafts-, Industrie- oder Wohnzonen usw.

Raumsicherung
Zentral geführte Einsätze der Armee zur Sicherung z. B. der Landesgrenzen oder des Luftraumes, ohne dass Krieg herrscht.

Reallohn
Lohn unter Berücksichtigung der ▸ *Kaufkraft* (Nominallohn minus ▸ *Teuerung*).

Recherche
Suche, Nachforschung

Rechtsfähigkeit
Träger von Rechten und Pflichten. Rechtsfähig sind alle ▸ *natürlichen* und ▸ *juristischen Personen* (vgl. Art. 11 des Schweizerischen Zivilgesetzbuches).

Rechtsmittel
Juristische Mittel, um Gerichts- oder Verwaltungsentscheide anfechten zu können und von der nächsthöheren Instanz beurteilen zu lassen. Beispiele: Berufung, Nichtigkeitsbeschwerde, Revision.

Rechtsöffnung
Wenn der Schuldner in einem Betreibungsverfahren ▸ *Rechtsvorschlag* erhoben und somit das Betreibungsverfahren vorläufig gestoppt hat, kann die Gläubigerin unter gewissen Voraussetzungen in einem abgekürzten Verfahren Rechtsöffnung verlangen. Dazu benötigt sie schriftliche Beweismittel für das Bestehen der Schuld. Diese Beweismittel nennt man Rechtsöffnungstitel. Mit dem Gesuch um Rechtsöffnung muss sich der Schuldner an die Richterin wenden.

Rechtsradikale
Gruppierungen mit extremer rechter politischer Grundhaltung, die sich u. a. in Fremdenhass und Verehrung des nationalsozialistischen Gedankengutes äussert.

Rechtsstaat
Recht und Gerechtigkeit sind als Leitideen in der Verfassung und in der Rechtsordnung festgelegt. Die Ausübung der Staatsgewalt beruht auf mehreren Pfeilern.
▸ *Gewaltenteilung*

Rechtsstaatlichkeit
Der Staat erlässt Gesetze und hat die Macht, diese durchzusetzen. Andererseits garantiert er die Inhalte der geltenden Gesetze.

Rechtsvorschlag
Schuldner/Schuldnerin kann im Betreibungsverfahren eine Forderung ganz oder teilweise bestreiten. Er/sie muss dies innert zehn Tagen nach Zustellung des ▸ *Zahlungsbefehls* tun. Eine Begründung ist nicht notwendig. Die Betreibung wird vorläufig eingestellt.

Recycling
Englisch: Wiederverwendung. Wiedereinbringen bereits verwendeter Rohstoffe, Abfälle oder Nebenprodukte in einen Produktionskreislauf. Diese werden aufbereitet und für neue Produkte (Güter) benutzt. Die Rückführung in den Produktionsprozess geschieht zum Beispiel mit: Batterien, PET, Papier, Kleiderstoff, Glas, organischen Abfällen, Ölen, Fetten.

Referendum
Ein Volksrecht in der Schweiz. Volksabstimmung über einen Beschluss des Parlaments.

Regress
Rückforderung

Rendite
Jahresertrag eines angelegten Kapitals, Gewinn (Beispiel: Zins bei Sparkonto).

Repogeschäft (Repurchase Agreement)
Die ▸ *Nationalbank* kauft bei den Geschäftsbanken ▸ *Obligationen* und vereinbart gleichzeitig den Zeitpunkt des Rückkaufs. Für die Dauer bis zum Rückkauf zahlen die Geschäftsbanken einen Zins (Repozins). Die Obligationen dienen der Nationalbank als Sicherheit.

Repräsentant
Vertreter/Vertreterin (einer Gruppe, eines Volkes).

Repräsentation
Vertretung eines Staates auf gesellschaftlicher Ebene.

Republik
Staatsform, in der das Volk oder ein Teil davon (z. B. eine Partei) Träger der Staatsgewalt ist.

Resolution
Beschluss

Ressourcen
Grundlegende Produktionsmittel (Hilfsquellen, Hilfsmittel) in der Wirtschaft. Im engeren Sinn: Reserven materieller Art (Rohstoffe, Kapital); im weiteren Sinn ungenütztes Entwicklungspotenzial (Bildung, Kompetenzen usw.).

Revision, revidieren
prüfen, abändern, korrigieren, erneuern. Beispiel: Die ▸ *Bundesverfassung* der Schweiz wurde 1874 und 1999 den modernen Bedürfnissen des Staates angepasst und völlig erneuert.

Revolution
Umsturz einer bestehenden Rechtsordnung, wenn nötig unter Anwendung von Gewalt. Beispiele: Französische Revolution gegen König Louis XVI im Jahr 1789 mit Gewalt; Revolution durch Massenproteste gegen Präsident Slobodan Milosevic in Serbien im Jahr 2000 ohne Gewalt.

Rezession
Wirtschaftskrise. Das ▸ *Bruttoinlandprodukt* geht zurück oder bleibt stabil. Teil des ▸ *Konjunkturzyklus*. ▸ *Depression*

Rollenverteilung
Aufteilung der Erwerbs- und Nichterwerbsarbeit (Haushalt, Kinderbetreuung) zwischen Mann und Frau.

Sachenrecht
4. Teil des Zivilgesetzbuches (ZGB), umfasst Eigentum, Besitz. ▸ *Grundpfand*

saisonell
Im Zusammenhang mit der Wirtschaft: Je nach Jahreszeit werden mehr oder weniger

Arbeitskräfte gebraucht (z. B. Bausektor im Winter, Gastgewerbe). ▶ *Arbeitslosigkeit*

Saisonier
Ausländische Arbeitskräfte, welche nur für eine Saison (Sommer oder Winter o. ä.) eine Arbeitsbewilligung für die Schweiz erhalten.

Sanierung
Renovation

Scheidung
▶ *Ehescheidung*

Schuldbetreibungs- und Konkursgesetz
Regelt das Zwangsvollstreckungsrecht, das gesetzliche Verfahren, mit dem eine Gläubigerin gegen einen Schuldner, der seinen Verpflichtungen nicht nachkommt, ihre Forderung durch staatliche Zwangsmassnahmen durchsetzen kann. Die einzelnen Verfahrensschritte der ▶ *Betreibung* sind genau geregelt und an Fristen gebunden.

Schulgemeinde
Eine Behörde, welche für die Betreuung des Schulwesens zuständig ist (Schulpflege, Schulkommission).

Schwarzarbeit
Gesetzlich verbotene Arbeit, weil keine entsprechenden Lohnausweise ausgestellt und keine Sozialbeiträge bezahlt werden.

Schweizerische Nationalbank
▶ *Nationalbank*

Schwellenländer
Relativ weitgehend industrialisierte ▶ *Entwicklungsländer*. Beispiele: China, Indien.

seco
Staatssekretariat für Wirtschaft

Sekundärenergie
Energie, die durch Umwandlung aus ▶ *Primärenergie* entstanden ist, z. B. Elektrizität aus Solarzellen, aus Atomkraftwerken/Uran.

Sekundärsektor
Industrie (Manufakturen/Fabriken). Nach der Landwirtschaft historisch als zweiter Wirtschaftsbereich entstanden.

Sekundarstufe I
Obligatorische Schulzeit, sechste bis neunte Klasse.

Sekundarstufe II
Nachobligatorische Schulzeit ab 10. Schuljahr: Berufsschulen aller Typen, Gymnasien, Diplommittelschulen, Handelsmittelschulen u. a.

Selbstmarketing
Sich selber vermarkten, das heisst verkaufen können (bei der Stellenbewerbung, im Beruf, in der Freizeit usw.).

Separatismus
Bezeichnung für das Streben nach Abtrennung, insbesondere die Abtrennung von Gebieten innerhalb eines Staates zur Bildung eines neuen Staates. Beispiel: Basken in Spanien, Kosovo-Albaner in Serbien, Palästinenser in Israel.

Service public
Französisch für «Öffentliche Dienstleistungen». Alle Dienstleistungen, welche ein Staat seinen Bürgerinnen und Bürgern anbietet: Verkehrsverbindungen, Telefonnetz, Informationsangebot (Radio und Fernsehen usw.).

Session
Zusammenkunft; Sitzung. National- und Ständerat treten pro Jahr viermal zu Sessionen zusammen, welche in der Regel 3 Wochen dauern.

Shareholder Value
Shareholder (engl.) bedeutet Aktionär; value (engl.) Wert. Beschreibt die langfristige und nachhaltige Schaffung von Unternehmensmehrwert zu Gunsten der ▶ *Aktionäre* und *Aktionärinnen*. Ihre Interessen stehen im Vordergrund. Dadurch wird zum Teil ein Abbau von Arbeitsplätzen in Kauf genommen. Gegensatz ▶ *Stakeholder Value*

Siedlungsfläche
Gebäude, Industrieareale, Verkehrsflächen, Erholungs- und Grünanlagen; nach den Bedürfnissen der Menschen gestaltet.

Sitte, sittlich
Verhalten, z. B. mit Besteck essen, einander grüssen etc.

SMI
Swiss Market Index. Aktienindex, welcher bedeutende Firmen und Gesellschaften beinhaltet, die an den Schweizer Börsen gehandelt werden. ▶ *Index*

Smog
Abkürzung aus den englischen Wörtern «smoke» (Rauch) und «fog» (Nebel). Bezeichnet eine dicke Dunstglocke aus Rauch- und Schmutzteilchen über Industriestädten.

Solidarität
Zusammengehörigkeitsgefühl, Übereinstimmung. Bezeichnung für gegenseitige Hilfestellungen von Gruppenmitgliedern untereinander. Beispiel: Solidarität aller Prämienzahlerinnen im Krankenversicherungswesen.

Solidaritätsmodell
Arbeitszeitmodell. Dabei werden drei Arbeitsstellen auf vier Mitarbeiterinnen oder Mitarbeiter aufgeteilt. Alle erhalten den vollen Lohn, wobei der Arbeitgeber drei und die ▶ *Arbeitslosenversicherung* einen Lohn bezahlen. Ziel der Massnahme ist es, Arbeitsstellen zu schaffen.

Solidaritätsprinzip
Prinzip, nach dem die Versicherungen aufgebaut sind: Viele Menschen zahlen ihre Versicherungsprämie in die Versicherungskasse ein, damit die Versicherung geschädigte, kranke, invalide oder alte Menschen entschädigen kann.

Souveränität, souverän
Staatsgewalt, Staatshoheit. Der Staat verfügt über die Herrschaftsgewalt, d. h. er bestimmt sein Handeln sowohl nach innen (▶ *Autonomie*) wie nach aussen. Er ist unabhängig.

Sowjetunion
Bezeichnung für die Vereinigung der Staaten Russland, Weissrussland, Estland, Lettland, Litauen, Ukraine, Moldawien, Armenien, Georgien, Aserbaidschan, Kasachstan, Turkmenistan, Tadschikistan, Usbekistan und Kirgisien unter dem ▶ *Kommunismus* (1917–1991).

sozial
Die Gemeinschaft, die Gesellschaft betreffend; auch an die anderen (die Schwächeren in unserer Gesellschaft) denken, gemeinnützig, wohltätig sein.

soziale Marktwirtschaft
Weit verbreitete Wirtschaftsordnung in den Industrieländern, welche nach den Ideen des ▶ *Liberalismus* und den Regeln der ▶ *Marktwirtschaft* funktioniert. Die sozialen Bedürfnisse (Sicherheit, Gerechtigkeit usw.) der Bevölkerung werden in einer sozialen Marktwirtschaft angemessen berücksichtigt. Die Volkswirtschaft wird durch marktgerechte staatliche Eingriffe beeinflusst und gelenkt.

soziale Wohlfahrt
Staatliches und wirtschaftliches Handeln zur Erhaltung oder Erweiterung der Lebensqualität in einem Staat (z. B. Wohlstand, intakte Umwelt, Sicherheit, Freiheit) unter Berücksichtigung von benachteiligten Menschen der Gesellschaft.

Sozialhilfe
Staatliche Hilfe für Menschen, welche in starke soziale Schwierigkeiten geraten sind

und durch das Netz der ▸ *Sozialversicherungen* fallen. Hilfe für Menschen in grosser ▸ *Armut*.

Sozialismus
Wirtschafts- und Gesellschaftssystem; strebt eine gerechte Verteilung der materiellen Güter an. Im Vordergrund steht das Kollektiv, das bestimmt, welche Freiheiten dem Individuum zugestanden werden können. Damit die Arbeiterklasse (Lohnempfänger) nicht ausgebeutet wird, soll das Privateigentum abgeschafft und die Produktionsgüter (Boden und Kapital) verstaatlicht werden. D.h. Fabriken und Maschinen gehören dem Staat, ebenso der Gewinn. Entstanden in der Mitte des 19. Jahrhunderts nach den Theorien von Karl Marx und Friedrich Engels. Den Staatssozialismus bezeichnet man als ▸ *Kommunismus*. Gegensatz ▸ *Kapitalismus*

Sozialpolitik
Alle Anstrengungen des Staates, welche die wirtschaftliche Grundversorgung der Bürgerinnen und Bürger eines Landes sichern sollen: Arbeitslosenunterstützung, Weiterbildungsprogramme, ▸ *Sozialversicherungen* (▸ *AHV, BVG*) usw.

Sozialversicherungen
Sozialversicherungsrecht ist jener Bereich der Rechtsordnung, der die ganze Bevölkerung oder einzelne ihrer Schichten durch Versicherungsverhältnisse gegen soziale Risiken absichern soll. Diese Versicherungsverhältnisse sind in der Regel öffentlich-rechtlich ausgestaltet. Durch die Sozialversicherungen entsteht ein dichtes Auffangnetz, das bei sämtlichen Notlagen die erforderliche Hilfe gewährleisten soll. Die wichtigste Sozialversicherung ist die Alters- und Hinterlassenenversicherung (▸ *AHV*). Weitere: Krankenversicherung (KV), Unfallversicherung (UV), Invalidenversicherung (IV), berufliche Alters-, Hinterlassenen- und Invalidenvorsorge (BVG), ▸ *Arbeitslosenversicherung* (ALV) und Militärversicherung (MV).

Spekulation
Bezeichnung für eine Erwartung, welche nur auf Vermutungen beruht. Wer spekuliert, verhält sich so, dass er ein Risiko in Kauf nimmt, um später einen Gewinn zu erzielen. Beispiel: Jemand kauft ein Stück Land in der Annahme, dass die Bodenpreise in der Zukunft markant in die Höhe steigen werden und somit das Stück Land mit Gewinn verkauft werden kann.

SPI
Swiss Performance Index. Täglich berechneter Aktienindex, basierend auf 400 Titeln von Firmen und Gesellschaften, die permanent an den Schweizer Börsen gehandelt werden.

Staatsanteil
Ausgaben von Bund, Kantonen und Gemeinden zuzüglich Sozialversicherungsausgaben im Verhältnis zum BIP.

Staatsdefizit
Verluste, Fehlbeträge des Staates z.B. durch weniger Steuereinnahmen, vermehrte Staatsausgaben oder Geldentwertung.

Staatsquote
Kennzahl für den Anteil der Staatsausgaben am ▸ *Bruttoinlandprodukt*.

Staatsrecht
Das Staatsrecht ist derjenige Zweig des öffentlichen Rechts, der sich mit den Aufgaben und der Organisation des Staates, dem Verfahren der Staatsorgane und der grundsätzlichen Rechtsstellung der Bürger im Staat befasst.

Stabilität (im Ökosystem)
Ein Ökosystem hat die Fähigkeit, sich selbst zu regulieren. Ein Ökosystem befindet sich in einem Fliessgleichgewicht.

Stagflation
Zusammentreffen von ▸ *Inflation* und ▸ *Stagnation* in einer Wirtschaft, d.h. es herrscht Stockung bis Stillstand bei den Investitionen und der Produktion, und dennoch gibt es eine ▸ *Teuerung*.

Stagnation, stagnieren
Stockung, Stillstand. Die Produktion der Unternehmen stagniert, es resultiert kein wirtschaftliches Wachstum.

Stakeholder Value
Aus dem Englischen: holder = Halter/value = Wert. Mit «stake» gemeint sind die Mitarbeiter und Mitarbeiterinnen, Lieferanten oder Kundinnen eines Unternehmens. Bezeichnung für die Bevorzugung der Mitarbeiter und Mitarbeiterinnen eines Unternehmens. Der Mitarbeiternutzen (das heisst die Interessen der Mitarbeiter) steht im Vordergrund (z.B. Erholungsräume, faire Löhne, Arbeitsplatzerhaltung usw.). Gegensatz ▸ *Shareholder Value*

Standesinitiative
Vorschlag eines Kantonsparlamentes zur Änderung eines ▸ *Bundesverfassungsartikels* oder eines ▸ *Bundesgesetzes*.

Statistik
Wissenschaftliche Methode zur zahlenmässigen Erfassung von Massenerscheinungen (z.B. Volkszählung in der Schweiz).

Stempelsteuer (Umsatzabgabe)
Steuer beim Verkauf von Wertschriften an der Börse: Sie beträgt 1,5 Promille respektive 3 Promille des Verkaufswertes für inländische oder ausländische Wertpapiere.

Steuerhoheit
Recht, Steuern zu erheben. In der Schweiz: Bund, Kanton und Gemeinde.

Steuern
Pflichtzahlungen an Bund, Kanton oder Gemeinde, die voraussetzungslos geschuldet sind, d.h. nicht als Entgelt für eine staatliche Leistung oder einen besonderen Vorteil erhoben werden. Das Recht des Bundes, der Kantone und der Gemeinden, Steuern zu erheben, heisst ▸ *Steuerhoheit*. Steuern sind Geldleistungen ▸ *natürlicher* und ▸ *juristischer Personen* zur Deckung des öffentlichen Finanzbedarfs. Steuerpflichtig können somit ▸ *natürliche* und ▸ *juristische Personen* sein. Es werden grundsätzlich zwei Arten von Steuern unterschieden: direkte und indirekte Steuern. Direkte Steuern werden in der Regel nach der wirtschaftlichen Leistungsfähigkeit des Steuerpflichtigen bemessen, so z.B. die Einkommenssteuern. Indirekte Steuern werden nach allgemeinen Tarifen auf Waren oder Dienstleistungen erhoben, so z.B. die ▸ *Mehrwertsteuer* (MwSt). Die direkten Steuern stellen die Haupteinnahmequelle der Kantone dar. So ist die allgemeine Einkommenssteuer der natürlichen Personen auf kantonaler Ebene durchwegs die Hauptsteuer, welche durch eine allgemeine Vermögenssteuer ergänzt wird. Die indirekten Steuern stellen die Haupteinnahmequelle des Bundes dar.

Steuerprogression
Personen mit höheren Einkommen müssen im Verhältnis (überproportional) mehr Steuern bezahlen als Personen mit tieferen Einkommen. Ziel: sozial gerechtere Einkommensverteilung in der Bevölkerung.

Steuerquote
Anteil der Steuern (ohne Sozialversicherungsbeiträge) am BIP.

Stipendium
Finanzielle Unterstützung des Staates für Schüler/Schülerinnen oder Studenten/Studentinnen.

Stoffkreislauf
Fast alle Stoffe sind an Kreisläufen (Zyklen) beteiligt: Sie bewegen sich in unterschiedlichem Ausmass und mit verschiedenen Geschwindigkeiten zwischen Atmosphäre (Luft), Hydrosphäre (Wasser) und Lithosphäre (Boden) sowie der Biosphäre (Pflanzen- und Tierwelt).

Strafprozess
Rechtliches Verfahren zur Abklärung und gerichtlichen Beurteilung von Straftaten. Die Voruntersuchung dient der Aufklärung der Straftat und der Erhebung der erforderlichen Beweise sowie der Sicherung der Beweismittel. Wenn Anklage erhoben wird, findet das Strafverfahren seine Fortsetzung vor dem zuständigen Gericht (Einzelrichter oder Kollegialgericht). Im Hauptverfahren wird über die Schuld oder die Unschuld der/des Angeklagten entschieden. Der Staat, vertreten durch den Staatsanwalt/Staatsanwältin, tritt als Ankläger auf. Er muss die Schuld der/des Angeklagten beweisen. Wenn eine längere Freiheitsstrafe in Aussicht steht oder eine Angeklagte/ein Angeklagter offensichtlich nicht in der Lage ist, ihre/seine Interessen selber zu wahren, so ist die Verteidigung durch eine Anwältin oder einen Anwalt notwendig. Die/der Angeklagte wird entweder verurteilt oder freigesprochen. Bei einer Verurteilung setzt das Gericht die Strafe (▶ *Haft*, ▶ *Gefängnis*, ▶ *Zuchthaus* oder/und Busse) fest. Es können auch Massnahmen verhängt werden. Sowohl der Angeklagte als auch der Ankläger (Staatsanwalt/Staatsanwältin) können das Urteil grundsätzlich an eine höhere Instanz zur Neubeurteilung weiterziehen.

Strafrecht
Staat muss gegen bestimmte Verletzungen von Rechtsnormen, die das geordnete und friedliche Zusammenleben im Staat und in der Gesellschaft regeln, mit einer Strafe oder einer Massnahme einschreiten. Die Straftatbestände und Strafandrohungen sind vor allem im Schweizerischen Strafgesetzbuch (StGB) geregelt.

Struktur, strukturell
Anordnung, gegliederter Aufbau, innere Gliederung einer Sache. ▶ *Strukturwandel*

Strukturpolitik
Politik des Staates, welche auf die Zusammensetzung der wirtschaftlichen Struktur (▶ *Wirtschaftssektoren*, Branchen) ausgerichtet ist (z. B. Regionalpolitik).

Strukturwandel
Einzelne ▶ *Wirtschaftssektoren* oder -branchen verlieren an Bedeutung (z. B. Maschinenbau) oder rationalisieren den Betrieb, neue entstehen und können nicht sofort mit ausgebildeten Arbeitskräften versorgt werden (z. B. ▶ *Informatik*). In den letzten 150 Jahren entwickelte sich die Schweiz weg von der Landwirtschaft hin zu einer Dienstleistungsgesellschaft.

Submission
Eine staatliche Stelle schreibt einen Auftrag für private Firmen aus. Zum Beispiel den Bau eines neuen Spitals oder einer Strasse oder die Ausbildung der Staatsbeamten für ein neues Computerprogramm usw.

subsidiär
Unterstützend, hilfeleistend ▶ *Subsidiarität*

Subsidiarität
Prinzip in der Politik; übergeordnete Instanzen (zuständige Stelle oder Behörde) leisten Hilfe, indem sie jene Aufgaben lösen, welche von untergeordneten Instanzen nicht selbst bewältigt werden können.

Subvention
Zweckgebundene Unterstützungszahlung des Staates, z. B. an die Landwirtschaft, Kulturinstitutionen etc.

supranational
Überstaatlich, mehrere Staaten betreffend. Bei einem Beitritt zu einer supranationalen Organisation geben die einzelnen Staaten Teile ihrer ▶ *Souveränitätsrechte* an die entsprechende Organisation ab. Sie besitzen jedoch volles Mitspracherecht bei Entscheidungen (Beispiel: Europäische Union).

Tagesschule
Schulen, die Kindern und Jugendlichen ganztägige Betreuung anbieten: Unterricht, Mittagessen, Aufgabenhilfe. Tagesschulen ermöglichen den Eltern/dem Elternteil oder dem/den gesetzlichen Vertreter/n tagsüber einer Arbeit nachzugehen.

Teilzeitarbeit
Arbeitszeitmodell. Arbeitnehmerinnen/Arbeitnehmer arbeiten eine bestimmte oder unbestimmte Zeit (je nach Abmachung/Arbeitsvertrag) stunden-, halbtages- oder tageweise. Die Arbeitszeit liegt deutlich unter der üblichen.

Temporärarbeit
Personalverleih: Eine Firma vermittelt in der Regel kurzfristig und aushilfeweise Arbeitskräfte.

Terms of Trade
Englisch für Handelsbedingungen. Der Begriff beschreibt das Verhältnis zwischen dem Preisindex der Ausfuhrpreise und jenem der Einfuhrpreise von Gütern. Die Beziehung zwischen den beiden Indices zeigt an, welche Importgütermengen eine Volkswirtschaft im Vergleich zu den verkauften Exportgütern kaufen kann. Eine Erhöhung der terms of trade sagt aus, dass eine Volkswirtschaft eine grössere Menge an Importgütern erhält als bisher.

Terrorismus
Schreckensherrschaft. Dabei versuchen Einzelpersonen oder Personengruppen, einen Staat durch Anwendung von Gewalt (Erpressung, Entführung, Bombenattentate usw.) zur Erreichung ihrer politischen Ziele zu erpressen. Beispiele: Attentate vom 11.9.2001 in New York und Washington und vom 11.3.2004 in Madrid. In Diktaturen wird Terrorismus vom Staat selbst zur Machterhaltung angewandt (Beispiele: «Verschwindenlassen» von politischen Gegnern, Folter, Todesurteile ohne Gerichtsverfahren usw.).

Tertiärsektor
Dienstleistungen. Der bisher historisch jüngste Bereich menschlicher Wirtschaft: die Erbringung von Diensten gegen Bezahlung (Banken, Informationsvermittlung, Zeitungen, Versicherungen, Tourismus).

Testament
Einseitige Erklärung des Erblassers, auch letztwillige Verfügung genannt. In einem Testament bringt der Erblasser/die Erblasserin seinen/ihren Wunsch zum Ausdruck, dass sein/ihr Vermögen nach seinem/ihrem Tode anders als nach dem Gesetz verteilt werden soll. Er/sie darf jedoch die von Gesetzes wegen bestehenden ▶ *Pflichtteile* nicht verletzen. Es gibt drei Formen von Testamenten: das eigenhändige Testament, das Testament mit öffentlicher Beurkundung und das mündliche Testament (Nottestament). Das eigenhändige Testament ist vom Erblasser/der Erblasserin vollständig, mit Einschluss der Angabe von Jahr, Monat und Tag der Erstellung von Hand zu schreiben und mit der Unterschrift zu versehen.

Teuerung
Anstieg des allgemeinen Preisniveaus durch ▶ *Inflation*.

Teuerungsausgleich
Bedeutet, dass der Arbeitgeber dem Arbeitnehmer/der Arbeitnehmerin die jährliche ▶ *Teuerung* (Preissteigerung) vollständig auf den Lohn schlägt. Somit sinkt der ▶ *Reallohn* des Arbeitnehmers/der Arbeitnehmerin nicht.

Theokratie
Griechisch: Gottesherrschaft. Die Staatsgewalt wird mit religiösen Ansprüchen legitimiert, z. B. von einer religiösen Gruppe, von Priestern oder dem Oberhaupt einer religiösen Gruppierung. Beispiele: Iran, z. T. Saudi-Arabien.

Tigerstaaten
So werden – in Anspielung auf den kraftvollen Vorwärtssprung eines Tigers – die

wirtschaftlich erfolgreichen Staaten in Ostasien genannt: Malaysia, Singapur, Brunei, Taiwan usw.

Tonnenkilometer
Die Summe von Kilometern, die sich ergibt, wenn man für jede der transportierten Gütertonnen die von ihr zurückgelegte Strecke zählt (also Tonnen mal Kilometer).

Totalitarismus, totalitär
Diktaturen, welche ein so genannt totalitäres Regime aufbauen, um die eigene Macht zu stützen. Dabei werden in allen Lebensbereichen Massnahmen getroffen, welche die persönlichen Freiheiten der Menschen total einschränken und zugleich auf die Ziele des Diktators ausgerichtet sind. Beispiel: Nordkorea mit Massenveranstaltungen zu Ehren der grossen Verdienste des Diktators, obwohl gleichzeitig eine riesige Hungersnot im Land herrscht.

Transaktionen
Bewusste Eigentümerwechsel (Verschiebungen) von Geld oder auch Gütern. Vor allem gebraucht im Zusammenhang mit dem internationalen ▸ *Kapitalverkehr* (Kapitaltransaktionen).

transatlantisch
Überseeisch, gemeint sind damit der amerikanische und der europäische Kontinent.

Transmission
Chemische Umwandlung von Schadstoffen (z. B. wenn aus Stickoxiden NOx Ozon O_3 entsteht).

Trauung
▸ *Ehe*

Treibhauseffekt, natürlicher
Die Erde wird von einer Schicht aus Gasen (so genannten ▸ *Treibhausgasen*) umgeben, welche die von der Erde zurückgestrahlte Sonneneinstrahlung wiederum auf die Erde zurückstrahlen. Dadurch kann das Sonnenlicht mehrmals «genutzt» werden. Ohne diesen natürlichen Treibhauseffekt wäre die Durchschnittstemperatur auf der Erde unter null Grad (heute: 18°).

Treibhauseffekt, künstlicher
Durch das Verbrennen ▸ *fossiler Energieträger* (Benzin, Heizöl und Kohle) entweicht sehr viel Kohlendioxid (▸ CO_2) in die Luft und verdichtet die Atmosphäre. Wärme wird vermehrt in Erdnähe zurückgehalten. Das Prinzip des natürlichen Treibhauseffektes wird dadurch verstärkt. Somit heizt sich die Erde auf, die Temperaturen steigen. Durch diesen Temperaturanstieg erfolgt eine Klimaveränderung, welche tief greifende Folgen hat (steigender Meeresspiegel, schmelzende Gletscher etc.). Künstlich ist dieser Treibhauseffekt, weil er vom Menschen verursacht wird (Verbrennen ▸ *fossiler Energieträger*).

Treibhausgas
Sich in der Erdatmosphäre befindendes Gas, das für den ▸ Treibhauseffekt verantwortlich ist, z. B. ▸ CO_2

Überstunden
Stunden, die über die vertraglich vereinbarte Arbeitszeit hinaus geleistet werden, müssen durch Freizeit oder durch Lohnzuschlag (mindestens 25 Prozent) abgegolten werden. Auch über 16-jährige Jugendliche können im Rahmen des Zumutbaren zur Bewältigung ausserordentlicher Arbeiten innerhalb der normalen Grenzen der Tagesarbeitszeit zur Überzeit herangezogen werden.

Überzeit
Arbeitszeit, die über die gesetzliche Höchstarbeitszeit (nach dem ▸ *Arbeitsgesetz*) geleistet wird.

Umsatzabgabe
▸ *Stempelsteuer*

Umschulung
In einer sich ständig schnell verändernden Wirtschaft und Gesellschaft müssen sich Menschen beruflich immer wieder neu orientieren, das heisst, sich weiterbilden oder gar mittels Kursen und Schulen neu oder zusätzlich ausbilden. Die Invalidenversicherung (IV) und die SUVA (Schweizerische Unfallversicherungsanstalt) haben das Ziel, Menschen zum Beispiel mittels Umschulung wieder ins Erwerbsleben einzugliedern.

Umverteilung
Politik, welche der reichen Bevölkerungsschicht durch staatliche Gesetze und Regeln (Steuern) Einkommen und Vermögen reduziert und dieses den ärmeren Schichten zukommen lässt.

Umweltmanagement
Industrie und Gewerbe verfügen über ein eigenes, freiwilliges Umwelt-Instrument: die Umweltmanagementsysteme mit Zertifizierung. Die Einführung eines Umweltmanagementsystems verpflichtet die oberste Geschäftsleitung, die geltenden Umweltschutzgesetze einzuhalten und durch kontinuierliche Verbesserung weitere Massnahmen umzusetzen.

Umweltschutz
Menschen und ihre Lebensgrundlagen vor Zerstörung zu schützen.

Universalität
Gesamtheit; politisches Mittel der schweizerischen Aussenpolitik mit dem Ziel, sich überall auf der Welt bei Problemen zu engagieren und Hilfeleistungen anzubieten.

UNO
Die UNO (= engl. United Nations Organization) ist die einzige umfassende Organisation sämtlicher Staaten der Welt: 2007 zählt sie 192 Mitglieder (nur der Vatikan gehört ihr nicht an). Gegründet wurde die UNO 1945 als Nachfolgeorganisation des Völkerbundes in San Francisco. Der Hauptsitz befindet sich in New York, der europäische Sitz in Genf. Daneben betreibt die UNO wichtige Büros in Wien, Bonn, Rom und Paris.

Urteilsfähigkeit
Vernunftgemäss handeln, d. h. Tragweite seiner Handlungen erkennen. Die Urteilsfähigkeit wird heute im Normalfall mit dem Herauswachsen aus dem Kindesalter erreicht. Aufgrund einer Geisteskrankheit, Trunkenheit oder ähnlicher Zustände kann die Urteilsfähigkeit fehlen (vgl. Art. 16 des Schweizerischen Zivilgesetzbuches).

Utopie
Wunschvorstellung; Absicht oder Plan, welcher unausführlich ist.

UV-Strahlung
Ultraviolette Strahlung. Für Tiere und Menschen schädliche Strahlung im Sonnenlicht. Wird durch die ▸ *Ozonschicht* in der Erdatmosphäre zurückgehalten.

UVEK
Eidgenössisches Departement für Umwelt, Verkehr, Energie und Kommunikation

VBS
Eidgenössisches Departement für Verteidigung, Bevölkerungsschutz und Sport

Verband
Zusammenschluss von Personen gleicher oder ähnlicher Interessen mit dem Ziel diese durchzusetzen (Zweckvereinigung). Beispiele: Arbeitgeberverband (Gewerbeverband), Arbeitnehmerverband (Gewerkschaftsbund), Mieterinnen- und Mieterverband.

Verbrauchsgut
Anderer Begriff für Konsumgut. Es kann nur einmal benutzt werden, danach ist es aufgebraucht. Beispiele: Erdöl, Nahrungsmittel, Strom.

Verein
Zusammenschluss von Personen mit ähnlichen Interessen. Politische Parteien sind z. B. Vereine (BV Art. 23, 137).

Verfassung
Fundament der gesamten Rechtsordnung eines Staates; Grundgesetz. Sie legt die Grundordnung des Staates, insbesondere die Staats- und Regierungsform fest, den Aufbau und die Organisation des Staatswesens, die Bestellung und Befugnisse der Behörden, die Grundrechte und Pflichten der Staatsbürgerinnen und das Verhältnis von Staat und Kirche. Regelt die Aufgabenteilung zwischen Gesamtstaat und Gliedstaaten (z. B. Bund und Kantone). ▶ *Bundesverfassung*

Verjährung
Grundsätzlich unterliegt jeder Rechtsanspruch der Verjährung. Wenn die Geltendmachung eines Anspruchs über eine lange Zeit ausbleibt, wird angenommen, dass der/die Berechtigte auf Erfüllung verzichtet. Es bestehen je nach Anspruch unterschiedliche ▶ *Verjährungsfristen*. So unterliegen die meisten gewöhnlichen Forderungen im kaufmännischen Geschäftsverkehr einer Verjährungsfrist von 10 Jahren. Schadenersatz- und Genugtuungsansprüche unterliegen in der Regel einer Verjährungsfrist von einem Jahr. Die Verjährungsfristen stellen zwingendes Recht dar und können somit durch gegenseitige Vereinbarung nicht abgeändert werden.

Verjährungsfristen
Nach einer bestimmten Zeit können Forderungen nicht mehr geltend gemacht werden. Die grundsätzliche Verjährungsfrist beträgt allgemein 10 Jahre, im Kaufrecht 1 Jahr. 5 Jahre gilt für Miet-, Pachtzinse und Lohnforderungen, 2 Jahre für Schadenersatzansprüche, beispielsweise bei Verkehrsunfällen, und 1 Jahr bei Bereicherungs- und Genugtuungsansprüchen.

Verlobung/Verlöbnis
Eheversprechen, das an keine bestimmte Form gebunden ist. Heute eher unbedeutend. Bei Auflösung können teure Geschenke zurückverlangt werden.

Verlustschein
Wenn bei einer ▶ *Betreibung auf Pfändung* die Schuld vom Erlös nicht beglichen werden kann, erhält der Gläubiger/die Gläubigerin für den nicht gedeckten Betrag einen Verlustschein. Dieser verjährt erst 20 Jahre nach der Ausstellung.

Vernehmlassung
Möglichkeit der Stellungnahme von interessierten Gruppierungen zu einem Gesetzesvorschlag.

Verordnung
Im Vergleich zu ▶ *Verfassung* und formellem ▶ *Gesetz* stellen die Verordnungen eine tiefere Stufe von Rechtsnormen dar. Sie müssen aber auf der Verfassung oder einem Gesetz beruhen. Verordnungen enthalten nähere Ausführungen zu den Gesetzen im Sinne von Wegleitungen und Vorschriften und regeln den Vollzug (Ausführung) der Gesetze. Sie werden in der Regel von der Regierung erlassen und können von dieser auch jederzeit, ohne Mitwirkung des Volkes oder Parlamentes, abgeändert oder aufgehoben werden.

Versicherungsmarkt
Markt an privaten und staatlichen Versicherungen, z. B. Hausratversicherung, Krankenversicherung.

Versicherungprinzip
Prinzip, nach welchem das Sozialwesen funktioniert. Gemäss dem Versicherungsprinzip muss sich jede Person bei einer staatlichen Versicherung (Sozialversicherung) gegen verschiedene Risiken (Alter, Arbeitslosigkeit, Krankheit) versichern. Die Versicherungsbeiträge sind dabei staatlich festgeschrieben und hängen meist vom Einkommen ab (Ausnahme: Krankenversicherung). Die Versicherungsleistungen hingegen hängen nur zum Teil von der Beitragshöhe ab, dies im Gegensatz zu privaten Versicherungen, daher auch Sozialversicherungen. In der Schweiz funktionieren z. B. die AHV und die Arbeitslosenversicherung nach dem Versicherungsprinzip ▶ *Grundleistungsprinzip*, ▶ *Bedarfsprinzip*

Vertrag
Freie Vereinbarung mit rechtsverbindlicher Wirkung zwischen zwei oder mehreren Parteien. Durch den Vertragsschluss entstehen unter den Parteien gegenseitige Rechte und Pflichten. Der Vertrag wird durch übereinstimmende Willensäusserung der Parteien abgeschlossen. Durch diese Willensäusserung, die auf irgendeine schlüssige Art geschehen kann (mündlich, schriftlich oder durch ein entsprechendes Verhalten), sind der Wille zum Abschluss eines Vertrages zu bekunden und mindestens der Vertragsgegenstand sowie die wichtigsten Teile des Inhalts festzulegen. Zusammengefasst werden diese Ausführungen zum Vertrag in Art. 1 des Obligationenrechts (OR).

Verursacherprinzip
Bezeichnung für ein Besteuerungsprinzip. Dabei werden die ▶ *externen Kosten* den Verursachern/Verursacherinnen verrechnet.

Verwaltungsrecht
Rechtssätze, die die Tätigkeit der öffentlichen Verwaltung sowie die Organisation und das Verfahren der Verwaltungsbehörden regeln. Umfasst wichtige Gebiete wie das Schulwesen und die Berufsbildung, das Polizei- und Militärwesen, das Gesundheitswesen, das Verkehrswesen, das Finanzwesen, das Bauwesen, usw.

Vetorecht
Recht auf Einspruch, z. B. gegen einen Rechtserlass einer Behörde.

Völkerrecht
Regelt die Beziehungen zwischen einzelnen Staaten.

Volkseinkommen
Summe aller Einkommen und Entschädigungen in einer Volkswirtschaft, die ein Volk in einem Jahr für geleistete Arbeit (Lohn) und für die Nutzung von Kapital (Zins, Gewinn) und Boden (Renten) erhält.

Volkswirtschaft
Bezeichnet die gesamte Wirtschaft eines Landes, z. B. die schweizerische Volkswirtschaft. Die Wissenschaft der Volkswirtschaft, die Volkswirtschaftslehre, untersucht daher die gesamte Wirtschaft (▶ *Makroökonomie*) und die Wirtschaftsteilnehmenden (▶ *Mikroökonomie*).

Vormundschaft
Personen, die nicht fähig sind, ihre Angelegenheiten selbst zu besorgen, bedürfen der staatlichen Fürsorge und Aufsicht, was man als Vormundschaft bezeichnet. Zweck der Vormundschaft ist die Wahrnehmung grundsätzlich aller persönlichen und vermögensrechtlichen Angelegenheiten einer Person und deren Vertretung durch den Vormund. Wenn die Gründe für eine Entmündigung nicht ausreichen, aber zum Schutze der Person eine Beschränkung der Handlungsfähigkeit angebracht ist, wird die betroffene Person unter Beiratschaft gestellt. Die Beiratschaft ist eine mildere Form der Vormundschaft, die dem Schutz von Vermögensinteressen dienen soll. Die mildeste der vormundschaftlichen Massnahmen ist die Beistandschaft. Die Beistandschaft wird als eine Hilfeleistung verstanden. Der/die Verbeiständete bleibt selber handlungsfähig.

Wachstum, qualitativ
▶ *Wohlfahrt*: Zunahme der Lebensqualität der gesamten Gesellschaft eines Landes.

Wachstum, quantitativ
Zunahme des ▶ *Bruttoinlandproduktes* und des ▶ *Volkseinkommens*.

Wahlbedürfnisse
Bedürfnisse, deren Befriedigung nicht überlebensnotwendig sind. Wahlbedürfnisse werden daher meist erst gedeckt, wenn die ▸ *Existenzbedürfnisse* befriedigt sind, z. B. Selbstverwirklichung, Kauf eines Autos.

Währungspolitik
Politik der ▸ *Notenbank,* welche die Beeinflussung des ▸ *Wechselkurses* zum Ziel hat. ▸ *Geldpolitik* ist dasselbe, ausser dass bei der Währungspolitik das Augenmerk eher auf die Importe und Exporte statt auf die Inlandentwicklung gerichtet ist. Die Instrumente und Auswirkungen sind allerdings gleich.

Warenkorb
Bezeichnet die Gesamtzahl Güter, die ein Haushalt während eines Jahres konsumiert («Einkaufskorb, den man mit nach Hause nimmt»). Betrachtet wird zumeist der Warenkorb aller Haushalte im Durchschnitt (repräsentativer Warenkorb).

Wechselkurs
Umtauschverhältnis von zwei verschiedenen Währungen, ausgedrückt in der Referenzwährung. Beispiel: Der Wechselkurs des Britischen Pfund beträgt CHF 2.45. Dies bedeutet, dass ein Britisches Pfund den Betrag von 2.45 Schweizer Franken wert ist.

Wechselwirkungen
Wechselwirkungen zwischen einzelnen Elementen eines Systems können positiv oder negativ rückgekoppelt sein; regulieren ein System. Im Ökosystem beispielsweise finden grosse Stoff- und Energieflüsse statt.

Weltbank
Gegründet 1944 in ▸ *Bretton Woods* (USA). 181 Mitgliedstaaten. Internationale Bank, welche die wirtschaftlich schwachen Staaten (meist ▸ *Entwicklungsländer*) finanziell unterstützt (Kreditvergabe) und wirtschaftspolitisch berät. Eigentlich besteht die Weltbankgruppe aus vier Organisationen. Neben der erwähnten «Internationalen Bank für Wiederaufbau und Entwicklung (IBRD)» sind dies die «Internationale Entwicklungsagentur (IDA)», die «Internationale Finanz-Corporation (IFC)» und die «Multilaterale Investitionsgarantie-Agentur (MIGA)».

Werkvertrag
Vertrag auf Arbeitsleistung. Der Unternehmer/die Unternehmerin verpflichtet sich zur Herstellung des versprochenen Werkes oder zur Reparatur eines Werkes und der Besteller/die Bestellerin zur Entrichtung der vereinbarten Vergütung. Beispiele für Werkverträge sind der Bau eines Hauses, die Reparatur eines Velos, das Nähen eines Anzuges oder das Komponieren eines Songs.

Werte
Grundüberzeugung oder Zielvorstellung, die von der Einzelnen/dem Einzelnen oder der Allgemeinheit als bedeutsam und erstrebenswert angesehen wird. Beispiele: Ehrlichkeit, Freundschaft, Liebe, Sicherheit, Vertrauen usw.

Wertschriften
Schuld- oder Beteiligungspapiere, z. B. ▸ *Aktien* und ▸ *Obligationen.*

Willkür
Gewaltanwendung ohne rechtliche Grundlage.

wirtschaftlich
Mit den vorhandenen Mitteln möglichst hohen Nutzen oder Ertrag erreichen. Anderes Wort für ▸ *ökonomisch.*

Wirtschaftssektoren
Die wichtigsten Bereiche wirtschaftlichen Arbeitens: Landwirtschaft, Industrie, Dienstleistungen.

Wohlfahrt
Lebensqualität; beinhaltet neben einem messbaren ▸ *Wohlstand* auch Güter wie intakte Umwelt, Gerechtigkeit, soziale Sicherheit, Freiheit, Gesundheit usw.

Wohlstand
Umschreibt das Niveau der Produktion und des Konsums von materiellen Gütern (und Dienstleistungen) in einer Volkswirtschaft. Er stellt eine rein quantitative Zustandsbewertung einer Volkswirtschaft dar und wird mittels ▸ *Bruttoinlandprodukt* oder ▸ *Volkseinkommen* gemessen.

Working Poor
Englisch: Arme arbeitende Menschen. Darunter versteht man arbeitsfähige Personen, welche zwar mindestens eine 90 Prozent-Arbeitsstelle haben, aber dennoch weniger verdienen als nötig ist, um die eigene Existenz zu sichern. Daher sind sie abhängig von der ▸ *Sozialhilfe.* ▸ *Existenzminimum*

WTO
World Trade Organisation. Weltweite Organisation zur Regelung des internationalen Handels und zum Abbau der Handelshemmnisse (Zölle u. ä.). Ging 1994 aus dem bisherigen Vertragswerk ▸ *GATT* hervor. Sitz der WTO sind Genf und New York.

Xenophobie
Fremdenhass ▸ *Rassismus*

Zahlungsbefehl
Nach Empfang des ▸ *Betreibungsbegehrens* erlässt das Betreibungsamt den Zahlungsbefehl. Mit dem Zahlungsbefehl wird der Schuldner aufgefordert, innerhalb der bezeichneten Frist Zahlung zu leisten. Die Schuldnerin hat somit die Möglichkeit, die Schuld samt den Betreibungskosten zu zahlen. Der Schuldner kann, wenn die Forderung seiner Ansicht nach nicht zu Recht besteht, binnen 10 Tagen beim Betreibungsamt mündlich oder schriftlich Einspruch (▸ *Rechtsvorschlag*) erheben.

Zahlungsbilanz
Zusammenzug aller geldmässig erfassbaren ▸ *Transaktionen* (Überweisungen) einer Volkswirtschaft mit dem Ausland im Zeitraum eines Jahres.

Zahlungsverzug
Wenn eine Käuferin/ein Käufer eine Schuld (in der Regel beim Kreditkauf eine Rechnung) nicht bezahlt, muss sie/er gemahnt und später betrieben werden. Meistens werden drei Mahnungen geschickt.

Zauberformel
Freiwillige Zusammensetzung des Bundesrates durch die vier wählerstärksten Parteien im Schweizerischen Parlament; seit 2003 nach folgender Formel: 2 SPS; 2 FDP; 2 SVP; 1 CVP.

Zeitsparmodell
Arbeitszeitmodell. Dabei wird die geleistete Mehrarbeit des Mitarbeiters oder der Mitarbeiterin auf ein persönliches Zeitkonto gutgeschrieben. Die gesammelten Zeitguthaben können für einen Langzeiturlaub oder einen vorzeitigen Ruhestand benutzt werden.

Zentralbank
▸ *Nationalbank*

Zentralismus
Politik und Verwaltung eines Staates werden von einer zentralen Stelle aus gesteuert (z. B. Italien: Rom als zentrale Machtstelle Italiens). Im Gegensatz dazu steht der ▸ *Föderalismus.*

Zertifizierung
Amtliche Beglaubigung, Bescheinigung, z. B. für ein Produkt.

Zivile Trauung
▸ *Ehe*

Zivilgesetzbuch
Das Schweizerische Zivilgesetzbuch von 1907 (ZGB), in Kraft seit 1912, ist eine Vereinheitlichung des ▸ *Privatrechts* mit Gültig-

keit für die ganze Schweiz. Das Zivilgesetzbuch besteht aus vier Teilen, nämlich dem ▶ *Personenrecht,* dem ▶ *Familienrecht,* dem ▶ *Erbrecht* und dem ▶ *Sachenrecht.*

Zivilprozess

Es geht um Streitigkeiten über privatrechtliche Angelegenheiten. Die Parteien heissen Klägerin/Kläger und Beklagte/Beklagter. Ein Zivilprozess wird nie von Amtes wegen geführt, es muss immer jemand ein entsprechendes Begehren stellen. Im Gegensatz zum ▶ *Strafprozess* kann das Verfahren durch Rückzug der Klage oder durch einen Vergleich abgebrochen werden.

Zuchthaus

Darunter versteht man die schwerste Freiheitsstrafe des Strafrechts, die für ein Jahr bis zwanzig Jahre, unter bestimmten Voraussetzungen auch lebenslänglich, ausgesprochen werden kann. Die mit Zuchthaus bedrohten Handlungen nennt man Verbrechen.

Zusatzversicherung

Als «Zusatzversicherung» bezeichnet man eine Versicherung, die Leistungen erbringt, die über die gesetzlich verordneten minimalen, obligatorischen Versicherungen hinausgehen (z. B. Krankenversicherung).
▶ *Grundversicherung*

Zweckgemeinde/Zweckverband

Mehrere Gemeinden schliessen sich zur Bewältigung gemeinsamer Projekte zusammen, z. B. Abwasserreinigung, Kehrichtverbrennung.

Zyklus

Geschehen in einem wiederkehrenden Zeitablauf, z. B. ▶ *Konjunkturzyklus.*

Stichwortverzeichnis

A
ABC-Waffen 266
Abendarbeit 200
Abfall 29
Abrede 201
Abschreibung 266
Absolutismus 266
Abwertung 258, 266
Abzahlungsvertrag -, 266
Adoption 266
Afrika 158f, 163, 166
Agglomeration 266
agrar 266
Agrarmarkt 266, -politik 266
AHV 58ff, 72, 80, 87, 155, 170, 178, 199, 266
AHV-Alter 58
AHV, Finanzierung 58
AHV-Rente 58
AHV Revision 58
Aktie 266
Aktionär 266
Alkoholsteuer 58, 82
Alkoholsucht 48
alleinerziehend, 71, 87
Allgemeinverbindlichkeitserklärung (AVE) 266
Allianz 266
Alpen 212f
Alter 57
Altersgruppen 215
Altersstruktur 214
alternativ 266
Alternativenergie 266
Alternativmedizin 54
Amortisation 266
Ämterkumulation 266
Anarchie 266
Anbieter 35f
Anerkennung 34
Angebot 36, 101, 251f, 266
Antibiotika 266
Antisemitismus 267
antizyklisch 267
Antragsdelikt 186
Apartheid 266
Arbeit 79ff, 88f, 246, 247f
Arbeit auf Abruf 266
Arbeitgeber 39, 54, 58, 102, 198, 200
Arbeitnehmer 58, 102, 198, 200f, 203

Arbeitsbedingungen 150
Arbeitsfrieden 203
Arbeitsgesetz 198ff, 267
Arbeitskosten 267
Arbeitskraft 38
Arbeitskräftemangel 21
arbeitslos 24
Arbeitslosenquote 171
Arbeitslosenversicherung 24, 59f, 80, 178, 267
Arbeitslosenversicherungsgesetz 46
Arbeitslosigkeit 18, 40, 57, 59f, 80, 171, 267
Arbeitsmarkt 35f, 100, 267
Arbeitsmarktfähigkeit -
Arbeitsmarktstruktur 250
Arbeitsplatz 90, 168
Arbeitsproduktivität 267
Arbeitsvertrag 198, 199ff, 267
-befristete 201
Arbeitszeitmodell 248
Arbeitszeit 197, 200, 203
-organisation 248
Arbeitszeugnis 101, 202f, 267
-Codierung 203
Aristokrat 267
Aristokratie 267
Armut 86, 87, 158ff, 267
Armutsgrenze 87
-risiko 15
-quote 87
Artenvielfalt 125, 131, 267
Asien 163
assoziiert 267
Asyl 267
-bereich 169
-bewerber 267
Asyldruck 50, 169
Asylgesuch 267
-politik 169
Atmosphäre 121
Atmosphärenwechsel 267
Attestlehre 22, 196, 267
Aufgaben, öffentliche 80
Aufklärung 267f
Aufwand 268
Aufwertung 258
Ausbildung 12f, 31, 79, 196
Auseinandersetzung
erbrechtliche 190ff
güterrechtliche 188ff

Ausgaben 41, des Staates 80ff
Ausland 245
Ausländer 87, 149, 165ff, 268
Aussperrung 203
Autarkie 268
Autokratie 268
Automatisierung, flexible 90, 268
Autonomie 268

B
B to B 90, 268
B to C 90, 268
Bank 245
-wesen 141
-geheimnis 163, 268
Barkauf 268
Basisberuf 23
BBT 268
BBW 268
Bedarfsprinzip 268
Bedürfnisse 34, 268
existenzielle 28, 34
kollektive 34
immaterielle 34
individuelle 34
Befugnis 268
Behörde 268
Beruf, ersterlernter 20
Berufsbildner 268
Berufsbildung 21f, 268
duale 21f
Berufsbildungsamt, kantonales 196
Berufsbildungsentwicklung 21
Berufsbildungsgesetz, neues 21, 268
Berufsbildungsreform 21f
Berufserfahrung 18
Berufsfachschule 12, 23
Berufsfähigkeit
-feldorientierung 23
Berufslehre 12, 14f, 156, 174, 196
Berufsmatura 12f, 23, 97, 268
Berufswahl 96ff
Berufswechsel 20
Besitz 187
Betäubungsmittelgesetz 185
Betreuungsgutschrift 59
Betreibung 45, 268
auf Konkurs 45

auf Pfändung 45
auf Pfandverwertung 45
Betreibungsbegehren 268
Bevölkerung 124
-struktur 215
Bewegungsarmut 48
Bewerbung 101f
-unterlagen 101f
Beweismittel 182
Bewilligungspflicht 207
Beziehungswesen 66
Bilanz 268
bilateral 268
Bilaterale Verträge 148, 235f
Bildung 11, 24, 79
Bildungsausgaben 24f
-system 12, 174
-verordnung 268
-ziel 99
Binnenhandel 269
Binnenmarkt, europäischer 148, 234
Biologischer Landbau 269
Bio-Produkte 163, 269
BIP 79, 85, 248, 259, 269, pro Kopf 248
bipolar 269
BIZ 263
Blockzeiten 269
Boden 119f, 124, 246
Bologna Deklaration 13
Bonus-Malus-System 23, 77, 269
Boom 269
Börse 141, 144, 158f, 252
Botschaft 269
Boykott 269
Branche 13
Brandfall 56
Brauchtum 177
Bretton Woods 269
Buchgeld 269
Buchwert 269
Buddhismus 173
Budget 44, 269
Bund 81, 172, 247
Bundesbeschluss 225, 269
Bundesgericht 181, 218, 221
Bundespräsident 221
Bundesrat 153, 163, 179, 218, 220f, 225, 269
Bundesverfassung 253f, 277ff, 291, 377

Bundesversammlung, 179, 218, 269
Bürgergemeinde 269
Bürgschaft 270
BSP 248, 269
Busse 185
BUWAL 270

C

C to C 90, 270
Cash flow 270
Chancengleichheit 84
Charta 270
    der UNO 153, 237
Chauvinismus 270
Christentum 173
Chromosom 270
CO2 133, 270
CVP 84, 228, 229

D

Darlehen 208
Debatte 270
Defizit 270
Deflation 356f
Demagogie 270
Denken, kritisches 19
Departement 220f
Depression 270
Deregulierung 270
Destination 270
Devisen 245, 270
    -kurs 258
    -markt 270
    -swaps 270
DEZA 163
Dialog 270
Diebstahlversicherung 56
Dienstleistung 35, 90, 142, 270
    -gesellschaft 15
    -sektor 20
Differenzbereinigung 270
Digitalisierung 88, 270
Diplom 101
Diplomatie 270
Direktinvestition 270
Direktzahlung 270
Dirigismus 270
Diskontsatz 271
Diskriminierung 271
Dividende 271
Doktrin 271
Droge 271
Drei-Jahre-Regel 207
Dritte Säule 63
Dreisäulenkonzept 57
Dublin, Vertrag von 149, 152
Dumping 271
Durchlässigkeit 25, 271
Dynamik 271

E

EDA 220, 271
EDI 220, 271
EFD 220, 271
Effizienz 271
Efta 148, 149, 262, 271
EG 148, 233, 271
Egoismus 31
E-Government 271
Ehe 73, 271
    -schliessung 73
    Vorbereitung 187
    Wirkungen 187f
Ehegatte 190
    -paar 73
Eherecht 178, 187f,
Ehevertrag 189
Eigengut 188
Eigenheim 75
Eigeninitiative 100
Eigentum 187
    -wohnung 75
Eigenverantwortlichkeit 16
Einbürgerung 169, 172
Einkommen 38, 86,
    steuerbares 82f
Einkommensquelle 38
    -unterschiede 86
    -verteilung 86
Einnahmen 44
    Staats- 80
Einrichtungen, öffentliche 80
Einzelabrede 55
Einzelarbeitsvertrag 196, 199, 271
EJPD 220, 271
Elektrizitätsmarkt 36
Embargo 271
Emission 271
Empathie 271
EMRK 221f, 232
Energie 116f
    -fluss 271,
    -träger 271
    -verbrauch 127f
Energiequelle 127
    -erneuerbare 127
    -fossile 127
Enterbung 190
Entfaltungsmöglichkeiten 18
Entlöhnung 18
Entscheidungsprozess 31
Entschuldung 164
Entwicklung 118
    demografische 58, 60f
    wirtschaftspolitische 50
Entwicklungshilfe 161, 163
Entwicklungsland 158ff, 163, 271
Entwicklungspsychologie 271
Entwicklungszusammenarbeit 163f, 271f
Erbe 187
    -folge 190f
    -lasser 190f
    -recht 179f, 187, 190f, 272
Erbschaft 187, 190f
Erbvertrag 272
Erbteilung 190

Erfolg 34
Erlebnisgesellschaft 272
Ernährung 48
Errungenschaft 188f
Errungenschaftsbeteiligung 188f, 272
    Auflösung 189
Ersatzdienst 272
Ersatzinvestition 272
Ersatzlieferung 207
Erste Säule 58f
Ertrag 272
Ertragsbilanz 272
Erwerbsersatzordnung (EO) 60, 272
Erwerbsquote 214, 272
Erwerbstätige 272
Eskalation 272
Ethik 272
Ethnie 272
EU 147ff, 150ff, 233ff, 262, 272
    Institutionen 234f
    Ministerrat 235
euphorisch 272
Europäischer Gerichtshof 235, 272
Europäische Kommission 235
Euro 79, 147, 234, 272
Europäischer Gerichtshof 272
Europäischer Rat 235, 272
Europarat 232f, 272
EVD 220, 272
EVP 230
Evolution 272
E-Voting 272
EWG 273
EWR 148, 235, 262, 273
Exekutive 217, 273
Existenz 34
    -bedürfnisse 273
    -minimum 57, 61, 273
Export 245, 261, 273
    -quote 273
    -risikogarantie 273
    -überschuss 273
Extremismus 273
EZB 234

F

Fachhochschule 12f, 152, 273
Fähigkeitszeugnis, eidg. 22
Fahrlässigkeit 184
Fahrniskauf 205, 273
Fair-Trade Produkt 163f, 273
Familie 30, 56, 71
    -name 187, 190
    -recht 179f, 187, 273
Faschismus 273
Faustpfand 273
FCKW 121, 130, 133, 273
FDP 84, 229
Ferien 197, 200, 203
Finanzkrise 161
Finanzleitbild 273

Finanzmarkt 144, 273
Fiskalquote 85, 273
    -politik 373
Flexibilität 90
Floating 273
Fluchtgeld 163, 273
Flüchtlinge 146, 183, 273
Föderalismus 216f, 273
Fonds 273
Forschung 24f
Fotosynthese 117
Frage, soziale 60
Fraktion 219
Franchise 53
Frauenberuf 15
Frauenvermögen 188
Frieden 146
    -einsatz 146, 154
    -sicherung 146
Freihandel 273, -zone 374
Freiheit 37, 84, 133
Freiheiten, vier 234
Freizeit 27, 200, 124
    -gesellschaft 28, 41, 274
Fruchtfolgefläche 274
Fusion 143, 252, 274

G

G7/G8 263
Gage 38
Garantie 207
Gastarbeiter 274
GATT 142f, 155, 262, 274f
Gebot 178
Gebrauchsleihe 208
Gebrauchüberlassungsvertrag 208
Gefährdungshaftung 55
Gefahrengemeinschaft 52
Gefängnis 274
Geld 255f
    -markt 274
    -menge 255, 274
    -politik 27
    -schöpfung 255, 274
    -strom 35
    -wert 255f
Generalsekretär, UNO 238
Genfer Konventionen 239
Gen 274
Genozid 274
Gentechnik 89, 274
Gerechtigkeit 153, 162, 178
Gericht 178, 182, 274
    -praxis 181
Gerichtshof, internationaler 238
Gesamtarbeitsvertrag (GAV) 199, 201, 203f, 274
Gesellschaft, offene 31
Gesetz 133, 159, 177, 224ff, 274
Gesundheitskosten 54
Gesundheitswesen, Krise im 50
Gemeinde 81, 172, 247
Gewalt 227
    -monopol 227

Gewaltenteilung 217, 274
Gewerkschaft 39, 79, 157, 204, 230, 274
Gewinn 90
    -beteiligung 90
    -maximierung 274
    -streben 251
Gewohnheitsrecht 181, 274
Gläubiger 45, 274
    Rangordnung der 46
Gleichstellung 200
gleitende Arbeitszeit 274
Globalisierung 141ff, 155, 158ff, 162, 259, 261ff, 274f
Globalisierung der Finanzmärkte 144f
Goldvorräte 275
Golfkrieg 153
Gratifikation 197, 200
Grenzen, der Schweiz 212
Grenzwert 275
Grosshandelspreisindex 274
Grundbedürfnisse 34, 274
Grundleistungsprinzip 275
Grundpfand 275
Grundschule 275
Grundstückkauf 275
Grundrechte 183, 222
Grundversicherung 53, 275
Grüne Partei 230
Gruppenautonomie 275
Guerilla 275
Güter 35, 90, 241, 243f, 275
    -austausch 141
Gütermarkt 36, 251, 275,
    Globalisierung der 141f
Gütergemeinschaft 188
Güterrecht 187, 188, 275
Gütertrennung 188, 275

H

Haft 275
Halbprivatabteilung 54
Handeln, selbsttätiges 19
Handelsembargo 238, 275
    -hemmnisse 141
Handlungsfähigkeit 183, 275
Hausarztmodell 275
Haustürgeschäft 275
Haushalt 35, 244
Hausratsversicherung 56
Hautkrebs 49, 130
Hegemonie 275
Hierarchie 275
Hilfswerk 163
Hinduismus 173
Höchstarbeitszeit 200
Höchstrente 58
Höchstzins 207
Holocaust 275
humanitär 276
Humankapital 246, 248
Hundesteuer 81f
Hypothekarzins 276

I

Identität 276
Ideologie 276
IKRK 239
ILO 167
illegal 276
Immission 276
Immunität 276
Imperialismus 276
Import 245, 261, 276
Index 252, 276,
der Konsumentenpreise 38f, 256, 276
Indikator 276
Industrie 198
    -länder 28, 127, 141, 263, -sektor 20, 142
Industrialisierung 198
In dubio pro reo 182
Inflation 38, 61, 256, 276
Informatik 276
Information 88, 100
    -technologie 16, 89f, 91, 276
Infrastrukturleistung 80, 276
Initiative 225, 276
Innovation 276
Insolvenzentschädigung 46, 60
Instanz 276
Integration 172ff, 276
Integrierte Produktion 276
Integrationsprozess, europäischer 147, 232ff
Interessensvertretung 225ff
Internet 88, 159, 261, 276
Invalidität 57
    -versicherung 59, 80, 253
    -rente 59, 63
Intervention 276
Intuition 276
Investition 245, 247, 276
Investoren 134
Islam 173
IV (siehe Invalidenversicherung)
IWF 122, 161, 263, 276

J

Jahresarbeitszeit 276
Job Enlargement 276
Job Enrichment 277
Job Rotation 90, 277
Jobsharing 277
Joint Venture 261, 277f
Judentum 173
Judikative 217, 221, 277
Jugendarbeitslosigkeit 92ff
Jugendstrafrecht 185, 277
Jura 212f

K

Kalter Krieg 146, 153, 238, 277
Kandidatenstimme 277
Kanton 81, 172, 212f, 247
    -verfassung 179, 216

Kapital 245f, 247, 277
Kapitaldeckungsverfahren 61
Kapitalmarkt 36, 159, 251, 253, 277
    -verkehr 277
Kapitalismus 84f, 277
Karriere 18
Kartell 91, 252
Kauf auf Kredit 277
    auf Vorauszahlung 205f
Käufer 35
Kaufkraft 38f, 79, 154, 255f, 256, 277
Kaufvertrag 74, 194, 205f, 207, 277
Keynesianismus 277
Kind 72, 87
Kinderrecht 277
    -rente 59
    -vermögen 46
Kirchgemeinde 277
Kleinkredit 41, 87
Klimaveränderung 122, 128, 137
Klon 277
KMU 277
Koalition 277
Kollaps 277
Kohlendioxid 117, 122f, 130, 135, 137f
Kollegialitätsprinzip 221
Kollokationsplan 46, 277f
Kolonialismus 278
Kommission, parlamentarische 219
Kommunikationsmittel, technische 67
Kommunikationstechnologie 89, 91
Kommunismus 278
Kompetenz 278
Komplex 278
Kompromiss 278
Konferenz 278
Konfession 214
Konflikt 67, 146
Konfuzianismus 173
Konjunktur 259f, 278
    -politik 259, 278
    -schwankung 259
    -zyklus 259, 278
Konkordanzpolitik 221, 278
Konkordat 278
Konkubinat 71, 72, 278
    -vertrag 72, 278
Konkurs 46, 60, 278
Konkurs, Staats- 161f
Konkurrenz 252
    -fähigkeit 21, 155f, 278
Konsens 278
Konsum 28ff, 251, 278
    -gewohnheit 28
    -güter 278
Konsument 35, 244
Konsumgesellschaft 29f

Konsumkreditgesetz 41, 205, 178
Kontingent 278
Kontakte, soziale 49, 133
Kontaktwelt 66
Kontrolle, soziale 30
Konvention 278
Konventionalscheidung 190
Konvertibilität 278
Konzern 278
Kooperation 278
Koordinationsabzug 61
Korruption 278
Kosten 44
    feste 44
    veränderbare 44
Kostensenkungswettbewerb 143, 155
Krankenkassenprämie 39, 54, 62
Krankenversicherung 53f, 80
Krankheit 57, 156, 198
Kreativität 278
Kredit 161, 245, 278
    -fähigkeit 207
    -kauf 205, 278f
    -vertrag 279
Kreislauf 116
Krieg 146
Krise 67
Kultur 173f, 279
    -folger 126
Kündigung 198, 206, 210, 201f, 279
    fristlose 202
    missbräuchliche 202
Kündigungsfrist 54, 202
Kündigungsschutz 210
Kündigungstermin 46
Kurse, überbetriebliche 196
Kurswert 279
Kurzarbeitsentschädigung 60
Kurzaufenthalter 279

L

Landschaft 279
    -zersiedelung 124f
Landwirtschaft 20, 81, 148
Lärm 130
Lateinamerika 161, 163, 238
Laufbahnwahl 15
Leasing 41, 205f
    -vertrag 206, 279
Lebensarbeitszeit 279
Lebensgrundlage 115
Lebensraum 124, 279
Lebensstil, gewohnter 57
Lebensqualität 125, 133, 279
Lebensversicherung 63
legal 279
Legalität 279
Legislative 218, 279
Legitimation 279
Lehraufsichtskommission 197
Lehrbetrieb 12, 100
    Konflikte im 197

295

Lehrmeister 16, 99, *196*
Lehrstelle, offene 14
Lehrvertrag *196f*, 279
   -auflösung, fristlose *197*
Leitzins *279*
Lernen, lebenslanges 19f, 23
Liberalisierung 142, 149, 160, 234, *279*
Liberalismus 37, 250, *279f*
Liebe 66
Liegenschaftsmarkt 36, 251
Lieferung, mangelhafte 207
   -verzug 207, *280*
Linksautonome *280*
Links-Rechts-Schema 229
Liquidität *280*
Lobby 231, *280*
Lohn 38, 79, 143, 155f, 199, *280*, koordinierter 61
Lohnabzug 59
   -anspruch 46
   -ausweis 83
   -differenz 18
   -druck 143, 151
   -dumping *280*
Lohnerhöhung 38
   -ersatz 54
   -forderung 46
   -höhe 79, 199
   -index *280*
Lohn-Preis-Spirale *256f*
Lohnprozent 58
   -stückkosten *155f*
   -zuschlag *147f*, 197
Lokale Agenda *137*
Lombardkredit *280*
LPS 230
LSVA *279*
Lust 30
Luxus 28, 34, 57, *280*

M

Macht, staatliche *179*
Majorzwahl *223f*
Makler *280*
Makroökonomie 243, *280*
Management *280*
Mandat *280*
Mängelrüge *280*
Manipulation *280*
Männerberuf 15
Mannesvermögen 188
Marketing *280*
Markt 36f, *251f*, *280*
Marktgleichgewicht 37, 251
Marktkonzentration *280*
Marktmechanismus 36, *251f*
Marktpreis *36ff*, 79, *280*
Marktversagen 253, *280*
Marktwirtschaft *250*
   freie 250, *251f*, *280*
   soziale *253f*
Marxismus *280*
Medien *281*

Meisterprüfung *13*
Mehr, absolutes 223
   doppeltes 223, 225
   relatives 223
Mehrwertsteuer (MwSt) 61, 82, 148, *281*
Meistbegünstigung *281*
Menschenrechte 153, *221f*, 224, 232, 237
Menschenwürde 183
Miete 208
Mietrecht *208ff*
   -vertrag 72, *208ff*
Mieter 209, Pflichten des 209, Rechte des *209f*
Miet-Kauf-Vertrag 206, *281*
Mietverhältnis, Beendigung des 210
Mietzins 208, 210
   missbräuchlicher 210
Mietzinserhöhung 208
Migration 50, *165ff*, 235, *281*
mikro *281*
Mikroökonomie 243, *281*
Militärdienst 60, 202
Militärkassationsgericht *281*
Milizsystem *281*
Mindestlohn *281*
Miniaturisierung 88
Minimallohn 197, 199
Minimalrente 58
Missbrauch 46
Mittel, parlamentarische 219
Mittelland *212f*
Mittelschule 12
Mobilität 20, 67, 125, *130*, *133*, 150, 168, *281*
Modell 241
Monatsbudget 44
Monatslohn 18, *197*
monetär *281*
Monetarismus *281*
Monokultur *281*
Monopol 91, 253, *281*
Montanunion 148, 233
Moral *177*, *281*
Moratorium *281*
Motorfahrzeuglenker-Versicherung *55f*
Motorradversicherung 55
Multikulturalität *172ff*, *281*
multilateral *281*
Multioptionsgesellschaft *28ff*, *281*
multipolar *281*
Mündigkeit *281*
Mutterschaftsversicherung 60
Mythos *281*

N

Nachfrage 36, 79, 101, 252, *281*
Nachhaltigkeit *136f*, 162
Nachlass 74
Nachvollzug, autonomer 148

Nachtwächterstaat *281*
Nachtarbeit *197*, 200
Nahrungskette *281*
Nanotechnik 89, *281*
Nationalbank 144, 255, *281f*
Nationalismus *282*
Nationalsozialismus *282*
Nationalität 214
Nationalrat *218f*, 224, 228
NATO *238f*
NEAT *282*
Nennwert *282*
Neoliberalismus *282*
Neutralität 146, 153, *282*
Neuwert *282*
NGO 159, 161, 163, *239f*
Nichtregierungspartei 230
Nominallohn 38, 256, *282*
Normalarbeitsvertrag 199, 201, 204, *282*
Normalhaushalt 56
Normen *282*
Normstufe 179
Notenkurs 258
   -monopol *282*
Notlage 87
Nutzen *36f*

O

Obligation *282*
Obligationenrecht 179, 198, 205, *282*
OECD 263, *282*
Öffentlicher Haushalt *282*, Recht *179f*, 199, *282*
   Verkehr *282*
Offerte 205
Offizialdelikt 186
Ökodumping 143, *282*
Ökologie *113ff*, 261, *282*
Ökonomie 243, *282*
   internat. 243
Ökosteuer *133f*, *282*
Ökosystem 29, *125f*, 131, *282*
   Böden *119f*
   Fliessgewässer 120
   See *120f*
Oligopol *252f*, *282*
OPEC *283*
Opportunitätskosten *283*
Opposition *283*
optimistisch *283*
Ordnung 80
   -politik *259f*, *283*
Organisation, internationale *146ff*
Osterweiterung der EU *152f*
Osteuropa 155, 250
OSZE *236f*, 239
Outsourcing 90, *282*
Ozon *129f*, *283*
   -schicht *129f*

P

Pacht 208
Pakt *283*
Parität *283*
Parlament 152, *218f*, *283*
Parole *283*
Partei *227ff*
   -losigkeit *283*
   -stimme *283*
partial *283*
Partnerschaft 67
Patchworkfamilie *283*
Patent *142f*
Patriotismus *283*
Pause 200
PdA 230
Peacekeeping *283*
Pensionierung 58
Pensionskasse 61, 72, 190, 247
permanent *283*
Person, juristische 183, 187
   -natürliche 183, 187
Personenfreizügigkeit 150
Personenkilometer *283*
Personenrecht 183, *187*, *283*
Persönlichkeitsbildung 17
   -rechte *178*, 183
Pfändung *283f*
Pfandverwertung *284*
Pflicht 178
   staatsbürgerliche *224f*
Pflichtteil *191f*, *284*
PfP 239
Planwirtschaft 250
Plebiszit *284*
Pluralismus *284*
Politik *225ff*
Polizeistaat *284*
Portfolio 144, *284*
Präambel *284*
Prämie 52, 54
Prävention *284*
Preis 259
   -bildung *35f*, 250, *251f*, -druck 252
   -niveau 38
Primärsektor 141, 244, *284*
Privatabteilung 54
Privathaftpflichtversicherung 56
Privatisierung *284*
Privatkonkurs 46
Privatrecht 199, 203, *179f*, *284*
Probezeit 196, *197*, 199, 201
Probleme, ökologische 50
Produktion 241
   -faktoren *246ff*, *284*
   -struktur 250
Produktivität 90, 155, *284*
   -steigerung *156f*
Produzent 35
profilieren *284*
Profit *284*
Prognose *284*
progressiv *284*

Proletariat 284
Proporzwahl 224
Prozess 182
    -politik 284
    -recht 284

Q
Qualifikation, persönliche 14, 22

R
Rassismus 284f
Rate 285
Ratifizierung 285
Rationalisierung 285
Rationalität 98
Raubbau 29
Rauchen 48
Raum 124
    -planung 285
    -sicherung 285
Raum und Zeit-Ersparnis 89
Reallohn 38, 256, 285
Recherche 285
Recht 177ff, ergänzendes 199,
    geschriebenes 181
    -ungeschriebenes 181
    -zwingendes 199
Rechte, politische 222f
Rechtsdurchsetzung 182
Rechtsfähigkeit 285
Rechtsgleichheit 181
Rechtsgrundsätze 181f
Rechtskenntnis 179
    -unkenntnis 182
Rechtsmittel 285
Rechtsmissbrauch 182
Rechtsöffnung 285
Rechtsordnung 177, 178f
Rechtsquellen 181
Rechtsradikale 285
Rechtsstaatlichkeit 232, 285
Rechtsschutzversicherung 55
Rechtsverstoss 179
Rechtsvorschlag 285
Rechtswissenschaft 181
Recycling 116, 285
Referendum 285
    fakultatives 150, 224f
    obligatorisches 225, 227
Regionalstruktur 250
Regierungspartei 230
Reglement 178, 225
Regressrecht 56, 285
Regressverzichtsversicherung 56
Reise 30, 34
Religion 32, 173f
Rendite 285
Rentenalter, Erhöhung des 61
Rentenhöhe 58
    -kürzung 61
Repogeschäft 285
Repräsentant 285
Republik 285
Resolution 285

Ressourcen 28, 127, 136f, 160
Revision 285
Revolution 285
Rezession 87, 259, 285
Risiko 48ff
    individuelles 48f
    kollektives 50
Risikoverminderung 51
Rohstoffe 29, 127, -markt 36
Rollenverteilung 30, 71, 187f, 285
Romandie 12, 87
Römer Verträge 148
Ruhezeit, tägliche 197
Rücktrittsmöglichkeiten
    vertragliche 205

S
Sachenrecht 285
saisonell 285f
Sanierung 286
Sanktion 178
Säule 3a 62f, 3b 62f
Scheidung 74, 187, 190, 286
    auf Klage 190
Scheidungsrate 74
Scheidungsrecht 74
Schengener Abkommen (149, 152, 235
Schlechtwetterentschädigung 60
Schlüsselqualifikation 20
Schuldbetreibungsgesetz 286
Schulden 44, 81, 86, 161, 190
    -erlass 161f
    -sanierung 46
Schuldner 45
Schulgesetz 16
Schuljahr, berufsvorbereitendes 12
Schwangerschaft 30, 201
Schwarzarbeit 286
Schweigepflicht 201
Schweiz 146, 147, 149ff, 153ff, 163f, 166ff, 178f, 212ff, 232ff
Schwellenländer 157, 161, 163, 286
seco 92, 163, 286
Secondopinion-Variante 54
Sekundärenergie 286
    -sektor 141f, 244, 286f
Sekundarstufe I 286
Sekundarstufe II 14, 286
Selbstbehalt 53
Selbstbewusstsein 16, 32
Selbstdisziplin 33
Selbstmarketing 100f, 286
Selbstständigerwerbende 60
Selbstständigkeit 16, 20
Selbsttätigkeit 31f
Selbstvertrauen 15f, 32, 166
Selbstwertgefühl 32
Separatismus 286
Service public 91, 286
Session 286
Shareholder Value 86, 286
Sicherheit 52, 66, 80

Sicherheitsrat, UNO 153, 238
Single 71
Sitte 286
Sittlichkeit 177
SKOS 87
SMI 286
Smog 130, 286
Solidarität 286
    -modell 286
    -prinzip 52, 286
Sonntagsarbeit 197, 200
Sorgerecht 190
Sorgfaltspflicht 201
Souveränität 148, 286
Sowjetunion 286
sozial 286, Marktwirtschaft 286
    Wohlfahrt 286
Sozialabgabe 143
Sozialamt 87
Sozialdumping 155
Sozialhilfe 87, 286f
Sozialismus 85, 250, 287
Sozialleistungen 203
Sozialpolitik 287
Sozialwerk 58
Sozialversicherungen 39, 57ff, 150, 247, 287
SP 84f, 229
Spekulation 144, 287
Sperrfrist 202
SPI 287
Spielregeln, der Weltwirtschaft 144
Sprache 173, 214
Staat 39, 80f, 91, 144, 147, 177, 182, 227, 243, 245
Staatsanteil 287
Staatsanwaltschaft 180
Staatsdefizit 287
Staatsgebiet 212f
Staatsgewalt 216ff
Staatsquote 85, 287
Staatsrecht 287
Staatsschulden 84
Staatstheorie 250
Staatsvolk 214f
Stabilität, ökologische 118, 287
Stagflation 257f, 287
Stagnation 287
Stakeholder Value 287
Ständemehr 223
Ständerat 179, 218f, 225
Standesinitiative 287
Standortattraktivität 24
Statistik 287
Stellensuche 100ff
Stempelsteuer 287
Sterberate 49
Steuerbehörde 82
    -betrug 83, 185
    -belastung 84f
    -dumping 143
Steuererklärung 82f
Steuererleichterung 162

    -flucht 149
    -hinterziehung 83, 149
    -hoheit 287
    -progression 287
Steuern 42, 80, 143, 178, 287
    direkte 81f
    indirekte 81f
Stimmen 223
Stille Wahl 224
Stipendium 287
Stoffkreislauf 287
Strafe 178, 185f
    -prozess 179f, 288
    -recht 184ff, 288
    -verfahren 186
    -zumessung 186
Strassenverkehr 48
Streik 257
Strukturpolitik 260, 288
Strukturwandel, wirtschaftlicher 20, 21, 87
Studium 79
Submission 143, 288
Subsidiarität 216, 288
Subvention 288
supranational 288
Suizid 49
SUVA 54
SVP 84, 229

T
Tabaksteuer 58, 61, 81
Tagesarbeit 197, 200
    -schule 288
Taggeld 59
Technologien, neue 20, 49, 158, 168, 261
Teilkaskoversicherung 55
Teilzeitarbeit 71, 288
Telearbeit 90
Temporärarbeitsverhältnisse 202, 288
Terms of Trade 160, 288
Terrorismus 288
Tertiärsektor 142, 244, 288
Tertiärstufe 14, 23
Tessin 93, 213
Testament 74, 190ff, 193, 288
Teuerung 38, 39, 54, 256, 288
    -ausgleich 39f, 288
    -rate 256
    -zulage 203
Theokratie 288
Theorie 37
Tigerstaaten 262, 288f
Tod 187, 189
Toleranz 177
Tonnenkilometer 289
Totalitarismus 289
Transaktion 289
transatlantisch 289
Transmission 289
Trauung 73
    kirchliche 73

zivil *73*
Trennung *187, 190*
Tieflohnländer *155*
Treibhauseffekt,
　natürlicher *289*
　künstlicher *122f, 261, 289*
Treibhausgas *289*
Treu und Glauben *181*

U
Überstunde *197, 200, 203, 289*
Überzeit *197, 200, 289*
Umlageverfahren *58, 60*
Umschulung *289*
Umverteilung *58, 289*
Umwelt *124ff*
　-belastung *124ff*
　-management *134, 289*, -probleme *118ff, 127ff*
Umweltschutz *81, 132ff, 289*
Umweltzerstörung *28, 261*
Unfallversicherung *54f, 59*
Ungelernte *18, 21, 90*
Universalität *289*
Universität *152*
UNO *146, 153f, 159, 162f, 222, 237f, 263, 289*
　Institutionen *237f*
　Sonderorganisationen *237f*
Unterdeckung *61*
Unterhaltung *30*
Unternehmen *35, 244, 247*
　-multinationale *143, 144, 159, 162, 252, 261*
Untervermietung *209*
Unterversicherung *56*
Urteilsfähigkeit *182, 289*
UVEK *220, 289*

V
VBS *220, 289*
Veloversicherung *55*
Verband *227, 230f, 289*
Verbot *178*
Verbrauchsgut *289*
Verein *290*
Vereinigung Europas *148*
Verfahrensrecht *179*
Verfassung *178, 290*

Verhalten,
　umweltfreundliches *132f*
Verjährung *184f, 290*
　-frist *207, 290*
Verkehr *80*
Verlobung *73, 290*
Verlustschein *290*
Vermieter *208*
　Pflichten *209f*
　Rechte *209*
Vermögen *86, 190*
　-steuerbares *82f*
Vernehmlassung *290*
Vernetzung *88, 141*
Verordnung *178, 225, 290*
Verrechnungssteuer *83f*
Verschuldungshaftung *55*
Verschuldungsquote *85*
Versicherung *34, 52ff, 72*
　-betrug *52*
　-leistung *52*
　-markt *36, 290*
　-prinzip *57*
Vertrag *73, 290*
　-partei *194*
　-recht *179*
Vertrauensperson *197*
Verursacherprinzip *133, 290*
Verwandtschaft *187*
Verwaltung *188, 221*
　-recht *290*
Vetorecht *290*
Volk *173, 225*
Völkergemeinschaft *146*
Völkerrecht *290*
Völkerwanderung, berufliche *20*
Volksabstimmung *152*
　-einkommen *248, 253, 290*
　-mehr *223*
　-wirtschaft *290*
Vollbeschäftigung *259*
Vollkaskoversicherung *55*
Vorauszahlungsvertrag *205*
Vorgesetztenposition *18*
Vorlehre *12*
Vormundschaft *187, 290*
Vorsätzlichkeit *184*
Vorstellungsgespräch *101, 102*
Vorsorge, berufliche *61, 268*

W
Wachstum *25, 152*
　-rate *248f*
　wirtschaftliches *25, 259*
　qualitativ *290*
　quantitativ *290*
Wählen *223f*
Wahlbedürfnisse *291*
Wahlmöglichkeiten *29f*
Währungspolitik *291*
Währungsunion *148, 234*
Wandel, wirtschaftlicher *14*
Warenkorb *38f, 291*
Warensendung, unbestellte *205*
Wechselkurs *258, 290*
　fixierter *258*
　freier *258*
Wechselkursbildung *258*
Wechselkurssystem *258*
Wechselwirkungen *115, 291*
Wehrpflicht *178*
Weiterbildung *13, 18, 20, 23, 25, 31, 96f, 156*
Weltbank *161, 163, 263, 291*
Weltethos *174*
Weltfriede *153, 237*
Welthandel *261ff*
　-volumen *144f, 160*
Weltwirtschaft *141, 261ff*
Weltwirtschaftsblöcke *145, 262*
Werkvertrag *291*
Wert *291*
　-schriften *291*
Wertschöpfung, effiziente *90*
Wertvorstellung *177*
Wettbewerb *251*
　-fähigkeit *24, 156, 261*
Wettbewerbskommission *91*
WEU *237*
Widerruf *207*
Willkür *184, 291*
Wirtschaft *243ff, 261ff*
Wirtschaftskreislauf, einfacher *35*
　erweiterter *245*
Wirtschaftsaktivität *248f*
Wirtschaftsethik *249*
Wirtschaftsformen *250ff*
Wirtschaftsorganisationen,
　internationale *262f*

Wirtschaftssektoren *291*
Wirtschaftssystem *250*
Wissen *247*
Witwenrente *59*
Wohlbefinden *133*
Wohlfahrt *291*
Wohlstand *15, 18, 24, 79, 80, 261, 291*
Wohnen *34, 124*
Wohngemeinschaft *71*
Wohnungsmarkt *75*
Working Poor *87, 291*
WTO *142f, 155, 159, 262f, 291*
Würdigung der Arbeit *203*

X
Xenophobie *291*

Z
Zahlungsbefehl *291*
Zahlungsbilanz *291*
Zahlungsverkehr *141*
Zahlungsverzug *207, 291*
Zauberformel *221, 291*
Zeitsparmodell *291*
Zeitwert *56*
Zentralbank *291*
Zentralismus *291*
Zertifizierung *291*
Zins *42, 81*
Zivilgesetz *179, 183, 291f*
Zivilprozess *180, 292*
Zollabbau *142*
Zollabgaben *82, 148, 151*
Zuchthaus *292*
Zufall *98*
Zugehörigkeit *34*
Zusammenleben *71*
Zusatzrente *59*
Zusatzversicherung *54, 292*
Zweckgemeinde *292*
Zweite Säule *61f*
Zweiter Weltkrieg *141, 147, 153, 232, 237*
Zwischenjahr *12, 174*
Zyklus *292*

Literaturverzeichnis

AT-Verlag (Hrsg.): Natürliche Methoden im Gesundheitsbereich: Handbuch der Verbände und Schulen in der Schweiz, Zürich 1997.

Beck, Ulrich: Was ist Globalisierung? Irrtümer des Globalismus, Antworten auf die Globalisierung, Stuttgart 1988.

Bock, Peter; et. al. (Hrsg.): Mensch, Wirtschaft, Politik, Aarau 2001.

Bonfadelli, Heinz; Meier, Werner A. und Trappel, Josef (Hrsg.): Medienkonzentration Schweiz. Formen, Folgen, Regulierung, Haupt, Bern 2006.

Bretscher-Spindler, Katharina: Vom heissen zum Kalten Krieg: Vorgeschichte und Geschichte der Schweiz, Zürich 1997.

Brändli, Sibylle: Der Supermarkt im Kopf. Konsumkultur und Wohlstand in der Schweiz nach 1945, Wien 2000.

Bundesamt für Energie: Gesamtenergiestatistik der Schweiz 2000, Bern 2001.

Bundesamt für Statistik: Statistisches Jahrbuch der Schweiz 2003, Bern 2004.

Burkhardt, Johannes und Werkstetter, Christine (Hrsg): Kommunikation und Medien in der Frühen Neuzeit, Oldenbourg, München 2005.

Emmerich, Michael (Hrsg.): Im Zeitalter der Bio-Macht: 25 Jahre Gentechnik – eine kritische Bilanz, Stuttgart 2000.

Fischer Taschenbuchverlag (Hrsg.): Der Fischer Weltalma-nach 2002, Frankfurt a. M. 2003.

Gurzeler, Beat; Maurer, Hanspeter; et. al.: Staat und Wirtschaft. Grundlagen – Strukturwissen, Bern 2003.

Hotz-Hart, Beat; et. al.: Die Volkswirtschaft in der Schweiz, Zürich 1995.

IHA / GfM: MMXI-Studie zur Internetnutzung in der Schweiz, März 2001.

Kappeler, Beat: Wirtschaft für Mutige: Plädoyer für eine Zukunft jenseits des Schablonendenkens, Zürich 2001.

Kaufmann-Hayoz, R.; Künzli, Ch. (Hrsg.): «… man kann ja nicht einfach aussteigen». Kinder und Jugendliche zwischen Umweltangst und Konsumlust, Zürich 1999.

Kneschaurek, Francesco: Weltwirtschaft im Umbruch: Probleme, Analysen, Perspektiven, Zürich 1999.

Krichbaum, Jörg; Dreyer, Clemens (Hrsg.): Ökologie und Umwelt online, Frankfurt 2000.

König, Wolfgang: Geschichte der Konsumgesellschaft, Stuttgart 2000.

Köpf, Peter: Stichwort Globalisierung, Frankfurt 1998.

Krebs, C.; et. al.: Die ökologische Steuerreform: was sie ist, wie sie funktioniert, was sie uns bringt, Berlin 1999.

Künzler, Matthias (Hrsg.): Das schweizerische Mediensystem im Wandel. Herausforderungen, Chancen, Zukunftsperspektiven, Haupt, Bern 2005.

Müller, Guido: Einführung in die Kaufmännische Rechtskunde, Zürich 1992.

Museum für Völkerkunde Hamburg (Hrsg.): Das gemeinsame Haus Europa: Handbuch zur europäischen Kulturgeschichte, Hamburg 1999.

Nohlen, Dieter: Wörterbuch Staat und Politik, München, Zürich 1998.

Pearson, Ian (Hrsg.): Der Fischer Atlas Zukunft, Frankfurt a. M. 1998.

Pfister, Christoph (Hrsg.): Das 1950er Syndrom, Bern, Stuttgart, Wien 1995.

Rauchfleisch, Udo: Alternative Familienformen: Eineltern, gleichgeschlechtliche Paare, Hausmänner, Frankfurt a. M. 1997.

Riklin, Alois; et. al. (Hrsg.): Neues Handbuch der Schweizerischen Aussenpolitik, Bern 1992.

Schraepler, Hans A.: Taschenbuch der internationalen Organisationen, München 1994.

Seco: Die Volkswirtschaft, diverse Artikel seit 1993.

Sonderegger, Christian und Stampfli, Marc (Hrsg.): Aktuelle Schweiz, Lexikon für Politik, Recht, Wirtschaft, Gesellschaft, Sauerländer, 2004.

Spoun, Sascha und Wunderlich, Werner (Hrsg.): Medienkultur im digitalen Wandel. Prozesse, Potentiale, Perspektiven. Haupt, Bern 2002. S. 35 ff.

Strahm, Rudolf H.: Arbeit und Sozialstaat sind zu retten, Zürich 1997.

Strahm, Rudolf H.: Dokumentation, in: Lehrstellen machen Profis! Berufswahl im Wandel: eine Informationsbroschüre für Lehrerinnen und Lehrer, BBT, Bern 1998.

Summermatter, Doris: Lehrstellen machen Profis! Berufswahl im Wandel: eine Informationsbroschüre für Lehrerinnen und Lehrer, BBT, Bern 1998.

Tanner, Jakob; et. al. (Hrsg.): Geschichte der Konsumgesellschaft: Märkte, Kultur und Identität (15.–20. Jahrhundert), Zürich 1998.

Weber, Konrad; et. al. (Hrsg): Recht und Gesellschaft, Aarau 1996.

Weischenberg, Siegfried; Malik, Maja und Scholl, Armin.: Die Souffleure der Mediengesellschaft. Report über die Journalisten in Deutschland, UVK, 2006.

Bildnachweis

Becker, Mario, Zürich (visipix.com): S. 30 (rechts)
Berner Zeitung BZ: S. 107
Bichsel, Martin, Bern: S. 20 (unten), 51, 55, 60, 62, 73 (unten), 89, 119, 213 (Mitte), Umschlag (Landschaft)
Bontadina, Fabio, Zürich: S. 161
Bundesgericht, Lausanne: S. 181
Bundeskanzlei, Bern: S. 220
Büschi, Nadine, Neuenegg: S. 42
Büschi, Delphine, Laupen: S. 67, 249
Dal Cero, Maja, Schaffhausen: S. 124
Doeberl, Peter, Aarwangen (visipix.com): S. 16 (SBB), S. 30 (links unten),
Droux, Roman, Bern: S. 48
edenpics.com: S. 116
Edition Glénat, Grenoble; Ommer, Uwe, Paris: S. 66
Europäische Zentralbank, Franfurt a. M.: S. 147
Foto Schatzmann, Aarau: S. 196
Fotoagentur Ex-Press: S. 151
Gerster, Richard, Richterswil: S. 136, 160
Getty Images/The Hulton Getty Picture Collection: S. 31 142
GIBB (Gewerblich-industrielle Berufsschule, Bern): S. 12 (rechts oben, rechts unten)

Gurzeler, Beat, Buchrain: S. 49
h.e.p. verlag ag, Bern: S. 15, 71, 178
Kaiser, Joel, Bern: S. 111
Kaiser, Ulrich, Bern: S. 32 (unten)
Kaufmann, Beatrice, Zürich: S. 59, 200
Keller, Esther, Niederglatt (visipix.com): S. 16 (Serviceangestellter)
Keller, Friedrich, Winterthur (visipix.com): S. 16 (Maurer)
Keystone Press, Zürich: S. 25, 105, 118, 150, 154, 156 (links), 260, Umschlag (Studierende), 239, 263
Kobelt, Sonja; Schweizer, Roland (Photodisc, Bern): S. 12 (links oben, links unten), 16 (oben, Koch), 28, 29, 30 (links oben), 74 (mitte und unten), 85, 86, 99, 101, 172, 204, 206
Komitee für die 18% Initiative, Zürich: S. 166
HEKS Fotodienst, Bern: S. 159, 167
NASA, Cape Canaveral (USA): S. 16 (Astronaut)
NICO, Zürich: S. 132 (Karikatur)
Novartis: S. 24, 157
Parlamentsdienste, Bern: S. 255, 218, 220, 226, 254
photocase.com: S. 33, 50, 58, 71, 79, 97, 109, 122, 127, 130, 156 (rechts), 213 (oben und unten)

Photoglob AG, Zürich: 141
Raefle, Rolf, Bern (visipix.com): S. 32 (oben)
Leonardo da Vinci (Ms. L. des Institut de France, Paris): S. 88
Ryter, Rolf, Kilchberg (visipix.ch): S. 15
Scheidegger, Bernhard: S. 19 (oben)
Schühle, Susann, Zürich: S. 94
Schwander, J., Universität Bern: S. 119 (oben)
Schwander, Philipp, Bern: S. 119, 143, 170, 183, 185, 186, 195, 209, 210
Schweizer Börse (SWX), Zürich: S. 144
Schweizerische Arbeitsgemeinschaft der Hilfswerke (Michael Andres), Bern: Umschlag (Afrika)
Scorti, Jehle, Bern: S. 22
Stiftung Max Havelaar, Basel: S. 163
Swissint: S. 146
Tschechische Technische Staatsbibliothek, Prag: S. 91
da Vinci, Leonardo (Ms. L. des Institut de France, Paris): S. 88
Veith, Mali, Aarau (visipix.com):
visipix.com: S. 16 (Informatiker), 40, 53, 73 (oben), 117, 168
WWF Schweiz, Zürich: S. 129 (rechts), 131
Zimmermann, Rolf, Thun (visipix.com): S. 106 (oben)

www.hep-verlag.ch
der bildungsverlag

hep

Bildung
Medien
Kommunikation

Sprache • Kommunikation

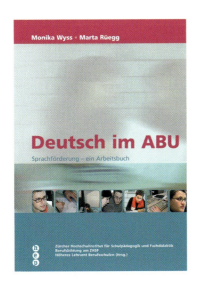

Monika Wyss, Marta Rüegg

Deutsch im ABU
Sprachförderung – ein Arbeitsbuch

208 Seiten, A4, broschiert

Handbuch für Lehrpersonen mit CD-ROM
111 Seiten, A4, lose Blätter

Erika Langhans, Hortensia Florin,
Karin Moser, Ursula Wyss

Texte für den ABU
Ein Lesetraining

Arbeitsheft
210 Seiten, A4, broschiert

Textheft
90 Seiten, A5, broschiert

Handbuch für Lehrpersonen auf CD-ROM

Wirtschaft · Politik · Gesellschaft

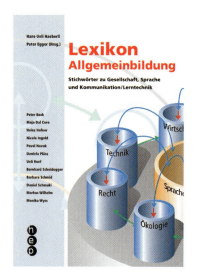

Hans-Ueli Haeberli, Peter Egger (Hrsg.), Autorenteam

Lexikon Allgemeinbildung
Stichwörter zu Gesellschaft, Sprache
und Kommunikation/Lerntechnik

328 Seiten, 17 x 24 cm, broschiert

Zusammengestellt und aktualisiert von Andreas Pfammatter

Gesetzestexte
für den allgemeinbildenden Unterricht

104 Seiten, A4, broschiert

Wirtschaft • Politik • Gesellschaft • Sprache • Kommunikation

Hanspeter Maurer, Beat Gurzeler

Handbuch Kompetenzen
Basic skills

168 Seiten, 18,5 x 25,5 cm, Spiralbindung